U0573066

| 全面发展检测丛书 |

中国经济发展
结构优化检测报告
（2020）

ANNUAL EVALUATION REPORT ON THE STRUCTURE OPTIMIZATION OF

THE ECONOMIC DEVELOPMENT OF CHINA (2020)

主　编／王亚南

联合主编／李　群

副主编／段　涛　魏海燕

社会科学文献出版社

SOCIAL SCIENCES ACADEMIC PRESS (CHINA)

本项研究获得以下机构及其项目支持

云南省人民政府发展研究重大课题

云南省社会科学界联合会全国社科联先进社会组织创新工程

云南省社会科学院中国人文发展研究与评价重点实验室

发 布 机 制 中国人文发展研究与评价实验室

主 编 单 位 云南省社会科学院

合 作 单 位 中共中央党校（国家行政学院）文史部创新
工程

中国社会科学院数量经济与技术经济研究所大
数据与经济模型研究室

中国社会科学院民族学与人类学研究所社会研
究室

社会科学文献出版社

主要编撰者简介

王亚南 云南省社会科学院研究员，文化发展研究中心主任，中国人文发展研究与评价实验室首席科学家，云南省中青年社会科学工作者协会会长，研究方向为民俗学、民族学及文化理论、文化战略和文化产业，主要学术贡献有：①1985年首次界定"口承文化"概念，随后完成系统研究，提出口承文化传统为人类社会的文明渊薮，成文史并非文明史起点；②1988年解析人生仪礼中"亲长身份晋升仪式"，指出中国传统"政亲合一"社会结构体制和"天赋亲权"社会权力观念；③1996年开始从事文化战略和文化产业研究，提出"高文化含量"的"人文经济"论述，概括出中心城市以外文化产业发展的"云南模式"；④1999年提出"现代中华民族是56个国内民族平等组成的国民共同体"和"中国是国内多民族的统一国家"论点，完成国家社会科学基金项目"中华统一国民共同体论"；⑤2006年以来致力于人文发展量化分析检测评价体系研创，相继主编撰著连年出版《中国文化消费需求景气评价报告》（2011年起）、《中国文化产业供需协调检测报告》（2013年起）、《中国公共文化投入增长测评报告》（2015年起）、《中国人民生活发展指数检测报告》（2016年起）、《中国民生消费需求景气评价报告》（2018年起）、《中国健康消费与公共卫生投入双检报告》（2018年起），2019年起新增《中国经济发展结构优化检测报告》《中国社会建设均衡发展检测报告》。

李　群 理学博士，应用经济学博士后，中国社会科学院数量经济与技术经济研究所大数据与经济模型研究室主任、研究员、博士后合作导师，中国社会科学院研究生院教授、博士生导师；兼任中国林业生态发展促进会副会长，中国工商联智库委员会委员，中国社会科学院人事教育局人事人才政策"废改立"咨询服务特聘专家，社会科学文献出版社皮书研究院高级研究员，北京市科技传播中心首席科普专家，南京林业大学中国特色生态文明建设与林业发展研究院特聘智库专家。主要从事不确定性经济预测与评价、人才资源与经济发展、国家治理、林业生态评价等领域的研究。主要为国家智库提供党建引领、国家治理、重大经济社会现实问题等方面的建议报告。连续担任国家统计局中国百名经济学家信心调查成员。科技部、中组部、人事部、全国妇联、全国总工会、北京市科委等部门有关领域的咨询专家，教育部研究生学位点评审专家及研究生优秀毕业论文评审专家，国家博士后科学基金评审专家，2016年以来国家社科基金一般项目及重大项目会议评审专家，部分省市社科基金评审专家，北京市自然科学基金、科普专项基金评审专家，《数量经济技术经济研究》《南开管理评论》《中国科技论坛》《系统工程理论与实践》《数学的实践与认识》等杂志审稿专家。主持国家社科基金、国家软科学项目、中国社科院重大国情调研项目等课题6项，主持省部级课题31项。

方　彧　中国老龄科学研究中心副研究员，中国社会科学院博士。主要研究方向为口头传统、老龄文化和文化产业。全程参与研创"中国人文发展量化分析检测评价系列"，合作发表《中国文化产业新十年路向——基于文化需求和共享的考量》《中国文化产业发展空间：4万亿消费需求透析》《深化文化体制改革机制创新的若干现实问题透析》等论文和研究报告，参与组织撰著"中国人文发展量化分析检测评价系列"年度报告，负责文稿统改及英译审校。

赵　娟　云南省社会科学院民族文学研究所副研究员，《云南文化发展蓝皮书》副主编，云南省中青年社会科学工作者协会秘书处主任。主要研究方向为古典文学、民族文化和文化产业，合著出版《经典阅读与现代生活》。全程参与研创"中国人文发展量化分析检测评价系列"，合作发表《以国家统计标准分析各地文化产业发展成效》《中国文化产业未来十年发展空间——以扩大文化消费需求与共享为目标》《各省域文化产业未来十年增长空间——基于需求与共享的测算排行》等论文和研究报告，参与组织撰著"中国人文发展量化分析检测评价系列"年度报告，负责文稿统改。

摘　要

2000～2018 年，国内生产总值构成比中第二产业从 45.54% 降至 40.65%，第三产业从 39.79% 升至 52.16%；收入法产值构成比中"居民部门"劳动者报酬从 51.38% 降至 47.30%，"政府部门"生产税净额从 15.40% 降至 14.24%，"企业部门"营业盈余从 19.06% 升至 25.04%；支出法产值构成比中最终消费率从 63.30% 降至 54.31%，资本形成率从 34.33% 升至 44.85%；经济生活收支中财政收入比从 13.36% 升至 20.37%，居民收入比从 46.37% 降至 45.11%，居民消费率从 35.91% 降至 31.53%。产值、财政收入、支出、居民收入、总消费人均值地区差全都缩小，居民收入、总消费人均值城乡比也全都缩小，"不平衡不充分的发展"多有改善。全国经济增长结构优化评价：城乡、地区无差距理想值横向测评为 91.78；2000 年、2005 年、2010 年、2015 年和 2017 年自身基数值纵向测评分别为 243.32、169.04、121.74、105.88 和 102.18。横向看距离理想值存在差距，纵向看各五年期以来进展明显。

中国经济增长通用指标检测体系综合演算中，三次产业（生产法）产值构成子系统占权重 40%，收入法产值构成子系统占权重 30%，支出法产值构成子系统占权重 20%，经济生活收支综合子系统占权重 10%。四个子系统独立预测评综合加权演算得出经济增长结构优化最终评价排行：江苏、北京、上海、内蒙古、福建为"2018 年经济发展指数排名"前 5 位；西藏、贵州、陕西、内蒙古、宁夏为"2000～2018 年经济发展指数提升度"前 5 位；贵州、陕西、重庆、湖北、安徽为"2005～2018 年经济发展指数提升度"前 5 位；贵州、西藏、重庆、云南、湖北为"2010～2018 年经济发展指数提升度"前 5 位；西藏、贵州、四川、安徽、陕西为"2015～2018 年经济发展指数提升度"前 5 位；西藏、新疆、陕西、甘肃、青海为"2017～2018 年经济发展指数提升度"前 5 位。

基于独创和首倡检测指标逆向推演测算合理性现实差距和预期目标：①假定当前全国收入法产值构成之劳动者报酬人均值弥合地区差，支出法产值构成之居民消费人均值弥合城乡比，分别应为现有值 114.31%、131.64%，带动收入法、支出法产值相应变化分别应为现有值 114.09%、124.29%；假定当前全国居民收入比、居民消费率达到历年最佳比值，居民收入、总消费分别应为现有值 104.50%、114.91%。②假定 2020 年全国生产法产值实现历年人均值最小地区差，至 2020 年年均增长应达 13.28%，带动第一、第二、第三产业构成比相应变化分别应为 6.64%、39.61% 和 53.75%；假定 2020 年全国财政收入、支出实现历年人均值最小地区差，至 2020 年年均增长分别应达 20.46%、15.53%。③假定 2035 年全国各地居民收入比、居民消费率达到历年最佳比值，至 2035 年年均增长分别应达 12.65%、13.28%；假定 2035 年全国劳动者报酬、居民消费人均值弥合地区差，至 2035 年收入法、支出法产值年均增长分别应达 11.94%、13.10%。四大区域、31 个省域现实差距和预期目标同步测算。

关键词： 全国省域　经济增长　结构优化　综合排行

目 录

Ⅰ 总报告

Ⅱ 技术报告与综合分析

Ⅲ　省域报告

总 报 告

General Report

E.1

"全面小康"进程经济增长结构
优化总体检测

——2000~2018年动态趋向分析

王亚南 李 群*

摘 要： 2000~2018年，国内生产总值构成比中第二产业从45.54%
降至40.65%，第三产业从39.79%升至52.16%；收入法产
值构成比中"居民部门"劳动者报酬从51.38%降至
47.30%，"政府部门"生产税净额从15.40%降至14.24%，
"企业部门"营业盈余从19.06%升至25.04%；支出法产值
构成比中最终消费率从63.30%降至54.31%，资本形成率从

---

* 王亚南，云南省社会科学院研究员，文化发展研究中心主任，主要研究方向为民俗学、民族学及文化理论、文化战略和文化产业；李群，中国社会科学院数量经济与技术经济研究所大数据与经济模型研究室主任，研究员，博士后合作导师，主要从事不确定性经济预测与评价、人才资源与经济发展、国家治理、林业生态评价等领域的研究。

34.33%升至44.85%；经济生活收支中财政收入比从13.36%升至20.37%，居民收入比从46.37%降至45.11%，居民消费率从35.91%降至31.53%。产值、财政收入、财政支出、居民收入、总消费人均值地区差全都缩小，居民收入、总消费人均值城乡比也全都缩小，"不平衡不充分的发展"多有改善。全国经济增长结构优化评价：城乡、地区无差距理想值横向测评为91.78；2000年、2005年、2010年、2015年和2017年自身基数值纵向测评分别为243.32、169.04、121.74、105.88和102.18。横向看距离理想值存在差距，纵向看各五年期以来进展明显。

关键词： 经济生产　经济生活　结构优化　综合评价

中共十九届四中全会通过《中共中央关于坚持和完善中国特色社会主义制度 推进国家治理体系和治理能力现代化若干重大问题的决定》，提出"必须坚持社会主义基本经济制度，充分发挥市场在资源配置中的决定性作用，更好发挥政府作用，全面贯彻新发展理念，坚持以供给侧结构性改革为主线，加快建设现代化经济体系"。经济发展结构优化检测，正是"中国发展"学术研究贯彻"新发展理念"、坚持"供给侧结构性改革"的实际体现。

中国经济增长通用指标检测体系包含国家现行统计制度下三次产业（生产法）产值结构体系的一个主体子系统，国际通行的收入法产值结构体系、支出法产值结构体系两个辅助子系统，面向公共经济生活、人民经济生活的收支综合一个附加子系统。限于篇幅，各子系统分别设置为一图，难以充分展开。全国数据检测更多细节可参看技术报告、排行报告由不同侧面展开的纵向历时动态、横向共时静态对比分析。

一 三次产业（生产法）产值构成子系统检测

2000 年以来全国三次产业（生产法）产值构成子系统结构性检测见图1。

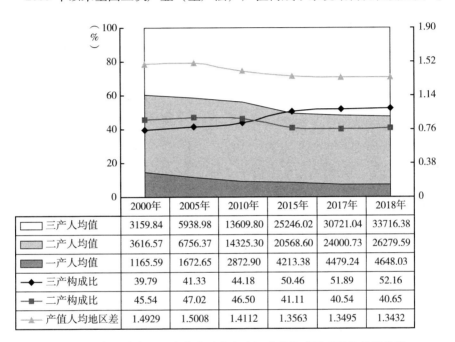

	2000年	2005年	2010年	2015年	2017年	2018年
三产人均值	3159.84	5938.98	13609.80	25246.02	30721.04	33716.38
二产人均值	3616.57	6756.37	14325.30	20568.60	24000.73	26279.59
一产人均值	1165.59	1672.65	2872.90	4213.38	4479.24	4648.03
三产构成比	39.79	41.33	44.18	50.46	51.89	52.16
二产构成比	45.54	47.02	46.50	41.11	40.54	40.65
产值人均地区差	1.4929	1.5008	1.4112	1.3563	1.3495	1.3432

图 1　2000 年以来全国三次产业（生产法）产值构成子系统结构性检测

左轴面积：一、二、三产产值人均值（元转换为%），其和即生产法产值人均值（2017年产值数据按历年惯例据《中国统计年鉴》2019 年卷校订），其间直观比例体现构成比关系。右轴曲线：生产法产值人均地区差（偏差指数，无差距 = 1）。左轴曲线：二、三产构成比（%）。正文另测算一、二、三产人均值地区差、一产构成比。限于制图空间，总量置于后台数据库同步演算；图中省略若干年度，文中描述历年变化包括省略年度，后同。

另需说明，国家统计局据第四次全国经济普查已公布 2018 年全国产值修订数据，但未公布各地相应修订数据，因而仍统一采用《中国统计年鉴》2019 年卷发布的全国及各地产值"初步核算数"，留待《中国统计年鉴》2020 年卷发布时再统一修订。

（一）生产法结构产值

2000～2018 年，全国生产法结构产值总量由 100280.10 亿元增至 900309.50 亿元，2018 年为 2000 年的 8.98 倍；2000 年以来年均增长

12.97%，其间 2005 年以来年均增长 12.84%，2010 年以来年均增长 10.26%，2015 年以来年均增长 9.49%，最近一年年度增长 9.69%。[①]

全国生产法产值人均值由 7942.00 元增至 64644.00 元，2018 年为 2000 年的 8.14 倍；2000 年以来年均增长 12.35%，其间 2005 年以来年均增长 12.26%，2010 年以来年均增长 9.71%，2015 年以来年均增长 8.92%，最近一年年度增长 9.19%。由于人口增长，人均值演算增长率略低于总量演算增长率。

在此期间，全国产值人均值地区差指数由 1.4929 缩小至 1.3432，意即 31 个省域人均值与全国人均值的正负偏差绝对值之平均值从 49.29% 减小到 34.32%。历年地区差明显缩减 10.02%，其中"十五"期间（2000～2005 年，以"九五"末年为基数，以下类推）扩增 0.53%，"十一五"期间（2005～2010 年）缩减 5.97%，"十二五"期间（2010～2015 年）缩减 3.89%，"十三五"以来（2015 年以来）缩减 0.97%。这意味着经济增长的区域"均衡发展"理论已经取得实际成效。

（二）生产法构成成分

1. 第一产业增长及构成比动态

同期，全国第一产业产值总量由 14717.40 亿元增至 64734.00 亿元，2018 年为 2000 年的 4.40 倍；2000 年以来年均增长 8.58%，其间 2005 年以来年均增长 8.73%，2010 年以来年均增长 6.73%，2015 年以来年均增长 3.86%，最近一年年度增长 4.24%。

全国第一产业产值人均值由 1165.59 元增至 4648.03 元，2018 年为 2000 年的 3.99 倍；2000 年以来年均增长 7.99%，其间 2005 年以来年均增长 8.18%，2010 年以来年均增长 6.20%，2015 年以来年均增长 3.33%，最近一年年度增长 3.77%。

[①] 本项检测数据库运算无限保留小数，难免与按稿面整数或常规两位小数演算产生小数出入，此属机器比人工精细之处，并非误差。全书同。

在此期间,全国第一产业产值人均值地区差指数由 1.2558 扩大至 1.3018,略微扩增 3.66%,其中"十五"期间扩增 2.93%,"十一五"期间扩增 1.84%,"十二五"期间扩增 0.05%,"十三五"以来缩减 1.15%。这体现出国内第一产业区域分工战略的现实进展。

全国第一产业构成比由 14.67% 降至 7.19%,明显降低 7.48 个百分点,其中"十五"期间降低 3.02 个百分点,"十一五"期间降低 2.33 个百分点,"十二五"期间降低 0.89 个百分点,"十三五"以来降低 1.24 个百分点。这意味着第一产业主要功能由参与经济发展转向保证基本民生。

2. 第二产业增长及构成比动态

同期,全国第二产业产值总量由 45664.80 亿元增至 366000.90 亿元,2018 年为 2000 年的 8.01 倍;2000 年以来年均增长 12.26%,其间 2005 年以来年均增长 11.58%,2010 年以来年均增长 8.42%,2015 年以来年均增长 9.07%,最近一年年度增长 10.00%。

全国第二产业产值人均值由 3616.57 元增至 26279.59 元,2018 年为 2000 年的 7.27 倍;2000 年以来年均增长 11.65%,其间 2005 年以来年均增长 11.01%,2010 年以来年均增长 7.88%,2015 年以来年均增长 8.51%,最近一年年度增长 9.49%。

在此期间,全国第二产业产值人均值地区差指数由 1.5503 缩小至 1.3230,明显缩减 14.66%,其中"十五"期间扩增 0.93%,"十一五"期间缩减 10.00%,"十二五"期间缩减 2.85%,"十三五"以来缩减 3.30%。这表明我国工业化进程在区域间"均衡发展"方面已经取得实际成效。

全国第二产业构成比由 45.54% 降至 40.65%,明显降低 4.89 个百分点,其中"十五"期间升高 1.48 个百分点,"十一五"期间降低 0.52 个百分点,"十二五"期间降低 5.39 个百分点,"十三五"以来降低 0.46 个百分点。这体现工业化进程与"后工业化"进程在我国双重叠加的发展效应。

3. 第三产业增长及构成比动态

同期,全国第三产业产值总量由 39897.90 亿元增至 469574.60 亿元,2018 年为 2000 年的 11.77 倍;2000 年以来年均增长 14.68%,其间 2005 年以来年均增长 14.87%，2010 年以来年均增长 12.57%，2015 年以来年均增长 10.70%，最近一年年度增长 10.25%。

全国第三产业产值人均值由 3159.84 元增至 33716.38 元，2018 年为 2000 年的 10.67 倍；2000 年以来年均增长 14.06%，其间 2005 年以来年均增长 14.29%，2010 年以来年均增长 12.01%，2015 年以来年均增长 10.12%，最近一年年度增长 9.75%。

在此期间，全国第三产业产值人均值地区差指数由 1.5641 缩小至 1.4370，明显缩减 8.12%，其中"十五"期间扩增 2.22%，"十一五"期间缩减 3.82%，"十二五"期间缩减 5.49%，"十三五"以来缩减 1.12%。这表明国内产业结构升级在区域间"均衡推进"方面已经取得实际成效。

全国第三产业构成比由 39.79% 升至 52.16%，显著升高 12.37 个百分点，其中"十五"期间升高 1.54 个百分点，"十一五"期间升高 2.85 个百分点，"十二五"期间升高 6.28 个百分点，"十三五"以来升高 1.70 个百分点。这体现"后工业化"进程发展成效已经超越工业化进程发展成效。

二 收入法产值构成子系统检测

2000 年以来全国收入法产值构成子系统结构性检测见图 2。

（一）收入法结构产值

2000～2018 年，全国收入法结构产值总量由 98961.98 亿元增至 900309.50 亿元，2018 年为 2000 年的 9.10 倍；2000 年以来年均增长 13.05%，其间 2005 年以来年均增长 12.84%，2010 年以来年均增长 10.26%，2015 年以来年均增长 9.49%，最近一年年度增长 9.69%。

全国收入法产值人均值由 7837.61 元增至 64644.00 元，2018 年为 2000 年的 8.25 倍；2000 年以来年均增长 12.44%，其间 2005 年以来年均增长 12.26%，2010 年以来年均增长 9.71%，2015 年以来年均增长 8.92%，最近一年年度增长 9.19%。

在此期间，全国收入法产值人均值地区差指数由 1.4686 缩小至 1.3432，明显缩减 8.53%，其中"十五"期间扩增 2.20%，"十一五"期间缩减 5.97%，"十二五"期间缩减 3.89%，"十三五"以来缩减 0.97%。这意味着经济增长的区域"均衡发展"理论已经取得实际成效。

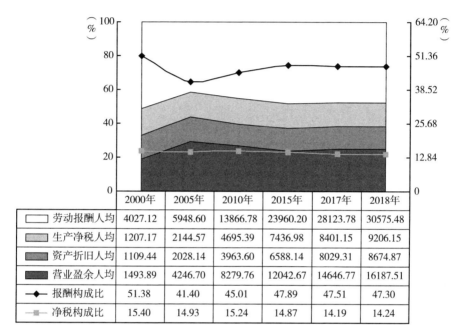

	2000年	2005年	2010年	2015年	2017年	2018年
劳动报酬人均	4027.12	5948.60	13866.78	23960.20	28123.78	30575.48
生产净税人均	1207.17	2144.57	4695.39	7436.98	8401.15	9206.15
资产折旧人均	1109.44	2028.14	3963.60	6588.14	8029.31	8674.87
营业盈余人均	1493.89	4246.70	8279.76	12042.67	14646.77	16187.51
报酬构成比	51.38	41.40	45.01	47.89	47.51	47.30
净税构成比	15.40	14.93	15.24	14.87	14.19	14.24

图2 2000 年以来全国收入法产值构成子系统结构性检测

左轴面积：劳动者报酬、生产税净额、固定资产折旧、营业盈余人均值（元转换为%），其和即收入法产值人均值，其间直观比例体现构成比关系。右轴曲线：报酬、净税构成比（%）。正文另测算各类人均值地区差、折旧、盈余构成比，并附加其他相关性比值。

（二）收入法产值构成成分

1. 劳动者报酬增长及构成比动态

同期，全国收入法产值构成之劳动者报酬总量由 50848.60 亿元增至 425830.60 亿元，2018 年为 2000 年的 8.37 倍；2000 年以来年均增长 12.53%，其间 2005 年以来年均增长 14.00%，2010 年以来年均增长 10.95%，2015 年以来年均增长 9.03%，最近一年年度增长 9.21%。

全国劳动者报酬人均值由 4027.12 元增至 30575.48 元，2018 年为 2000 年的 7.59 倍；2000 年以来年均增长 11.92%，其间 2005 年以来年均增长 13.42%，2010 年以来年均增长 10.39%，2015 年以来年均增长 8.47%，最近一年年度增长 8.72%。

在此期间，全国劳动者报酬人均值地区差指数由 1.3497 缩小至 1.3218，略微缩减 2.07%，其中"十五"期间扩增 6.26%，"十一五"期间缩减 4.97%，"十二五"期间缩减 2.68%，"十三五"以来缩减 0.34%。这表明全国劳动者报酬的地区差异减小。

全国劳动者报酬构成比由 51.38% 降至 47.30%，明显降低 4.08 个百分点，其中"十五"期间降低 9.98 个百分点，"十一五"期间升高 3.61 个百分点，"十二五"期间升高 2.88 个百分点，"十三五"以来降低 0.59 个百分点。这意味着国内（居民部门）全体劳动者报酬在以产值为表征的社会财富分配中所得份额降低。

这就是国家"十二五"规划明确"努力实现居民收入增长与经济发展同步"此项"约束性指标"的现实依据。图 2 相应曲线分明可见，劳动者报酬构成比有所回升，近两年却又略有回降。本项检测坚持以人民为中心尤其是以劳动者为中心的发展理念，展开收入法产值结构分析，首先注重检测劳动者报酬构成比变化。

在此需要引入本系列丛书社会卷里不同类别就业人员工资数据，对应分析测算劳动者报酬增长中不同类别就业工资的贡献动态。

同期，全国非私营单位就业人员工资总额与产值总量的相对比值较明显升高 47.88%，其中"十五"期间升高 3.63%，"十一五"期间升高 4.16%，"十二五"期间升高 42.35%，"十三五"以来降低 3.76%。私营单位就业人员工资总额与产值总量的相对比值极显著升高 542.03%，其中"十五"期间升高 133.17%，"十一五"期间升高 7.17%，"十二五"期间升高 97.20%，"十三五"以来升高 30.29%。

这两项比值变化体现劳动者报酬总构成中非私营单位、私营单位各自就业人员工资所占部分的变动态势，比值提升出于非私营单位、私营单位就业率、就业人员平均工资提高的双重作用，从中可看到不同五年期各自变化动态。由于现行统计制度缺欠第一产业、个体经营就业人员类比工资收入数据，无法展开全口径就业工资与劳动者报酬增长之间对应分析测算。

2. 生产税净额增长及构成比动态

同期，全国收入法产值构成之生产税净额总量由 15242.36 亿元增至 128215.77 亿元，2018 年为 2000 年的 8.41 倍；2000 年以来年均增长 12.56%，其间 2005 年以来年均增长 12.43%，2010 年以来年均增长 9.33%，2015 年以来年均增长 7.93%，最近一年年度增长 10.08%。

全国生产税净额人均值由 1207.17 元增至 9206.15 元，2018 年为 2000 年的 7.63 倍；2000 年以来年均增长 11.95%，其间 2005 年以来年均增长 11.86%，2010 年以来年均增长 8.78%，2015 年以来年均增长 7.37%，最近一年年度增长 9.58%。

在此期间，全国生产税净额人均值地区差指数由 1.4525 缩小至 1.3941，较明显缩减 4.02%，其中"十五"期间扩增 4.28%，"十一五"期间缩减 4.79%，"十二五"期间缩减 3.64%，"十三五"以来扩增 0.33%。这表明全国生产税净额的地区差异减小。

全国生产税净额构成比由 15.40% 降至 14.24%，较明显降低 1.16 个百分点，其中"十五"期间降低 0.47 个百分点，"十一五"期间升高 0.31 个百分点，"十二五"期间降低 0.37 个百分点，"十三五"以来降低 0.63 个百分点。这意味着国内（政府部门）公共财政在以产值为表征的社会财富分配中所得份额也有所降低，此即国家近几年推进"减税让利"各种政策的实际结果。

3. 固定资产折旧增长及构成比动态

同期，全国收入法产值构成之固定资产折旧总量由 14008.36 亿元增至 120816.59 亿元，2018 年为 2000 年的 8.62 倍；2000 年以来年均增长 12.72%，其间 2005 年以来年均增长 12.40%，2010 年以来年均增长 10.84%，2015 年以来年均增长 10.18%，最近一年年度增长 8.53%。

全国资产折旧人均值由 1109.44 元增至 8674.87 元，2018 年为 2000 年的 7.82 倍；2000 年以来年均增长 12.10%，其间 2005 年以来年均增长 11.83%，2010 年以来年均增长 10.29%，2015 年以来年均增长 9.61%，最近一年年度增长 8.04%。

在此期间，全国资产折旧人均值地区差指数由 1.6178 缩小至 1.3152，明显缩减 18.70%，其中"十五"期间缩减 3.31%，"十一五"期间缩减 8.89%，"十二五"期间缩减 6.49%，"十三五"以来缩减 1.31%。这表明全国资产折旧的地区差异缩小，可以印证区域间第二产业发展的地区差距缩小。

全国资产折旧构成比由 14.16% 降至 13.42%，略微降低 0.74 个百分点，其中"十五"期间降低 0.04 个百分点，"十一五"期间降低 1.25 个百分点，"十二五"期间升高 0.30 个百分点，"十三五"以来升高 0.25 个百分点。固定资产主要集中于第二产业领域，资产折旧构成比下降可以对应第二产业构成比下降。

4. 营业盈余增长及构成比动态

同期，全国收入法产值构成之营业盈余总量由 18862.67 亿元增至 225446.54 亿元，2018 年为 2000 年的 11.95 倍；2000 年以来年均增长 14.78%，其间 2005 年以来年均增长 11.41%，2010 年以来年均增长 9.29%，2015 年以来年均增长 10.94%，最近一年年度增长 11.02%。

全国营业盈余人均值由 1493.89 元增至 16187.51 元，2018 年为 2000 年的 10.84 倍；2000 年以来年均增长 14.15%，其间 2005 年以来年均增长 10.84%，2010 年以来年均增长 8.74%，2015 年以来年均增长 10.36%，最近一年年度增长 10.52%。

在此期间，全国营业盈余人均值地区差指数由 1.7574 缩小至 1.4171，明显缩减 19.36%，其中"十五"期间缩减 9.45%，"十一五"期间缩减 4.86%，"十二五"期间缩减 2.85%，"十三五"以来缩减 3.65%。这表明全国企业营业盈余的地区差异减小。

全国营业盈余构成比由 19.06% 升至 25.04%，明显升高 5.98 个百分点，其中"十五"期间升高 10.50 个百分点，"十一五"期间降低 2.68 个百分点，"十二五"期间降低 2.81 个百分点，"十三五"以来升高 0.97 个百分点。这意味着国内（企业部门）各类企业在以产值为表征的社会财富分配中所得份额增高。

三　支出法产值构成子系统检测

2000 年以来全国支出法产值构成子系统结构性检测见图3。

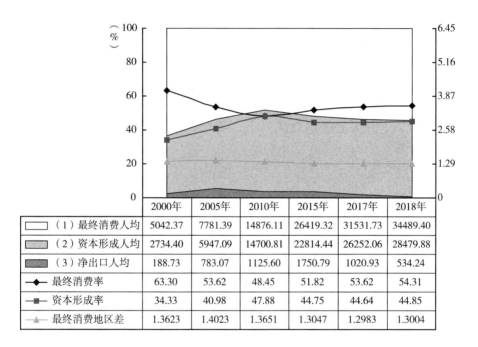

	2000年	2005年	2010年	2015年	2017年	2018年
（1）最终消费人均	5042.37	7781.39	14876.11	26419.32	31531.73	34489.40
（2）资本形成人均	2734.40	5947.09	14700.81	22814.44	26252.06	28479.88
（3）净出口人均	188.73	783.07	1125.60	1750.79	1020.93	534.24
最终消费率	63.30	53.62	48.45	51.82	53.62	54.31
资本形成率	34.33	40.98	47.88	44.75	44.64	44.85
最终消费地区差	1.3623	1.4023	1.3651	1.3047	1.2983	1.3004

图3　2000 年以来全国支出法产值构成子系统结构性检测

　　左轴面积：（1）最终消费支出、（2）资本形成、（3）货物与服务净出口人均值（元转换为%），（1）＋（2）＋（3）＝支出法产值人均值，其间直观比例体现构成比关系。右轴曲线：最终消费人均值地区差（偏差指数，无差距＝1）。左轴曲线：最终消费率、资本形成率（%）。正文另测算其余人均值地区差、净出口拉动率。

（一）支出法结构产值

2000～2018 年，全国支出法结构产值总量由 100576.83 亿元增至884426.00 亿元，2018 年为 2000 年的 8.79 倍；2000 年以来年均增长

12.84%，其间 2005 年以来年均增长 12.60%，2010 年以来年均增长 10.06%，2015 年以来年均增长 8.15%，最近一年年度增长 8.48%。

全国支出法产值人均值由 7965.50 元增至 63503.53 元，2018 年为 2000 年的 7.97 倍；2000 年以来年均增长 12.22%，其间 2005 年以来年均增长 12.02%，2010 年以来年均增长 9.51%，2015 年以来年均增长 7.59%，最近一年年度增长 7.99%。

在此期间，全国支出法产值人均值地区差指数由 1.4666 缩小至 1.3442，明显缩减 8.35%，其中"十五"期间扩增 2.13%，"十一五"期间缩减 5.65%，"十二五"期间缩减 3.91%，"十三五"以来缩减 1.00%。这意味着经济增长的区域"均衡发展"理论已经取得实际成效。

（二）支出法产值构成成分

1. 最终消费支出增长及构成比动态

同期，全国支出法产值构成之最终消费支出总量由 63667.72 亿元增至 480340.60 亿元，2018 年为 2000 年的 7.54 倍；2000 年以来年均增长 11.88%，其间 2005 年以来年均增长 12.71%，2010 年以来年均增长 11.64%，2015 年以来年均增长 9.86%，最近一年年度增长 9.88%。

全国最终消费人均值由 5042.37 元增至 34489.40 元，2018 年为 2000 年的 6.84 倍；2000 年以来年均增长 11.27%，其间 2005 年以来年均增长 12.13%，2010 年以来年均增长 11.08%，2015 年以来年均增长 9.29%，最近一年年度增长 9.38%。

在此期间，全国最终消费人均值地区差指数由 1.3623 缩小至 1.3004，较明显缩减 4.54%，其中"十五"期间扩增 2.94%，"十一五"期间缩减 2.65%，"十二五"期间缩减 4.43%，"十三五"以来缩减 0.33%。这表明全国最终消费支出的地区差异减小。

全国最终消费率（消费率）由 63.30% 降至 54.31%，明显降低 8.99 个百分点，其中"十五"期间降低 9.68 个百分点，"十一五"期间降低 5.17 个百分点，"十二五"期间升高 3.37 个百分点，"十三五"以来升高 2.49

个百分点。这意味着我国距离真正实现主要依靠"消费拉动"经济增长尚有一段距离,好在近些年已出现最终消费率持续回升趋向。

2. 资本形成增长及构成比动态

同期,全国支出法产值构成之资本形成总额由 34526.10 亿元增至396644.80 亿元,2018 年为 2000 年的 11.49 倍;2000 年以来年均增长14.53%,其间 2005 年以来年均增长 13.38%,2010 年以来年均增长9.17%,2015 年以来年均增长 8.23%,最近一年年度增长 8.98%。

全国资本形成人均值由 2734.40 元增至 28479.88 元,2018 年为 2000 年的 10.42 倍;2000 年以来年均增长 13.90%,其间 2005 年以来年均增长12.80%,2010 年以来年均增长 8.62%,2015 年以来年均增长 7.67%,最近一年年度增长 8.49%。

在此期间,全国资本形成人均值地区差指数由 1.6095 缩小至 1.4714,明显缩减 8.58%,其中"十五"期间缩减 0.81%,"十一五"期间缩减6.80%,"十二五"期间扩增 0.95%,"十三五"以来缩减 2.04%。这表明全国资本形成的地区差异减小。

全国资本形成率(投资率)由 34.33% 升至 44.85%,显著升高 10.52个百分点,其中"十五"期间升高 6.65 个百分点,"十一五"期间升高6.90 个百分点,"十二五"期间降低 3.13 个百分点,"十三五"以来升高0.10 个百分点。这意味着国内各级各地依旧主要借助"投资拉动"保持经济增长速度,距离真正的"消费拉动"还有较长路程,好在近些年已出现资本形成率持续回降趋向。

3. 货物与服务净出口增长及构成比动态

同期,全国支出法产值构成之货物与服务净出口总量由 2383.01 亿元增至 7440.49 亿元,2018 年为 2000 年的 3.12 倍;2000 年以来年均增长6.53%,其间 2005 年以来年均负增长 2.40%,2010 年以来年均负增长8.43%,2015 年以来年均负增长 32.33%,最近一年年度负增长 47.43%。

全国净出口人均值由 188.73 元增至 534.24 元,2018 年为 2000 年的2.83 倍;2000 年以来年均增长 5.95%,其间 2005 年以来年均负增长

2.90%，2010 年以来年均负增长 8.89%，2015 年以来年均负增长 32.68%，最近一年年度负增长 47.67%。由于国内统一市场，各省域货物与服务净流出大多为负值，无法综合演算全国人均值地区差指数。

全国净出口拉动率由 2.37% 降至 0.84%，较明显降低 1.53 个百分点，其中"十五"期间升高 3.03 个百分点，"十一五"期间降低 1.73 个百分点，"十二五"期间降低 0.24 个百分点，"十三五"以来降低 2.59 个百分点。由此不难看出，在我国产值构成及其增长结构当中，净出口所占比重越来越小。

四　经济生活收支综合子系统检测

2000 年以来全国经济生活收支综合子系统结构性检测见图 4。

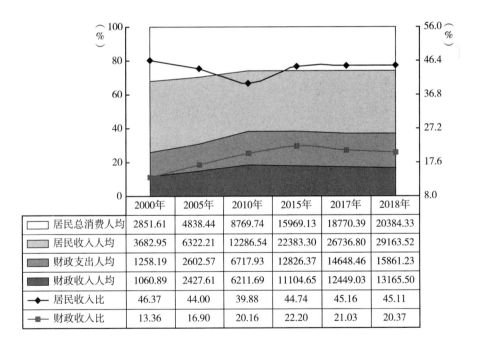

	2000年	2005年	2010年	2015年	2017年	2018年
居民总消费人均	2851.61	4838.44	8769.74	15969.13	18770.39	20384.33
居民收入人均	3682.95	6322.21	12286.54	22383.30	26736.80	29163.52
财政支出人均	1258.19	2602.57	6717.93	12826.37	14648.46	15861.23
财政收入人均	1060.89	2427.61	6211.69	11104.65	12449.03	13165.50
居民收入比	46.37	44.00	39.88	44.74	45.16	45.11
财政收入比	13.36	16.90	20.16	22.20	21.03	20.37

图 4　2000 年以来全国经济生活收支综合子系统结构性检测

左轴面积：居民总消费、居民收入、财政支出、财政收入人均值（元转换为%），其间呈直观比例。右轴曲线：居民收入比、财政收入比（%）。正文另测算居民消费率、财政支出比、各类人均值地区差、民生数据城乡比，并附加其他相关性比值。

（一）公共经济生活

1. 财政收入增长及相对比值动态

2000～2018 年，全国财政收入总量由 13395.23 亿元增至 183359.84 亿元，2018 年为 2000 年的 13.69 倍；2000 年以来年均增长 15.65%，其间 2005 年以来年均增长 14.47%，2010 年以来年均增长 10.40%，2015 年以来年均增长 6.39%，最近一年年度增长 6.24%。

全国财政收入人均值由 1060.89 元增至 13165.50 元，2018 年为 2000 年的 12.41 倍；2000 年以来年均增长 15.02%，其间 2005 年以来年均增长 13.89%，2010 年以来年均增长 9.84%，2015 年以来年均增长 5.84%，最近一年年度增长 5.76%。

同时，全国财政收入比（与国民总收入极度近似值产值比）由 13.36% 升至 20.37%，明显升高 7.01 个百分点，其中"十五"期间升高 3.54 个百分点，"十一五"期间升高 3.26 个百分点，"十二五"期间升高 2.04 个百分点，"十三五"以来降低 1.83 个百分点。这意味着"政府部门"在经济生活中的收益份额升高。

2. 财政支出增长及相对比值动态

同期，全国财政支出总量由 15886.50 亿元增至 220904.13 亿元，2018 年为 2000 年的 13.91 倍；2000 年以来年均增长 15.75%，其间 2005 年以来年均增长 15.50%，2010 年以来年均增长 11.90%，2015 年以来年均增长 7.89%，最近一年年度增长 8.77%。

全国财政支出人均值由 1258.19 元增至 15861.23 元，2018 年为 2000 年的 12.61 倍；2000 年以来年均增长 15.12%，其间 2005 年以来年均增长 14.92%，2010 年以来年均增长 11.34%，2015 年以来年均增长 7.34%，最近一年年度增长 8.28%。

同时，全国财政支出比（与产值比）由 15.84% 升至 24.54%，明显升高 8.70 个百分点，其中"十五"期间升高 2.27 个百分点，"十一五"期间升高 3.70 个百分点，"十二五"期间升高 3.83 个百分点，"十三五"以来降低 1.10 个百分点。这意味着"政府部门"在社会财富支配中的用度份额升高。

3. 财政收入、财政支出地区差变化

在此期间，全国财政收入人均值地区差指数由 1.6706 缩小至 1.5641，明显缩减 6.37%，其中"十五"期间扩增 1.53%，"十一五"期间缩减 4.98%，"十二五"期间缩减 3.18%，"十三五"以来扩增 0.24%。这体现出经济增长、公共财政收入随之增加的地区差异已经逐步减小。

全国财政支出人均值地区差指数由 1.4835 缩小至 1.3763，明显缩减 7.23%，其中"十五"期间缩减 0.80%，"十一五"期间缩减 5.56%，"十二五"期间缩减 0.96%，"十三五"以来缩减 0.03%。这体现出经济增长、公共财政支出随之增高的地区差异已经逐步减小。

（二）人民经济生活

1. 居民收入增长及相对比值动态

2000～2018 年，全国居民收入总量由 46502.56 亿元增至 406169.14 亿元，2018 年为 2000 年的 8.73 倍；2000 年以来年均增长 12.80%，其间 2005 年以来年均增长 13.05%，2010 年以来年均增长 11.97%，2015 年以来年均增长 9.79%，最近一年年度增长 9.57%。

全国城乡综合演算的居民收入人均值由 3682.95 元增至 29163.52 元，2018 年为 2000 年的 7.92 倍；2000 年以来年均增长 12.18%，其间 2005 年以来年均增长 12.48%，2010 年以来年均增长 11.41%，2015 年以来年均增长 9.22%，最近一年年度增长 9.08%。

同时，全国居民收入比（与国民总收入极度近似值产值比）由 46.37% 降至 45.11%，较明显降低 1.26 个百分点，其中"十五"期间降低 2.37 个百分点，"十一五"期间降低 4.12 个百分点，"十二五"期间升高 4.86 个百分点，"十三五"以来升高 0.37 个百分点。这意味着"居民部门"在经济生活中的收益份额降低，好在进入"十二五"之后略有回升。

在此需要引入本系列丛书社会卷里不同类别就业人员工资数据，对应分析测算城乡居民收入增长中不同类别就业工资的贡献动态。

同期，全国非私营单位就业人员工资总额与城乡居民总收入总量的相对比值较明显升高52.01%，其中"十五"期间升高9.21%，"十一五"期间升高14.91%，"十二五"期间升高26.90%，"十三五"以来降低4.55%。私营单位就业人员工资总额与城乡居民收入总量的相对比值极显著升高559.94%，其中"十五"期间升高145.73%，"十一五"期间升高18.23%，"十二五"期间升高75.79%，"十三五"以来升高29.21%。

这两项比值变化体现居民收入总构成中非私营单位、私营单位各自就业人员工资收入部分的变动态势，比值提升出于非私营单位、私营单位就业率、就业人员平均工资提高的双重作用，从中可看到不同五年期各自变化动态。由于现行统计制度缺欠第一产业、个体经营就业人员类比工资收入数据，无法展开全口径就业工资与居民收入增长之间对应分析测算。

2. 居民总消费增长及相对比值动态

同期，全国居民总消费总量由36005.66亿元增至283898.74亿元，2018年为2000年的7.88倍；2000年以来年均增长12.16%，其间2005年以来年均增长12.27%，2010年以来年均增长11.68%，2015年以来年均增长9.04%，最近一年年度增长9.09%。

全国城乡综合演算的居民总消费人均值由2851.61元增至20384.33元，2018年为2000年的7.15倍；2000年以来年均增长11.55%，其间2005年以来年均增长11.70%，2010年以来年均增长11.12%，2015年以来年均增长8.48%，最近一年年度增长8.60%。

同时，全国居民消费率（与产值比）由35.91%降至31.53%，明显降低4.38个百分点，其中"十五"期间降低2.23个百分点，"十一五"期间降低5.21个百分点，"十二五"期间升高3.45个百分点，"十三五"以来降低0.39个百分点。这意味着"居民部门"在社会财富支配中的用度份额降低，好在进入"十二五"之后略有回升。

在此同样引入本系列丛书社会卷里不同类别就业人员工资数据，对应分析测算城乡居民总消费增长中不同类别就业工资的贡献动态。

同期，全国非私营单位就业人员工资总额与城乡居民总消费总量的相对比值较明显升高 68.38%，其中"十五"期间升高 10.49%，"十一五"期间升高 23.21%，"十二五"期间升高 26.96%，"十三五"以来降低 2.57%。私营单位就业人员工资总额与城乡居民总消费总量的相对比值极显著升高 631.04%，其中"十五"期间升高 148.61%，"十一五"期间升高 26.77%，"十二五"期间升高 75.87%，"十三五"以来升高 31.89%。

这两项比值变化体现居民消费总构成中非私营单位、私营单位各自就业人员工资支出部分的变动态势，比值提升出于非私营单位、私营单位就业率、就业人员平均工资提高的双重作用，从中可看到不同五年期各自变化动态。由于现行统计制度缺欠第一产业、个体经营就业人员类比工资支出数据，无法展开全口径就业工资与居民总消费增长之间对应分析测算。

3. 居民收入、总消费地区差、城乡比变化

在此期间，全国居民收入人均值地区差指数由 1.3606 缩小至 1.2685，较明显缩减 6.77%，其中"十五"期间扩增 0.31%，"十一五"期间缩减 2.47%，"十二五"期间缩减 3.86%，"十三五"以来缩减 0.88%。这表明，基于经济增长、社会财富普遍增加，居民收入的地区差异已逐步缩小。

全国居民收入人均值城乡比指数由 2.7869 缩小至 2.6853，意即全国居民收入城镇人均值从乡村人均值的 2.79 倍减小为 2.69 倍。历年城乡比明显缩减 3.65%，其中"十五"期间扩增 15.68%，"十一五"期间扩增 0.15%，"十二五"期间缩减 15.40%，"十三五"以来缩减 1.68%。这意味着，基于经济增长、社会财富普遍增加，居民收入的城乡差异已逐步缩小，但缩减的幅度和速度显得过小过慢。

全国居民总消费人均值地区差指数由 1.3476 缩小至 1.2411，明显缩减 7.90%，其中"十五"期间缩减 0.16%，"十一五"期间缩减 2.27%，"十二五"期间缩减 3.40%，"十三五"以来缩减 2.29%。这表明，基于经济增长、社会财富普遍增加，人民日常生活消费需求的地区差异已逐步缩小。

全国居民总消费人均值城乡比指数由 2.9926 缩小至 2.1537，显著缩减 28.03%，其中"十五"期间扩增 3.87%，"十一五"期间缩减 1.09%，

"十二五"期间缩减 24.55%，"十三五"以来缩减 7.15%。这意味着，基于经济增长、社会财富普遍增加，民生消费需求的城乡差异已逐步缩小。这是从民生主要数据相关性分析中看到的表现最为良好的一个侧面。

五　经济增长通用指标动态测评

2000～2018 年全国经济增长结构优化综合检测结果见图 5。

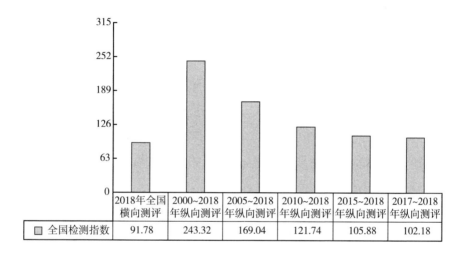

	2018年全国横向测评	2000~2018年纵向测评	2005~2018年纵向测评	2010~2018年纵向测评	2015~2018年纵向测评	2017~2018年纵向测评
☐ 全国检测指数	91.78	243.32	169.04	121.74	105.88	102.18

图 5　2000～2018 年全国经济增长结构优化综合检测结果

数轴柱形：共时性年度横向测评（全国城乡地区无差距理想值 = 100）；历时性阶段纵向测评（起点年自身基数值 = 100），从左至右①"十五"以来，②"十一五"以来，③"十二五"以来，④"十三五"以来，⑤上年以来。

1. 各年度理想值横向测评

以假定全国及各地各类数据全面消除城乡差距、地区差距为理想值 100，2018 年全国横向测评，全国总体指数为 91.78。这表明与全国及各地城乡、地区无差距理想值相比，全国总体经济增长结构优化全量化检测分值低于理想值 8.22%。在此类检测中，17 个省域指数分值高于全国总体水平，14 个省域指数分值低于全国总体水平。

各年度理想值横向测评方法的基本设置：①各类总量份额以上年为基准

衡量升降变化（全国份额100%自为基准），②各类人均绝对值以全国平均值为基准衡量增减变动（全国自为基准），③各类总量、人均值之间增长率比差以上年为基准衡量高低程度（全国亦然），④各类人均值地区差、城乡比以假定实现无差距理想值衡量现实差距（全国亦然），⑤各类构成比值或相对比值以全国比值为基准衡量大小差异（全国自为基准）。由于共时性检验多类指标加权演算以全国为基准（除了增长率协调性比差和地区差、城乡比均衡性逆指标），可能会出现全国总体最后"得分"超越四大区域"得分"之外的情况（全国总体数值一般应在各地数值之间）。

2.2000年以来基数值纵向测评

以"九五"末年2000年各类数据演算指标为基数值100，"十五"以来至2018年纵向测评，全国指数为243.32。这表明与2000年自身基数值相比，全国经济增长结构优化全量化检测分值高于基数值143.32%。在此类检测中，20个省域指数分值高于全国总体水平，11个省域指数分值低于全国总体水平。

各时段基数值纵向测评方法的基本设置：①各类总量份额值升降，②各类人均绝对值增减，③各类总量、人均值之间增长率比差大小，④各类人均值地区差、城乡比增减，⑤各类构成比值或相对比值高低，所有这些指标的检测演算均以起点年度为基数进行测算，优于起点年"加分"而逊于起点年"减分"，其中地区差、城乡比两项逆指标以小为佳（改进"不平衡不充分的发展"缺陷最具代表性实际体现），地区差、城乡比缩小"加分"而地区差、城乡比扩大"减分"（发达地区"率先发展"、中心城市"突进发展"往往带来地区差、城乡比扩大），全国总体失去"豁免"与各地一视同仁经受历时性检验。各时段纵向测评同理，区别仅在于起始年度及历时长短不同。

3.2005年以来基数值纵向测评

以"十五"末年2005年各类数据演算指标为基数值100，"十一五"以来至2018年纵向测评，全国指数为169.04。这表明与2005年自身基数值相比，全国经济增长结构优化全量化检测分值高于基数值69.04%。在此类检测中，17个省域指数分值高于全国总体水平，14个省域指数分值低于全国总体水平。

4. 2010年以来基数值纵向测评

以"十一五"末年2010年各类数据演算指标为基数值100,"十二五"以来至2018年纵向测评,全国指数为121.74。这表明与2010年自身基数值相比,全国经济增长结构优化全量化检测分值高于基数值21.74%。在此类检测中,15个省域指数分值高于全国总体水平,16个省域指数分值低于全国总体水平。

5. 2015年以来基数值纵向测评

以"十二五"末年2015年各类数据演算指标为基数值100,"十三五"以来至2018年纵向测评,全国指数为105.88。这表明与2015年自身基数值相比,全国经济增长结构优化全量化检测分值高于基数值5.88%。在此类检测中,9个省域指数分值高于全国总体水平,22个省域指数分值低于全国总体水平。

6. 逐年度基数值纵向测评

逐年以上年各类数据演算指标为基数值100,2017～2018年纵向测评,全国指数为102.18。这表明与2017年自身基数值相比,全国经济增长结构优化全量化检测分值高于基数值2.18%。在此类检测中,10个省域指数分值高于全国总体水平,21个省域指数分值低于全国总体水平。

技术报告与综合分析

Technical Report and Comprehensive Analysis

Ⅲ.2

中国经济增长通用指标检测体系阐释

——技术报告兼历年增长结构化相关性分析

王亚南　方彧　段涛*

摘　要：　中国经济增长通用指标检测体系包含国家现行统计制度下三次产
　　　　　业（生产法）产值结构体系一个主体子系统，国际通行的收入
　　　　　法产值结构体系、支出法产值结构体系两个辅助子系统，面向公
　　　　　共经济生活、人民经济生活的收支综合一个附加子系统。整个检
　　　　　测体系共有一级指标（子系统）4项、二级指标（类别项）40
　　　　　项、三级指标（演算项）154项，包括各类数据之间增长相关度
　　　　　加权检测指标、同类城乡数据之间增长相关度加权检测指标，不

---

* 王亚南，云南省社会科学院研究员，文化发展研究中心主任，主要研究方向为民俗学、民族
学及文化理论、文化战略和文化产业；方彧，中国老龄科学研究中心副研究员，中国社会科
学院博士，主要研究方向为口头传统、老龄文化和文化产业；段涛，云南省商务研究院院长、
副研究员，主要从事市场监测与分析相关研究。

包括地区差变动相关度检验监测指标。全系统综合演算中，三次产业（生产法）产值构成子系统占权重40%，收入法产值构成子系统占权重30%，支出法产值构成子系统占权重20%，经济生活收支综合子系统占权重10%。

关键词： 经济增长　结构优化　通用指标　相关性分析

各类统计年鉴提供的各种数据并非拿来就用，必须运用数学抽象推演公理建立一切可能的演算关系，对数据关系展开全结构列联分析，最大限度对基础数据进行加工，从而产生大量衍生测算数据，便能超越基础数据局限。基础数据更不能都直接作为所谓检测指标，譬如人所共知总量数据体现宏观规模，但在差异极大的各地不具可比性，可以演算为占全国份额，份额升降变化具有通约演算可比性。人均值数据具有一定可比性，但相关性数据之间的相对比值、特殊算法得出的指数值更具通约可比性。所谓可比性绝非简单对比绝对数值高低大小，还应当在全国及地方各层级之间实现通约演算，这样检测得出的各类测算值方具有通约可比性。

中国社会结构体制存在"非均衡性"，正是"不平衡不充分的发展"缺陷的深层渊源。对此，最关键的分析检测在于通约测算全国及各地各类数据之间增长的协调性，城乡之间、地区之间各类数据增长的均衡性。本系列研究早年首创城乡比倒数权衡系数作为指数值逆指标，独创地区差演算及其倒数权衡系数作为指数值逆指标，对于全国及东、中、西部和东北四大区域、省域，以至地级市、县域均可实现全面通约演算。最终检测结果首先反映普遍现实，其次揭示潜在趋向，最后印证古今历史。这是十余年前本系列研究起步之初便确定的基本要求。

一　基础数据采集与通用指标系统设计

中国经济增长通用指标检测体系数据来源及相关演算见表1。

1. 人口背景数据

人口数据是对各类统计年鉴基础数据进行加工演算的基础，本系列研究十余年以来的诸多检测指标体系历来把人口数据置于第一重要位置。不过，统计年鉴提供人口数据只有城乡、城镇、乡村分类的"年末人口数"，在各类数据的总量与人均值之间转换演算，必须先行把历年的年末人口数演算为各个年度的年平均人口数方能使用。

表1 中国经济增长通用指标检测体系基础数据及相关演算

序号	数据内容	全国数据具体出处	省域数据具体出处
1	城乡、城镇、乡村年末人口	二 人口，2－8分地区人口的城乡构成和出生率、死亡率、自然增长率	
2	产值总量及人均值	三 国民经济核算，3－1国内生产总值	3－9地区生产总值
3	第一产业产值		
4	第二产业产值		
5	第三产业产值		
6	收入法产值总量	无全国数据，根据数据关系推算	3－10地区生产总值收入法构成项目 （年鉴2019年卷未发布2018年分地区数据，只能根据历年数据关系推算，出现误差由应发布方负责解释）
7	劳动者报酬		
8	生产税净额		
9	固定资产折旧		
10	营业盈余		
11	支出法产值总量	三、国民经济核算，3－11支出法国内生产总值	3－13支出法地区生产总值 （年鉴2019年卷未发布2018年分地区数据，只能根据历年数据关系推算，出现误差由应发布方负责解释）
12	最终消费支出		
13	资本形成总额		
14	货物与服务净出口（流出）		
15	财政收入总量	七、财政，7－2中央和地方一般公共预算主要收入项目	7－5分地区一般公共预算收入
16	财政支出总量	七、财政，7－3中央和地方一般公共预算主要支出项目	7－6分地区一般公共预算支出
17	城乡居民人均收入	六、人民生活，6－18分地区居民人均可支配收入来源（对应城、乡总量演算之和存在误差。全国与省域同表，下同）	说明：引入人口参数（城乡、城镇、乡村历年年末人口数据均换算为年平均人口数）演算衍生数据：

续表

序号	数据内容	全国数据具体出处	省域数据具体出处
18	城乡居民人均消费	六　人民生活,6 - 20 分地区居民人均消费支出（对应城、乡总量演算之和存在误差）	（1）第 3 ~ 16 类人均值； （2）第 17 ~ 18 类城乡总量； （3）第 19 ~ 22 类城镇、乡村总量，其和为城乡总量本源； （4）第 19 ~ 22 类城乡综合人均值； （5）第 2 ~ 22 类人均值地区差； （6）第 19 ~ 22 类人均值城乡比； （7）第 1 ~ 22 类东、中、西部和东北整体数据
19	城镇居民人均收入	六　人民生活,6 - 24 分地区城镇居民人均可支配收入来源	
20	城镇居民人均消费	六　人民生活,6 - 26 分地区城镇居民人均消费支出	
21	乡村居民人均收入	六　人民生活,6 - 30 分地区农村居民人均可支配收入来源	
22	乡村居民人均消费	六　人民生活,6 - 32 分地区农村居民人均消费支出	

注：①数据来源于国家统计局《中国统计年鉴》历年卷，数据具体出处章号章名、表号表名、统计项名称各年卷多有变化，以 2018 年卷（发布 2017 年数据）为准；②本系列研究多年前率先展开民生数据城乡综合演算，引来国家统计制度及其数据发布改进，2015 年卷始提供城乡综合人均收入、总消费及分类消费数据，但此类人均值与总量之间存在演算误差，居民收入、消费人均值和总量对应产值人均值和总量（同为年鉴发布）分别演算居民收入比、居民消费率有出入，因而本项检测回归自行演算城乡人均值，以保证数据库测算模型的规范性及其历年通行测评的标准化。

2. 产值结构多维度分析

我国现行的国家统计制度采用三次产业（生产法）产值结构体系，三次产业（生产法）产值构成分析当然成为本项检测指标系统的主体部分。国际通行的收入法产值结构体系、支出法产值结构体系另有独到之处，譬如收入法产值构成的劳动者报酬、支出法产值构成的最终消费支出，直接对应本系列研究业已开展的人民生活发展量化分析检测评价。本项检测指标系统自然把收入法产值构成、支出法产值构成分析作为极其重要的辅助部分。统计年鉴同时直接提供生产法产值总量和人均值基础数据，但生产法产值构成成分和收入法、支出法产值及其构成成分基础数据则只有总量数据，需要另行演算出人均值数据备用。①

---

① 全国及各地生产法产值人均值直接采用年鉴发布数据，其间第一、二、三产业产值人均值需自行演算，由于演算精度差异（产值总量、人口参数保留小数位数不同），生产法产值发布人均值与一、二、三产演算人均值之和可能出现小数出入，属于无法避免的常规合理误差。

本系列研究于 2008 年推出全国各地文化发展量化分析检测评价成果，随后相继出版《中国文化消费需求景气评价报告》《中国文化产业供需协调检测报告》《中国公共文化投入增长测评报告》，[1] 向来将全国及各地产值数据作为最为重要的背景数据之首，测算分析城乡居民文化消费率、公共文化投入与产值的相对比值历年变化动态。

近年应云南省人民政府发展研究重大课题要求完成"中国经济增长通用指标检测体系"，自然把全国及各地产值数据作为中心数据，由后台移至前台，充分展开全方位分析测算多维度的产值构成成分。只有全面实现全国及各地历年发展动态通约演算检测，方能真正适用于地方发展状态的共时性横向测评和历时性纵向测评，各地自定指标无可比意义。

3. 公共经济生活

公共社会经济生活显然属于经济活动领域，本项检测以全国及各地公共财政收入、财政支出数据作为代表，成为本项检测指标系统的附加部分。财政统计基础数据历来只有总量数据，用作各类数据之间的协调性检测尚可，用作各地的均衡性检测则需要演算为人均值数据。

本系列研究上述《中国公共文化投入增长测评报告》，以及《中国健康消费与公共卫生投入双检报告》《中国教育消费与公共教育投入双检报告》[2]，均将全国及各地公共财政收入、支出数据作为极为重要的背景数据，测算分析公共文化、卫生、教育投入与财政收入、支出的相对比值历年变化动态，充分开展全国及各地公共文化、卫生、教育投入分析检测评价。

相关文稿《基本公共服务目标倒逼文化投入均等化》《基本公共服务均

---

[1] 《中国文化消费需求景气评价报告》（2011 年以来每年出版）、《中国文化产业供需协调检测报告》（2013 年以来每年出版）、《中国公共文化投入增长测评报告》（2015 年以来每年出版），"文化蓝皮书"系列，社会科学文献出版社出版。其中《中国文化消费需求景气评价报告》四度进入"中国社会科学院创新工程学术出版项目"，这三本书 2019 年版同时进入"中国社会科学院创新工程学术出版项目"。

[2] 《中国健康消费与公共卫生投入双检报告》（2018 年以来每年出版），"民生指数报告"系列，社会科学文献出版社出版。《中国教育消费与公共教育投入双检报告》已发表核心数据检测成果。

等化检验及 2020 年以远预测》经国务院发展研究中心《经济要参》等转发，促成《基本公共服务领域中央与地方共同财政事权和支出责任划分改革方案》（国办发〔2018〕6 号）、《医疗卫生领域中央与地方财政事权和支出责任划分改革方案》（国办发〔2018〕67 号）、《教育领域中央与地方财政事权和支出责任划分改革方案》（国办发〔2019〕27 号）出台。随后中共中央、国务院《关于建立健全基本公共服务标准体系的指导意见》出台，中共十九届四中全会通过的《中共中央关于坚持和完善中国特色社会主义制度 推进国家治理体系和治理能力现代化若干重大问题的决定》，进一步明确健全国家基本公共服务制度体系，使改革发展成果更多更公平惠及全体人民。

此次推出"中国经济增长通用指标检测体系"，自然把全国及各地公共财政收入、支出数据作为公共经济生活中心数据，由后台移至前台，不过仍为经济增长分析检测中的配角。

4. 人民经济生活

全体国民日常经济生活显然属于经济活动领域，本项检测以全国及各地城镇、乡村居民收入、居民总消费数据作为代表，成为本项检测指标系统的附加部分。人民生活统计基础数据历来只有人均值数据，可直接用作全国及各地的微观均衡性（地区差）检测，全国及各地城镇、乡村之间的微观均衡性（城乡比）检测，而用以各类数据之间的宏观协调性检测则需要演算为总量数据。

本系列研究于 2015 年推出全国各地民生发展量化分析检测评价成果，随后相继出版《中国人民生活发展指数检测报告》《中国民生消费需求景气评价报告》,[①] 均将全国及各地城乡居民收入、总消费数据作为最主要核心数据，并在此基础上深入展开城乡居民物质生活消费、非物质生活消费、居民积蓄增长历年变化动态，揭示"人民美好生活需要"的真实细节生动表现。

此次推出"中国经济增长通用指标检测体系"，自然把全国及各地城乡

---

① 《中国人民生活发展指数检测报告》（2016 年以来每年出版），"全面发展检测丛书"系列，社会科学文献出版社出版；《中国民生消费需求景气评价报告》（2018 年以来每年出版），"民生指数报告"系列，社会科学文献出版社出版。

居民收入、总消费数据作为人民经济生活中心数据，只不过由民生发展分析检测中的主角转变为经济增长分析检测中的配角。

有必要说明，自 2019 年版开始，《中国人民生活发展指数检测报告》与《中国经济发展结构优化检测报告》、《中国社会建设均衡发展检测报告》集合为"全面发展检测丛书"系列，成为"全面小康"进程经济、社会、民生发展三个主要检测系列，直接面向 2020 年"全面建成小康社会"目标年及 2035～2050 年现代化国家建设目标。

二　三次产业（生产法）产值构成子系统

中国经济增长通用指标检测体系基于"国民经济行业分类"国家标准的三次产业（生产法）产值构成子系统见表 2。

表 2　中国经济增长通用指标检测体系生产法产值构成子系统

一级指标（子系统）	二级指标（类别项）	三级指标（演算项）		年度横向检测演算	时段纵向检测演算
		序号、取值及演算方式	演算权重		
国家现行统计制度国内生产总值三次产业（生产法）结构体系作为主体子系统，独立测评结果占全系统演算权重40%	总量（数量规模指标）	1. 生产法总产值	2.25	占全国份额年度动态	占全国份额历年动态
		2. 一产产值	2.25		
		3. 二产产值	2.25		
		4. 三产产值	2.25		
	总量增长率（增长速度指标）	5. 总产值增长率	1.25	取年度增长率	取相应时段年均增长率
		6. 一产增长率	1.25		
		7. 二产增长率	1.25		
		8. 三产增长率	1.25		
	人均值（数量均衡性指标）	9. 生产法产值人均值	2.5	全国人均值为基准权衡	起点年数值为基准权衡
		10. 一产人均值	2.5		
		11. 二产人均值	2.5		
		12. 三产人均值	2.5		
	人均值增长（增长均衡性指标）	13. 产值人均值增长	1.25	取年度增长率	取相应时段年均增长率
		14. 一产人均值增长	1.25		
		15. 二产人均值增长	1.25		
		16. 三产人均值增长	1.25		

续表

一级指标 （子系统）	二级指标 （类别项）	三级指标（演算项）		年度横向 检测演算	时段纵向 检测演算
		序号、取值及演算方式	演算权重		
	地区差指数 （分布均衡性逆指标）	17. 产值人均值地区差	3	假定无差距理想值权衡现实差距	取起点年度值为基准衡量扩减程度
		18. 一产人均值地区差	3		
		19. 二产人均值地区差	3		
		20. 三产人均值地区差	3		
	构成比值 （结构协调性指标）	21. 一产产值构成比	2.75	以全国构成比为基准衡量比值高低	取起点年度值为基准衡量比值升降
		22. 二产产值构成比	2.75		
		23. 三产产值构成比	2.75		
2000年以来 全程检测	相关系数 （增长相关度指标）	24. 生产法产值与一产增长	0.7975	重点监测二、三产相关系数：2005年来二产相关度增强，2010年来相关度继续增强；2005年来三产相关度增强，2010年来相关度转而减弱	
		25. 生产法产值与二产增长	0.9488		
		26. 生产法产值与三产增长	0.9017		
2005年以来 历年检测		27. 生产法产值与一产增长	0.8275		
		28. 生产法产值与二产增长	0.9581		
		29. 生产法产值与三产增长	0.9380		
2010年以来 历年检测		30. 生产法产值与一产增长	0.9118		
		31. 生产法产值与二产增长	0.9606		
		32. 生产法产值与三产增长	0.9061		
2000年以来 全程检测	相关系数 （地区差相关度指标）	33. 生产法产值与一产地区差	−0.7500	不直接带入相关度测算，提供监测相关领域地区差距关联变动	
		34. 生产法产值与二产地区差	0.9883		
		35. 生产法产值与三产地区差	0.9302		

注：①产值总量仅具规模效应而无可比较性，转换取值占全国份额（全国自身即100%）兼具规模变化可比性；②"地区差指数"为本系列研究专用于检测中国经济、社会、民生诸方面发展"非均衡性"的独创逆指标，各地取任意项人均值与全国相应人均值（作为演算基准值1）的商数绝对偏差值（不论正负）加基准值1，全国及东、中、西部和东北四大区域取相应省域绝对偏差值的平均值加基准值1；③全国各地产业发展殊异，第一、二、三产业不分高低，尤其对人类生存优先必需的一产"实行保护"，亦即对二、三产发展不予"优越"看待，各地各尽所长，各得其所，不过全国增长相关系数揭示总产值增长与二、三产增长相关度更高；④相关系数以全国为例，各地亦然，1为正相关性绝对同步，0为完全无相关性，−1为负相关性绝对逆反。增长相关系数作为权重直接带入相应时段增长相关度测算，系数值愈高同步性愈好测算值折扣愈小；地区差变化相关系数不带入测算。后表同。

　　本项检测体系各个子系统各类数据总量、人均值增长率重叠演算并非无意义的"同义反复"，而是多年量化分析经验形成的一种平衡技法，尽量增加数值差异极小的测算项，使各地最后测评"计分"保持距离但差距不大，最终消除地区差距正是均衡发展的要义。基于公共知识乃至各项指标设置与其通过言辞加以解说，不如通过数据检测予以揭示。

以下利于技术报告构思设计本身带有的探究性质，充分展开相应指标设置背后的全结构化相关性检测，同步进行全国及各地历年纵向测评与全国各地的横向测评，尽可能全面分析测算通常不大在意却颇有意味的各类数据关系。这些数据关系每年都在发生微妙改变，从中不难观察到种种结构性变动态势。

2000～2018 年，全国生产法结构产值总量从 100280.10 亿元增至 900309.50 亿元，年均增长 12.97%；分时段增长测算，"十五"期间年均增长 13.31%，"十一五"期间年均增长 17.08%，"十二五"期间年均增长 10.73%，"十三五"以来年均增长 9.49%。

东部生产法产值总量增长高于全国，年均增长 13.07%；东北增长低于全国，年均增长 10.27%；中部增长高于全国，年均增长 13.77%；西部增长高于全国，年均增长 14.12%。23 个省域总量增长高于全国，8 个省域总量增长低于全国。贵州增长最高，年均增长 15.96%；黑龙江增长最低，年均增长 9.58%。

1. 第一产业增长及构成比动态

同期，全国第一产业产值总量从 14717.40 亿元增至 64734.00 亿元，年均增长 8.58%；分时段增长测算，"十五"期间年均增长 8.18%，"十一五"期间年均增长 12.00%，"十二五"期间年均增长 8.50%，"十三五"以来年均增长 3.86%。

全国第一产业构成比从 14.67% 降至 7.19%，明显降低 7.48 个百分点；分五年期变化测算，"十五"期间降低 3.02 个百分点，"十一五"期间降低 2.33 个百分点，"十二五"期间降低 0.89 个百分点，"十三五"以来降低 1.24 个百分点。百分比演算更具通约可比性，2000 年以来全国第一产业构成比降低 50.99%。

东部增长低于全国，年均增长 7.61%，此项构成比降低 60.21%；东北增长高于全国，年均增长 9.26%，此项构成比降低 15.55%；中部增长低于全国，年均增长 8.06%，此项构成比降低 58.50%；西部增长高于全国，年均增长 9.93%，此项构成比降低 50.36%。

14 个省域增长高于全国，17 个省域增长低于全国。黑龙江增长最高，年均增长 12.56%；上海增长最低，年均增长 1.27%。11 个省域此项构成比升幅大于或降幅小于全国，20 个省域此项构成比降幅大于全国。黑龙江构成比升幅最大，升高 67.03%；北京构成比降幅最大，降低 89.26%。

2. 第二产业增长及构成比动态

同期，全国第二产业产值总量从 45664.80 亿元增至 366000.90 亿元，年均增长 12.26%；分时段增长测算，"十五"期间年均增长 14.04%，"十一五"期间年均增长 16.82%，"十二五"期间年均增长 8.04%，"十三五"以来年均增长 9.07%。

全国第二产业构成比从 45.54% 降至 40.65%，明显降低 4.89 个百分点；分五年期变化测算，"十五"期间升高 1.48 个百分点，"十一五"期间降低 0.52 个百分点，"十二五"期间降低 5.39 个百分点，"十三五"以来降低 0.46 个百分点。百分比演算更具通约可比性，2000 年以来全国第二产业构成比降低 10.73%。

东部增长低于全国，年均增长 12.13%，此项构成比降低 16.76%；东北增长低于全国，年均增长 8.13%，此项构成比降低 29.91%；中部增长高于全国，年均增长 13.39%，此项构成比降低 1.33%；西部增长高于全国，年均增长 14.13%，此项构成比降低 2.43%。

22 个省域增长高于全国，9 个省域增长低于全国。西藏增长最高，年均增长 19.05%；黑龙江增长最低，年均增长 4.36%。17 个省域此项构成比升幅大于或降幅小于全国，14 个省域此项构成比降幅大于全国。西藏构成比升幅最大，升高 83.55%；黑龙江构成比降幅最大，降低 57.11%。

3. 第三产业增长及构成比动态

同期，全国第三产业产值总量从 39897.90 亿元增至 469574.60 亿元，年均增长 14.68%；分时段增长测算，"十五"期间年均增长 14.18%，"十一五"期间年均增长 18.65%，"十二五"期间年均增长 13.71%，"十三五"以来年均增长 10.70%。

全国第三产业构成比从 39.79% 升至 52.16%，显著升高 12.37 个百分点；分五年期变化测算，"十五"期间升高 1.54 个百分点，"十一五"期间升高 2.85 个百分点，"十二五"期间升高 6.28 个百分点，"十三五"以来升高 1.70 个百分点。百分比演算更具通约可比性，2000 年以来全国第三产业构成比升高 31.09%。

东部增长高于全国，年均增长 15.34%，此项构成比升高 38.45%；东北增长低于全国，年均增长 12.75%，此项构成比升高 48.84%；中部增长高于全国，年均增长 15.40%，此项构成比升高 35.36%；西部增长高于全国，年均增长 16.15%，此项构成比升高 33.72%。

25 个省域增长高于全国，6 个省域增长低于全国。贵州增长最高，年均增长 18.30%；辽宁增长最低，年均增长 11.66%。21 个省域此项构成比升幅大于全国，10 个省域此项构成比升幅小于全国。黑龙江构成比升幅最大，升高 80.54%；西藏构成比升幅最小，升高 5.98%。

4. 构成成分增长相关度分析

在此期间，全国生产法产值与第一、第二、第三产业产值历年增长指数（以人均值演算更为精细，每年皆以上年为基数，后同）之间的相关系数分别为 0.7975、0.9488 和 0.9017，不妨简化理解为同步程度分别为 79.75%、94.88% 和 90.17%。由此不难看出，全国产值增长主要由第二、第三产业驱动。

东部同步程度分别为 69.15%、96.80% 和 58.42%；东北同步程度分别为 74.67%、94.19% 和 77.49%；中部同步程度分别为 82.89%、96.44% 和 63.04%；西部同步程度分别为 85.70%、97.49% 和 56.40%。由此还可以看出，在此时期内，四大区域产值增长最主要是第二产业驱动，甚至第一产业并不弱于第三产业。这背后的意味在于，产业迭代更替并不是以平均速度历年平稳推进，而是近期加速越来越快，因而既往多年主要推动力还是第二产业乃至第一产业。

5 个省域第一产业增长相关系数高于全国，26 个省域增长相关系数低于全国。广西系数值最高，同步程度为 91.44%；西藏系数值最低，呈现为负相关。8 个省域第二产业增长相关系数高于全国，23 个省域增长相关系数低于全国。浙江系数值最高，同步程度为 98.28%；西藏系数值最低，同步程度为 23.77%。31 个省域第三产业增长相关系数低于全国。江苏系数值最高，同步程度为 85.25%；四川系数值最低，同步程度为 4.94%。

在此尝试解析各地三次产业增长相关系数对比分析显露出来的若干"疑点"。

（1）各类数据增长不论高低，长时间保持一定同步波动关系，相关系数值就高，传统优势产业必定如此；一段时期存在反向波动关系，相关系数值则低，甚至有可能呈负值。这就是各地传统第二产业增长相关系数都很高，很多地区传统第一产业增长相关系数也较高，而新兴第三产业增长相关系数却不高的原因。

（2）第三产业增长相关系数各地均低于全国不足为奇，在全国汇集各地数据的统一市场统计里，三次产业长久并存皆可谓传统产业，构成比变化并不显剧烈，各地区域市场小范围却不尽然，不少地区第三产业蓬勃高涨主要还在近些年以来。

（3）前面看到西藏第二产业增长最快，后面却见西藏第二产业增长相关系数极低，原因大概在于第二产业显然并非西藏传统优势产业，短时期出现高增长反而打乱原有"增长关系"。北京第三产业构成比提升最快，增长相关系数却极低，大体出于同样的原因，第二产业大量迁离京城并没有多长时间。

这意味着，不论目前有多大变化，长期增长相关度检测可以揭示既往底蕴。全国及各地产业迭代更替尚未完成，甚至才开始不久，方兴未艾，来日可期。

在此尚需强调，经济发展结构优化绝不限于生产法产值体系三次产业之间、传统产业与新兴产业之间结构变化，也在于收入法、支出法产值体系各类构成之间结构变化，还在于公共经济生活、人民经济生活之间收支综合结构变化，同样在于城乡之间、地区之间经济生产增长、经济生活发展结构变化。全国各层面、各领域全面协调可持续的发展才是名副其实的"高质量发展"。

三　收入法产值构成子系统

中国经济增长通用指标检测体系参用国际通行的收入法产值构成子系统见表3。

表3　中国经济增长通用指标检测体系生产法产值构成子系统

一级指标（子系统）	二级指标（类别项）	三级指标（演算项）		年度横向检测演算	时段纵向检测演算
		序号、取值及演算方式	演算权重		
国家现行统计制度附列国际通行国内生产总值收入法结构体系作为辅助子系统之一，独立测评结果占全系统演算权重30%	总量（数量规模指标）	1. 收入法总产值	2.25	占全国份额年度动态	占全国份额历年动态
		2. 劳动者报酬总量	2.25		
		3. 生产税净额总量	2.25		
		4. 固定资产折旧总量	2.25		
		5. 营业盈余总量	2.25		
	总量增长率（增长速度指标）	6. 总产值增长率	1.25	取年度增长率	取相应时段年均增长率
		7. 劳动者报酬总量增长率	1.25		
		8. 生产税净额总量增长率	1.25		
		9. 资产折旧总量增长率	1.25		
		10. 营业盈余总量增长率	1.25		
	人均值（数量均衡性指标）	11. 收入法产值人均值	2.5	全国人均值为基准权衡	起点年数值为基准权衡
		12. 劳动者报酬人均值	2.5		
		13. 生产税净额人均值	2.5		
		14. 资产折旧人均值	2.5		
		15. 营业盈余人均值	2.5		
	人均值增长（增长均衡性指标）	16. 产值人均值增长	1.25	取年度增长率	取相应时段年均增长率
		17. 劳动者报酬人均值增长	1.25		
		18. 生产税净额人均值增长	1.25		
		19. 资产折旧人均值增长	1.25		
		20. 营业盈余人均值增长	1.25		
	地区差指数（分布均衡性逆指标）	21. 产值人均值地区差	3	假定无差距理想值权衡现实差距	取起点年度值为基准衡量扩减程度
		22. 劳动者报酬人均值地区差	3		
		23. 生产税净额人均值地区差	3		
		24. 资产折旧人均值地区差	3		
		25. 营业盈余人均值地区差	3		

一级指标 （子系统）	二级指标 （类别项）	三级指标（演算项）		年度横向 检测演算	时段纵向 检测演算
		序号、取值及演算方式	演算权重		
	构成比值 （结构协调 性指标）	26. 劳动者报酬构成比	2.75	以全国构成 比为基准衡 量比值高低	取起点年度 值为基准衡 量比值升降
		27. 生产税净额构成比	2.75		
		28. 资产折旧构成比	2.75		
		29. 营业盈余构成比	2.75		
2000 年以来 全程检测	相关系数 （增长相关 度指标）	30. 收入法产值与报酬增长	0.7545	重点监测报酬相关系数： 2000 年来报酬相关度较 低，2005 年来报酬相关度 减弱，2010 年来相关度转 而增强	
		31. 收入法产值与净税增长	0.9435		
		32. 收入法产值与折旧增长	0.9642		
		33. 收入法产值与盈余增长	0.7865		
2005 年以来 历年检测		34. 收入法产值与报酬增长	0.7118		
		35. 收入法产值与净税增长	0.9401		
		36. 收入法产值与折旧增长	0.9671		
		37. 收入法产值与盈余增长	0.7824		
2010 年以来 历年检测		38. 收入法产值与报酬增长	0.9432		
		39. 收入法产值与净税增长	0.9393		
		40. 收入法产值与折旧增长	0.9013		
		41. 收入法产值与盈余增长	0.8592		
2000 年以来 全程检测	相关系数 （地区差相 关度指标）	42. 收入法产值与报酬地区差	0.8056	不直接带入相关度测算， 提供监测相关领域地区差距 关联变动	
		43. 收入法产值与净税地区差	0.8920		
		44. 收入法产值与折旧地区差	0.8975		
		45. 收入法产值与盈余地区差	0.7569		

注：收入法产值构成体系揭示劳动者报酬（居民部门）、生产税净额（政府部门）、营业盈余（企业部门）等重要结构要素，可以作为综合平衡测评的有益补充。国家"十二五"规划确定"努力实现居民收入增长与经济发展同步"的"约束性指标"，由此可以得到很好的检验。以民生收入增长检验经济发展具有合理性、规范性、必要性和可行性，然而全国增长相关系数揭示产值与生产税净额、资产折旧增长相关度远高于劳动报酬增长，产值与营业盈余增长相关度也高于劳动报酬增长，同时全国地区差相关系数揭示收入法产值与相关构成部分的地区差距具有很高或较高的相关度，均属"不平衡不充分的发展"缺陷之列。

2000～2018 年，全国收入法结构产值总量从 98961.98 亿元增至 900309.50 亿元，年均增长 13.05%；分时段增长测算，"十五"期间年均增长 13.61%，"十一五"期间年均增长 17.08%，"十二五"期间年均增长 10.73%，"十三五"以来年均增长 9.49%。

东部收入法产值总量增长高于全国，年均增长 13.27%；东北增长低于全国，年均增长 10.28%；中部增长高于全国，年均增长 13.48%；西部增长高于全国，年均增长 14.29%。23 个省域总量增长高于全国，8 个省域总量增长低于全国。贵州增长最高，年均增长 16.19%；黑龙江增长最低，年均增长 9.39%。

1. 劳动者报酬增长及构成比动态

同期，全国劳动者报酬总量从 50848.60 亿元增至 425830.60 亿元，年均增长 12.53%；分时段增长测算，"十五"期间年均增长 8.81%，"十一五"期间年均增长 19.05%，"十二五"期间年均增长 12.11%，"十三五"以来年均增长 9.03%。

全国劳动者报酬构成比从 51.38% 降至 47.30%，明显降低 4.08 个百分点；分五年期变化测算，"十五"期间降低 9.98 个百分点，"十一五"期间升高 3.61 个百分点，"十二五"期间升高 2.88 个百分点，"十三五"以来降低 0.59 个百分点。百分比演算更具通约可比性，2000 年以来全国劳动者报酬构成比降至 7.95%。

东部增长高于全国，年均增长 13.20%，此项构成比降至 1.24%；东北增长低于全国，年均增长 9.94%，此项构成比降至 5.56%；中部增长低于全国，年均增长 12.11%，此项构成比降至 19.56%；西部增长高于全国，年均增长 13.34%，此项构成比降至 13.86%。

21 个省域增长高于全国，10 个省域增长低于全国。北京增长最高，年均增长 15.88%；辽宁增长最低，年均增长 9.47%。12 个省域此项构成比升幅大于或降幅小于全国，19 个省域此项构成比降幅大于全国。上海构成比升幅最大，升高 28.51%；江西构成比降幅最大，降低 32.34%。

2. 生产税净额增长及构成比动态

同期，全国生产税净额总量从 15242.36 亿元增至 128215.77 亿元，年均增长 12.56%；分时段增长测算，"十五"期间年均增长 12.90%，"十一五"期间年均增长 17.57%，"十二五"期间年均增长 10.18%，"十三五"以来年均增长 7.93%。

全国生产税净额构成比从 15.40% 降至 14.24%，较明显降低 1.16 个百分点；分五年期变化测算，"十五"期间降低 0.47 个百分点，"十一五"期间升高 0.31 个百分点，"十二五"期间降低 0.37 个百分点，"十三五"以来降低 0.63 个百分点。百分比演算更具通约可比性，2000 年以来全国生产税净额构成比降至 7.54%。

东部增长低于全国，年均增长 12.46%，此项构成比降至 12.25%；东北增长低于全国，年均增长 9.35%，此项构成比降至 14.22%；中部增长高于全国，年均增长 13.34%，此项构成比降至 2.09%；西部增长高于全国，年均增长 14.43%，此项构成比升至 2.19%。

19 个省域增长高于全国，12 个省域增长低于全国。贵州增长最高，年均增长 18.00%；西藏增长最低，年均增长 7.89%。14 个省域此项构成比升幅大于或降幅小于全国，17 个省域此项构成比降幅大于全国。内蒙古构成比升幅最大，升高 39.52%；西藏构成比降幅最大，降低 68.83%。

3. 固定资产折旧增长及构成比动态

同期，全国固定资产折旧总量从 14008.36 亿元增至 120816.59 亿元，年均增长 12.72%；分时段增长测算，"十五"期间年均增长 13.55%，"十一五"期间年均增长 14.93%，"十二五"期间年均增长 11.25%，"十三五"以来年均增长 10.18%。

全国资产折旧构成比从 14.16% 降至 13.42%，略微降低 0.74 个百分点；分五年期变化测算，"十五"期间降低 0.04 个百分点，"十一五"期间降低 1.25 个百分点，"十二五"期间升高 0.30 个百分点，"十三五"以来升高 0.25 个百分点。百分比演算更具通约可比性，2000 年以来全国资产折旧构成比降至 5.20%。

东部增长低于全国，年均增长 12.67%，此项构成比降至 9.12%；东北增长低于全国，年均增长 10.98%，此项构成比升至 11.90%；中部增长高于全国，年均增长 12.99%，此项构成比降至 7.51%；西部增长高于全国，年均增长 14.46%，此项构成比升至 2.78%。

22 个省域增长高于全国，9 个省域增长低于全国。西藏增长最高，年均增长 21.04%；上海增长最低，年均增长 6.57%。21 个省域此项构成比升幅大于全国，10 个省域此项构成比降幅大于全国。西藏构成比升幅最大，升高 147.31%；云南构成比降幅最大，降低 59.76%。

4. 营业盈余增长及构成比动态

同期，全国营业盈余总量从 18862.67 亿元增至 225446.54 亿元，年均增长 14.78%；分时段增长测算，"十五"期间年均增长 24.03%，"十一五"期间年均增长 14.88%，"十二五"期间年均增长 8.32%，"十三五"以来年均增长 10.94%。

全国营业盈余构成比从 19.06% 升至 25.04%，明显升高 5.98 个百分点；分五年期变化测算，"十五"期间升高 10.50 个百分点，"十一五"期间降低 2.68 个百分点，"十二五"期间降低 2.81 个百分点，"十三五"以来升高 0.97 个百分点。百分比演算更具通约可比性，2000 年以来全国营业盈余构成比升至 31.38%。

东部增长低于全国，年均增长 14.29%，此项构成比升至 17.35%；东北增长低于全国，年均增长 11.05%，此项构成比升至 13.25%；中部增长高于全国，年均增长 17.89%，此项构成比升至 98.70%；西部增长高于全国，年均增长 16.90%，此项构成比升至 50.28%。

19 个省域增长高于全国，12 个省域增长低于全国。西藏增长最高，年均增长 28.81%；黑龙江增长最低，年均增长 9.20%。18 个省域此项构成比升幅大于全国，13 个省域此项构成比升幅小于或降幅大于全国。西藏构成比升幅最大，升高 657.11%；新疆构成比降幅最大，降低 33.21%。

5. 构成成分增长相关度分析

在此期间，全国收入法产值与劳动者报酬、生产税净额、固定资产折旧、营业盈余历年增长指数之间的相关系数分别为 0.7548、0.9433、0.9637 和 0.7861，不妨简化理解为同步程度分别为 75.48%、94.33%、96.37% 和 78.61%。东部同步程度分别为 76.32%、94.89%、94.56% 和 84.54%；东北同步程度分别为 81.35%、87.61%、86.03% 和 72.76%；中部同步程度分别为 74.59%、83.31%、94.15% 和 70.64%；西部同步程度分别为 80.97%、93.77%、91.92% 和 74.39%。

16 个省域劳动者报酬增长相关系数高于全国，15 个省域增长相关系数低于全国。北京系数值最高，同步程度为 97.29%；黑龙江系数值最低，同步程度为 43.92%。4 个省域生产税净额增长相关系数高于全国，27 个省域增长相关系数低于全国。北京系数值最高，同步程度为 97.63%；甘肃系数值最低，同步程度为 28.23%。31 个省域资产折旧增长相关系数低于全国。北京系数值最高，同步程度为 95.28%；上海系数值最低，同步程度为 5.94%。7 个省域营业盈余增长相关系数高于全国，24 个省域增长相关系数低于全国。广东系数值最高，同步程度为 87.67%；西藏系数值最低，同步程度为 21.89%。

在收入法产值结构体系考察中，"居民部门"的劳动者报酬、"政府部门"的生产税净额构成比降低，"企业部门"的营业盈余构成比升高，这一事实显而易见。固定资产折旧属于"企业部门"再生产范围，构成比略有降低可能与第二产业构成比下降相关。资产折旧、营业盈余合并计算，"企业部门"所占份额明显上升仍为既定事实。就收入法产值构成成分而论，"以人民为中心"自然体现为"以劳动者为中心"，国家有必要加以调节保证劳动者报酬所占份额回升。

四　支出法产值构成子系统

中国经济增长通用指标检测体系参用国际通行的支出法产值构成子系统见表 4。

2000～2018 年，全国支出法结构产值总量从 100576.83 亿元增至 884426.00 亿元，年均增长 12.84%；分时段增长测算，"十五"期间年均增长 13.47%，"十一五"期间年均增长 16.77%，"十二五"期间年均增长 11.22%，"十三五"以来年均增长 8.15%。

东部支出法产值总量增长高于全国，年均增长 13.29%；东北增长低于全国，年均增长 10.29%；中部增长高于全国，年均增长 13.52%；西部增长高于全国，年均增长 14.29%。25 个省域总量增长高于全国，6 个省域总量增长低于全国。贵州增长最高，年均增长 16.19%；黑龙江增长最低，年均增长 9.47%。

表4　中国经济增长通用指标检测体系支出法产值构成子系统

一级指标 （子系统）	二级指标 （类别项）	三级指标（演算项）		年度横向 检测演算	时段纵向 检测演算
		序号、取值及演算方式	演算权重		
国家现行统计制度附列国际通行国内生产总值支出法结构体系作为辅助子系统之二,独立测评结果占全系统演算权重20%（因少量指标技术性减省而减权重）	总量（数量规模指标）	1. 支出法总产值	2.25	占全国份额年度动态	占全国份额历年动态
		2. 最终消费支出总量	2.25		
		3. 资本形成总额	2.25		
		4. 货物和服务净出口总量	2.25		
	总量增长率（增长速度指标）	5. 总产值增长率	1.25	取年度增长率	取相应时段年均增长率
		6. 最终消费总量增长率	1.25		
		7. 资本形成总额增长率	1.25		
		8. 净出口总量增长率	1.25		
	人均值（数量均衡性指标）	9. 支出法产值人均值	2.5	全国人均值为基准权衡	起点年数值为基准权衡
		10. 最终消费支出人均值	2.5		
		11. 资本形成人均值	2.5		
		12. 货物和服务净出口人均值	2.5		
	人均值增长（增长均衡性指标）	13. 产值人均值增长	1.25	取年度增长率	取相应时段年均增长率
		14. 最终消费人均值增长	1.25		
		15. 资本形成人均值增长	1.25		
		16. 净出口人均值增长	1.25		
	地区差指数（分布均衡性逆指标）	17. 产值人均值地区差	3	假定无差距理想值权衡现实差距	取起点年度值为基准衡量扩减程度
		18. 最终消费人均值地区差	3		
		19. 资本形成人均值地区差	3		
		20. 净出口人均值地区差	3		
	构成比值（结构协调性指标）	21. 最终消费率（消费率）	2.75	以全国构成比为基准衡量比值高低	取起点年度值为基准衡量比值升降
		22. 资本形成率（投资率）	2.75		
		23. 净出口拉动率	2.75		
2000 年以来全程检测	相关系数（增长相关度指标）	24. 支出法产值与消费增长	0.7878	重点监测最终消费系数：2000 年来消费相关度较低,2005 年来消费相关度增强,2010 年来相关度继续增强	
		25. 支出法产值与资本增长	0.7961		
		26. 支出法产值与净出口增长	0.3967		
2005 年以来历年检测		27. 支出法产值与消费增长	0.8913		
		28. 支出法产值与资本增长	0.8612		
		29. 支出法产值与净出口增长	0.3869		
2010 年以来历年检测		30. 支出法产值与消费增长	0.9111		
		31. 支出法产值与资本增长	0.9446		
		32. 支出法产值与净出口增长	− 0.0541		

续表

一级指标 （子系统）	二级指标 （类别项）	三级指标（演算项）		年度横向 检测演算	时段纵向 检测演算
		序号、取值及演算方式	演算权重		
2000年以来 全程检测	相关系数 （地区差相 关度指标）	33. 支出法产值与消费地区差	0.9354	不直接带入相关度测 算，提供监测相关领 域地区差距关联变动	
		34. 支出法产值与资本地区差	0.8485		
		35. 支出法产值与净出口地 区差	-0.7379		

注：①支出法产值构成体系揭示最终消费率（消费率）、资本形成率（投资率）、货物和服务净出口拉动率等重要结构要素，可以作为综合平衡测评的有益补充。国家反复强调"拉动内需，扩大消费"，"增强居民消费对于经济发展的拉动作用"，由此可以得到很好的检验。居民消费占最终消费70%左右，以民生消费增长检验经济发展具有合理性、规范性、必要性和可行性。然而，全国历年增长相关系数揭示产值与资本形成增长相关度仍高于最终消费增长，我国"投资驱动型增长模式"尚未完全转变；产值与净出口增长相关度极低，"出口拉动型增长模式"似成为鸡肋。②由于国内统一市场，支出法产值构成中各地"货物和服务净流出"大多为负值，进入演算过程会产生非合理性而减或，因而全国"货物和服务净出口"（实际构成比极小）相关各项指标亦不纳入实际演算，以保证整个系统从全国到各地检测指标、方法、程序一致，具有全结构化严格对应的通约可比性。③全国地区差相关系数揭示支出法产值与相关构成部分的地区差距具有极高或很高的相关度，均属"不平衡不充分的发展"缺陷之列。

1. 最终消费支出增长及构成比动态

同期，全国最终消费支出总量从63667.72亿元增至480340.60亿元，年均增长11.88%；分时段增长测算，"十五"期间年均增长9.77%，"十一五"期间年均增长14.43%，"十二五"期间年均增长12.73%，"十三五"以来年均增长9.86%。

全国最终消费率（消费率）从63.30%降至54.31%，明显降低8.99个百分点；分五年期变化测算，"十五"期间降低9.68个百分点，"十一五"期间降低5.17个百分点，"十二五"期间升高3.37个百分点，"十三五"以来升高2.49个百分点。百分比演算更具通约可比性，2000年以来全国最终消费率降低14.20%。

东部增长高于全国，年均增长13.55%，最终消费率升高4.14%；东北增长低于全国，年均增长9.96%，最终消费率降低5.23%；中部增长高于全国，年均增长12.70%，最终消费率降低12.23%；西部增长高于全国，年均增长13.17%，最终消费率降低16.22%。

27 个省域增长高于全国，4 个省域增长低于全国。西藏增长最高，年均增长 17.44%；吉林增长最低，年均增长 9.18%。20 个省域最终消费率升幅大于或降幅小于全国，11 个省域最终消费率降幅大于全国。西藏最终消费率升幅最大，升高 46.21%；吉林最终消费率降幅最大，降低 40.22%。

2. 资本形成增长及构成比动态

同期，全国资本形成总额从 34526.10 亿元增至 396644.80 亿元，年均增长 14.53%；分时段增长测算，"十五"期间年均增长 17.56%，"十一五"期间年均增长 20.46%，"十二五"期间年均增长 9.73%，"十三五"以来年均增长 8.23%。

全国资本形成率（投资率）从 34.33% 升至 44.85%，显著升高 10.52 个百分点；分五年期变化测算，"十五"期间升高 6.65 个百分点，"十一五"期间升高 6.90 个百分点，"十二五"期间降低 3.13 个百分点，"十三五"以来升高 0.10 个百分点。百分比演算更具通约可比性，2000 年以来全国资本形成率升高 30.64%。

东部增长低于全国，年均增长 13.49%，资本形成率升高 3.17%；东北增长低于全国，年均增长 13.70%，资本形成率升高 72.86%；中部增长高于全国，年均增长 15.80%，资本形成率升高 42.93%；西部增长高于全国，年均增长 17.41%，资本形成率升高 62.28%。

21 个省域增长高于全国，10 个省域增长低于全国。西藏增长最高，年均增长 21.99%；上海增长最低，年均增长 10.48%。18 个省域资本形成率升幅大于全国，13 个省域资本形成率升幅小于或降幅大于全国。西藏资本形成率升幅最大，升高 189.79%；北京资本形成率降幅最大，降低 37.81%。

3. 净出口增长及构成比动态

同期，全国货物与服务净出口总量从 2383.01 亿元增至 7440.49 亿元，年均增长 6.53%；分时段增长测算，"十五"期间年均增长 33.77%，"十一五"期间年均增长 8.08%，"十二五"期间年均增长 9.78%，"十三五"

以来年均负增长 32.33%。

全国净出口拉动率从 2.37% 降至 0.84%，较明显降低 1.53 个百分点；分五年期变化测算，"十五"期间升高 3.03 个百分点，"十一五"期间降低 1.73 个百分点，"十二五"期间降低 0.24 个百分点，"十三五"以来降低 2.59 个百分点。百分比演算更具通约可比性，2000 年以来全国净出口拉动率降低 64.49%。

在国内统一市场之中，各省域货物与服务净流出大多为负值，不展开对比分析。

4. 构成成分增长相关度分析

在此期间，全国支出法产值与最终消费支出、资本形成、货物与服务净出口历年增长指数之间的相关系数分别为 0.7878、0.7961 和 0.3967，不妨简化理解为同步程度分别为 78.78%、79.61% 和 39.67%。东部（净流出略而不计，下同）同步程度分别为 91.67%、86.58%；东北同步程度分别为 76.31%、90.92%；中部同步程度分别为 88.66%、91.67%；西部同步程度分别为 90.03%、88.80%。

14 个省域最终消费增长相关系数高于全国，17 个省域增长相关系数低于全国。重庆系数值最高，同步程度为 95.89%；西藏系数值最低，呈现为负相关。15 个省域资本形成增长相关系数高于全国，16 个省域增长相关系数低于全国。福建系数值最高，同步程度为 94.93%；西藏系数值最低，呈现为负相关。

在支出法产值结构体系考察中，最终消费率降低，资本形成率升高，净出口拉动率降低，这一系列既成事实显而易见。就支出法产值构成成分而论，"以人民为中心"应该以最终消费当中的城乡居民消费为主要关注点，让"人民美好生活需求"得到充分体现。国家应当适时推出更加有效的措施进行调节，切实增强最终消费，特别是城乡居民消费对于经济增长的拉动作用。依据正式出版发布的统计数据进行检测具有一定的滞后性，但愿此后年度统计数据能够真正显示出最终消费率提升，特别是居民消费率提升。

五　经济生活收支综合子系统

以上检测产值各类构成成分的增长协调性基于总量数据演算即可；以下检测公共经济生活、人民经济生活的发展均衡性改用人均值数据演算，以便延伸测算对比全国及各地财政收入和支出地区差、居民收入和总消费地区差及城乡比变化动态。

中国经济增长通用指标检测体系经济生活收支综合子系统见表5，为便于排版分为表5a、表5b。

表5a　中国经济增长通用指标检测体系经济生活收支综合子系统

一级指标（子系统）	二级指标（类别项）	三级指标（演算项）		年度横向检测演算	时段纵向检测演算
		序号、取值及演算方式	演算权重		
以面向公共经济生活、人民经济生活的收支综合主要数据作为附加子系统,独立测评结果占全系统演算权重10%	总量（数量规模指标）	1. 总产值	2.25	占全国份额年度动态	占全国份额历年动态
		2. 财政收入总量	2.25		
		3. 财政支出总量	2.25		
		4. 居民收入总量	2.25		
		5. 居民消费总量	2.25		
	总量增长率（增长速度指标）	6. 总产值增长率	1.25	取年度增长率	取相应时段年均增长率
		7. 财政收入总量增长率	1.25		
		8. 财政支出总量增长率	1.25		
		9. 居民收入总量增长率	1.25		
		10. 居民消费总量增长率	1.25		
	人均值（数量均衡性指标）	11. 产值人均值	2.5	全国人均值为基准权衡	起点年数值为基准权衡
		12. 财政收入人均值	2.5		
		13. 财政支出人均值	2.5		
		14. 居民收入人均值	2.5		
		15. 居民消费人均值	2.5		
	人均值增长（增长均衡性指标）	16. 产值人均值增长	1.25	取年度增长率	取相应时段年均增长率
		17. 财政收入人均值增长	1.25		
		18. 财政支出人均值增长	1.25		
		19. 居民收入人均值增长	1.25		
		20. 居民消费人均值增长	1.25		

一级指标 （子系统）	二级指标 （类别项）	三级指标（演算项） 序号、取值及演算方式	演算权重	年度横向 检测演算	时段纵向 检测演算
	地区差、城乡比指数（分布均衡性逆指标）	21. 产值人均值地区差	3	假定无差距理想值权衡现实差距	取起点年度值为基准衡量扩减程度
		22. 财政收入人均值地区差	3		
		23. 财政支出人均值地区差	3		
		24. 居民收入人均值地区差	3		
		25. 居民消费人均值地区差	3		
		26. 居民收入人均值城乡比	3.5		
		27. 居民消费人均值城乡比	3.5		
	相关性比值（结构协调性指标）	28. 财政收入比（与产值比）	2.75	以全国比值为基准衡量比值高低	取起点年度值为基准衡量比值升降
		29. 财政支出比（与产值比）	2.75		
		30. 居民收入比（与产值比）	2.75		
		31. 居民消费率（与产值比）	2.75		

注：①经济活动并不限于生产过程，缺失全社会、全民经济生活则不完整、不全面，特地增补经济生活收支综合辅助子系统，正好与收入法、支出法产值构成之第一要素准确对应，面向公共经济生活和人民经济生活，所赋综合演算权重较低。为此产值、财政收入增长高涨而居民收入比、居民消费率继续下降的各地会受一定影响，权当对单纯"GDP崇拜"和"财政收入追逐"必要提醒。②居民收入比本来应为与国民总收入（原称"国民生产总值"，即GNP）之比，国民总收入为国内生产总值（即GDP，可简称"产值"）与国外净要素收入（《中国统计年鉴》2018年卷改称"来自国外的初次分配收入净额"）之和。因国民总收入无分地区统计数据，且其间国外净要素收入占比极低，故产值可作为国民总收入极度近似值，取产值测算居民收入比可推延至各地通约演算；与之相应，财政收入比亦为与产值比。③居民消费率则本来就是与产值比，相应财政支出比亦为与产值比。

表5b　中国经济增长通用指标检测体系经济生活收支综合子系统

一级指标 （子系统）	二级指标 （类别项）	三级指标（演算项） 序号、取值及演算方式	演算权重	增长相关系数 作为演算权重
2000年以来全程检测	相关系数（增长相关度指标）	32. 城镇与乡村居民收入增长	0.4861	各时段城乡之间居民消费增长相关度极低；2000年来相关度极低，2005年来相关度增强，2010年来相关度继续增强 重点监测产值与财政、居民收入增长相关系数：2000年来财政相关度较高，2005年来相关度增强，2010年来相关度转而减弱；2000年来居民相关度偏低，2005
		33. 城镇与乡村居民消费增长	0.4328	
		34. 产值与财政收入人均增长	0.8728	
		35. 产值与财政支出人均增长	0.6038	
		36. 产值与居民收入人均增长	0.8320	
		37. 产值与居民消费人均增长	0.6099	
2005年以来历年检测		38. 城镇与乡村居民收入增长	0.5360	
		39. 城镇与乡村居民消费增长	0.5285	
		40. 产值与财政收入人均增长	0.9571	

一级指标 （子系统）	二级指标 （类别项）	三级指标（演算项）		增长相关系数 作为演算权重
		序号、取值及演算方式	演算权重	
2005 年以来 历年检测		41. 产值与财政支出人均增长	0.7217	年来居民相关度增强，2010 年来相关度转而减弱
		42. 产值与居民收入人均增长	0.8816	
		43. 产值与居民消费人均增长	0.6349	
2010 年以来 历年检测		44. 城镇与乡村居民收入增长	0.5344	
		45. 城镇与乡村居民消费增长	0.7287	
		46. 产值与财政收入人均增长	0.9348	
		47. 产值与财政支出人均增长	0.7209	
		48. 产值与居民收入人均增长	0.8473	
		49. 产值与居民消费人均增长	0.5098	
2000 年以来 全程检测	相关系数 （地区差相 关度指标）	50. 产值与财政收入地区差	0.9803	不直接带入相关度测算，提 供监测相关领域地区差距 关联变动
		51. 产值与财政支出地区差	0.9173	
		52. 产值与居民收入地区差	0.9587	
		53. 产值与居民消费地区差	0.9622	

首先分析测算产值背景数据增长。2000～2018 年，全国产值人均值从 7942.00 元增至 64644.00 元，年均增长 12.35%；分时段增长测算，"十五"期间年均增长 12.59%，"十一五"期间年均增长 16.48%，"十二五"期间年均增长 10.18%，"十三五"以来年均增长 8.92%。

东部增长低于全国，年均增长 11.68%；东北增长低于全国，年均增长 10.15%；中部增长高于全国，年均增长 13.52%；西部增长高于全国，年均增长 13.81%。17 个省域增长高于全国，14 个省域增长低于全国。贵州增长最高，年均增长 16.21%；上海增长最低，年均增长 8.78%。

（一）公共经济生活

1. 财政收入增长及相对比值动态

同期，全国财政收入人均值从 1060.89 元增至 13165.50 元，年均增长

15.02%；分时段增长测算，"十五"期间年均增长18.01%，"十一五"期间年均增长20.67%，"十二五"期间年均增长12.32%，"十三五"以来年均增长5.84%。

全国财政收入比（与国民总收入极度近似值产值比）从13.36%升至20.37%，明显升高7.01个百分点；分五年期变化测算，"十五"期间升高3.54个百分点，"十一五"期间升高3.26个百分点，"十二五"期间升高2.04个百分点，"十三五"以来降低1.83个百分点。百分比演算更具通约可比性，2000年以来全国财政收入比升高52.47%。

东部增长低于全国，年均增长14.96%，此项比值升高68.45%；东北增长低于全国，年均增长12.71%，此项比值升高51.33%；中部增长高于全国，年均增长16.77%，此项比值升高66.06%；西部增长高于全国，年均增长16.68%，此项比值升高56.46%。

21个省域增长高于全国，10个省域增长低于全国。西藏增长最高，年均增长21.29%；黑龙江增长最低，年均增长11.38%。21个省域此项比值升幅大于全国，10个省域此项比值升幅小于全国。西藏比值升幅最大，升高241.04%；广西比值升幅最小，升高16.86%。

2. 财政支出增长及相对比值动态

同期，全国财政支出人均值从1258.19元增至15861.23元，年均增长15.12%；分时段增长测算，"十五"期间年均增长15.65%，"十一五"期间年均增长20.88%，"十二五"期间年均增长13.81%，"十三五"以来年均增长7.34%。

全国财政支出比（与产值比）从15.84%升至24.54%，明显升高8.70个百分点；分五年期变化测算，"十五"期间升高2.27个百分点，"十一五"期间升高3.70个百分点，"十二五"期间升高3.83个百分点，"十三五"以来降低1.10个百分点。百分比演算更具通约可比性，2000年以来全国财政支出比升高54.88%。

东部增长高于全国，年均增长15.48%，此项比值升高82.72%；东北增长低于全国，年均增长14.62%，此项比值升高104.80%；中部增长高于全国，年均增长 18.15%，此项比值升高 105.32%；西部增长高于全国，年均增长 18.11%，此项比值升高 94.70%。

25 个省域增长高于全国，6 个省域增长低于全国。贵州增长最高，年均增长 19.83%；上海增长最低，年均增长 12.86%。29 个省域此项比值升幅大于全国，2 个省域此项比值升幅小于全国。新疆比值升幅最大，升高 193.41%；陕西比值升幅最小，升高 44.03%。

3. 财政收入、财政支出地区差变化

与此同时，全国财政收入人均值地区差指数从 1.6706 缩小至 1.5641，明显缩减 6.37%；分五年期变化测算，"十五"期间扩增 1.53%，"十一五"期间缩减 4.98%，"十二五"期间缩减 3.18%，"十三五"以来扩增 0.24%。

东部地区差缩减 11.17%；东北地区差扩增 9.60%；中部地区差缩减 5.54%；西部地区差缩减 6.42%。14 个省域地区差缩减大于全国，17 个省域地区差缩减小于或扩增大于全国。上海地区差缩减最大，缩小 24.08%；辽宁地区差扩增最大，扩大 15.88%。

全国财政支出人均值地区差指数从 1.4835 缩小至 1.3763，明显缩减 7.23%；分五年期变化测算，"十五"期间缩减 0.80%，"十一五"期间缩减 5.56%，"十二五"期间缩减 0.96%，"十三五"以来缩减 0.03%。

东部地区差缩减 15.95%；东北地区差扩增 3.72%；中部地区差缩减 16.57%；西部地区差扩增 4.45%。20 个省域地区差缩减大于全国，11 个省域地区差缩减小于或扩增大于全国。上海地区差缩减最大，缩小 29.97%；西藏地区差扩增最大，扩大 96.75%。

4. 产值与财政数据增长相关度分析

在此期间，全国产值与财政收入、财政支出历年增长指数之间的相关系数分别为 0.8728、0.6038，不妨简化理解为同步程度分别为 87.28%、60.38%。东部同步程度分别为 62.84%、50.18%；东北同步程度分别为 79.34%、76.26%；中部同步程度分别为 85.67%、71.82%；西部同步程度分别为 93.46%、65.92%。

1 个省域财政收入增长相关系数高于全国，30 个省域增长相关系数低于全国。内蒙古系数值最高，同步程度为 94.87%；广东系数值最低，同步程度为 17.71%。12 个省域财政支出增长相关系数高于全国，19 个省域增长相关系数低于全国。内蒙古系数值最高，同步程度为 79.93%；广东系数值最低，呈现为负相关。

（二）人民经济生活

1. 居民收入增长及相对比值动态

同期，全国居民收入人均值从 3682.95 元增至 29163.52 元，年均增长 12.18%；分时段增长测算，"十五"期间年均增长 11.41%，"十一五"期间年均增长 14.21%，"十二五"期间年均增长 12.75%，"十三五"以来年均增长 9.22%。

全国居民收入比（与国民总收入极度近似值产值比）从 46.37% 降至 45.11%，较明显降低 1.26 个百分点；分五年期变化测算，"十五"期间降低 2.37 个百分点，"十一五"期间降低 4.12 个百分点，"十二五"期间升高 4.86 个百分点，"十三五"以来升高 0.37 个百分点。百分比演算更具通约可比性，2000 年以来全国居民收入比降低 2.71%。

东部增长低于全国，年均增长 11.32%，此项比值降低 5.62%；东北增长低于全国，年均增长 11.45%，此项比值升高 23.47%；中部增长高于全国，年均增长 12.44%，此项比值降低 15.81%；西部增长高于全国，年均增长 12.43%，此项比值降低 19.77%。

13 个省域增长高于全国，18 个省域增长低于全国。陕西增长最高，年均增长 13.10%；广东增长最低，年均增长 9.63%。9 个省域此项比值升幅大于或降幅小于全国，22 个省域此项比值降幅大于全国。辽宁比值升幅最大，升高 45.87%；贵州比值降幅最大，降低 40.65%。

2. 居民总消费增长及相对比值动态

同期，全国居民总消费人均值从 2851.61 元增至 20384.33 元，年均增长 11.55%；分时段增长测算，"十五"期间年均增长 11.15%，"十一五"

期间年均增长12.63%，"十二五"期间年均增长12.74%，"十三五"以来年均增长8.48%。

全国居民消费率（与产值比）从35.91%降至31.53%，明显降低4.38个百分点；分五年期变化测算，"十五"期间降低2.23个百分点，"十一五"期间降低5.21个百分点，"十二五"期间升高3.45个百分点，"十三五"以来降低0.39个百分点。百分比演算更具通约可比性，2000年以来全国居民消费率降低12.18%。

东部增长低于全国，年均增长10.71%，此项比值降低14.52%；东北增长低于全国，年均增长11.03%，此项比值升高15.35%；中部增长高于全国，年均增长11.89%，此项比值降低23.00%；西部增长高于全国，年均增长11.77%，此项比值降低27.83%。

17个省域增长高于全国，14个省域增长低于全国。甘肃增长最高，年均增长12.67%；广东增长最低，年均增长9.06%。11个省域此项比值升幅大于或降幅小于全国，20个省域此项比值降幅大于全国。辽宁比值升幅最大，升高32.21%；贵州比值降幅最大，降低46.87%。

3. 居民收入、总消费地区差、城乡比变化

与此同时，全国居民收入人均值地区差指数从1.3606缩小至1.2685，较明显缩减6.77%；分五年期变化测算，"十五"期间扩增0.31%，"十一五"期间缩减2.47%，"十二五"期间缩减3.86%，"十三五"以来缩减0.88%。

东部地区差缩减15.26%；东北地区差扩增8.09%；中部地区差缩减2.61%；西部地区差缩减2.31%。9个省域地区差缩减大于全国，22个省域地区差缩减小于或扩增大于全国。广东地区差缩减最大，缩小33.92%；黑龙江地区差扩增最大，扩大17.17%。

全国居民收入人均值城乡比指数从2.7869缩小至2.6853，明显缩减3.65%；分五年期变化测算，"十五"期间扩增15.68%，"十一五"期间扩增0.15%，"十二五"期间缩减15.40%，"十三五"以来缩减1.68%。

东部城乡比缩减2.18%；东北城乡比扩增1.31%；中部城乡比缩减

5.97%；西部城乡比缩减15.46%。18个省域城乡比缩减大于全国，13个省域城乡比缩减小于或扩增大于全国。西藏城乡比缩减最大，缩小47.10%；江苏城乡比扩增最大，扩大19.71%。

全国居民总消费人均值地区差指数从1.3476缩小至1.2411，明显缩减7.90%；分五年期变化测算，"十五"期间缩减0.16%，"十一五"期间缩减2.27%，"十二五"期间缩减3.40%，"十三五"以来缩减2.29%。

东部地区差缩减17.07%；东北地区差扩增5.55%；中部地区差缩减3.69%；西部地区差缩减2.28%。10个省域地区差缩减大于全国，21个省域地区差缩减小于或扩增大于全国。广东地区差缩减最大，缩小33.40%；吉林地区差扩增最大，扩大11.13%。

全国居民总消费人均值城乡比指数从2.9926缩小至2.1537，显著缩减28.03%；分五年期变化测算，"十五"期间扩增3.87%，"十一五"期间缩减1.09%，"十二五"期间缩减24.55%，"十三五"以来缩减7.15%。

东部城乡比缩减29.26%；东北城乡比缩减16.37%；中部城乡比缩减34.45%；西部城乡比缩减38.79%。18个省域城乡比缩减大于全国，13个省域城乡比缩减小于或扩增大于全国。重庆城乡比缩减最大，缩小49.47%；上海城乡比扩增最大，扩大7.54%。

4. 产值与民生数据增长相关度分析

在此期间，全国产值与居民收入、居民总消费历年增长指数之间的相关系数分别为0.8320、0.6099，不妨简化理解为同步程度分别为83.20%、60.99%。东部同步程度分别为67.12%、57.10%；东北同步程度分别为72.96%、50.29%；中部同步程度分别为73.11%、60.60%；西部同步程度分别为71.33%、62.37%。

1个省域居民收入增长相关系数高于全国，30个省域增长相关系数低于全国。云南系数值最高，同步程度为89.68%；北京系数值最低，呈现为负相关。7个省域居民总消费增长相关系数高于全国，24个省域增长相关系数低于全国。内蒙古系数值最高，同步程度为73.87%；西藏系数值最低，呈现为负相关。

财政收入与居民收入，财政支出与居民总消费，两相形成"政府部门"和"居民部门"之间（"企业部门"暂不关注）社会财富份额分配、支配用度对应关系。就其间全国范围增长相关系数来看，以产值为表征的社会财富分配、用度大体显示不出明显差距，然而深入各个省域之间考察，其间明显差距便显现出来，这就是绝大部分省域增长相关系数低于全国的内在原因。于是很容易精确测算出，全国31个省域财政收入比极普遍上升，31个省域财政支出比极普遍上升，与此同时，22个省域居民收入比、25个省域居民消费率却反向普遍下降。这正是多年以来国家力求拉动（国民）内需、扩大（居民）消费而效果不佳的背景影响因素。

六　各子系统分别独立预检测

中国经济增长通用指标检测体系各子系统独立预测评见表6，分区域以三次产业（生产法）产值构成子系统当前横向测评位次排列。全国检测结果作为基准置于首行，省域（除台港澳外的省级行政区划，包括省、自治区和直辖市）排列以"1、2、3……"为序，四大区域排列以［1］、［2］、［3］、［4］为序，后同。

最后归结起来，中国经济增长通用指标检测体系包含国家现行统计制度下三次产业（生产法）产值结构体系一个主体子系统，国际通行的收入法产值结构体系、支出法产值结构体系两个辅助子系统，面向公共经济生活、人民经济生活的收支综合一个附加子系统。整个检测体系共有一级指标（子系统）4项，二级指标（类别项）40项，三级指标（演算项）154项，包括各类数据之间增长相关度加权检测指标、同类城乡数据之间增长相关度加权检测指标，不包括地区差变动相关度检验监测指标。

现有新版基于2019年初版做了两点改进完善：①校准各项指标对应演算的数据矩阵消除偏差，校验各项指标的测算值、权重值使之更加精准；②在检测方法、检测模式、检测程序、检测结果保持延续的前提下，各时间段增长相关性测算指标加以简化，减少繁复的重叠演算。

此处只是简单展示各子系统独立预测评结果，暂时不展开分析，留待全系统综合加权演算之后一并进行。全系统综合演算中，三次产业（生产法）产值构成子系统占权重40%，收入法产值构成子系统占权重30%，支出法产值构成子系统占权重20%，经济生活收支综合子系统占权重10%。本文以下表6各子系统分别独立测评结果赋予各自权重，可以对应重复验证 E.3 排行报告表6最终综合测评结果排行。

表6　中国经济增长通用指标检测体系各子系统独立预测评

地区	三次产业(生产法)产值构成子系统				收入法/支出法产值构成、经济生活收支综合子系统横向测评(假定全国城乡、地区无差距理想值=100)					
	2000~2018年纵向测评(2000年=100)		最新数据年度横向测评(理想值=100)		收入法产值子系统		支出法产值子系统		经济生活收支子系统	
	检测指数	排序	检测指数	排序	检测指数	排序	检测指数	排序	检测指数	排序
全国	234.06	—	94.43	—	93.13	—	87.55	—	85.62	—
辽宁	181.12	29	97.05	8	96.56	12	91.51	19	81.86	11
黑龙江	203.54	26	93.42	14	81.35	28	87.49	23	78.42	28
吉林	230.28	21	92.01	25	91.82	14	86.20	27	78.27	29
东北	193.10	[4]	94.45	[1]	91.39	[2]	89.13	[4]	80.59	[3]
内蒙古	308.80	3	101.75	2	98.08	7	96.99	10	86.45	5
陕西	348.71	2	98.16	7	97.83	8	94.26	13	80.03	19
新疆	208.85	25	96.54	9	87.75	22	102.50	4	81.59	12
重庆	308.70	4	96.40	10	96.89	11	92.49	17	81.33	13
广西	260.44	13	94.49	12	82.32	27	83.87	29	75.77	31
贵州	402.60	1	92.91	17	82.96	26	88.96	22	80.10	18
宁夏	295.60	5	92.81	19	90.56	15	104.41	2	82.06	10
四川	272.85	7	92.72	20	89.00	19	86.69	24	79.98	20
青海	263.83	10	92.21	23	87.24	23	113.22	1	86.03	6
云南	238.66	17	92.08	24	81.18	29	95.22	12	80.46	16
西藏	291.39	6	86.12	29	78.68	30	99.77	6	98.43	1
甘肃	235.27	18	85.10	30	78.04	31	81.62	31	80.57	15
西部	288.94	[1]	94.42	[2]	89.80	[4]	91.10	[2]	80.79	[2]
海南	240.61	16	102.65	1	88.78	20	93.57	16	87.00	4
江苏	258.68	15	101.75	3	104.38	3	97.31	9	85.38	7
福建	226.12	22	101.53	4	97.44	9	97.84	8	79.89	21
山东	231.13	20	98.34	6	96.08	13	92.41	18	79.58	22

续表

地区	三次产业（生产法）产值构成子系统				收入法/支出法产值构成、经济生活收支综合子系统 横向测评（假定全国城乡、地区无差距理想值＝100）					
	2000～2018年 纵向测评 （2000年＝100）		最新数据年度 横向测评 （理想值＝100）		收入法产值 子系统		支出法产值 子系统		经济生活收支 子系统	
	检测指数	排序	检测指数	排序	检测指数	排序	检测指数	排序	检测指数	排序
浙江	215.22	23	95.96	11	100.20	5	93.65	15	84.88	8
广东	211.87	24	94.16	13	98.77	6	93.81	14	80.44	17
北京	179.57	30	92.86	18	107.89	2	104.14	3	91.84	3
河北	195.99	28	92.64	21	86.05	24	86.43	25	79.25	24
上海	158.69	31	92.58	22	107.92	1	101.74	5	97.07	2
天津	197.47	27	91.07	27	104.36	4	98.95	7	84.44	9
东部	217.41	[3]	93.89	[3]	97.19	[1]	92.90	[1]	82.66	[1]
湖北	260.82	12	100.32	5	97.16	10	95.89	11	79.04	26
湖南	261.71	11	93.25	15	89.15	18	89.29	21	81.06	14
河南	260.38	14	93.25	16	85.46	25	91.27	20	76.01	30
安徽	269.03	9	91.87	26	90.04	16	86.26	26	78.86	27
江西	272.22	8	90.70	28	87.93	21	85.33	28	79.22	25
山西	234.55	19	80.75	31	89.42	17	83.38	30	79.32	23
中部	263.10	[2]	93.21	[4]	90.52	[3]	90.06	[3]	79.86	[4]

E.3
全国省域经济增长态势通用指标测评

——2000 年以来测算与 2018 年排行

王亚南 李恒杰 魏海燕*

摘 要： 中国经济增长通用指标检测体系综合演算中，三次产业（生产法）产值构成子系统占权重40%，收入法产值构成子系统占权重30%，支出法产值构成子系统占权重20%，经济生活收支综合子系统占权重10%。四个子系统独立预测评综合加权演算得出经济增长结构优化最终评价排行：江苏、北京、上海、内蒙古、福建为"2018 年经济发展指数排名"前5位；西藏、贵州、陕西、内蒙古、宁夏为"2000～2018 年经济发展指数提升度"前5位；贵州、陕西、重庆、湖北、安徽为"2005～2018 年经济发展指数提升度"前5位；贵州、西藏、重庆、云南、湖北为"2010～2018 年经济发展指数提升度"前5位；西藏、贵州、四川、安徽、陕西为"2015～2018 年经济发展指数提升度"前5位；西藏、新疆、陕西、甘肃、青海为"2017～2018 年经济发展指数提升度"前5位。

关键词： 省域检测 经济生产 经济生活 结构优化 综合排行

---

* 王亚南，云南省社会科学院研究员，文化发展研究中心主任，主要研究方向为民俗学、民族学及文化理论、文化战略和文化产业；李恒杰，云南省商务研究院院长助理、助理研究员，主要从事市场流通与商务政策相关研究；魏海燕，云南省政协信息中心主任编辑，主要从事传媒信息分析研究。

中国经济增长通用指标检测体系包含国家现行统计制度三次产业（生产法）产值结构体系一个主体子系统，收入法产值结构体系、支出法产值结构体系两个辅助子系统，面向公共经济生活、人民经济生活的收支综合一个附加子系统。

一　三次产业（生产法）产值构成子系统分析测算

根据国家统计局正式出版发布的最新年度统计数据，按照本项检测体系的构思设计进行演算，2018 年全国各地三次产业（生产法）产值构成子系统简况见表 1，分区域以第三产业构成比高低位次排列。全国统计数据作为基准置于首行，省域（除台港澳外的省级行政区划，包括省、自治区和直辖市）排列以"1、2、3……"为序，四大区域排列以［1］、［2］、［3］、［4］为序，后同。

（一）生产法结构产值增长态势

2000 ~ 2018 年，全国生产法结构产值总量从 100280.10 亿元增至 900309.50 亿元，"十五"以来年均增长 12.97%；各时段动态检测，"十一五"以来年均增长 12.84%，"十二五"以来年均增长 10.26%，"十三五"以来年均增长 9.49%，新近年度增长 9.69%。

全国生产法产值人均值从 7942.00 元增至 64644.00 元，"十五"以来年均增长 12.35%；各时段动态检测，"十一五"以来年均增长 12.26%，"十二五"以来年均增长 9.71%，"十三五"以来年均增长 8.92%，新近年度增长 9.19%。

2018 年东部产值人均值高于全国，为全国人均值的 138.93%；东北人均值低于全国，为全国人均值的 80.87%；中部人均值低于全国，为全国人均值的 80.54%；西部人均值低于全国，为全国人均值的 75.37%。

11 个省域产值人均值高于全国，按人均值高低依次为北京、上海、天津、江苏、浙江、福建、广东、山东、内蒙古、湖北、重庆；20 个省域人均值低于全国，按人均值高低依次为陕西、辽宁、吉林、宁夏、湖南、海南、河南、新疆、四川、河北、安徽、青海、江西、山西、西藏、黑龙江、广西、贵州、云南、甘肃。北京人均值占据首位，为全国人均值的216.90%；甘肃人均值处于末位，为全国人均值的48.47%。

表1　2018年全国各地生产法产值构成子系统简况

| 地区 | 生产法产值 | | 第一产业产值 | | 第二产业产值 | | 第三产业产值 | | 排序 |
	人均值（元）	地区差	人均值（元）	构成比（%）	人均值（元）	构成比（%）	人均值（元）	构成比（%）	
全国	64644.00	1.3432	4648.03	7.19	26279.59	40.65	33716.38	52.16	—
北京	140211.24	2.1690	548.87	0.39	26116.90	18.63	113545.47	80.98	1
上海	134982.00	2.0881	431.09	0.32	40199.60	29.78	94351.31	69.90	2
天津	120710.80	1.8673	1108.37	0.92	48835.93	40.46	70766.51	58.62	3
海南	51955.29	1.1963	10753.41	20.69	11782.18	22.68	29419.70	56.63	5
浙江	98643.41	1.5259	3452.71	3.50	41260.10	41.83	53930.60	54.67	7
广东	86412.00	1.3367	3403.47	3.94	36149.57	41.83	46858.96	54.23	8
江苏	115168.41	1.7816	5151.39	4.47	51304.13	44.55	58712.89	50.98	14
山东	76267.26	1.1798	4937.42	6.48	33552.67	43.99	37777.17	49.53	17
河北	47772.22	1.2610	4428.28	9.27	21279.19	44.54	22064.75	46.19	24
福建	91197.25	1.4108	6061.69	6.65	43892.92	48.13	41242.64	45.22	27
东部	89810.62	1.5816	4108.62	4.58	36680.67	40.84	49021.33	54.58	[1]
黑龙江	43274.41	1.3306	7937.16	18.34	10661.32	24.64	24675.92	57.02	4
辽宁	58007.52	1.1027	4659.10	8.03	22971.48	39.60	30376.93	52.37	10
吉林	55610.92	1.1397	4282.06	7.70	23649.90	42.53	27678.96	49.77	16
东北	52279.83	1.1910	5706.87	10.92	18854.20	36.06	27718.77	53.02	[2]
甘肃	31336.13	1.5153	3501.08	11.17	10620.10	33.89	17214.94	54.94	6
重庆	65932.72	1.0199	4462.63	6.77	26967.28	40.90	34502.81	52.33	11
四川	48883.17	1.2438	5319.55	10.88	18413.41	37.67	25150.21	51.45	13
内蒙古	68302.00	1.0566	6928.56	10.15	26892.61	39.37	34480.83	50.48	15
西藏	43398.00	1.3287	3825.44	8.81	18455.23	42.53	21117.33	48.66	18
宁夏	54094.17	1.1632	4085.70	7.55	24093.15	44.54	25915.32	47.91	19
青海	47689.45	1.2623	4462.31	9.36	20756.31	43.52	22470.83	47.12	21
云南	37136.28	1.4255	5189.74	13.97	14449.51	38.91	17497.03	47.12	22
贵州	41243.59	1.3620	6015.43	14.59	16032.14	38.87	19196.02	46.54	23

续表

地区	生产法产值		第一产业产值		第二产业产值		第三产业产值		排序
	人均值（元）	地区差	人均值（元）	构成比（%）	人均值（元）	构成比（%）	人均值（元）	构成比（%）	
新疆	49474.72	1.2347	6862.46	13.87	19965.65	40.36	22646.61	45.77	25
广西	41489.17	1.3582	6155.07	14.83	16456.92	39.67	18877.18	45.50	26
陕西	63477.47	1.0180	4753.84	7.49	31578.53	49.75	27145.11	42.76	31
西部	48724.53	1.2490	5382.19	11.05	19734.27	40.50	23608.06	48.45	[3]
山西	45328.00	1.2988	1996.17	4.41	19106.71	42.15	24225.12	53.44	9
湖南	52948.60	1.1809	4482.31	8.46	21009.70	39.68	27456.59	51.86	12
湖北	66615.70	1.0305	6003.06	9.01	28917.76	43.41	31694.88	47.58	20
河南	50152.22	1.2242	4476.50	8.93	22996.07	45.85	22679.66	45.22	28
安徽	47711.66	1.2619	4194.51	8.79	22009.30	46.13	21507.85	45.08	29
江西	47433.95	1.2626	4050.49	8.54	22115.66	46.62	21267.79	44.84	30
中部	52061.77	1.2104	4371.35	8.40	22904.30	43.99	24786.12	47.61	[4]

注：①限于制表空间，总量置于后台数据库，构成比以总量和人均值演算相同，后同；三项构成比予以平衡，其和值为100%；②数据演算屡经四舍五入，可能出现细微出入，属于演算常规无误，后同。另需说明，国家统计局据第四次全国经济普查已公布2018年全国产值修订数据，但未公布各地相应修订数据，因而仍统一采用《中国统计年鉴》2019年卷发布的全国及各地产值"初步核算数"，留待《中国统计年鉴》2020年卷发布时再统一修订。

在此期间，全国产值人均值地区差指数从1.4929缩小至1.3432，明显缩减10.02%；各五年期动态检测，"十五"期间扩增0.53%，"十一五"期间缩减5.97%，"十二五"期间缩减3.89%，"十三五"以来缩减0.97%。

2018年东部产值人均值地区差大于全国，为全国地区差的117.75%；东北地区差小于全国，为全国地区差的88.67%；中部地区差小于全国，为全国地区差的90.11%；西部地区差小于全国，为全国地区差的92.99%。

21个省域产值人均值地区差小于全国，按地区差从小到大依次为陕西、重庆、湖北、内蒙古、辽宁、吉林、宁夏、山东、湖南、海南、河南、新疆、四川、河北、安徽、青海、江西、山西、西藏、黑龙江、广东；10个省域地区差大于全国，按地区差从小到大依次为广西、贵州、福建、云南、甘肃、浙江、江苏、天津、上海、北京。陕西地区差占据首位，为全国地区差的75.79%；北京地区差处于末位，为全国地区差的161.47%。

（二）生产法构成成分变化态势

1. 第一产业增长及构成比动态

同期，全国第一产业产值总量从 14717.40 亿元增至 64734.00 亿元，"十五"以来年均增长 8.58%；各时段动态检测，"十一五"以来年均增长 8.73%，"十二五"以来年均增长 6.73%，"十三五"以来年均增长 3.86%，新近年度增长 4.24%。

全国第一产业产值人均值从 1165.59 元增至 4648.03 元，"十五"以来年均增长 7.99%；各时段动态检测，"十一五"以来年均增长 8.18%，"十二五"以来年均增长 6.20%，"十三五"以来年均增长 3.33%，新近年度增长 3.77%。

2018 年东部第一产业产值人均值低于全国，为全国人均值的 88.39%；东北人均值高于全国，为全国人均值的 122.78%；中部人均值低于全国，为全国人均值的 94.05%；西部人均值高于全国，为全国人均值的 115.80%。

14 个省域第一产业产值人均值高于全国，按人均值高低依次为海南、黑龙江、内蒙古、新疆、广西、福建、贵州、湖北、四川、云南、江苏、山东、陕西、辽宁；17 个省域人均值低于全国，按人均值高低依次为湖南、河南、重庆、青海、河北、吉林、安徽、宁夏、江西、西藏、甘肃、浙江、广东、山西、天津、北京、上海。海南人均值占据首位，为全国人均值的 231.35%；上海人均值处于末位，为全国人均值的 9.27%。

在此期间，全国第一产业产值人均值地区差指数从 1.2558 扩大至 1.3018，略微扩增 3.66%；各五年期动态检测，"十五"期间扩增 2.93%，"十一五"期间扩增 1.84%，"十二五"期间扩增 0.05%，"十三五"以来缩减 1.15%。各地此项地区差检测对比省略。

全国第一产业构成比从 14.67% 降至 7.19%，明显降低 7.48 个百分点；各五年期动态检测，"十五"期间降低 3.02 个百分点，"十一五"期间降低 2.33 个百分点，"十二五"期间降低 0.89 个百分点，"十三五"以来降低 1.24 个百分点。

2018 年东部第一产业构成比低于全国，为全国构成比的 63.70%；东北构成比高于全国，为全国构成比的 151.88%；中部构成比高于全国，为全国构成比的 116.83%；西部构成比高于全国，为全国构成比的 153.69%。

21 个省域第一产业构成比高于全国，按比值高低依次为海南、黑龙江、广西、贵州、云南、新疆、甘肃、四川、内蒙古、青海、河北、湖北、河南、西藏、安徽、江西、湖南、辽宁、吉林、宁夏、陕西；10 个省域构成比低于全国，按比值高低依次为重庆、福建、山东、江苏、山西、广东、浙江、天津、北京、上海。海南构成比占据首位，为全国构成比的 287.76%；上海构成比处于末位，为全国构成比的 4.45%。

2. 第二产业增长及构成比动态

同期，全国第二产业产值总量从 45664.80 亿元增至 366000.90 亿元，"十五"以来年均增长 12.26%；各时段动态检测，"十一五"以来年均增长 11.58%，"十二五"以来年均增长 8.42%，"十三五"以来年均增长 9.07%，新近年度增长 10.00%。

全国第二产业产值人均值从 3616.57 元增至 26279.59 元，"十五"以来年均增长 11.65%；各时段动态检测，"十一五"以来年均增长 11.01%，"十二五"以来年均增长 7.88%，"十三五"以来年均增长 8.51%，新近年度增长 9.49%。

2018 年东部第二产业产值人均值高于全国，为全国人均值的 139.58%；东北人均值低于全国，为全国人均值的 71.74%；中部人均值低于全国，为全国人均值的 87.16%；西部人均值低于全国，为全国人均值的 75.09%。

11 个省域第二产业产值人均值高于全国，按人均值高低依次为江苏、天津、福建、浙江、上海、广东、山东、陕西、湖北、重庆、内蒙古；20 个省域人均值低于全国，按人均值高低依次为北京、宁夏、吉林、河南、辽宁、江西、安徽、河北、湖南、青海、新疆、山西、西藏、四川、广西、贵州、云南、海南、黑龙江、甘肃。江苏人均值占据首位，为全国人均值的 195.22%；甘肃人均值处于末位，为全国人均值的 40.41%。

在此期间，全国第二产业产值人均值地区差指数从 1.5503 缩小至

1.3230，明显缩减 14.66%；各五年期动态检测，"十五"期间扩增 0.93%，"十一五"期间缩减 10.00%，"十二五"期间缩减 2.85%，"十三五"以来缩减 3.30%。各地此项地区差检测对比省略。

全国第二产业构成比从 45.54% 降至 40.65%，明显降低 4.89 个百分点；各五年期动态检测，"十五"期间升高 1.48 个百分点，"十一五"期间降低 0.52 个百分点，"十二五"期间降低 5.39 个百分点，"十三五"以来降低 0.46 个百分点。

2018 年东部第二产业构成比高于全国，为全国构成比的 100.47%；东北构成比低于全国，为全国构成比的 88.71%；中部构成比高于全国，为全国构成比的 108.22%；西部构成比低于全国，为全国构成比的 99.63%。

17 个省域第二产业构成比高于全国，按比值高低依次为陕西、福建、江西、安徽、河南、江苏、河北、宁夏、山东、青海、湖北、吉林、西藏、山西、广东、浙江、重庆；14 个省域构成比低于全国，按比值高低依次为天津、新疆、湖南、广西、辽宁、内蒙古、云南、贵州、四川、甘肃、上海、黑龙江、海南、北京。陕西构成比占据首位，为全国构成比的 122.37%；北京构成比处于末位，为全国构成比的 45.82%。

3. 第三产业增长及构成比动态

同期，全国第三产业产值总量从 39897.90 亿元增至 469574.60 亿元，"十五"以来年均增长 14.68%；各时段动态检测，"十一五"以来年均增长 14.87%，"十二五"以来年均增长 12.57%，"十三五"以来年均增长 10.70%，新近年度增长 10.25%。

全国第三产业产值人均值从 3159.84 元增至 33716.38 元，"十五"以来年均增长 14.06%；各时段动态检测，"十一五"以来年均增长 14.29%，"十二五"以来年均增长 12.01%，"十三五"以来年均增长 10.12%，新近年度增长 9.75%。

2018 年东部第三产业产值人均值高于全国，为全国人均值的 145.39%；东北人均值低于全国，为全国人均值的 82.21%；中部人均值低于全国，为全国人均值的 73.51%；西部人均值低于全国，为全国人均值的 70.02%。

10 个省域第三产业产值人均值高于全国，按人均值高低依次为北京、上海、天津、江苏、浙江、广东、福建、山东、重庆、内蒙古；21 个省域人均值低于全国，按人均值高低依次为湖北、辽宁、海南、吉林、湖南、陕西、宁夏、四川、黑龙江、山西、河南、新疆、青海、河北、安徽、江西、西藏、贵州、广西、云南、甘肃。北京人均值占据首位，为全国人均值的336.77%；甘肃人均值处于末位，为全国人均值的51.06%。

在此期间，全国第三产业产值人均值地区差指数从 1.5641 缩小至1.4370，明显缩减 8.12%；各五年期动态检测，"十五"期间扩增 2.22%，"十一五"期间缩减 3.82%，"十二五"期间缩减 5.49%，"十三五"以来缩减 1.12%。各地此项地区差检测对比省略。

全国第三产业构成比从 39.79% 升至 52.16%，显著升高 12.37 个百分点；各五年期动态检测，"十五"期间升高 1.54 个百分点，"十一五"期间升高 2.85 个百分点，"十二五"期间升高 6.28 个百分点，"十三五"以来升高 1.70 个百分点。

2018 年东部第三产业构成比高于全国，为全国构成比的 104.65%；东北构成比高于全国，为全国构成比的 101.65%；中部构成比低于全国，为全国构成比的 91.28%；西部构成比低于全国，为全国构成比的 92.90%。

11 个省域第三产业构成比高于全国，按比值高低依次为北京、上海、天津、黑龙江、海南、甘肃、浙江、广东、山西、辽宁、重庆；20 个省域构成比低于全国，按比值高低依次为湖南、四川、江苏、内蒙古、吉林、山东、西藏、宁夏、湖北、青海、云南、贵州、河北、新疆、广西、福建、河南、安徽、江西、陕西。北京构成比占据首位，为全国构成比的 155.27%；陕西构成比处于末位，为全国构成比的 81.99%。

二 收入法产值构成子系统分析测算

2018 年全国各地收入法产值构成子系统简况见表 2，分区域以劳动者报酬构成比高低位次排列。

（一）收入法结构产值增长态势

2000～2018年，全国收入法结构产值总量从98961.98亿元增至900309.50亿元，"十五"以来年均增长13.05%；各时段动态检测，"十一五"以来年均增长12.84%，"十二五"以来年均增长10.26%，"十三五"以来年均增长9.49%，新近年度增长9.69%。

全国收入法产值人均值从7837.61元增至64644.00元，"十五"以来年均增长12.44%；各时段动态检测，"十一五"以来年均增长12.26%，"十二五"以来年均增长9.71%，"十三五"以来年均增长8.92%，新近年度增长9.19%。

在此期间，全国收入法产值人均值地区差指数从1.4686缩小至1.3432，明显缩减8.53%；各五年期动态检测，"十五"期间扩增2.20%，"十一五"期间缩减5.97%，"十二五"期间缩减3.89%，"十三五"以来缩减0.97%。各地此项地区差检测对比省略。

以上分析检测表明，全国收入法产值与生产法产值数值大体一致，仅2000年存在微小出入，鉴于此不展开各地相应对比分析检测。

（二）收入法产值构成成分变化态势

1. 劳动者报酬增长及构成比动态

同期，全国收入法产值构成之劳动者报酬总量从50848.60亿元增至425830.60亿元，"十五"以来年均增长12.53%；各时段动态检测，"十一五"以来年均增长14.00%，"十二五"以来年均增长10.95%，"十三五"以来年均增长9.03%，新近年度增长9.21%。

全国劳动者报酬人均值从4027.12元增至30575.48元，"十五"以来年均增长11.92%；各时段动态检测，"十一五"以来年均增长13.42%，"十二五"以来年均增长10.39%，"十三五"以来年均增长8.47%，新近年度增长8.72%。

2018年东部劳动者报酬人均值高于全国，为全国人均值的138.40%；

东北人均值低于全国，为全国人均值的 75.23%；中部人均值低于全国，为全国人均值的 80.43%；西部人均值低于全国，为全国人均值的 77.84%。

10 个省域劳动者报酬人均值高于全国，按人均值高低依次为北京、上海、江苏、天津、福建、浙江、广东、山东、内蒙古、湖北；21 个省域人均值低于全国，按人均值高低依次为新疆、海南、宁夏、重庆、西藏、陕西、湖南、河南、辽宁、河北、青海、吉林、四川、贵州、广西、安徽、山西、黑龙江、江西、云南、甘肃。北京人均值占据首位，为全国人均值的 242.86%；甘肃人均值处于末位，为全国人均值的 54.28%。

在此期间，全国劳动者报酬人均值地区差指数从 1.3497 缩小至 1.3218，略微缩减 2.07%；各五年期动态检测，"十五"期间扩增 6.26%，"十一五"期间缩减 4.97%，"十二五"期间缩减 2.68%，"十三五"以来缩减 0.34%。

2018 年东部劳动者报酬人均值地区差大于全国，为全国地区差的 117.31%；东北地区差小于全国，为全国地区差的 94.52%；中部地区差小于全国，为全国地区差的 92.15%；西部地区差小于全国，为全国地区差的 90.87%。

表 2　2018 年全国各地收入法产值构成子系统简况

地区	劳动者报酬			生产税净额		固定资产折旧		营业盈余	
	人均值（元）	地区差	构成比（%）	人均值（元）	构成比（%）	人均值（元）	构成比（%）	人均值（元）	构成比（%）
全国	30575.48	1.3218	47.30	9206.15	14.24	8674.87	13.42	16187.51	25.04
西藏	26996.70	1.1170	62.21	3322.75	7.66	5610.06	12.92	7468.49	17.21
新疆	28431.88	1.0701	57.47	6093.37	12.32	8047.81	16.26	6901.65	13.95
贵州	22391.94	1.2677	54.29	7049.83	17.09	5136.19	12.46	6665.63	16.16
广西	22202.88	1.2738	53.51	3856.21	9.29	6687.55	16.13	8742.53	21.07
甘肃	16595.73	1.4572	52.96	5067.37	16.17	4322.95	13.80	5350.07	17.07
云南	19399.36	1.3655	52.24	7600.44	20.47	3685.50	9.92	6450.97	17.37
宁夏	27794.31	1.0910	51.38	6742.22	12.46	8925.20	16.50	10632.44	19.66
青海	23859.34	1.2197	50.03	6224.77	13.05	10543.01	22.11	7062.33	14.81
内蒙古	32510.57	1.0633	47.60	11763.72	17.22	9126.46	13.36	14901.25	21.82

续表

地区	劳动者报酬			生产税净额		固定资产折旧		营业盈余	
	人均值（元）	地区差	构成比（%）	人均值（元）	构成比（%）	人均值（元）	构成比（%）	人均值（元）	构成比（%）
四川	23221.53	1.2405	47.50	7526.04	15.40	7180.62	14.69	10954.98	22.41
陕西	26533.74	1.1322	41.80	10798.99	17.01	9917.74	15.63	16227.01	25.56
重庆	27047.53	1.1154	41.02	10868.06	16.48	8894.61	13.50	19122.52	29.00
西部	23800.78	1.2011	48.85	7566.80	15.53	6955.03	14.27	10401.92	21.35
湖南	26054.87	1.1479	49.21	8354.29	15.78	5244.63	9.90	13294.81	25.11
河南	24616.34	1.1949	49.08	5232.90	10.43	5636.13	11.25	14666.86	29.24
山西	21583.96	1.2941	47.62	7711.53	17.01	7809.46	17.23	8223.06	18.14
湖北	31476.00	1.0295	47.25	10818.63	16.24	8489.24	12.74	15831.83	23.77
安徽	21993.40	1.2807	46.10	7307.03	15.31	6422.05	13.46	11989.18	25.13
江西	19529.41	1.3613	41.17	7655.68	16.14	6187.86	13.05	14060.99	29.64
中部	24592.04	1.2180	47.24	7609.59	14.62	6439.49	12.36	13420.65	25.78
海南	28183.86	1.0782	54.25	6793.38	13.08	8624.53	16.59	8353.52	16.08
北京	74254.56	2.4286	52.96	18065.09	12.88	18330.05	13.08	29561.55	21.08
福建	47721.75	1.5608	52.33	11356.96	12.45	10121.64	11.10	21996.89	24.12
河北	24385.31	1.2025	51.04	5678.78	11.89	6975.73	14.60	10732.40	22.47
广东	41995.50	1.3735	48.60	11609.51	13.44	11428.00	13.22	21378.99	24.74
浙江	46134.05	1.5089	46.77	14542.59	14.74	12309.77	12.48	25657.00	26.01
山东	34855.15	1.1400	45.70	9937.67	13.03	10872.54	14.26	20601.90	27.01
上海	60695.32	1.9851	44.97	23846.72	17.67	14386.38	10.65	36053.58	26.71
江苏	49771.99	1.6278	43.22	14805.07	12.86	15666.29	13.59	34925.07	30.33
天津	48940.95	1.6007	40.54	23065.37	19.11	18528.64	15.35	30175.85	25.00
东部	42317.66	1.5506	47.12	12298.52	13.69	11901.99	13.25	23292.46	25.94
黑龙江	21027.62	1.3123	48.59	4593.56	10.61	5780.59	13.36	11872.63	27.44
辽宁	24526.64	1.1978	42.28	8303.11	14.31	9456.60	16.31	15721.17	27.10
吉林	23298.20	1.2380	41.90	8328.52	14.98	9427.99	16.94	14556.22	26.18
东北	23002.15	1.2494	44.00	7017.75	13.42	8169.48	15.63	14090.45	26.95

注：四项构成人均值之和即为收入法产值人均值，因制表拥挤省略；四项构成比予以平衡，其和值为100%。

　　21个省域劳动者报酬人均值地区差小于全国，按地区差从小到大依次为湖北、内蒙古、新疆、海南、宁夏、重庆、西藏、陕西、山东、湖南、河南、辽宁、河北、青海、吉林、四川、贵州、广西、安徽、山西、黑龙江；10 个省域地区差大于全国，按地区差从小到大依次为江西、云南、广东、甘肃、浙江、福建、天津、江苏、上海、北京。湖北地区差占据首位，为全国地区差的 77.88%；北京地区差处于末位，为全国地区差的 183.73%。

全国劳动者报酬构成比从 51.38% 降至 47.30%，明显降低 4.08 个百分点；各五年期动态检测，"十五"期间降低 9.98 个百分点，"十一五"期间升高 3.61 个百分点，"十二五"期间升高 2.88 个百分点，"十三五"以来降低 0.59 个百分点。

2018 年东部劳动者报酬构成比低于全国，为全国构成比的 99.62%；东北构成比低于全国，为全国构成比的 93.02%；中部构成比低于全国，为全国构成比的 99.87%；西部构成比高于全国，为全国构成比的 103.28%。

19 个省域劳动者报酬构成比高于全国，按比值高低依次为西藏、新疆、贵州、海南、广西、甘肃、北京、福建、云南、宁夏、河北、青海、湖南、河南、广东、黑龙江、山西、内蒙古、四川；12 个省域构成比低于全国，按比值高低依次为湖北、浙江、安徽、山东、上海、江苏、辽宁、吉林、陕西、江西、重庆、天津。西藏构成比占据首位，为全国构成比的 131.52%；天津构成比处于末位，为全国构成比的 85.72%。

这就是国家"十二五"规划明确"努力实现居民收入增长与经济发展同步"此项"约束性指标"的现实依据。劳动者报酬构成比有所回升，近两年却又略有回降。本项检测坚持以人民为中心尤其是以劳动者为中心的发展理念，特地展开收入法产值结构分析，首先注重检测劳动者报酬构成比变化。

2. 生产税净额增长及构成比动态

同期，全国收入法产值构成之生产税净额总量从 15242.36 亿元增至 128215.77 亿元，"十五"以来年均增长 12.56%；各时段动态检测，"十一五"以来年均增长 12.43%，"十二五"以来年均增长 9.33%，"十三五"以来年均增长 7.93%，新近年度增长 10.08%。

全国生产税净额人均值从 1207.17 元增至 9206.15 元，"十五"以来年均增长 11.95％；各时段动态检测，"十一五"以来年均增长 11.86％，"十二五"以来年均增长 8.78％，"十三五"以来年均增长 7.37％，新近年度增长 9.58％。

2018 年东部生产税净额人均值高于全国，为全国人均值的 133.59％；东北人均值低于全国，为全国人均值的 76.23％；中部人均值低于全国，为全国人均值的 82.66％；西部人均值低于全国，为全国人均值的 82.19％。

12 个省域生产税净额人均值高于全国，按人均值高低依次为上海、天津、北京、江苏、浙江、内蒙古、广东、福建、重庆、湖北、陕西、山东；19 个省域人均值低于全国，按人均值高低依次为湖南、吉林、辽宁、山西、江西、云南、四川、安徽、贵州、海南、宁夏、青海、新疆、河北、河南、甘肃、黑龙江、广西、西藏。上海人均值占据首位，为全国人均值的 259.03％；西藏人均值处于末位，为全国人均值的 36.09％。

在此期间，全国生产税净额人均值地区差指数从 1.4525 缩小至 1.3941，较明显缩减 4.02％；各五年期动态检测，"十五"期间扩增 4.28％，"十一五"期间缩减 4.79％，"十二五"期间缩减 3.64％，"十三五"以来扩增 0.33％。各地此项地区差检测对比省略。

全国生产税净额构成比从 15.40％降至 14.24％，较明显降低 1.16 个百分点；各五年期动态检测，"十五"期间降低 0.47 个百分点，"十一五"期间升高 0.31 个百分点，"十二五"期间降低 0.37 个百分点，"十三五"以来降低 0.63 个百分点。

2018 年东部生产税净额构成比低于全国，为全国构成比的 96.16％；东北构成比低于全国，为全国构成比的 94.26％；中部构成比高于全国，为全国构成比的 102.63％；西部构成比高于全国，为全国构成比的 109.05％。

17 个省域生产税净额构成比高于全国，按比值高低依次为云南、天津、上海、内蒙古、贵州、山西、陕西、重庆、湖北、甘肃、江西、湖南、四川、安徽、吉林、浙江、辽宁；14 个省域构成比低于全国，按比值高低依次为广东、海南、青海、山东、北京、江苏、宁夏、福建、新疆、河北、黑龙江、河南、广西、西藏。云南构成比占据首位，为全国构成比的

143.71%；西藏构成比处于末位，为全国构成比的 53.76%。

3. 固定资产折旧增长及构成比动态

同期，全国收入法产值构成之固定资产折旧总量从 14008.36 亿元增至 120816.59 亿元，"十五"以来年均增长 12.72%；各时段动态检测，"十一五"以来年均增长 12.40%，"十二五"以来年均增长 10.84%，"十三五"以来年均增长 10.18%，新近年度增长 8.53%。

全国资产折旧人均值从 1109.44 元增至 8674.87 元，"十五"以来年均增长 12.10%；各时段动态检测，"十一五"以来年均增长 11.83%，"十二五"以来年均增长 10.29%，"十三五"以来年均增长 9.61%，新近年度增长 8.04%。

2018 年东部资产折旧人均值高于全国，为全国人均值的 137.20%；东北人均值低于全国，为全国人均值的 94.17%；中部人均值低于全国，为全国人均值的 74.23%；西部人均值低于全国，为全国人均值的 80.17%。

15 个省域资产折旧人均值高于全国，按人均值高低依次为天津、北京、江苏、上海、浙江、广东、山东、青海、福建、陕西、辽宁、吉林、内蒙古、宁夏、重庆；16 个省域人均值低于全国，按人均值高低依次为海南、湖北、新疆、山西、四川、河北、广西、安徽、江西、黑龙江、河南、西藏、湖南、贵州、甘肃、云南。天津人均值占据首位，为全国人均值的 213.59%；云南人均值处于末位，为全国人均值的 42.48%。

在此期间，全国资产折旧人均值地区差指数从 1.6178 缩小至 1.3152，明显缩减 18.70%；各五年期动态检测，"十五"期间缩减 3.31%，"十一五"期间缩减 8.89%，"十二五"期间缩减 6.49%，"十三五"以来缩减 1.31%。各地此项地区差检测对比省略。

全国资产折旧构成比从 14.16% 降至 13.42%，略微降低 0.74 个百分点；各五年期动态检测，"十五"期间降低 0.05 个百分点，"十一五"期间降低 1.24 个百分点，"十二五"期间升高 0.30 个百分点，"十三五"以来升高 0.25 个百分点。

2018 年东部资产折旧构成比低于全国，为全国构成比的 98.73%；东北构成比高于全国，为全国构成比的 116.47%；中部构成比低于全国，为全国构成比的 92.10%；西部构成比高于全国，为全国构成比的 106.33%。

17 个省域资产折旧构成比高于全国，按比值高低依次为青海、山西、吉林、海南、宁夏、辽宁、新疆、广西、陕西、天津、四川、河北、山东、甘肃、江苏、重庆、安徽；14 个省域构成比低于全国，按比值高低依次为内蒙古、黑龙江、广东、北京、江西、西藏、湖北、浙江、贵州、河南、福建、上海、云南、湖南。青海构成比占据首位，为全国构成比的 164.75%；湖南构成比处于末位，为全国构成比的 73.77%。

4. 营业盈余增长及构成比动态

同期，全国收入法产值构成之营业盈余总量从 18862.67 亿元增至 225446.54 亿元，"十五"以来年均增长 14.78%；各时段动态检测，"十一五"以来年均增长 11.41%，"十二五"以来年均增长 9.29%，"十三五"以来年均增长 10.94%，新近年度增长 11.02%。

全国营业盈余人均值从 1493.89 元增至 16187.51 元，"十五"以来年均增长 14.15%；各时段动态检测，"十一五"以来年均增长 10.84%，"十二五"以来年均增长 8.74%，"十三五"以来年均增长 10.36%，新近年度增长 10.52%。

2018 年东部营业盈余人均值高于全国，为全国人均值的 143.89%；东北人均值低于全国，为全国人均值的 87.05%；中部人均值低于全国，为全国人均值的 82.91%；西部人均值低于全国，为全国人均值的 64.26%。

10 个省域营业盈余人均值高于全国，按人均值高低依次为上海、江苏、天津、北京、浙江、福建、广东、山东、重庆、陕西；21 个省域人均值低于全国，按人均值高低依次为湖北、辽宁、内蒙古、河南、吉林、江西、湖南、安徽、黑龙江、四川、河北、宁夏、广西、海南、山西、西藏、青海、新疆、贵州、云南、甘肃。上海人均值占据首位，为全国人均值的 222.72%；甘肃人均值处于末位，为全国人均值的 33.05%。

在此期间，全国营业盈余人均值地区差指数从 1.7574 缩小至 1.4171，明显缩减 19.36%；各五年期动态检测，"十五"期间缩减 9.45%，"十一

五"期间缩减 4.86%，"十二五"期间缩减 2.85%，"十三五"以来缩减
3.65%。各地此项地区差检测对比省略。

全国营业盈余构成比从 19.06% 升至 25.04%，明显升高 5.98 个百分
点；各五年期动态检测，"十五"期间升高 10.50 个百分点，"十一五"期
间降低 2.68 个百分点，"十二五"期间降低 2.81 个百分点，"十三五"以
来升高 0.97 个百分点。

2018 年东部营业盈余构成比高于全国，为全国构成比的 103.57%；东
北构成比高于全国，为全国构成比的 107.63%；中部构成比高于全国，为
全国构成比的 102.94%；西部构成比低于全国，为全国构成比的 85.25%。

13 个省域营业盈余构成比高于全国，按比值高低依次为江苏、江西、
河南、重庆、黑龙江、辽宁、山东、上海、吉林、浙江、陕西、安徽、湖
南；18 个省域构成比低于全国，按比值高低依次为天津、广东、福建、湖
北、河北、四川、内蒙古、北京、广西、宁夏、山西、云南、西藏、甘肃、
贵州、海南、青海、新疆。江苏构成比占据首位，为全国构成比的
121.10%；新疆构成比处于末位，为全国构成比的 55.71%。

三　支出法产值构成子系统分析测算

2018 年全国各地支出法产值构成子系统简况见表 3，分区域以最终消费
率高低位次排列。

（一）支出法结构产值增长态势

2000～2018 年，全国支出法结构产值总量从 100576.83 亿元增至
884426.00 亿元，"十五"以来年均增长 12.84%；各时段动态检测，"十一
五"以来年均增长 12.60%，"十二五"以来年均增长 10.06%，"十三五"
以来年均增长 8.15%，新近年度增长 8.48%。

全国支出法产值人均值从 7965.50 元增至 63503.53 元，"十五"以来年
均增长 12.22%；各时段动态检测，"十一五"以来年均增长 12.02%，"十

二五"以来年均增长 9.51%，"十三五"以来年均增长 7.59%，新近年度增长 7.99%。

在此期间，全国支出法产值人均值地区差指数从 1.4666 缩小至 1.3442，明显缩减 8.35%；各五年期动态检测，"十五"期间扩增 2.13%，"十一五"期间缩减 5.65%，"十二五"期间缩减 3.91%，"十三五"以来缩减 1.00%。

由于演算统计口径不同，支出法构成产值与三次产业产值有一定出入，不过总量、人均值出入仍可谓微小，鉴于此不展开各地相应对比分析检测。

（二）支出法产值构成成分变化态势

1. 最终消费支出增长及构成比动态

同期，全国支出法产值构成之最终消费支出总量从 63667.72 亿元增至 480340.60 亿元，"十五"以来年均增长 11.88%；各时段动态检测，"十一五"以来年均增长 12.71%，"十二五"以来年均增长 11.64%，"十三五"以来年均增长 9.86%，新近年度增长 9.88%。

全国最终消费人均值从 5042.37 元增至 34489.40 元，"十五"以来年均增长 11.27%；各时段动态检测，"十一五"以来年均增长 12.13%，"十二五"以来年均增长 11.08%，"十三五"以来年均增长 9.29%，新近年度增长 9.38%。

2018 年东部最终消费人均值高于全国，为全国人均值的 130.39%；东北人均值低于全国，为全国人均值的 83.15%；中部人均值低于全国，为全国人均值的 77.23%；西部人均值低于全国，为全国人均值的 77.21%。

10 个省域最终消费人均值高于全国，按人均值高低依次为北京、上海、江苏、天津、浙江、广东、山东、福建、内蒙古、西藏；21 个省域人均值低于全国，按人均值高低依次为辽宁、新疆、宁夏、青海、海南、湖北、重庆、湖南、黑龙江、陕西、河南、山西、四川、江西、云南、安徽、广西、河北、贵州、甘肃、吉林。北京人均值占据首位，为全国人均值的 250.21%；吉林人均值处于末位，为全国人均值的 61.07%。

表3 2018年全国各地支出法产值构成子系统简况

地区	最终消费支出及其中居民消费、最终消费率					资本形成		货物与服务净出口（流出）	
	最终消费人均值（元）	居民消费人均值（元）	地区差	最终消费率（％）	排序	人均值（元）	资本形成率（％）	人均值（元）	净出口拉动率（％）
全国	34489.40	24975.60	1.3321	54.31	—	28479.88	44.85	534.24	0.84
黑龙江	27654.68	19460.27	1.2208	63.91	6	27250.53	62.97	−11630.81	−26.88
辽宁	34293.39	27127.11	1.0861	59.12	10	25443.12	43.86	−1728.99	−2.98
吉林	21062.01	14763.15	1.4089	37.87	31	38218.82	68.73	−3669.91	−6.60
东北	28678.44	21370.39	1.2386	54.86	[1]	29263.91	55.98	−5662.52	−10.84
西藏	35079.15	11981.52	1.5203	80.83	1	47826.60	110.20	−39507.75	−91.03
青海	33118.06	19377.40	1.2241	69.45	2	74415.65	156.04	−59844.27	−125.49
甘肃	21672.03	15586.96	1.3759	69.16	3	16146.11	51.53	−6482.02	−20.69
新疆	33214.54	18264.95	1.2687	67.13	4	50885.32	102.85	−34625.14	−69.98
云南	23907.58	17186.38	1.3119	64.38	5	36540.40	98.40	−23311.69	−62.78
宁夏	33178.76	22324.38	1.1062	61.34	9	62267.56	115.11	−41352.16	−76.45
广西	23363.72	17494.90	1.2995	56.31	13	21531.11	51.90	−3405.66	−8.21
贵州	22438.50	17397.15	1.3034	54.40	14	29323.84	71.10	−10518.73	−25.50
内蒙古	35704.78	25356.03	1.0152	52.27	16	44540.56	65.21	−11943.35	−17.48
四川	25379.40	19386.74	1.2238	51.92	17	24127.72	49.36	−623.95	−1.28
重庆	31146.79	23451.04	1.0610	47.24	27	35760.60	54.24	−974.67	−1.48
陕西	27473.52	20056.44	1.1970	43.28	29	42774.95	67.39	−6770.99	−10.67
西部	26630.72	19120.76	1.2423	54.66	[2]	32969.62	67.67	−10875.81	−22.33
山西	25527.38	19564.05	1.2167	56.32	12	21068.01	46.48	−1267.39	−2.80
湖南	27944.52	20465.21	1.1806	52.78	15	28045.41	52.97	−3041.78	−5.75
河南	26013.87	19089.31	1.2357	51.87	18	35856.27	71.49	−11717.91	−23.36
江西	24007.49	18713.23	1.2507	50.61	19	24077.98	50.76	−651.53	−1.37
安徽	23612.99	18588.72	1.2557	49.49	23	24529.99	51.41	−431.32	−0.90
湖北	32097.86	23697.06	1.0512	48.18	25	39703.90	59.60	−5186.06	−7.78
中部	26636.00	19996.16	1.1984	51.16	[3]	30135.47	57.88	−4709.78	−9.04
海南	32604.97	22460.13	1.1007	62.76	7	33300.48	64.09	−13950.16	−26.85
北京	86294.83	58801.20	2.3543	61.55	8	53380.89	38.07	535.52	0.38
上海	78513.01	57800.48	2.3143	58.17	11	52641.22	39.00	3827.77	2.83
江苏	57964.84	42806.54	1.7139	50.33	20	50055.01	43.46	7148.56	6.21
广东	43233.16	32629.33	1.3064	50.03	21	38521.91	44.58	4656.92	5.39
浙江	48856.37	36360.36	1.4558	49.53	22	43175.18	43.77	6611.86	6.70

地区	最终消费支出及其中居民消费、最终消费率					资本形成		货物与服务净出口（流出）	
	最终消费人均值（元）	居民消费人均值（元）	地区差	最终消费率（％）	排序	人均值（元）	资本形成率（％）	人均值（元）	净出口拉动率（％）
山东	36897.90	29817.53	1.1939	48.38	24	38303.69	50.22	1065.67	1.40
河北	22627.44	16719.44	1.3306	47.37	26	27052.88	56.63	−1908.10	−4.00
天津	54864.99	39477.59	1.5806	45.45	28	68147.95	56.46	−2302.15	−1.91
福建	36754.69	28257.08	1.1314	40.30	30	53055.77	58.18	1386.79	1.52
东部	44969.12	33685.12	1.5482	50.07	[4]	42168.12	46.95	2673.38	2.98

注：①三项构成人均值之和即为支出法产值人均值，因制表拥挤省略；三项构成比予以平衡，其和值为100％；②由于国内统一市场，支出法产值构成中各地"货物和服务净流出"大多为负值。

在此期间，全国最终消费人均值地区差指数从 1.3623 缩小至 1.3004，较明显缩减4.54％；各五年期动态检测，"十五"期间扩增2.94％，"十一五"期间缩减2.65％，"十二五"期间缩减4.43％，"十三五"以来缩减0.33％。各地此项地区差检测对比省略。

全国最终消费率（消费率）从 63.30％ 降至 54.31％，明显降低8.99个百分点；各五年期动态检测，"十五"期间降低9.68个百分点，"十一五"期间降低5.17个百分点，"十二五"期间升高3.37个百分点，"十三五"以来升高2.49个百分点。

在全国支出法产值构成之最终消费当中，2018年居民消费人均值为24975.60元。东部居民消费人均值高于全国，为全国人均值的 134.87％；东北人均值低于全国，为全国人均值的 85.57％；中部人均值低于全国，为全国人均值的80.06％；西部人均值低于全国，为全国人均值的76.56％。

10个省域居民消费人均值高于全国，按人均值高低依次为北京、上海、江苏、天津、浙江、广东、山东、福建、辽宁、内蒙古；21个省域人均值低于全国，按人均值高低依次为湖北、重庆、海南、宁夏、湖南、陕西、山西、黑龙江、四川、青海、河南、江西、安徽、新疆、广西、贵州、云南、河北、甘肃、吉林、西藏。北京人均值占据首位，为全国人均值的

235.43%；西藏人均值处于末位，为全国人均值的47.97%。

同年，全国支出法产值构成之最终消费中居民消费人均值地区差指数为1.3321。东部居民消费人均值地区差大于全国，为全国地区差的116.22%；东北地区差小于全国，为全国地区差的92.98%；中部地区差小于全国，为全国地区差的89.96%；西部地区差小于全国，为全国地区差的93.25%。

23个省域居民消费人均值地区差小于全国，按地区差从小到大依次为内蒙古、湖北、重庆、辽宁、海南、宁夏、福建、湖南、山东、陕西、山西、黑龙江、四川、青海、河南、江西、安徽、新疆、广西、贵州、广东、云南、河北；8个省域地区差大于全国，按地区差从小到大依次为甘肃、吉林、浙江、西藏、天津、江苏、上海、北京。内蒙古地区差占据首位，为全国地区差的76.21%；北京地区差处于末位，为全国地区差的176.74%。

2018年东部最终消费率低于全国，为全国消费率的92.19%；东北最终消费率高于全国，为全国消费率的101.00%；中部最终消费率低于全国，为全国消费率的94.20%；西部最终消费率高于全国，为全国消费率的100.63%。

14个省域最终消费率高于全国，按比值高低依次为西藏、青海、甘肃、新疆、云南、黑龙江、海南、北京、宁夏、辽宁、上海、山西、广西、贵州；17个省域最终消费率低于全国，按比值高低依次为湖南、内蒙古、四川、河南、江西、江苏、广东、浙江、安徽、山东、湖北、河北、重庆、天津、陕西、福建、吉林。西藏最终消费率占据首位，为全国消费率的148.83%；吉林最终消费率处于末位，为全国消费率的69.74%。

2. 资本形成增长及构成比动态

同期，全国支出法产值构成之资本形成总额从34526.10亿元增至396644.80亿元，"十五"以来年均增长14.53%；各时段动态检测，"十一五"以来年均增长13.38%，"十二五"以来年均增长9.17%，"十三五"以来年均增长8.23%，新近年度增长8.98%。

全国资本形成人均值从2734.40元增至28479.88元，"十五"以来年均增长13.90%；各时段动态检测，"十一五"以来年均增长12.80%，"十二五"以来年均增长 8.62%，"十三五"以来年均增长 7.67%，新近年度增长 8.49%。

2018 年东部资本形成人均值高于全国，为全国人均值的 148.06%；东北人均值高于全国，为全国人均值的 102.75%；中部人均值高于全国，为全国人均值的 105.81%；西部人均值高于全国，为全国人均值的 115.76%。

21 个省域资本形成人均值高于全国，按人均值高低依次为青海、天津、宁夏、北京、福建、上海、新疆、江苏、西藏、内蒙古、浙江、陕西、湖北、广东、山东、吉林、云南、河南、重庆、海南、贵州；10 个省域人均值低于全国，按人均值高低依次为湖南、黑龙江、河北、辽宁、安徽、四川、江西、广西、山西、甘肃。青海人均值占据首位，为全国人均值的 261.29%；甘肃人均值处于末位，为全国人均值的 56.69%。

在此期间，全国资本形成人均值地区差指数从 1.6095 缩小至 1.4714，明显缩减 8.58%；各五年期动态检测，"十五"期间缩减 0.81%，"十一五"期间缩减 6.80%，"十二五"期间扩增 0.95%，"十三五"以来缩减 2.04%。各地此项地区差检测对比省略。

全国资本形成率（投资率）从 34.33% 升至 44.85%，显著升高 10.52 个百分点；各五年期动态检测，"十五"期间升高 6.65 个百分点，"十一五"期间升高 6.90 个百分点，"十二五"期间降低 3.13 个百分点，"十三五"以来升高 0.10 个百分点。

2018 年东部资本形成率高于全国，为全国投资率的 104.69%；东北资本形成率高于全国，为全国投资率的 124.81%；中部资本形成率高于全国，为全国投资率的 129.07%；西部资本形成率高于全国，为全国投资率的 150.88%。从四大区域整体看来，欠发达地区"投资拉动"经济增长惯性既存。

25 个省域资本形成率高于全国，按比值高低依次为青海、宁夏、西藏、新疆、云南、河南、贵州、吉林、陕西、内蒙古、海南、黑龙江、湖北、福建、河北、天津、重庆、湖南、广西、甘肃、安徽、江西、山东、四川、山西；6 个省域资本形成率低于全国，按比值高低依次为广东、辽宁、浙江、江苏、上海、北京。青海资本形成率占据首位，为全国投资率的347.94%；北京资本形成率处于末位，为全国投资率的84.89%。

3. 货物与服务净出口增长态势

同期，全国支出法产值构成之货物与服务净出口总量从2383.01亿元增至7440.49亿元，"十五"以来年均增长6.53%，其间2005年以来年均负增长2.40%，2010年以来年均负增长8.43%，2015年以来年均负增长32.33%，最近一年年度负增长47.43%。

全国净出口人均值从188.73元增至534.24元，"十五"以来年均增长5.95%，其间2005年以来年均负增长2.90%，2010年以来年均负增长8.89%，2015年以来年均负增长32.68%，最近一年年度负增长47.67%。

全国净出口拉动率从2.37%降至0.84%，较明显降低1.53个百分点；各五年期动态检测，"十五"期间升高3.03个百分点，"十一五"期间降低1.73个百分点，"十二五"期间降低0.24个百分点，"十三五"以来降低2.59个百分点。

由于国内统一市场，各省域货物与服务净流出大多为负值，在表3中存而不叙，因而亦无法综合演算全国人均值地区差指数，同样也无须展开分析对比各地净流出拉动率。

四 经济生活收支综合子系统分析测算

（一）公共经济生活发展态势

2018年全国各地经济生活收支综合子系统简况（一）见表4，分区域以财政支出人均值地区差从小到大位次排列。

1. 财政收入增长及相对比值动态

2000~2018年，全国财政收入总量从13395.23亿元增至183359.84亿元，"十五"以来年均增长15.65%；各时段动态检测，"十一五"以来年均增长14.47%，"十二五"以来年均增长10.40%，"十三五"以来年均增长 6.39%，新近年度增长 6.24%。

全国财政收入人均值从 1060.89 元增至 13165.50 元，"十五"以来年均增长 15.02%；各时段动态检测，"十一五"以来年均增长 13.89%，"十二五"以来年均增长 9.84%，"十三五"以来年均增长 5.84%，新近年度增长 5.76%。

2018 年东部财政收入人均值低于全国，为全国人均值的 94.21%；东北人均值高于全国，为全国人均值的 105.26%；中部人均值高于全国，为全国人均值的 103.72%；西部人均值高于全国，为全国人均值的 101.65%。

3 个省域财政收入人均值高于全国，按人均值高低依次为上海、北京、天津；28 个省域人均值低于全国，按人均值高低依次为浙江、广东、江苏、海南、福建、内蒙古、重庆、西藏、山东、宁夏、新疆、山西、辽宁、陕西、湖北、江西、安徽、贵州、四川、河北、吉林、青海、湖南、云南、河南、广西、黑龙江、甘肃。上海人均值占据首位，为全国人均值的 142.58%；甘肃人均值处于末位，为全国人均值的 65.63%。

同时，全国财政收入比（与国民总收入极度近似值产值比）从 13.36%升至 20.37%，明显升高 7.01 个百分点；各五年期动态检测，"十五"期间升高 3.54 个百分点，"十一五"期间升高 3.26 个百分点，"十二五"期间升高 2.04 个百分点，"十三五"以来降低 1.83 个百分点。

表4　2018 年全国各地经济生活收支综合子系统简况（一）

地区	财政收入				财政支出				排序（倒序）
	总量（亿元）	财政收入比（%）	人均值（元）	地区差	总量（亿元）	财政支出比（%）	人均值（元）	地区差	
全国	183359.84	20.37	13165.50	1.5641	220904.13	24.54	15861.23	1.3763	—
吉林	1240.89	8.23	4578.08	1.6523	3789.59	25.14	13981.15	1.1185	6
黑龙江	1282.60	7.84	3392.35	1.7423	4676.75	28.58	12369.57	1.2201	12
辽宁	2616.08	10.33	5994.69	1.5447	5337.72	21.08	12231.24	1.2289	15
东北	5139.57	9.06	4734.59	1.6464	13804.05	24.32	12716.36	1.1892	[1]
湖北	3307.08	8.40	5596.21	1.5749	7258.27	18.44	12282.37	1.2256	14

续表

地区	财政收入				财政支出				
	总量（亿元）	财政收入比（%）	人均值（元）	地区差	总量（亿元）	财政支出比（%）	人均值（元）	地区差	排序（倒序）
江西	2373.01	10.79	5119.76	1.6111	5667.52	25.78	12227.66	1.2291	16
山西	2292.70	13.63	6179.78	1.5306	4283.91	25.47	11546.93	1.2720	19
湖南	2860.84	7.85	4158.46	1.6841	7479.61	20.53	10872.20	1.3145	22
安徽	3048.67	10.16	4847.24	1.6318	6572.15	21.90	10449.40	1.3412	24
河南	3766.02	7.84	3930.28	1.7015	9217.73	19.18	9619.77	1.3935	27
中部	17648.32	9.16	4769.09	1.6223	40479.19	21.01	10938.65	1.2960	[2]
浙江	6598.21	11.74	11581.91	1.1203	8629.53	15.36	15147.49	1.0450	1
江苏	8630.16	9.32	10733.83	1.1847	11657.35	12.59	14498.92	1.0859	3
广东	12105.26	12.44	10753.06	1.1832	15729.26	16.17	13972.25	1.1191	7
海南	752.67	15.58	8093.20	1.3853	1691.30	35.00	18186.05	1.1466	9
福建	3007.41	8.40	7660.24	1.4182	4832.69	13.50	12309.46	1.2239	13
天津	2106.24	11.20	13514.53	1.0265	3103.16	16.50	19911.18	1.2553	17
河北	3513.86	9.76	4661.68	1.6459	7726.21	21.46	10250.01	1.3538	25
山东	6485.40	8.48	6468.31	1.5087	10100.96	13.21	10074.35	1.3648	26
上海	7108.15	21.75	29360.38	2.2301	8351.54	25.56	34496.23	2.1749	29
北京	5785.92	19.08	26757.54	2.0324	7471.43	24.64	34552.38	2.1784	30
东部	56093.27	11.66	10473.63	1.4735	79293.43	16.49	14805.52	1.3948	[3]
重庆	2265.54	11.13	7335.22	1.4428	4540.95	22.30	14702.38	1.0731	2
甘肃	871.05	10.56	3310.10	1.7486	3772.23	45.75	14334.92	1.0962	4
贵州	1726.85	11.66	4810.17	1.6346	5029.68	33.97	14010.24	1.1167	5
陕西	2243.14	9.18	5827.09	1.5574	5302.44	21.70	13774.37	1.1316	8
内蒙古	1857.65	10.74	7338.14	1.4426	4831.46	27.94	19085.36	1.2033	10
云南	1994.35	11.15	4141.73	1.6854	6075.03	33.97	12616.23	1.2046	11
四川	3911.01	9.61	4699.88	1.6430	9707.50	23.86	11665.57	1.2645	18
新疆	1531.42	12.55	6210.15	1.5283	5012.45	41.09	20326.24	1.2815	20
宁夏	436.52	11.78	6372.56	1.5160	1419.06	38.30	20716.19	1.3061	21
广西	1681.45	8.26	3427.68	1.7396	5310.74	26.09	10826.10	1.3174	23
青海	272.89	9.52	4544.33	1.6548	1647.43	57.50	27434.30	1.7296	28
西藏	230.35	15.59	6765.18	1.4861	1970.68	133.37	57875.97	3.6489	31
西部	19022.22	10.32	5028.96	1.5899	54619.65	29.64	14439.97	1.4478	[4]

注：全国及各省域分别演算未予平衡，省域总量之和不等于全国总量，后同。

2018 年东部财政收入比低于全国，为全国比值的 57.26%；东北财政收入比低于全国，为全国比值的 44.47%；中部财政收入比低于全国，为全国比值的 44.98%；西部财政收入比低于全国，为全国比值的 50.68%。全国财政收入比高于四大区域，在于另有中央财政收入部分，合并计算势必高出一截。

1 个省域财政收入比高于全国，即为上海；30 个省域财政收入比低于全国，按比值高低依次为北京、西藏、海南、山西、新疆、广东、宁夏、浙江、贵州、天津、云南、重庆、江西、内蒙古、甘肃、辽宁、安徽、河北、四川、青海、江苏、陕西、山东、湖北、福建、广西、吉林、湖南、黑龙江、河南。上海财政收入比占据首位，为全国比值的 106.80%；河南财政收入比处于末位，为全国比值的 38.48%。

2. 财政支出增长及相对比值动态

同期，全国财政支出总量从 15886.50 亿元增至 220904.13 亿元，"十五"以来年均增长 15.75%；各时段动态检测，"十一五"以来年均增长 15.50%，"十二五"以来年均增长 11.90%，"十三五"以来年均增长 7.89%，新近年度增长 8.77%。

全国财政支出人均值从 1258.19 元增至 15861.23 元，"十五"以来年均增长 15.12%；各时段动态检测，"十一五"以来年均增长 14.92%，"十二五"以来年均增长 11.34%，"十三五"以来年均增长 7.34%，新近年度增长 8.28%。

2018 年东部财政支出人均值低于全国，为全国人均值的 93.34%；东北人均值低于全国，为全国人均值的 80.17%；中部人均值低于全国，为全国人均值的 68.96%；西部人均值低于全国，为全国人均值的 91.04%。这显然是因为中央财政另有本级开支（全国性开支譬如国防、外交）的缘故，加上地方财政开支，汇总演算为全国人均值，于是高于四大区域整体人均值，对于省域却不尽然。

9 个省域财政支出人均值高于全国，按人均值高低依次为西藏、北京、上海、青海、宁夏、新疆、天津、内蒙古、海南；22 个省域人均值低于全国，按人均值高低依次为浙江、重庆、江苏、甘肃、贵州、吉林、广东、陕西、云南、黑龙江、福建、湖北、辽宁、江西、四川、山西、湖南、广西、安徽、河北、山东、河南。西藏人均值占据首位，为全国人均值的364.89%；河南人均值处于末位，为全国人均值的60.65%。

同时，全国财政支出比（与产值比）从15.84%升至24.54%，明显升高8.70个百分点；各五年期动态检测，"十五"期间升高2.27个百分点，"十一五"期间升高3.70个百分点，"十二五"期间升高3.83个百分点，"十三五"以来降低1.10个百分点。

2018年东部财政支出比低于全国，为全国比值的67.19%；东北财政支出比低于全国，为全国比值的99.13%；中部财政支出比低于全国，为全国比值的85.63%；西部财政支出比高于全国，为全国比值的120.78%。

16个省域财政支出比高于全国，按比值高低依次为西藏、青海、甘肃、新疆、宁夏、海南、云南、贵州、黑龙江、内蒙古、广西、江西、上海、山西、吉林、北京；15个省域财政支出比低于全国，按比值高低依次为四川、重庆、安徽、陕西、河北、辽宁、湖南、河南、湖北、天津、广东、浙江、福建、山东、江苏。西藏财政支出比占据首位，为全国比值的543.55%；江苏财政支出比处于末位，为全国比值的51.31%。

3. 财政收入、财政支出地区差变化

在此期间，全国财政收入人均值地区差指数从1.6706缩小至1.5641，明显缩减6.37%；各五年期动态检测，"十五"期间扩增1.53%，"十一五"期间缩减4.98%，"十二五"期间缩减3.18%，"十三五"以来扩增0.24%。

2018年东部财政收入人均值地区差小于全国，为全国地区差的94.21%；东北地区差大于全国，为全国地区差的105.26%；中部地区差大于全国，为全国地区差的103.72%；西部地区差大于全国，为全国地区差的101.65%。

15个省域财政收入人均值地区差小于全国，按地区差从小到大依次为天津、浙江、广东、江苏、海南、福建、内蒙古、重庆、西藏、山东、宁夏、新疆、山西、辽宁、陕西；16 个省域地区差大于全国，按地区差从小到大依次为湖北、江西、安徽、贵州、四川、河北、吉林、青海、湖南、云南、河南、广西、黑龙江、甘肃、北京、上海。天津地区差占据首位，为全国地区差的 65.63%；上海地区差处于末位，为全国地区差的 142.58%。

与此同时，全国财政支出人均值地区差指数从 1.4835 缩小至 1.3763，明显缩减 7.23%；各五年期动态检测，"十五"期间缩减 0.80%，"十一五"期间缩减 5.56%，"十二五"期间缩减 0.96%，"十三五"以来缩减 0.03%。

2018 年东部财政支出人均值地区差大于全国，为全国地区差的 101.34%；东北地区差小于全国，为全国地区差的 86.41%；中部地区差小于全国，为全国地区差的 94.17%；西部地区差大于全国，为全国地区差的 105.20%。

26 个省域财政支出人均值地区差小于全国，按地区差从小到大依次为浙江、重庆、江苏、甘肃、贵州、吉林、广东、陕西、海南、内蒙古、云南、黑龙江、福建、湖北、辽宁、江西、天津、四川、山西、新疆、宁夏、湖南、广西、安徽、河北、山东；5 个省域地区差大于全国，按地区差从小到大依次为河南、青海、上海、北京、西藏。浙江地区差占据首位，为全国地区差的 75.93%；西藏地区差处于末位，为全国地区差的 265.13%。

（二）人民经济生活发展态势

2018 年全国各地经济生活收支综合子系统简况（二）见表5，分区域以居民收入人均值城乡比从小到大位次排列。

1. 居民收入增长及相对比值动态

2000～2018 年，全国居民收入总量从 46502.56 亿元增至 406169.14 亿元，"十五"以来年均增长 12.80%；各时段动态检测，"十一五"以来年均增长 13.05%，"十二五"以来年均增长 11.97%，"十三五"以来年均增长 9.79%，新近年度增长 9.57%。

全国居民收入人均值从 3682.95 元增至 29163.52 元，"十五"以来历年年均增长12.18%；各时段动态检测，"十一五"以来年均增长12.48%，"十二五"以来年均增长11.41%，"十三五"以来年均增长9.22%，新近年度增长9.08%。

2018年东部居民收入人均值高于全国，为全国人均值的127.09%；东北人均值低于全国，为全国人均值的88.67%；中部人均值低于全国，为全国人均值的85.25%；西部人均值低于全国，为全国人均值的79.02%。

9个省域居民收入人均值高于全国，按人均值高低依次为上海、北京、浙江、天津、江苏、广东、福建、山东、辽宁；22个省域人均值低于全国，按人均值高低依次为内蒙古、重庆、湖北、湖南、海南、江西、安徽、河北、陕西、四川、宁夏、吉林、河南、黑龙江、山西、新疆、广西、青海、云南、贵州、甘肃、西藏。上海人均值占据首位，为全国人均值的217.67%；西藏人均值处于末位，为全国人均值的63.01%。

同时，全国居民收入比（与国民总收入极度近似值产值比）从46.37%降至45.11%，较明显降低1.26个百分点；各五年期动态检测，"十五"期间降低2.37个百分点，"十一五"期间降低4.12个百分点，"十二五"期间升高4.86个百分点，"十三五"以来升高0.37个百分点。

2018年东部居民收入比低于全国，为全国比值的91.48%；东北居民收入比高于全国，为全国比值的109.64%；中部居民收入比高于全国，为全国比值的105.85%；西部居民收入比高于全国，为全国比值的104.84%。

18个省域居民收入比高于全国，按收入比高低依次为甘肃、云南、广西、黑龙江、江西、安徽、辽宁、河北、山西、湖南、海南、贵州、四川、浙江、上海、河南、青海、新疆；13个省域居民收入比低于全国，按收入比高低依次为北京、宁夏、内蒙古、西藏、广东、重庆、吉林、湖北、山东、陕西、福建、江苏、天津。甘肃居民收入比占据首位，为全国比值的132.68%；天津居民收入比处于末位，为全国比值的72.71%。

2. 居民总消费增长及相对比值动态

同期，全国居民总消费总量从36005.66亿元增至283898.74亿元，"十五"以来年均增长12.16%；各时段动态检测，"十一五"以来年均增长

12.27%，"十二五"以来年均增长 11.68%，"十三五"以来年均增长 9.04%，新近年度增长 9.09%。

表5 2018年全国各地经济生活收支综合子系统简况（二）

地区	居民收入					居民总消费			
	居民收入比（%）	人均值（元）	地区差	城乡比（乡村=1）	排序（倒序）	居民消费率（%）	人均值（元）	地区差	城乡比（乡村=1）
全国	45.11	29163.52	1.2685	2.6853	—	31.53	20384.33	1.2411	2.1537
黑龙江	53.15	22998.54	1.2114	2.1148	3	39.66	17164.42	1.1580	1.8425
吉林	41.58	23125.51	1.2070	2.1946	4	31.34	17430.82	1.1449	2.0685
辽宁	51.78	30034.71	1.0299	2.5478	17	37.27	21618.56	1.0605	2.3088
东北	49.46	25858.88	1.1494	2.3422	[1]	36.38	19021.56	1.1211	2.1056
湖北	39.97	26625.16	1.0870	2.3004	7	29.96	19956.05	1.0210	1.7206
河南	45.90	23021.75	1.2106	2.3046	8	31.48	15790.00	1.2254	2.0197
江西	53.06	25168.42	1.1370	2.3388	9	34.46	16347.36	1.1980	1.9072
安徽	52.46	25030.12	1.1417	2.4573	14	36.67	17494.85	1.1418	1.6883
湖南	50.24	26598.75	1.0879	2.6041	20	36.92	19549.47	1.0410	1.9704
山西	50.55	22912.13	1.2144	2.6413	22	33.79	15317.74	1.2486	2.1576
中部	47.75	24861.40	1.1464	2.4225	[2]	33.55	17466.42	1.1459	1.9009
天津	32.80	39598.47	1.3578	1.8632	1	24.83	29976.13	1.4705	1.9365
浙江	47.30	46655.92	1.5998	2.0355	2	30.31	29900.52	1.4668	1.7556
上海	47.03	63480.54	2.1767	2.2398	5	31.76	42865.62	2.1029	2.3048
江苏	33.93	39078.36	1.3400	2.2643	6	22.13	25488.19	1.2504	1.7784
河北	51.47	24588.27	1.1569	2.3503	10	36.36	17369.99	1.1479	1.9439
福建	36.94	33692.18	1.1553	2.3636	11	25.84	23565.55	1.1561	1.8835
海南	48.75	25328.40	1.1315	2.3839	12	34.63	17993.53	1.1173	2.0967
山东	39.93	30453.51	1.0442	2.4268	13	25.58	19506.37	1.0431	2.2004
北京	44.49	62385.43	2.1392	2.5666	18	28.43	39855.95	1.9552	2.1255
广东	41.97	36265.09	1.2435	2.5828	19	30.45	26313.85	1.2909	2.0066
东部	41.27	37064.65	1.4345	2.5084	[3]	27.94	25093.80	1.4001	2.1093
四川	48.24	23580.80	1.1914	2.4916	15	37.37	18269.79	1.1037	1.8458
重庆	41.65	27458.45	1.0585	2.5317	16	30.13	19867.26	1.0254	2.0167
广西	53.94	22379.17	1.2326	2.6085	21	37.02	15361.34	1.2464	1.8988
宁夏	43.45	23502.25	1.1941	2.7243	23	32.03	17325.68	1.1500	2.0368
新疆	45.28	22399.97	1.2319	2.7361	24	34.01	16828.32	1.1744	2.5677

续表

地区	居民收入					居民总消费			
	居民收入比（%）	人均值（元）	地区差	城乡比（乡村=1）	排序（倒序）	居民消费率（%）	人均值（元）	地区差	城乡比（乡村=1）
内蒙古	42.58	29083.04	1.0028	2.7752	25	29.29	20005.19	1.0186	1.9300
西藏	42.35	18377.21	1.3699	2.9518	26	28.30	12280.81	1.3975	3.0903
陕西	37.68	23915.33	1.1800	2.9715	27	26.63	16906.09	1.1706	2.1812
青海	45.59	21742.83	1.2545	3.0322	28	35.96	17147.25	1.1588	2.2215
云南	57.90	21502.99	1.2627	3.1100	29	40.47	15030.74	1.2626	2.3706
贵州	48.37	19948.74	1.3160	3.2515	30	35.41	14604.53	1.2835	2.2669
甘肃	59.86	18756.40	1.3569	3.4026	31	49.26	15435.69	1.2428	2.4939
西部	47.30	23044.59	1.2209	2.8264	[4]	34.60	16860.21	1.1862	2.1236

注：居民收入比本为居民收入与国民总收入（即"国民生产总值"，GNP）之比，因国民总收入无分地区数据，而国内生产总值（GDP，简称"产值"）与国民总收入极度近似（国外净要素收入占比极低且多年为负值），取产值测算居民收入比即可通约演算至地方各层级。财政收入比同。居民消费率本即与产值比，财政支出比亦然。

全国居民总消费人均值从2851.61元增至20384.33元，"十五"以来年均增长11.55%；各时段动态检测，"十一五"以来年均增长11.70%，"十二五"以来年均增长11.12%，"十三五"以来年均增长8.48%，新近年度增长8.60%。

2018年东部居民总消费人均值高于全国，为全国人均值的123.10%；东北人均值低于全国，为全国人均值的93.31%；中部人均值低于全国，为全国人均值的85.69%；西部人均值低于全国，为全国人均值的82.71%。

8个省域居民总消费人均值高于全国，按人均值高低依次为上海、北京、天津、浙江、广东、江苏、福建、辽宁；23个省域人均值低于全国，按人均值高低依次为内蒙古、湖北、重庆、湖南、山东、四川、海南、安徽、吉林、河北、宁夏、黑龙江、青海、陕西、新疆、江西、河南、甘肃、广西、山西、云南、贵州、西藏。上海人均值占据首位，为全国人均值的210.29%；西藏人均值处于末位，为全国人均值的60.25%。

同时，全国居民消费率（与产值比）从35.91%降至31.53%，明显降低 4.38 个百分点；各五年期动态检测，"十五"期间降低 2.23 个百分点，"十一五"期间降低 5.21 个百分点，"十二五"期间升高 3.45 个百分点，"十三五"以来降低 0.39 个百分点。

2018 年东部居民消费率低于全国，为全国比值的 88.61%；东北居民消费率高于全国，为全国比值的 115.38%；中部居民消费率高于全国，为全国比值的 106.39%；西部居民消费率高于全国，为全国比值的 109.74%。

17 个省域居民消费率高于全国，按消费率高低依次为甘肃、云南、黑龙江、四川、辽宁、广西、湖南、安徽、河北、青海、贵州、海南、江西、新疆、山西、宁夏、上海；14 个省域居民消费率低于全国，按消费率高低依次为河南、吉林、广东、浙江、重庆、湖北、内蒙古、北京、西藏、陕西、福建、山东、天津、江苏。甘肃居民消费率占据首位，为全国比值的 156.21%；江苏居民消费率处于末位，为全国比值的 70.18%。

3. 居民收入、总消费地区差、城乡比变化

在此期间，全国居民收入人均值地区差指数从 1.3606 缩小至 1.2685，较明显缩减 6.77%；各五年期动态检测，"十五"期间扩增 0.31%，"十一五"期间缩减 2.47%，"十二五"期间缩减 3.86%，"十三五"以来缩减 0.88%。

全国居民收入人均值城乡比指数从 2.7869 缩小至 2.6853，明显缩减 3.65%；各五年期动态检测，"十五"期间扩增 15.68%，"十一五"期间扩增 0.15%，"十二五"期间缩减 15.40%，"十三五"以来缩减 1.68%。

2018 年东部居民收入人均值地区差大于全国，为全国地区差的 113.09%；东北地区差小于全国，为全国地区差的 90.62%；中部地区差小于全国，为全国地区差的 90.38%；西部地区差小于全国，为全国地区差的 96.25%。

23 个省域居民收入人均值地区差小于全国，按地区差从小到大依次为内蒙古、辽宁、山东、重庆、湖北、湖南、海南、江西、安徽、福建、河北、陕西、四川、宁夏、吉林、河南、黑龙江、山西、新疆、广西、广东、青海、云南；8 个省域地区差大于全国，按地区差从小到大依次为贵州、江

苏、甘肃、天津、西藏、浙江、北京、上海。内蒙古地区差占据首位，为全国地区差的79.05%；上海地区差处于末位，为全国地区差的171.60%。

同年，东部居民收入人均值城乡比小于全国，为全国城乡比的93.41%；东北城乡比小于全国，为全国城乡比的87.22%；中部城乡比小于全国，为全国城乡比的90.21%；西部城乡比大于全国，为全国城乡比的105.25%。

22个省域居民收入人均值城乡比小于全国，按城乡比从小到大依次为天津、浙江、黑龙江、吉林、上海、江苏、湖北、河南、江西、河北、福建、海南、山东、安徽、四川、重庆、辽宁、北京、广东、湖南、广西、山西；9个省域城乡比大于全国，按城乡比从小到大依次为宁夏、新疆、内蒙古、西藏、陕西、青海、云南、贵州、甘肃。天津城乡比占据首位，为全国城乡比的69.39%；甘肃城乡比处于末位，为全国城乡比的126.71%。

与此同时，全国居民总消费人均值地区差指数从1.3476缩小至1.2411，明显缩减7.90%；各五年期动态检测，"十五"期间缩减0.16%，"十一五"期间缩减2.27%，"十二五"期间缩减3.40%，"十三五"以来缩减2.29%。

全国居民总消费人均值城乡比指数从2.9926缩小至2.1537，显著缩减28.03%；各五年期动态检测，"十五"期间扩增3.87%，"十一五"期间缩减1.09%，"十二五"期间缩减24.55%，"十三五"以来缩减7.15%。

2018年东部居民总消费人均值地区差大于全国，为全国地区差的112.81%；东北地区差小于全国，为全国地区差的90.33%；中部地区差小于全国，为全国地区差的92.33%；西部地区差小于全国，为全国地区差的95.58%。

19个省域居民总消费人均值地区差小于全国，按地区差从小到大依次为内蒙古、湖北、重庆、湖南、山东、辽宁、四川、海南、安徽、吉林、河北、宁夏、福建、黑龙江、青海、陕西、新疆、江西、河南；12个省域地区差大于全国，按地区差从小到大依次为甘肃、广西、山西、江苏、云南、贵州、广东、西藏、浙江、天津、北京、上海。内蒙古地区差占据首位，为全国地区差的 82.07%；上海地区差处于末位，为全国地区差的 169.43%。

同年东部居民总消费人均值城乡比小于全国，为全国城乡比的 97.94%；东北城乡比小于全国，为全国城乡比的 97.76%；中部城乡比小于全国，为全国城乡比的 88.26%；西部城乡比小于全国，为全国城乡比的 98.60%。

20 个省域居民总消费人均值城乡比小于全国，按城乡比从小到大依次为安徽、湖北、浙江、江苏、黑龙江、四川、福建、广西、江西、内蒙古、天津、河北、湖南、广东、重庆、河南、宁夏、吉林、海南、北京；11 个省域城乡比大于全国，按城乡比从小到大依次为山西、陕西、山东、青海、贵州、上海、辽宁、云南、甘肃、新疆、西藏。安徽城乡比占据首位，为全国城乡比的 78.39%；西藏城乡比处于末位，为全国城乡比的 143.49%。

五 经济增长通用指标动态测评排行

中国经济增长通用指标检测体系共有一级指标（子系统）4 项，二级指标（类别项）40 项，三级指标（演算项）154 项，包括各类数据之间增长相关度加权检测指标、同类城乡数据之间增长相关度加权检测指标，不包括地区差变动相关度检验监测指标。全系统综合演算中，三次产业（生产法）产值构成子系统占权重 40%，收入法产值构成子系统占权重 30%，支出法产值构成子系统占权重 20%，经济生活收支综合子系统占权重 10%。

加权综合四个子系统分别独立演算结果，得出全国及各地经济增长结构优化检测综合指数。2018 年数据为国家统计局当前公布的最新年度数据，中国经济增长通用指标检测体系 2018 年测评排行见表 6，分区域以 2018 年无差距横向测评结果位次排列。

1. 各年度理想值横向测评

以假定全国及各地各类数据全面消除城乡差距、地区差距为理想值 100，2018 年全国横向测评，全国总体指数为 91.78。这表明与全国及各地城乡、地区无差距理想值相比，全国总体经济增长结构优化全量化检测分值低于理想值 8.22%。

在此类检测中，东部指数为93.56，高于全国1.78个百分点；东北为91.08，低于全国0.70个百分点；中部为90.44，低于全国1.34个百分点；西部为91.01，低于全国0.77个百分点。

17个省域指数高于全国，按指数高低依次为江苏、北京、上海、内蒙古、福建、湖北、天津、浙江、陕西、海南、山东、青海、辽宁、重庆、广东、新疆、宁夏；14个省域指数低于全国，按指数高低依次为湖南、吉林、四川、安徽、河南、云南、河北、贵州、西藏、江西、黑龙江、广西、山西、甘肃。指数高于全国的各地并非城乡差距、地区差距接近消除，而是其余各类检测指标"得分"较高。

江苏、北京、上海、内蒙古、福建5个省域为"2018年经济发展指数排名"前5位。

2. 2000年以来基数值纵向测评

以"九五"末年2000年各类数据演算指标为基数值100，"十五"以来至2018年纵向测评，全国指数为243.32。这表明与2000年自身基数值相比，全国经济增长结构优化全量化检测分值高于基数值143.32%。

在此类检测中，东部指数为228.97，低于全国14.35个百分点；东北为199.20，低于全国44.12个百分点；中部为283.99，高于全国40.67个百分点；西部为306.69，高于全国63.37个百分点。

表6　中国经济增长通用指标检测体系2018年测评排行

地区	各五年期起始年纵向测评（基数值＝100）								2018年检测 无差距横向测评（理想值＝100）	
	"十五"以来18年（2000~2018）		"十一五"以来13年（2005~2018）		"十二五"以来8年（2010~2018）		"十三五"以来3年（2015~2018）			
	检测指数	排行	检测指数	排行	检测指数	排行	检测指数	排行	检测指数	排行
全国	243.32	—	169.04	—	121.74	—	105.88	—	91.78	—
江苏	273.67	15	171.00	16	121.02	16	105.14	15	100.01	1
北京	209.15	28	137.83	30	109.45	27	104.09	19	99.52	2
上海	181.62	31	137.03	31	110.28	26	105.02	18	99.46	3
福建	231.94	22	172.00	15	122.42	14	106.75	7	97.40	5
天津	218.19	26	149.18	25	114.38	24	102.21	25	95.97	7

续表

地区	各五年期起始年纵向测评（基数值=100）								2018年检测	
	"十五"以来18年（2000~2018）		"十一五"以来13年（2005~2018）		"十二五"以来8年（2010~2018）		"十三五"以来3年（2015~2018）		无差距横向测评（理想值=100）	
	检测指数	排行	检测指数	排行	检测指数	排行	检测指数	排行	检测指数	排行
浙江	229.01	24	149.71	24	116.25	22	105.30	13	95.66	8
海南	252.82	18	185.20	10	125.02	10	106.22	9	95.10	10
山东	237.74	21	157.54	22	116.66	20	103.60	20	94.60	11
广东	222.61	25	150.22	23	116.48	21	105.87	10	94.10	15
河北	210.79	27	142.85	27	111.44	25	101.86	26	88.08	24
东部	228.97	[3]	155.81	[3]	117.63	[3]	104.76	[3]	93.56	[1]
辽宁	188.83	30	140.58	29	107.82	29	97.12	29	94.28	13
吉林	251.90	20	157.62	21	108.79	28	96.84	31	89.42	19
黑龙江	193.37	29	141.35	28	106.41	31	96.85	30	87.11	28
东北	199.20	[4]	142.67	[4]	106.66	[4]	96.15	[4]	91.08	[2]
内蒙古	335.81	4	165.51	18	114.66	23	102.99	23	98.17	4
陕西	388.22	3	210.97	2	128.23	6	107.24	5	95.47	9
青海	319.52	7	190.00	7	124.17	11	102.36	24	94.30	12
重庆	331.55	6	202.30	3	131.67	3	105.74	11	94.26	14
新疆	229.95	23	162.85	19	124.01	12	106.23	8	93.60	16
宁夏	334.33	5	191.91	6	122.09	15	105.05	17	93.38	17
四川	286.95	10	188.93	8	126.45	8	107.61	3	89.12	20
云南	256.99	17	179.60	13	129.26	4	105.27	14	88.27	23
贵州	422.61	2	251.46	1	156.00	1	110.22	2	87.85	25
西藏	425.95	1	187.86	9	137.81	2	111.96	1	87.85	26
广西	274.90	14	175.67	14	118.11	18	101.19	27	86.84	29
甘肃	252.19	19	161.05	20	116.81	19	100.46	28	81.83	31
西部	306.69	[1]	189.23	[1]	126.14	[1]	104.90	[2]	91.01	[3]
湖北	279.16	13	199.47	4	128.92	5	106.76	6	96.36	6
湖南	289.81	9	184.28	12	123.56	13	103.11	22	90.01	18
安徽	281.32	12	192.58	5	126.91	7	107.25	4	88.90	21
河南	282.80	11	170.97	17	119.69	17	105.06	16	88.79	22
江西	305.49	8	184.39	11	126.17	9	105.57	12	87.65	27
山西	259.17	16	147.04	26	107.00	30	103.28	21	83.73	30
中部	283.99	[2]	182.07	[2]	122.90	[2]	105.17	[1]	90.44	[4]

注：共时性年度横向测评（全国城乡地区无差距理想值=100），类似"不论年龄比高矮"，有利于发达地区；历时性阶段纵向测评（起点年自身基数值=100），类似"不论高矮比生长"，有利于后发地区，从左至右①"十五"以来，②"十一五"以来，③"十二五"以来，④"十三五"以来，⑤上年以来（表外增补），多向度检测省域排行，考察不同阶段进展状况。

20 个省域指数高于全国，按指数高低依次为西藏、贵州、陕西、内蒙古、宁夏、重庆、青海、江西、湖南、四川、河南、安徽、湖北、广西、江苏、山西、云南、海南、甘肃、吉林；11 个省域指数低于全国，按指数高低依次为山东、福建、新疆、浙江、广东、天津、河北、北京、黑龙江、辽宁、上海。

西藏、贵州、陕西、内蒙古、宁夏 5 个省域为"2000～2018 年经济发展指数提升度"前 5 位。

3. 2005 年以来基数值纵向测评

以"十五"末年 2005 年各类数据演算指标为基数值 100，"十一五"以来至 2018 年纵向测评，全国指数为 169.04。这表明与 2005 年自身基数值相比，全国经济增长结构优化全量化检测分值高于基数值 69.04%。

在此类检测中，东部指数为 155.81，低于全国 13.23 个百分点；东北为 142.67，低于全国 26.37 个百分点；中部为 182.07，高于全国 13.03 个百分点；西部为 189.23，高于全国 20.19 个百分点。

17 个省域指数高于全国，按指数高低依次为贵州、陕西、重庆、湖北、安徽、宁夏、青海、四川、西藏、海南、江西、湖南、云南、广西、福建、江苏、河南；14 个省域指数低于全国，按指数高低依次为内蒙古、新疆、甘肃、吉林、山东、广东、浙江、天津、山西、河北、黑龙江、辽宁、北京、上海。

贵州、陕西、重庆、湖北、安徽 5 个省域为"2005～2018 年经济发展指数提升度"前 5 位。

4. 2010 年以来基数值纵向测评

以"十一五"末年 2010 年各类数据演算指标为基数值 100，"十二五"以来至 2018 年纵向测评，全国指数为 121.74。这表明与 2010 年自身基数值相比，全国经济增长结构优化全量化检测分值高于基数值 21.74%。

在此类检测中，东部指数为 117.63，低于全国 4.11 个百分点；东北为 106.66，低于全国 15.08 个百分点；中部为 122.90，高于全国 1.16 个百分点；西部为 126.14，高于全国 4.40 个百分点。

15 个省域指数高于全国，按指数高低依次为贵州、西藏、重庆、云南、湖北、陕西、安徽、四川、江西、海南、青海、新疆、湖南、福建、宁夏；16 个省域指数低于全国，按指数高低依次为江苏、河南、广西、甘肃、山东、广东、浙江、内蒙古、天津、河北、上海、北京、吉林、辽宁、山西、黑龙江。

贵州、西藏、重庆、云南、湖北 5 个省域为"2010～2018 年经济发展指数提升度"前 5 位。

5. 2015年以来基数值纵向测评

以"十二五"末年 2015 年各类数据演算指标为基数值 100，"十三五"以来至 2018 年纵向测评，全国指数为 105.88。这表明与 2015 年自身基数值相比，全国经济增长结构优化全量化检测分值高于基数值 5.88%。

在此类检测中，东部指数为 104.76，低于全国 1.12 个百分点；东北为96.15，低于全国 9.73 个百分点；中部为 105.17，低于全国 0.71 个百分点；西部为 104.90，低于全国 0.98 个百分点。

9 个省域指数高于全国，按指数高低依次为西藏、贵州、四川、安徽、陕西、湖北、福建、新疆、海南；22 个省域指数低于全国，按指数高低依次为广东、重庆、江西、浙江、云南、江苏、河南、宁夏、上海、北京、山东、山西、湖南、内蒙古、青海、天津、河北、广西、甘肃、辽宁、黑龙江、吉林。

西藏、贵州、四川、安徽、陕西 5 个省域为"2015～2018 年经济发展指数提升度"前 5 位。

6. 逐年度基数值纵向测评

囿于制表空间，表外数据演算补充：逐年以上年各类数据演算指标为基数值 100，2017～2018 年纵向测评，全国指数为 102.18。这表明与 2017 年自身基数值相比，全国经济增长结构优化全量化检测分值高于基数值2.18%。

在此类检测中，东部指数为 101.34，低于全国 0.84 个百分点；东北为99.64，低于全国 2.54 个百分点；中部为 101.78，低于全国 0.40 个百分点；

西部为 102.22，高于全国 0.04 个百分点。

10 个省域指数高于全国，按指数高低依次为西藏、新疆、陕西、甘肃、青海、湖北、安徽、福建、四川、广西；21 个省域指数低于全国，按指数高低依次为江西、贵州、云南、辽宁、海南、广东、浙江、内蒙古、山西、江苏、宁夏、河南、北京、山东、重庆、湖南、河北、上海、天津、黑龙江、吉林。

西藏、新疆、陕西、甘肃、青海 5 个省域为"2017～2018 年经济发展指数提升度"前 5 位。此类检测在以上排行表之外增补，不纳入省域报告选取的指数分值排序数据阵列。

Ⅸ.4
全国省域经济增长结构优化预期测算

—— 当前差距检测与 2020 年、2035 年目标预测

王亚南　李璇　魏海燕*

摘　要： 本报告基于独创和首倡检测指标逆向推演测算合理性现实差距和预期目标：①假定当前全国收入法产值构成之劳动者报酬人均值弥合地区差，支出法产值构成之居民消费人均值弥合城乡比，分别应为现有值 114.31%、131.64%，带动收入法、支出法产值相应变化分别应为现有值 114.09%、124.29%；假定当前全国居民收入比、居民消费率达到历年最佳比值，居民收入、总消费分别应为现有值 104.50%、114.91%。②假定 2020 年全国生产法产值实现历年人均值最小地区差，至 2020 年年均增长应达 13.28%，带动第一、第二、第三产业构成比相应变化分别应为 6.64%、39.61% 和 53.75%；假定 2020 年全国财政收入、支出实现历年人均值最小地区差，至 2020 年年均增长分别应达 20.46%、15.53%。③假定 2035 年全国各地居民收入比、居民消费率达到历年最佳比值，至 2035 年年均增长分别应达 12.65%、13.28%；假定 2035 年全国劳动者报酬、居民消费人均值弥合地区差，至 2035 年收入法、支出法产值年均增长分别应达 11.94%、13.10%。四大区域、31 个省域现实差距和预

---

* 王亚南，云南省社会科学院研究员，文化发展研究中心主任，主要研究方向为民俗学、民族学及文化理论、文化战略和文化产业；李璇，云南省国际贸易学会消费市场监测与研究中心主任，主要从事市场监测与分析相关研究；魏海燕，云南省政协信息中心主任编辑，主要从事传媒信息分析研究。

期目标同步测算。

关键词： 省域检测　经济增长　结构优化　差距测算　目标预测

本项检测体系基于独具特色的演算分析方法，尤其是基于首创倒数权衡系数的城乡比指数逆指标，独创整个演算方式的地区差指数逆指标，不仅能够精确检测我国长期以来历史遗存的诸方面城乡差距、地区差距，而且能够逆向推演测算相应各类数据协调增长、均衡增长的当前现实差距和未来预期目标，对于全国及东、中、西部和东北四大区域、省域实现通约演算。

一　以合理性假定目标测算当前各类增长差距

（一）产值构成要素弥合地区差、城乡比测算

假定当前全国各地收入法产值构成之劳动者报酬趋近弥合地区差，支出法产值构成之最终消费支出中居民消费实现弥合城乡比，测算见表1，分区域以劳动者报酬弥合地区差校订收入法产值测算人均值与现有值的实际差距位次排列。劳动者报酬现有人均值高于全国人均值的各地维持不变（测算值比现有值为100%），因此只是趋近测算而非最终弥合地区差。

在收入法产值构成之劳动者报酬弥合地区差测算中，先演算出劳动者报酬人均值弥合地区差后"应然"人均数值，再经劳动者报酬总量，至产值总量，最后到产值人均值逐一过渡推演校订；在支出法产值构成之最终消费支出中居民消费弥合城乡比测算中，先演算出居民消费人均值弥合城乡比后"应然"人均数值，再经居民消费总量，至最终消费总量，又至产值总量，最后到产值人均值逐一过渡推演校订。

这两项测算最后推演数值清晰表明，后发地区产值总量显著增高，各地产值人均值差距极显著缩小，全国产值总量和人均值均明显增高。唯有在前

一项测算中，少数先发地区产值总量和人均值无变化，但在后一项测算中产值总量和人均值同样明显增高。不言自明，尽快消除"不平衡不充分的发展"缺陷定当出现这样的实际结果。

表1　假定当前全国各地劳动者报酬弥合地区差、居民消费弥合城乡比测算

地区	劳动者报酬弥合地区差		收入法产值随之推演			居民消费弥合城乡比		支出法产值随之推演	
	现有人均值（元）	测算值比现有值（%）	现有人均值（元）	测算值比现有值（%）	差距排序（倒序）	现有人均值（元）	测算值比现有值（%）	现有人均值（元）	测算值比现有值（%）
全国	30575.48	114.31	73755.24	114.09	—	24975.60	131.64	78927.74	124.29
北京	74254.56	100	140211.24	100	1	58801.20	105.53	147970.98	105.53
上海	60695.32	100	134982.00	100	2	57800.48	105.92	142974.99	105.92
江苏	49771.99	100	115168.41	100	3	42806.54	113.59	130821.39	113.59
天津	48940.95	100	120710.80	100	4	39477.59	107.99	130353.00	107.99
福建	47721.75	100	91197.25	100	5	28257.08	116.96	106662.16	116.96
浙江	46134.05	100	98643.41	100	6	36360.36	112.55	111024.25	112.55
广东	41995.50	100	86412.00	100	7	32629.33	120.61	104220.65	120.61
山东	34855.15	100	76267.26	100	8	29817.53	120.63	91997.88	120.63
海南	28183.86	108.49	56364.10	108.49	12	22460.13	129.61	67340.09	129.61
河北	24385.31	125.38	59899.11	125.38	20	16719.44	127.01	60673.26	127.01
东部	42317.66	102.16	91594.30	101.99	[1]	33685.12	119.50	104337.57	116.18
湖北	31476.00	100.00	66615.70	100.00	10	23697.06	128.90	85868.93	128.90
湖南	26054.87	117.35	62135.36	117.35	17	20465.21	132.96	70399.28	132.96
河南	24616.34	124.21	62293.11	124.21	18	19089.31	139.52	69970.40	139.52
安徽	21993.40	139.02	66329.30	139.02	26	18588.72	137.73	65713.62	137.73
山西	21583.96	141.66	64210.89	141.66	27	19564.05	126.16	57185.96	126.16
江西	19529.41	156.56	74263.15	156.56	29	18713.23	123.97	58803.98	123.97
中部	24592.04	124.91	65330.93	125.49	[2]	19996.16	133.07	69184.52	132.89
内蒙古	32510.57	100.00	68302.00	100.00	9	25356.03	125.06	85420.35	125.06
新疆	28431.88	107.54	53204.83	107.54	11	18264.95	142.30	70401.89	142.30
宁夏	27794.31	110.01	59506.96	110.01	13	22324.38	130.17	70414.84	130.17
重庆	27047.53	113.04	74532.66	113.04	14	23451.04	130.41	85983.42	130.41

续表

地区	劳动者报酬 弥合地区差		收入法产值 随之推演			居民消费 弥合城乡比		支出法产值 随之推演	
	现有 人均值 （元）	测算值比 现有值 （%）	现有 人均值 （元）	测算值比 现有值 （%）	差距 排序 （倒序）	现有 人均值 （元）	测算值比 现有值 （%）	现有 人均值 （元）	测算值比 现有值 （%）
西藏	26996.70	113.26	49150.99	113.26	15	11981.52	191.61	83155.03	191.61
陕西	26533.74	115.23	73146.65	115.23	16	20056.44	136.32	86530.12	136.32
青海	23859.34	128.15	61113.50	128.15	21	19377.40	128.65	61350.30	128.65
四川	23221.53	131.67	64363.83	131.67	23	19386.74	125.91	61547.54	125.91
贵州	22391.94	136.55	56316.80	136.55	24	17397.15	145.88	60164.57	145.88
广西	22202.88	137.71	57134.54	137.71	25	17494.90	142.20	58995.73	142.20
云南	19399.36	157.61	58530.77	157.61	30	17186.38	147.02	54597.71	147.02
甘肃	16595.73	184.24	57732.73	184.24	31	15586.96	152.59	47815.59	152.59
西部	23800.78	129.01	62442.20	128.15	[3]	19120.76	137.74	66309.72	136.09
辽宁	24526.64	124.66	72313.52	124.66	19	27127.11	120.58	69944.10	120.58
吉林	23298.20	131.24	72981.20	131.24	22	14763.15	132.88	73897.00	132.88
黑龙江	21027.62	145.41	62923.71	145.41	28	19460.27	126.42	54706.74	126.42
东北	23002.15	132.93	69212.66	132.39	[4]	21370.39	126.37	65626.82	125.53

注：基于独创和首倡检测逆指标测算目前最新数据年度合理性目标：2000年以来系统检测，全国及17个省域劳动者报酬人均值地区差趋于缩小，全国及13个省域最终消费支出中居民消费人均值城乡比趋于缩小。由此推演假定全国及各地①劳动者报酬趋近弥合地区差，高于全国人均值的各地暂且不变（即时假设目标不可能拉平，表中测算值比现有值为100%），低于全国人均值的各地与全国总体平均值持平。②最终消费支出中居民消费弥合城乡比，全国及各地乡村人均值与自身城镇人均值持平。同时假定产值构成其余部分不变，最后依据数理关系推算，全国收入法产值总量和人均值为现有值114.09%，支出法产值总量和人均值为现有值124.29%。绝大部分省域测算值更明显高出现有值，地区差距显著缩小。限于制表空间，劳动者报酬到收入法产值、居民消费经最终消费支出到支出法产值逐步推演测算的过渡性人均值、总量置于后台。

当然必须说明，这里的测算相当于设置一个"实验室提纯条件"，单独从产值构成里提出需要检测的一项要素加以分析测算，而姑且假定其余要素无变化。其实在现实生活里，这样的"实验室提纯条件"并不存在或很难成立，牵一发而动全身，产值构成所有要素都会随之变化。如果有必要，本项检测可以同时假定测算各项构成要素同步发生相同变化，最后检测综合变化效应。

1. 劳动者报酬假定弥合地区差测算

2018 年，全国收入法产值构成之劳动者报酬现有人均值为 30575.48 元。东部人均值高于全国，为全国人均值的 138.40%；东北人均值低于全国，为全国人均值的 75.23%；中部人均值低于全国，为全国人均值的 80.43%；西部人均值低于全国，为全国人均值的 77.84%。

10 个省域此项人均值高于全国，按人均值高低依次为北京、上海、江苏、天津、福建、浙江、广东、山东、内蒙古、湖北；21 个省域人均值低于全国，按人均值高低依次为新疆、海南、宁夏、重庆、西藏、陕西、湖南、河南、辽宁、河北、青海、吉林、四川、贵州、广西、安徽、山西、黑龙江、江西、云南、甘肃。北京人均值占据首位，为全国人均值的 242.86%；甘肃人均值处于末位，为全国人均值的 54.28%。

以假定测算使当前收入法产值构成之劳动者报酬按人均值计算相对趋近均衡化：高于全国同类人均值的各地维持不变（既有事实不可改变，今后需向全国人均值趋近并持平），低于全国同类人均值的各地与之持平。这样一来需重新演算全国收入法产值构成之劳动者报酬人均值及其总量，应为现有值的 114.31%（总量与人均值演算相同），这其实就是基于合理性的最低限度"应有"差距。

东部劳动者报酬测算值为现有值的 102.16%，小于全国差距 12.15 个百分点；东北测算值为现有值的 132.93%，大于全国差距 18.62 个百分点；中部测算值为现有值的 124.91%，大于全国差距 10.60 个百分点；西部测算值为现有值的 129.01%，大于全国差距 14.70 个百分点。

除了北京、上海、江苏、天津、福建、浙江、广东、山东、内蒙古、湖北 10 个省域劳动者报酬现有人均值高于全国维持不变以外，其余 21 个省域现有人均值低于全国而存在差距，按差距从小到大依次为新疆、海南、宁夏、重庆、西藏、陕西、湖南、河南、辽宁、河北、青海、吉林、四川、贵州、广西、安徽、山西、黑龙江、江西、云南、甘肃。新疆差距最小，测算值为现有值的 107.54%，小于全国差距 6.77 个百分点；甘肃差距最大，测算值为现有值的 184.24%，大于全国差距 69.93 个百分点。

2. 收入法产值同构推演

收入法产值构成之劳动者报酬测算出合理性差距，那么整个收入法产值结构必然形成潜在增长空间。为了演算简单易行，假设其余方面保持不变，劳动者报酬测算差距自然导致收入法产值也应当测算其间差距。于是照此推演测算，当前全国收入法产值人均值应达到 73755.24 元，测算值为现有值的 114.09%（总量与人均值演算相同）。

东部收入法产值测算值为现有值的 101.99%，小于全国差距 12.10 个百分点；东北测算值为现有值的 132.39%，大于全国差距 18.30 个百分点；中部测算值为现有值的 125.49%，大于全国差距 11.40 个百分点；西部测算值为现有值的 128.15%，大于全国差距 14.06 个百分点。

除了同上 10 个省域收入法产值现有人均值高于全国维持不变以外，其余同上 21 个省域现有人均值低于全国而存在差距。其中，新疆差距最小，测算值为现有值的 107.54%，小于全国差距 6.55 个百分点；甘肃差距最大，测算值为现有值的 184.24%，大于全国差距 70.15 个百分点。

诚然，通过市场运作规则加以调节的劳动力价格毕竟不属于以公平正义为唯一原则的"国民待遇"之列，但地区之间、行业之间一定程度的趋近也正是市场规律运行的最终平衡结果，资本的利润如此，劳动力的价格亦然。社会结构体制性的固化差异恰恰不是市场经济规律运行的正常状态。

3. 最终消费中居民消费假定弥合城乡比测算

2018 年，在支出法产值构成之最终消费当中，全国居民消费现有人均值为 24975.60 元。东部人均值高于全国，为全国人均值的 134.87%；东北人均值低于全国，为全国人均值的 85.57%；中部人均值低于全国，为全国人均值的 80.06%；西部人均值低于全国，为全国人均值的 76.56%。

10 个省域此项人均值高于全国，按人均值高低依次为北京、上海、江苏、天津、浙江、广东、山东、福建、辽宁、内蒙古；21 个省域人均值低于全国，按人均值高低依次为湖北、重庆、海南、宁夏、湖南、陕西、山西、黑龙江、四川、青海、河南、江西、安徽、新疆、广西、贵州、云南、河北、甘肃、吉林、西藏。北京人均值占据首位，为全国人均值的

235.43%；西藏人均值处于末位，为全国人均值的47.97%。

以假定测算使当前支出法产值构成之最终消费支出中居民消费按人均值计算实现均衡化：居民消费又分为城镇居民消费与乡村居民消费，城镇人均值对乡村人均值的倍数差即为城乡比指数。假定弥合其间城乡差距，即乡村居民消费人均值与城镇持平，这样一来需重新演算全国支出法产值构成之最终消费支出中居民消费人均值及其总量，应为现有值的131.64%（总量与人均值演算相同），这其实也是基于合理性的最低限度"应有"差距。

东部居民消费测算值为现有值的119.50%，小于全国差距12.14个百分点；东北测算值为现有值的126.37%，小于全国差距5.27个百分点；中部测算值为现有值的133.07%，大于全国差距1.43个百分点；西部测算值为现有值的137.74%，大于全国差距6.10个百分点。

20个省域居民消费测算差距小于全国差距，按差距从小到大依次为北京、上海、天津、浙江、江苏、福建、辽宁、广东、山东、江西、内蒙古、四川、山西、黑龙江、河北、青海、湖北、海南、宁夏、重庆；11个省域测算差距大于全国差距，按差距从小到大依次为吉林、湖南、陕西、安徽、河南、广西、新疆、贵州、云南、甘肃、西藏。北京差距最小，测算值为现有值的105.53%，小于全国差距26.11个百分点；西藏差距最大，测算值为现有值的191.61%，大于全国差距59.97个百分点。

4. 支出法产值同构推演

支出法产值构成之最终消费支出中居民消费测算出合理性差距，那么整个支出法产值结构必然形成潜在增长空间。为了演算简单易行，假设其余方面保持不变，最终消费支出中居民消费测算差距自然导致支出法产值也应当测算其间差距。于是照此推演测算，当前全国支出法产值人均值应达到78927.74元，测算值为现有值的124.29%（总量与人均值演算相同）。

东部支出法产值测算人均值高于全国，为全国人均值的132.19%；东北测算人均值低于全国，为全国人均值的83.15%；中部测算人均值低于全国，为全国人均值的87.66%；西部测算人均值低于全国，为全国人均值的84.01%。

13个省域支出法产值测算人均值高于全国，按人均值高低依次为北京、上海、江苏、天津、浙江、福建、广东、山东、陕西、重庆、湖北、内蒙古、西藏；18个省域测算人均值低于全国，按人均值高低依次为吉林、宁夏、新疆、湖南、河南、辽宁、海南、安徽、四川、青海、河北、贵州、广西、江西、山西、黑龙江、云南、甘肃。北京测算人均值最高，为全国人均值的187.48%；甘肃测算人均值最低，为全国人均值的60.58%。

东部支出法产值测算值为现有值的116.18%，小于全国差距8.11个百分点；东北测算值为现有值的125.53%，大于全国差距1.24个百分点；中部测算值为现有值的132.89%，大于全国差距8.60个百分点；西部测算值为现有值的136.09%，大于全国差距11.80个百分点。

10个省域支出法产值测算差距小于全国差距，按差距从小到大依次为北京、上海、天津、浙江、江苏、福建、辽宁、广东、山东、江西；21个省域测算差距大于全国差距，按差距从小到大依次为内蒙古、四川、山西、黑龙江、河北、青海、湖北、海南、宁夏、重庆、吉林、湖南、陕西、安徽、河南、广西、新疆、贵州、云南、甘肃、西藏。北京差距最小，测算值为现有值的105.53%，小于全国差距18.76个百分点；西藏差距最大，测算值为现有值的191.61%，大于全国差距67.32个百分点。

我国"不平衡不充分的发展"缺陷最突出地体现于乡村向来发展滞后，城乡差距又在很大程度上加大地区差距。城乡鸿沟、地区鸿沟酝酿动荡激发内乱，正是中国"历史周期律"的社会结构体制深层根源。本系列研究极其关注城乡比、地区差检测的初衷就在于此，而非仅仅着眼于当前发展状况，现实发展放到历史背景当中才能揭示出深刻意义。

（二）居民收入比、消费率回归历年最佳值测算

假定当前全国各地居民收入比、居民消费率回归2000年以来历年最佳比值，测算见表2，分区域以城乡居民收入测算人均值与现有值的实际差距位次排列。

表2　假定当前全国各地居民收入比、消费率达到历年最佳比值测算

地区	以2000年以来最高居民收入比检验增长差距					以2000年以来最高居民消费率检验增长差距			
	现有收入比（%）	历年最高比（%）	现有人均值（元）	测算值比现有值（%）	差距排序（倒序）	现有消费率（%）	历年最高率（%）	现有人均值（元）	测算值比现有值（%）
全国	45.11	47.15	30476.83	104.50	—	31.53	36.23	23423.40	114.91
黑龙江	53.15	53.15	22998.54	100	3	39.66	39.66	17164.42	100
辽宁	51.78	52.45	30423.46	101.29	5	37.27	39.55	22939.80	106.11
吉林	41.58	49.37	27452.64	118.71	18	31.34	38.38	21344.70	122.45
东北	49.46	49.46	25858.88	100	[1]	36.38	36.38	19021.56	100
河北	51.47	51.47	24588.27	100	4	36.36	36.16	17369.99	100
上海	47.03	47.76	64464.15	101.55	6	31.76	33.96	45836.98	106.93
北京	44.49	45.52	63827.16	102.31	7	28.43	31.75	44522.32	111.71
浙江	47.30	50.90	50214.03	107.63	9	30.31	38.67	38148.59	127.59
山东	39.93	43.81	33414.97	109.72	12	25.58	31.81	24263.46	124.39
海南	48.75	54.68	28407.54	112.16	13	34.63	41.23	21421.52	119.05
天津	32.80	39.56	47747.40	120.58	19	24.83	29.36	35444.81	118.24
江苏	33.93	41.58	47890.28	122.55	22	22.13	30.14	34709.98	136.18
福建	36.94	46.25	42182.02	125.20	25	25.84	33.51	30558.60	129.67
广东	41.97	54.42	47024.90	129.67	27	30.45	43.40	37502.88	142.52
东部	41.27	44.02	39530.42	106.65	[2]	27.94	32.69	29355.34	116.98
河南	45.90	49.88	25013.58	108.65	10	31.48	34.58	17343.54	109.84
山西	50.55	55.41	25116.15	109.62	11	33.79	36.78	16669.58	108.83
安徽	52.46	59.56	28415.35	113.52	14	36.67	44.19	21082.17	120.50
江西	53.06	60.65	28770.32	114.31	15	34.46	45.01	21348.92	130.60
湖南	50.24	62.01	32831.10	123.43	24	36.92	53.33	28238.47	144.45
湖北	39.97	56.88	37888.55	142.30	30	29.96	44.83	29860.81	149.63
中部	47.75	57.05	29701.98	119.47	[3]	33.55	43.57	22683.30	129.87
甘肃	59.86	59.86	18756.40	100	1	49.26	49.26	15435.69	100
云南	57.90	57.90	21502.99	100	2	40.47	46.56	17289.46	115.03
新疆	45.28	46.64	23076.33	103.02	8	34.01	35.66	17645.10	104.85
宁夏	43.45	50.97	27573.97	117.32	16	32.03	42.86	23185.26	133.82
青海	45.59	53.50	25513.68	117.34	17	35.96	43.58	20781.28	121.19
内蒙古	42.58	51.36	35083.15	120.63	20	29.29	39.82	27195.02	135.94
广西	53.94	65.21	27054.85	120.89	21	37.02	51.79	21485.63	139.87

地区	以2000年以来最高居民收入比检验增长差距					以2000年以来最高居民消费率检验增长差距			
	现有收入比（%）	历年最高比（%）	现有人均值（元）	测算值比现有值（%）	差距排序（倒序）	现有消费率（%）	历年最高率（%）	现有人均值（元）	测算值比现有值（%）
四川	48.24	59.38	29028.72	123.10	23	37.37	47.67	23304.30	127.56
西藏	42.35	53.87	23376.63	127.20	26	28.30	42.45	18421.27	150.00
陕西	37.68	52.46	33300.59	139.24	28	26.63	45.59	28938.45	171.17
重庆	41.65	58.97	38879.43	141.59	29	30.13	48.91	32250.34	162.33
贵州	48.37	81.50	33612.08	168.49	31	35.41	66.65	27488.33	188.22
西部	47.30	58.95	28722.35	124.64	[4]	34.60	47.95	23362.08	138.56

注："实现居民收入增长与经济发展同步"必须保证居民收入比不能降低，"增强居民消费对经济发展的拉动作用"必须保证居民消费率升高。2000年以来系统检测，9个省域居民收入比呈上升态势，其中4个省域当前居民收入比为历年最高值（表中测算值比现有值为100%，下同）；6个省域居民消费率呈上升态势，其中3省域当前居民消费率为历年最高值。由此推演假定全国及各地同步达到自身历年最高居民收入比、居民消费率，全国居民收入测算人均值为现有值的104.50%，居民消费测算人均值为现有值的114.91%。绝大部分省域测算值更明显高出现有值，地区差距明显缩小。限于制表空间，总量数据置于后台，居民收入比、居民消费率皆以各类人均值数据演算，总量与人均值演算结果出入极其微小可忽略不计。

1. 历年居民收入比变动分析

2000~2018年，全国居民收入比（与国民总收入极度近似值产值比）从46.37%降至45.11%，较明显降低1.26个百分点；各五年期动态检测，"十五"期间降低2.37个百分点，"十一五"期间降低4.12个百分点，"十二五"期间升高4.86个百分点，"十三五"以来升高0.37个百分点。

2018年东部居民收入比低于全国，为全国比值的91.48%；东北居民收入比高于全国，为全国比值的109.64%；中部居民收入比高于全国，为全国比值的105.85%；西部居民收入比高于全国，为全国比值的104.84%。

18个省域居民收入比高于全国，按收入比高低依次为甘肃、云南、广西、黑龙江、江西、安徽、辽宁、河北、山西、湖南、海南、贵州、四川、浙江、上海、河南、青海、新疆；13个省域居民收入比低于全国，按收入比高低依次为北京、宁夏、内蒙古、西藏、广东、重庆、吉林、湖北、山东、陕西、福建、江苏、天津。甘肃居民收入比占据首位，为全国比值的 132.68%；天津居民收入比处于末位，为全国比值的72.71%。

截至 2018 年，全国历年最高居民收入比为 47.15%。东部最佳比值低于全国，为全国比值的 93.36%；东北最佳比值高于全国，为全国比值的104.91%；中部最佳比值高于全国，为全国比值的 121.01%；西部最佳比值高于全国，为全国比值的 125.03%。

25 个省域最佳比值高于全国，按比值高低依次为贵州、广西、湖南、江西、甘肃、安徽、四川、重庆、云南、湖北、山西、海南、广东、西藏、青海、黑龙江、陕西、辽宁、河北、内蒙古、宁夏、浙江、河南、吉林、上海；6 个省域最佳比值低于全国，按比值高低依次为新疆、福建、北京、山东、江苏、天津。贵州比值最高，为全国比值的 172.86%；天津比值最低，为全国比值的 83.90%。

2. 最佳比值居民收入测算

"十二五"以来全国居民收入比虽有所回升，但并未回复到 2000 年以来最佳水平，这无疑就是经济增长与居民收入增加之间的确协调性差距。假定当前回复至 2000 年以来历年最高居民收入比，全国居民收入人均值应达到 30476.83 元，测算值为现有值的 104.50%（总量与人均值演算相同）。

东部居民收入测算人均值高于全国，为全国测算值的 129.71%；东北测算人均值低于全国，为全国测算值的 84.85%；中部测算人均值低于全国，为全国测算值的 97.46%；西部测算人均值低于全国，为全国测算值的94.24%。

14 个省域测算人均值高于全国，按人均值高低依次为上海、北京、浙江、江苏、天津、广东、福建、重庆、湖北、内蒙古、贵州、山东、陕西、湖南；17 个省域测算人均值低于全国，按人均值高低依次为辽宁、四川、江西、安徽、海南、宁夏、吉林、广西、青海、山西、河南、河北、西藏、新疆、黑龙江、云南、甘肃。上海测算人均值最高，为全国人均值的

211.52%；甘肃测算人均值最低，为全国人均值的 61.54%。

最后检验各地居民收入测算人均值与现有值差距。东部测算值为现有值的 106.65%，大于全国差距 2.15 个百分点；东北测算值为现有值的 100.00%（即无差距），小于全国差距 4.50 个百分点；中部测算值为现有值的 119.47%，大于全国差距 14.97 个百分点；西部测算值为现有值的 124.64%，大于全国差距 20.14 个百分点。

8 个省域居民收入测算差距小于全国差距，按差距从小到大依次为甘肃、云南、黑龙江、河北、辽宁、上海、北京、新疆；23 个省域测算差距大于全国差距，按差距从小到大依次为浙江、河南、山西、山东、海南、安徽、江西、宁夏、青海、吉林、天津、内蒙古、广西、江苏、四川、湖南、福建、西藏、广东、陕西、重庆、湖北、贵州。甘肃差距最小，测算值为现有值的 100.00%（即无差距），小于全国差距 4.50 个百分点；贵州差距最大，测算值为现有值的 168.49%，大于全国差距 63.99 个百分点。31 个省域里只有 4 地无差距，即当前居民收入比即为最佳比值。

3. 历年居民消费率变动分析

2000 ~ 2018 年，全国居民消费率（与产值比）从 35.91% 降至 31.53%，明显降低 4.38 个百分点；各五年期动态检测，"十五"期间降低 2.23 个百分点，"十一五"期间降低 5.21 个百分点，"十二五"期间升高 3.45 个百分点，"十三五"以来降低 0.39 个百分点。

2018 年东部居民消费率低于全国，为全国比值的 88.61%；东北居民消费率高于全国，为全国比值的 115.38%；中部居民消费率高于全国，为全国比值的 106.39%；西部居民消费率高于全国，为全国比值的 109.74%。

17 个省域居民消费率高于全国，按消费率高低依次为甘肃、云南、黑龙江、四川、辽宁、广西、湖南、安徽、河北、青海、贵州、海南、江西、新疆、山西、宁夏、上海；14 个省域居民消费率低于全国，按消费率高低依次为河南、吉林、广东、浙江、重庆、湖北、内蒙古、北京、西藏、陕西、福建、山东、天津、江苏。甘肃居民消费率占据首位，为全国比值的

156.21%；江苏居民消费率处于末位，为全国比值的 70.18%。

截至 2018 年，全国历年最高居民消费率为 36.23%。东部最佳比值低于全国，为全国比值的 90.21%；东北最佳比值高于全国，为全国比值的 100.41%；中部最佳比值高于全国，为全国比值的 120.24%；西部最佳比值高于全国，为全国比值的 132.33%。

23 个省域最佳比值高于全国，按比值高低依次为贵州、湖南、广西、甘肃、重庆、四川、云南、陕西、江西、湖北、安徽、青海、广东、宁夏、西藏、海南、内蒙古、黑龙江、辽宁、浙江、吉林、山西、河北；8 个省域最佳比值低于全国，按比值高低依次为新疆、河南、上海、福建、山东、北京、江苏、天津。贵州比值最高，为全国比值的 183.94%；天津比值最低，为全国比值的 81.04%。

4. 最佳比值居民总消费测算

"十二五"以来全国居民消费率虽随着居民收入比回升而有所回升，但并未回复到 2000 年以来最佳水平，这无疑就是经济增长与居民消费增加之间的确协调性差距。假定当前回复至 2000 年以来历年最高居民消费率，全国居民总消费人均值应达到 23423.40 元，测算值为现有值 114.91%（总量与人均值演算相同）。

东部居民总消费测算人均值高于全国，为全国测算值的 125.32%；东北测算人均值低于全国，为全国测算值的 81.21%；中部测算人均值低于全国，为全国测算值的 96.84%；西部测算人均值低于全国，为全国测算值的 99.74%。

14 个省域测算人均值高于全国，按人均值高低依次为上海、北京、浙江、广东、天津、江苏、重庆、福建、湖北、陕西、湖南、贵州、内蒙古、山东；17 个省域测算人均值低于全国，按人均值高低依次为四川、宁夏、辽宁、广西、海南、江西、吉林、安徽、青海、西藏、新疆、河北、河南、云南、黑龙江、山西、甘肃。上海测算人均值最高，为全国人均值的 195.69%；甘肃测算人均值最低，为全国人均值的 65.90%。

最后检验各地居民总消费测算人均值与现有值差距。东部测算值为现有值的 116.98%，大于全国差距 2.07 个百分点；东北测算值为现有值的 100.00%（即无差距），小于全国差距 14.91 个百分点；中部测算值为现有值的 129.87%，大于全国差距 14.96 个百分点；西部测算值为现有值的 138.56%，大于全国差距 23.65 个百分点。

9 个省域居民总消费测算差距小于全国差距，按差距从小到大依次为甘肃、黑龙江、河北、新疆、辽宁、上海、山西、河南、北京；22 个省域测算差距大于全国差距，按差距从小到大依次为云南、天津、海南、安徽、青海、吉林、山东、四川、浙江、福建、江西、宁夏、内蒙古、江苏、广西、广东、湖南、湖北、西藏、重庆、陕西、贵州。甘肃差距最小，测算值为现有值的 100.00%（即无差距），小于全国差距 14.91 个百分点；贵州差距最大，测算值为现有值的 188.22%，大于全国差距 73.31 个百分点。31 个省域里只有 3 地无差距，即当前居民消费率即为最佳比值。

不言而喻，经济增长只是手段，民生增进才是最终目的。然而，多年以来的"GDP 追逐"锦标竞赛却使手段变成目的。"以人民为中心"的新发展思想必须贯彻到经济发展考核当中，民生增进应当成为检验各地各级政府实绩的最主要标准。"高质量发展"的要义就在于优化增长结构，一定的发展速度固然必要，但更重要的是结构优化的协调增长，这才是有利于社会稳定、和谐的可持续增长。

二 "全面小康"目标年协调均衡增长目标检验

（一）2020年实现各地产值增长最小地区差测算

假定 2020 年全国各地三次产业（生产法）产值增长实现最小地区差目标，预测算见表 3，分区域以产值测算人均值至 2020 年所需年均增长率从低到高位次排列。

表3 假定2020年全国各地生产法产值实现最小地区差目标预测算

地区	2020年实现产值人均值最小地区差测算			第一产业产值构成随之变动		第二产业产值构成随之变动		第三产业产值构成随之变动	
	人均值（元）	年均增（%）	重检地区差	人均值（元）	构成比（%）	人均值（元）	构成比（%）	人均值（元）	构成比（%）
全国	82946.66	13.28	1.2626	5509.46	6.64	32853.53	39.61	44583.67	53.75
江苏	120592.99	2.33	1.4539	4831.37	4.01	51943.41	43.07	63818.21	52.92
福建	101996.91	5.76	1.2297	6107.15	5.99	49340.65	48.37	46549.10	45.64
上海	159727.87	8.78	1.9257	422.44	0.26	42975.05	26.91	116330.39	72.83
北京	170495.45	10.27	2.0555	535.38	0.31	22835.85	13.39	147124.21	86.29
广东	106897.49	11.22	1.2887	3826.50	3.58	42274.33	39.55	60796.65	56.87
天津	149741.77	11.38	1.8053	1157.55	0.77	57911.34	38.67	90672.88	60.55
浙江	123123.16	11.72	1.4844	3801.84	3.09	48729.62	39.58	70591.69	57.33
山东	95439.03	11.86	1.1506	5618.91	5.89	40890.90	42.85	48929.22	51.27
海南	69848.50	15.95	1.1579	13540.61	19.39	15384.07	22.02	40923.82	58.59
河北	81602.94	30.70	1.0162	7102.15	8.70	35478.90	43.48	39021.90	47.82
东部	108497.20	9.91	1.4568	4641.23	4.28	42196.60	38.89	61659.37	56.83
湖北	81845.29	10.84	1.0133	6801.63	8.31	35563.07	43.45	39480.59	48.24
安徽	61610.75	13.64	1.2572	4817.70	7.82	28208.82	45.79	28584.23	46.39
江西	61415.03	13.79	1.2596	4670.76	7.61	28917.34	47.09	27826.93	45.31
河南	66342.18	15.01	1.2002	5330.74	8.04	29715.79	44.79	31295.64	47.17
湖南	70508.71	15.40	1.1500	5365.17	7.61	27582.70	39.12	37560.85	53.27
山西	70965.25	25.12	1.1444	2861.21	4.03	28284.48	39.86	39819.57	56.11
中部	69577.28	15.60	1.1708	5222.63	7.51	30160.67	43.35	34193.98	49.15
内蒙古	83432.75	10.52	1.0059	7735.39	9.27	31403.65	37.64	44293.72	53.09
重庆	82464.10	11.84	1.0058	5017.61	6.08	33042.87	40.07	44403.62	53.85
西藏	55727.00	13.32	1.3282	4274.22	7.67	24151.84	43.34	27300.94	48.99
陕西	81734.88	13.47	1.0146	5647.00	6.91	40463.04	49.51	35624.84	43.59
四川	63038.65	13.56	1.2400	6280.76	9.96	22876.88	36.29	33881.01	53.75
云南	49000.81	14.87	1.4092	6521.30	13.31	18508.00	37.77	23971.51	48.92
贵州	55701.66	16.21	1.3285	7608.65	13.66	21112.03	37.90	26980.99	48.44
宁夏	74481.05	17.34	1.1021	5190.84	6.97	32192.22	43.22	37097.99	49.81
广西	57807.66	18.04	1.3031	8061.17	13.94	22809.21	39.46	26937.28	46.60
青海	68883.54	20.18	1.1695	6133.99	8.90	29885.18	43.39	32864.36	47.71
甘肃	45888.81	21.01	1.4468	4851.57	10.57	14381.44	31.34	26655.81	58.09
新疆	75746.27	23.73	1.0868	10026.20	13.24	30097.63	39.73	35622.45	47.03

续表

地区	2020 年实现产值人均值最小地区差测算			第一产业产值构成随之变动		第二产业产值构成随之变动		第三产业产值构成随之变动	
	人均值（元）	年均增（%）	重检地区差	人均值（元）	构成比（%）	人均值（元）	构成比（%）	人均值（元）	构成比（%）
西部	65836.91	16.24	1.2034	6833.23	10.38	25998.04	39.49	33005.64	50.13
辽宁	77211.16	15.37	1.0691	6001.87	7.77	29430.65	38.12	41778.64	54.11
吉林	81317.15	20.92	1.0196	5618.03	6.91	33172.03	40.79	42527.09	52.30
黑龙江	81388.72	37.14	1.0188	15748.90	19.35	16256.23	19.97	49383.59	60.68
东北	78598.78	22.61	1.0359	9164.06	11.66	25437.42	32.36	43997.30	55.98

注：基于独创检测逆指标测算合理性增长目标：2000 年以来全国及 20 个省域产值人均值地区差趋于缩小，2020 年预测全国及 9 个省域产值人均值地区差为历年最小地区差。依此推演至全国其余各地亦取自身历年最小地区差，低于全国人均值的各地按自身 2000 年以来最小偏差值向上趋近，高于全国人均值的各地按自身 2000 年以来最小偏差值向下趋近，在动态目标测算中检验各地差距。全国产值总量、人均测算值所需年均增长率分别为 13.89%、13.28%。各省域类推，所需年均增长率越高目标距离越大（后表同），人均值地区差距显著缩小。第一、第二、第三产业产值构成随之变动。

1. 生产法产值最小地区差增长测算

假定各地产值人均值同步向全国人均值趋近，到 2020 年达到自身历年与全国人均值的正负最小偏差，那么自然会影响全国产值总量和人均值随之变化。在此假定设计下测算，2020 年全国产值人均值应为 82946.66 元。

东部产值测算人均值高于全国，为全国测算值的 130.80%；东北测算人均值低于全国，为全国测算值的 94.76%；中部测算人均值低于全国，为全国测算值的 83.88%；西部测算人均值低于全国，为全国测算值的 79.37%。

9 个省域测算人均值高于全国，按人均值高低依次为北京、上海、天津、浙江、江苏、广东、福建、山东、内蒙古；22 个省域测算人均值低于全国，按人均值高低依次为重庆、湖北、陕西、河北、黑龙江、吉林、辽宁、新疆、宁夏、山西、湖南、海南、青海、河南、四川、安徽、江西、广西、西藏、贵州、云南、甘肃。北京测算人均值最高，为全国人均值的 205.55%；甘肃测算人均值最低，为全国人均值的 55.32%。

随之检测至 2020 年产值人均值预期增长所需年均增长率，全国应为 13.28%（总量演算为 13.89%）。东部所需年均增长率小于全国，为全国增长率的 74.67%；东北所需增长率大于全国，为全国增长率的 170.35%；中部所需增长率大于全国，为全国增长率的 117.54%；西部所需增长率大于全国，为全国增长率的 122.34%。

11 个省域所需年均增长率低于全国，按所需增长率从小到大依次为江苏、福建、上海、北京、内蒙古、湖北、广东、天津、浙江、重庆、山东；20 个省域所需年均增长率高于全国，按所需增长率从小到大依次为西藏、陕西、四川、安徽、江西、云南、河南、辽宁、湖南、海南、贵州、宁夏、广西、青海、吉林、甘肃、新疆、山西、河北、黑龙江。江苏所需增长率最低，低于全国 10.95 个百分点；黑龙江所需增长率最高，高于全国 23.86 个百分点。

2. 生产法产值预期增长重检地区差

由于假定为最小地区差测算，产值人均值地区差依然存在，有必要重新检测。基于这一假定情况演算，全国重检地区差指数应为 1.2626，与现有地区差（对照本书 E.3 排行报告表 1）相比明显缩减。东部重检地区差大于全国，为全国地区差的 115.38%；东北重检地区差小于全国，为全国地区差的 82.04%；中部重检地区差小于全国，为全国地区差的 92.73%；西部重检地区差小于全国，为全国地区差的 95.31%。

20 个省域重检地区差小于全国，按地区差从小到大依次为重庆、内蒙古、湖北、陕西、河北、黑龙江、吉林、辽宁、新疆、宁夏、山西、湖南、山东、海南、青海、河南、福建、四川、安徽、江西；11 个省域重检地区差大于全国，按地区差从小到大依次为广东、广西、西藏、贵州、云南、甘肃、江苏、浙江、天津、上海、北京。重庆重检地区差最小，为全国地区差的 79.66%；北京重检地区差最大，为全国地区差的 162.80%。

3. 生产法产值人均值随之变动推演

总产值之人均值按照最小地区差测算变动之后，2020 年全国第一产业测算人均值应为 5509.46 元。东部第一产业测算人均值低于全国，为全国测算值的 84.24%；东北测算人均值高于全国，为全国测算值的 166.33%；中部测算人均值低于全国，为全国测算值的 94.79%；西部测算人均值高于全国，为全国测算值的 124.03%。

16 个省域第一产业测算人均值高于全国，按人均值高低依次为黑龙江、海南、新疆、广西、内蒙古、贵州、河北、湖北、云南、四川、青海、福建、辽宁、陕西、山东、吉林；15 个省域测算人均值低于全国，按人均值高低依次为湖南、河南、宁夏、重庆、甘肃、江苏、安徽、江西、西藏、广东、浙江、山西、天津、北京、上海。黑龙江测算人均值最高，为全国人均值的 285.85%；上海测算人均值最低，为全国人均值的 7.67%。

2020 年全国第二产业测算人均值应为 32853.53 元。东部第二产业测算人均值高于全国，为全国测算值的 128.44%；东北测算人均值低于全国，为全国测算值的 77.43%；中部测算人均值低于全国，为全国测算值的 91.80%；西部测算人均值低于全国，为全国测算值的 79.13%。

12 个省域第二产业测算人均值高于全国，按人均值高低依次为天津、江苏、福建、浙江、上海、广东、山东、陕西、湖北、河北、吉林、重庆；19 个省域测算人均值低于全国，按人均值高低依次为宁夏、内蒙古、新疆、青海、河南、辽宁、江西、山西、安徽、湖南、西藏、四川、北京、广西、贵州、云南、黑龙江、海南、甘肃。天津测算人均值最高，为全国人均值的 176.27%；甘肃测算人均值最低，为全国人均值的 43.77%。

2020 年全国第三产业测算人均值应为 44583.67 元。东部第三产业测算人均值高于全国，为全国测算值的 138.30%；东北测算人均值低于全国，为全国测算值的 98.68%；中部测算人均值低于全国，为全国测算值的 76.70%；西部测算人均值低于全国，为全国测算值的 74.03%。

9 个省域第三产业测算人均值高于全国，按人均值高低依次为北京、上海、天津、浙江、江苏、广东、黑龙江、山东、福建；22 个省域测算人均值低于全国，按人均值高低依次为重庆、内蒙古、吉林、辽宁、海南、山西、湖北、河北、湖南、宁夏、陕西、新疆、四川、青海、河南、安徽、江西、西藏、贵州、广西、甘肃、云南。北京测算人均值最高，为全国人均值的 330.00%；云南测算人均值最低，为全国人均值的 53.77%。

4. 三次产业构成比随之变动推演

基于总产值之人均值按照最小地区差测算变动，再依据三次产业各自历年不同增长推演，2020 年全国第一产业测算构成比应为 6.64%（总量与人均值演算相同）。东部第一产业测算构成比低于全国，为全国构成比的 64.40%；东北测算构成比高于全国，为全国构成比的 175.53%；中部测算构成比高于全国，为全国构成比的 113.01%；西部测算构成比高于全国，为全国构成比的 156.26%。

21 个省域第一产业测算构成比高于全国，按构成比高低依次为海南、黑龙江、广西、贵州、云南、新疆、甘肃、四川、内蒙古、青海、河北、湖北、河南、安徽、辽宁、西藏、湖南、江西、宁夏、陕西、吉林；10 个省域测算构成比低于全国，按构成比高低依次为重庆、福建、山东、山西、江苏、广东、浙江、天津、北京、上海。海南测算构成比最高，为全国构成比的 291.86%；上海测算构成比最低，为全国构成比的 3.98%。

2020 年全国第二产业测算构成比应为 39.61%（总量与人均值演算相同）。东部第二产业测算构成比低于全国，为全国构成比的 98.19%；东北测算构成比低于全国，为全国构成比的 81.71%；中部测算构成比高于全国，为全国构成比的 109.44%；西部测算构成比低于全国，为全国构成比的 99.70%。

16 个省域第二产业测算构成比高于全国，按构成比高低依次为陕西、福建、江西、安徽、河南、河北、湖北、青海、西藏、宁夏、江苏、山东、吉林、重庆、山西、新疆；15 个省域测算构成比低于全国，按构成比高低依次为浙江、广东、广西、湖南、天津、辽宁、贵州、云南、内蒙古、四川、甘肃、上海、海南、黑龙江、北京。陕西测算构成比最高，为全国构成比的 124.99%；北京测算构成比最低，为全国构成比的 33.82%。

2020 年全国第三产业测算构成比应为 53.75%（总量与人均值演算相同）。东部第三产业测算构成比高于全国，为全国构成比的 105.73%；东北测算构成比高于全国，为全国构成比的 104.14%；中部测算构成比低于全国，为全国构成比的91.43%；西部测算构成比低于全国，为全国构成比的93.27%。

11个省域第三产业测算构成比高于全国，按构成比高低依次为北京、上海、黑龙江、天津、海南、甘肃、浙江、广东、山西、辽宁、重庆；20个省域测算构成比低于全国，按构成比高低依次为四川、湖南、内蒙古、江苏、吉林、山东、宁夏、西藏、云南、贵州、湖北、河北、青海、河南、新疆、广西、安徽、福建、江西、陕西。北京测算构成比最高，为全国构成比的160.54%；陕西测算构成比最低，为全国构成比的81.09%。

（二）2020年实现财政收入、支出最小地区差测算

假定2020年全国各地财政收入、财政支出增长分别实现最小地区差目标，预测算见表4，分区域以财政支出测算人均值至2020年所需年均增长率从低到高位次排列。

表4 假定2020年全国各地财政收入、支出实现最小地区差目标预测算

地区	2020年财政收入实现自身最小地区差测算			重检地区差	2020年财政支出实现自身最小地区差测算				重检地区差
	总量（亿元）	人均值（元）	年均增（%）		总量（亿元）	人均值（元）	年均增（%）	排序（倒序）	
全国	268964.16	19102.74	20.46	1.5113	298077.15	21170.45	15.53	—	1.2000
西藏	349.66	9952.92	21.29	1.4790	1369.51	38982.85	-17.93	1	1.8414
青海	448.35	7337.60	27.07	1.6159	1356.99	22208.15	-10.03	2	1.0490
新疆	2428.14	9514.73	23.78	1.5019	5382.05	21089.71	1.86	3	1.0038
宁夏	618.70	8811.75	17.59	1.5387	1535.02	21862.53	2.73	4	1.0327
内蒙古	3220.48	12627.03	31.18	1.3390	5455.13	21388.73	5.86	6	1.0103
甘肃	1200.30	4545.35	17.18	1.7621	5263.26	19931.18	17.91	12	1.0585
广西	2526.04	5128.78	22.32	1.7315	7430.41	15086.43	18.05	14	1.2874
四川	5348.28	6448.61	17.14	1.6624	13649.09	16457.20	18.77	20	1.2226
云南	3439.05	7037.40	30.35	1.6316	8717.74	17839.30	18.91	21	1.1573
重庆	3600.91	11656.65	26.06	1.3898	6477.74	20969.37	19.43	23	1.0095
贵州	2412.34	6748.83	18.45	1.6467	7190.76	20117.11	19.83	25	1.0498
陕西	3503.66	9042.69	24.57	1.5266	7854.52	20271.94	21.31	26	1.0424

续表

地区	2020 年财政收入实现自身最小地区差测算			重检地区差	2020 年财政支出实现自身最小地区差测算				重检地区差
	总量（亿元）	人均值（元）	年均增（%）		总量（亿元）	人均值（元）	年均增（%）	排序（倒序）	
西部	29095.90	7765.20	24.26	1.5688	71682.23	19130.77	15.10	[1]	1.1471
上海	7973.19	31358.29	3.35	1.6416	9771.32	38430.24	5.55	5	1.8153
海南	1045.19	11013.99	16.66	1.4234	1996.81	21041.99	7.57	7	1.0061
北京	7307.70	31956.59	9.28	1.6729	9163.69	40072.81	7.69	8	1.8929
天津	2861.43	17437.72	13.59	1.0872	4239.77	25837.37	13.91	9	1.2204
河北	4715.88	6169.22	15.04	1.6771	10690.70	13985.35	16.81	10	1.3394
浙江	9297.82	15912.29	17.21	1.1670	12219.58	20912.58	17.50	11	1.0122
山东	9046.08	8908.06	17.35	1.5337	14235.85	14018.65	17.96	13	1.3378
福建	4564.61	11428.36	22.14	1.4017	6896.91	17267.72	18.44	18	1.1843
江苏	12848.88	15803.10	21.34	1.1727	16593.43	20408.60	18.64	19	1.0360
广东	20252.49	17193.51	26.45	1.0999	24627.99	20908.12	22.33	28	1.0124
东部	79913.28	14334.47	16.99	1.3877	110436.04	19809.50	15.67	[2]	1.2857
河南	5098.60	5312.01	16.26	1.7219	12906.79	13447.00	18.23	15	1.3648
湖南	4127.48	5966.68	19.78	1.6877	10518.06	15204.89	18.26	16	1.2818
湖北	4771.61	8080.45	20.16	1.5770	10173.35	17227.99	18.43	17	1.1862
江西	3496.28	7459.08	20.70	1.6095	8117.31	17317.75	19.01	22	1.1820
安徽	4178.23	6639.90	17.04	1.6524	9398.42	14935.62	19.55	24	1.2945
山西	3848.33	10213.00	28.56	1.4654	6989.31	18548.75	26.74	30	1.1238
中部	25520.54	6944.94	20.67	1.6190	58103.23	15811.72	20.23	[3]	1.2389
吉林	2089.31	7695.33	29.65	1.5972	5625.71	20720.58	21.74	27	1.0212
黑龙江	3026.13	8008.22	53.64	1.5808	7122.39	18848.38	23.44	29	1.1097
辽宁	6229.26	14205.10	53.94	1.2564	9164.85	20899.37	30.72	31	1.0128
东北	11344.71	10283.52	47.38	1.4781	21912.96	19863.21	24.98	[4]	1.0479

注：基于独创检测逆指标测算合理性增长目标：2000 年以来全国及 24 个省域财政收入、全国及 24 个省域财政支出的人均值地区差趋于缩小，2020 年预测 8 个省域财政收入、9 个省域财政支出的人均值地区差为历年最小地区差。依此推演至全国其余各地亦取自身历年最小地区差，在动态目标测算中检验各地差距。全国财政收入总量、人均测算值所需年均增长率分别为 21.11%、20.46%，财政支出总量、人均测算值所需年均增长率分别为 16.16%、15.53%。各省域类推，地区差距显著缩小。全国及各地分别测算，各地总量之和不等于全国总量，后表同。

1. 财政收入最小地区差增长测算

假定各地财政收入人均值同步向全国人均值趋近，到 2020 年达到自身历年与全国人均值的正负最小偏差，那么自然会影响全国财政收入总量和人

113

均值随之变化。在此假定设计下测算，2020 年全国财政收入总量应为 268964.16 亿元，人均值应为 19102.74 元。

东部财政收入测算人均值低于全国，为全国测算值的 75.04%；东北测算人均值低于全国，为全国测算值的 53.83%；中部测算人均值低于全国，为全国测算值的 36.36%；西部测算人均值低于全国，为全国测算值的 40.65%。

2 个省域测算人均值高于全国，按人均值高低依次为北京、上海；29 个省域测算人均值低于全国，按人均值高低依次为天津、广东、浙江、江苏、辽宁、内蒙古、重庆、福建、海南、山西、西藏、新疆、陕西、山东、宁夏、湖北、黑龙江、吉林、江西、青海、云南、贵州、安徽、四川、河北、湖南、河南、广西、甘肃。北京测算人均值最高，为全国人均值的 167.29%；甘肃测算人均值最低，为全国人均值的 23.79%。

随之检测至 2020 年财政收入人均值预期增长所需年均增长率，全国应为 20.46%（总量演算为 21.11%）。东部所需年均增长率小于全国，为全国增长率的 83.05%；东北所需增长率大于全国，为全国增长率的 231.60%；中部所需增长率大于全国，为全国增长率的 101.07%；西部所需增长率大于全国，为全国增长率的 118.60%。

15 个省域所需年均增长率低于全国，按所需增长率从小到大依次为上海、北京、天津、河北、河南、海南、安徽、四川、甘肃、浙江、山东、宁夏、贵州、湖南、湖北；16 个省域所需年均增长率高于全国，按所需增长率从小到大依次为江西、西藏、江苏、福建、广西、新疆、陕西、重庆、广东、青海、山西、吉林、云南、内蒙古、黑龙江、辽宁。上海所需增长率最低，低于全国 17.11 个百分点；辽宁所需增长率最高，高于全国 33.48 个百分点。

2.财政收入预期增长重检地区差

由于假定为最小地区差测算，财政收入人均值地区差依然存在，有必要重新检测。基于这一假定情况演算，全国重检地区差指数应为 1.5113，与现有地区差（对照本书 E.3 排行报告表 4）相比明显缩减。东部重检地区差小于全国，为全国地区差的91.82%；东北重检地区差小于全国，为全国地区差的97.80%；中部重检地区差大于全国，为全国地区差的107.12%；西部重检地区差大于全国，为全国地区差的103.80%。

12个省域重检地区差小于全国，按地区差从小到大依次为天津、广东、浙江、江苏、辽宁、内蒙古、重庆、福建、海南、山西、西藏、新疆；19个省域重检地区差大于全国，按地区差从小到大依次为陕西、山东、宁夏、湖北、黑龙江、吉林、江西、青海、云南、上海、贵州、安徽、四川、北京、河北、湖南、河南、广西、甘肃。天津重检地区差最小，为全国地区差的71.94%；甘肃重检地区差最大，为全国地区差的116.59%。

3.财政支出最小地区差增长测算

假定各地财政支出人均值同步向全国人均值趋近，到2020年达到自身历年与全国人均值的正负最小偏差，那么自然会影响全国财政支出总量和人均值随之变化。在此假定设计下测算，2020年全国财政支出总量应为298077.15亿元，人均值应为21170.45元。

东部财政支出测算人均值低于全国，为全国测算值的93.57%；东北测算人均值低于全国，为全国测算值的93.83%；中部测算人均值低于全国，为全国测算值的74.69%；西部测算人均值低于全国，为全国测算值的90.37%。

7个省域测算人均值高于全国，按人均值高低依次为北京、西藏、上海、天津、青海、宁夏、内蒙古；24个省域测算人均值低于全国，按人均值高低依次为新疆、海南、重庆、浙江、广东、辽宁、吉林、江苏、陕西、贵州、甘肃、黑龙江、山西、云南、江西、福建、湖北、四川、湖南、广西、安徽、山东、河北、河南。北京测算人均值最高，为全国人均值的189.29%；河南测算人均值最低，为全国人均值的63.52%。

随之检测至2020年财政支出预期增长所需年均增长率，全国应为15.53%（总量演算为16.16%）。东部所需年均增长率大于全国，为全国增长率的100.91%；东北所需增长率大于全国，为全国增长率的160.85%；中部所需增长率大于全国，为全国增长率的130.25%；西部所需增长率小于全国，为全国增长率的 97.24%。

9 个省域所需年均增长率低于全国，按所需增长率从小到大依次为西藏、青海、新疆、宁夏、上海、内蒙古、海南、北京、天津；22 个省域所需年均增长率高于全国，按所需增长率从小到大依次为河北、浙江、甘肃、山东、广西、河南、湖南、湖北、福建、江苏、四川、云南、江西、重庆、安徽、贵州、陕西、吉林、广东、黑龙江、山西、辽宁。西藏所需增长率最低，低于全国 33.46 个百分点；辽宁所需增长率最高，高于全国 15.19 个百分点。

4. 财政支出预期增长重检地区差

由于假定为最小地区差测算，财政支出人均值地区差依然存在，有必要重新检测。基于这一假定情况演算，全国重检地区差指数应为 1.2000，与现有地区差（对照本书 E.3 排行报告表 4）相比明显缩减。东部重检地区差大于全国，为全国地区差的 107.14%；东北重检地区差小于全国，为全国地区差的 87.33%；中部重检地区差大于全国，为全国地区差的 103.24%；西部重检地区差小于全国，为全国地区差的 95.59%。

20 个省域重检地区差小于全国，按地区差从小到大依次为新疆、海南、重庆、内蒙古、浙江、广东、辽宁、吉林、宁夏、江苏、陕西、青海、贵州、甘肃、黑龙江、山西、云南、江西、福建、湖北；11 个省域重检地区差大于全国，按地区差从小到大依次为天津、四川、湖南、广西、安徽、山东、河北、河南、上海、西藏、北京。新疆重检地区差最小，为全国地区差的 83.65%；北京重检地区差最大，为全国地区差的 157.75%。

上节全国及各地产值最小地区差检测，本节全国及各地财政收入、支出最小地区差检测绝非异想天开，而是出于面向现代化国家建设目标必不可少的深刻思考。2020 年实现全国各地经济增长、财政增收（支）、民生增进最小地区差只不过是短期"小目标"，长远"大目标"应该是 2035 年基本实现、2050 年彻底实现全国各地经济增长、财政增收（支）、民生增进弥合地区差、弥合城乡比。"现代化国家建设"理当完成社会结构体制的"均质化"或"均衡性"建构，切实保证各地均衡发展的"地区法人"平等权利和全体国民平等的各种社会权利。

国家有必要通过政策倾斜特别许可（诸如上海自贸试验区、海南自由港）、行政配置产业项目（诸如中缅输油管、渝新欧铁路）、市场调节资源补偿（诸如提高资源输出地税利留成），重点投向当前欠发达地区和次发达地区，在2035年之前大力缩小，在2050年之前全面消除各地经济、社会、民生发展"非均衡性"差距，这样才能最终从根本上解决"不平衡不充分的发展"缺陷问题，化解我国目前政治、行政治理高度统一与各地经济、社会、民生发展极度分散的社会结构体制矛盾，终结中国秦汉以来城乡鸿沟、地区鸿沟引发动荡带来内乱的"历史周期律"。

经济学无须主张"伦理中立"，社会历史传统无法逃遁，社会政治伦理无法规避，关注并促进社会均衡公正、国家稳定统一的学术方为善的经世济民学术。

三 面向"基本现代化"目标推进高质量发展检验

中共中央、国务院《关于建立更加有效的区域协调发展新机制的意见》明确："到2035年，建立与基本实现现代化相适应的区域协调发展新机制……在显著缩小区域发展差距和实现基本公共服务均等化、基础设施通达程度比较均衡、人民基本生活保障水平大体相当中发挥重要作用，为建设现代化经济体系和满足人民日益增长的美好生活需要提供重要支撑。"本系列研究多年以来长期持续的全方位增长协调性检测、发展均衡性检测为此做出必要铺垫。

（一）2035年居民收入、居民总消费协调性测算

假定2035年全国各地居民收入比、居民消费率达到2000年以来历年最佳比值，预测算见表5，分区域以居民收入测算人均值至2035年所需年均增长率从低到高位次排列。

1. 居民收入最高收入比增长测算

全国及各地历年居民收入比动态、当前居民收入比现状见表2。长期预测具有诸多不确定因素，也不可指望居民收入比无限制上升，为方便起见以截至2020年预测最高居民收入比作为依据，假定测算至2035年实现这一"最高居民收入比"的结果。在此假定设置下，2035年全国居民收入总量应为3372872亿元，人均值应达到220790元，所需年均增长率为12.65%（总量演算为13.26%）。

表5　假定2035年全国各地居民收入比、消费率达到历年最佳比值预测算

地区	以2000年以来最高居民收入比检测2035年增长目标					以2000年以来最高居民消费率检测2035年增长目标			
	居民收入		年均增（%）	排序（倒序）	重检地区差	居民总消费		年均增（%）	重检地区差
	总量（亿元）	人均值（元）				总量（亿元）	人均值（元）		
全国	3372872	220790	12.65	—	1.3410	2592268	169691	13.28	1.3542
黑龙江	42817	112150	9.77	2	1.4921	31854	83434	9.75	1.5083
辽宁	69897	150172	9.93	3	1.3198	50569	108647	9.96	1.3597
吉林	52875	185599	13.03	15	1.1594	41111	144305	13.24	1.1496
东北	165588	139395	10.42	[1]	1.3238	123534	101528	10.35	1.3392
上海	108506	271792	8.93	1	1.2310	76529	191693	9.21	1.1297
北京	134982	337668	10.44	4	1.5294	93814	234683	10.99	1.3830
河北	121410	142351	10.88	5	1.3553	85320	100036	10.85	1.4105
浙江	233314	330472	12.21	9	1.4968	177253	251066	13.33	1.4795
天津	81246	298210	12.61	10	1.3507	60312	221374	12.48	1.3046
海南	21287	193916	12.72	11	1.1217	16052	146228	13.12	1.1383
广东	485451	286861	12.94	13	1.2993	387153	228775	13.57	1.3482
山东	269221	243154	13.00	14	1.1013	195488	176560	13.84	1.0405
福建	136974	305853	13.85	17	1.3853	99230	221574	14.09	1.3057
江苏	367865	412998	14.88	23	1.8705	266622	299333	15.59	1.7640
东部	1960256	252273	11.94	[2]	1.3741	1457772	187338	12.55	1.3304
山西	76010	177353	12.79	12	1.1967	50448	117709	12.74	1.3063
河南	192687	203479	13.68	16	1.0784	133602	141085	13.75	1.1686
江西	128149	247850	14.40	20	1.1226	95093	183916	15.30	1.0838
安徽	148871	249646	14.49	21	1.1307	110452	185220	14.89	1.0915

续表

地区	以2000年以来最高居民收入比检测2035年增长目标					以2000年以来最高居民消费率检测2035年增长目标			
	居民收入		年均增（%）	排序（倒序）	重检地区差	居民总消费		年均增（%）	重检地区差
	总量（亿元）	人均值（元）				总量（亿元）	人均值（元）		
湖南	199939	282339	14.91	24	1.2788	171971	242843	15.97	1.4311
湖北	200998	351802	16.40	28	1.5934	158411	277263	16.74	1.6339
中部	946655	262398	14.87	[3]	1.2334	719976	200392	15.43	1.2859
新疆	45145	139326	11.35	6	1.3690	34520	106534	11.47	1.3722
甘肃	33974	127918	11.96	7	1.4206	27823	104759	11.92	1.3827
云南	81905	149400	12.08	8	1.3233	65856	120125	13.00	1.2921
广西	103769	213671	14.19	18	1.0322	82408	169687	15.18	1.0000
青海	14568	209240	14.25	19	1.0523	11866	170429	14.46	1.0043
宁夏	20784	244054	14.76	22	1.1054	17476	205210	15.65	1.2093
西藏	8529	195816	14.93	25	1.1131	6721	154307	16.05	1.0907
四川	194497	252134	14.96	26	1.1420	156142	202414	15.20	1.1928
内蒙古	87449	323401	15.22	27	1.4647	67787	250687	16.03	1.4773
重庆	116287	398077	17.03	29	1.8030	96459	330204	17.98	1.9459
陕西	147581	369336	17.47	30	1.6728	128249	320955	18.90	1.8914
贵州	140748	432359	19.84	31	1.9582	115105	353588	20.62	2.0837
西部	995237	271679	15.62	[4]	1.3714	810414	220977	16.34	1.4119

注：预期结构优化高质量发展逆向测算至2035年合理性目标：2020年推算预测，6个省地域居民收入比为2000年以来最高比值，3个省地域居民消费率为2000年以来最高比值。由此推演假定全国及各地同步，①居民收入比达到最高比值，②居民消费率达到最高比值，在动态目标测算中检验各地差距。全国城乡居民收入总量、人均测算值所需年均增长率分别为13.26%、12.65%，居民总消费总量、人均测算值所需年均增长率分别为13.89%、13.28%。各省域类推，地区差距明显缩小，中西部整体来看尤其显著。

东部居民收入测算人均值高于全国，为全国测算值的114.26%；东北测算人均值低于全国，为全国测算值的63.13%；中部测算人均值高于全国，为全国测算值的118.84%；西部测算人均值高于全国，为全国测算值的123.05%。

18个省域居民收入测算人均值高于全国，按人均值高低依次为贵州、江苏、重庆、陕西、湖北、北京、浙江、内蒙古、福建、天津、广东、湖南、上海、四川、安徽、江西、宁夏、山东；13 个省域居民收入人均值低于全国，按人均值高低依次为广西、青海、河南、西藏、海南、吉林、山西、辽宁、云南、河北、新疆、甘肃、黑龙江。贵州测算人均值最高，为全国人均值的 195.82%；黑龙江测算人均值最低，为全国人均值的 50.79%。

东部居民收入所需年均增长率小于全国，为全国增长率的 94.44%；东北所需增长率小于全国，为全国增长率的 82.38%；中部所需增长率大于全国，为全国增长率的 117.58%；西部所需增长率大于全国，为全国增长率的 123.51%。

10 个省域居民收入所需年均增长率低于全国，按所需增长率从小到大依次为上海、黑龙江、辽宁、北京、河北、新疆、甘肃、云南、浙江、天津；21 个省域所需年均增长率高于全国，按所需增长率从小到大依次为海南、山西、广东、山东、吉林、河南、福建、广西、青海、江西、安徽、宁夏、江苏、湖南、西藏、四川、内蒙古、湖北、重庆、陕西、贵州。上海所需增长率最低，低于全国 3.72 个百分点；贵州所需增长率最高，高于全国7.19 个百分点。

2. 居民收入增长预期再检地区差

由于这里只是全国及各地各自最高居民收入比推演测算，并未涉及地区差、城乡比，需要再检地区差（再检城乡比过于复杂）。在假定实现最高居民收入比情况下，2035 年全国城乡居民收入人均值地区差应为 1.3410。对比本书 E.3 排行报告表 5，居民收入地区差反而明显扩大，表明仅关注经济增长与民生发展之间的协调性还不够，同时需关注民生发展在城乡、地区之间的均衡性。可参看《中国社会建设均衡发展检测报告》中更为复杂的双重测算推演。

东部居民收入再检地区差大于全国，为全国地区差的 102.47%；东北再检地区差小于全国，为全国地区差的 98.72%；中部再检地区差小于全国，为全国地区差的 91.98%；西部再检地区差大于全国，为全国地区差的102.27%。

17 个省域居民收入再检地区差低于全国，按再检地区差从小到大依次为广西、青海、河南、山东、宁夏、西藏、海南、江西、安徽、四川、吉林、山西、上海、湖南、广东、辽宁、云南；14个省域再检地区差高于全国，按再检地区差从小到大依次为天津、河北、新疆、福建、甘肃、内蒙古、黑龙江、浙江、北京、湖北、陕西、重庆、江苏、贵州。广西再检地区差最小，为全国地区差的76.98%；贵州再检地区差最大，为全国地区差的146.03%。

3. 居民总消费最高消费率增长测算

全国及各地历年居民消费率动态、当前居民消费率现状见表2。长期预测具有诸多不确定因素，也不可指望居民消费率无限制上升，为方便起见以截至2020年预测最高居民消费率作为依据，假定测算至2035年实现这一"最高居民消费率"的结果。在此假定设置下，2035年全国居民总消费应为2592268亿元，人均值应为169691元，所需年均增长率为13.28%（总量演算为13.89%）。

东部居民总消费测算人均值高于全国，为全国测算值的110.40%；东北测算人均值低于全国，为全国测算值的59.83%；中部测算人均值高于全国，为全国测算值的118.09%；西部测算人均值高于全国，为全国测算值的130.22%。

19个省域居民总消费测算人均值高于全国，按人均值高低依次为贵州、重庆、陕西、江苏、湖北、浙江、内蒙古、湖南、北京、广东、福建、天津、宁夏、四川、上海、安徽、江西、山东、青海；12个省域居民总消费人均值低于全国，按人均值高低依次为广西、西藏、海南、吉林、河南、云南、山西、辽宁、新疆、甘肃、河北、黑龙江。贵州测算人均值最高，为全国人均值的208.37%；黑龙江测算人均值最低，为全国人均值的49.17%。

东部居民总消费所需年均增长率小于全国，为全国增长率的94.55%；东北所需增长率小于全国，为全国增长率的77.98%；中部所需增长率大于全国，为全国增长率的116.25%；西部所需增长率大于全国，为全国增长率的123.09%。

12个省域居民总消费所需年均增长率低于全国，按所需增长率从小到大依次为上海、黑龙江、辽宁、河北、北京、新疆、甘肃、天津、山西、云南、海南、吉林；19个省域所需年均增长率高于全国，按所需增长率从小到大依次为浙江、广东、河南、山东、福建、青海、安徽、广西、四川、江西、江苏、宁夏、湖南、内蒙古、西藏、湖北、重庆、陕西、贵州。上海所需增长率最低，低于全国4.07个百分点；贵州所需增长率最高，高于全国7.34个百分点。

4. 居民总消费增长预期再检地区差

由于这里只是全国及各地各自最高居民消费率推演测算，并未涉及地区差、城乡比，需要再检地区差（再检城乡比过于复杂）。在假定实现最高居民消费率情况下，2035年全国城乡居民总消费人均值地区差应为1.3542。对比本书E.3排行报告表5，居民总消费地区差反而明显扩大，表明仅关注经济增长与民生发展之间的协调性还不够，同时需关注民生发展在城乡、地区之间的均衡性。可参看《中国社会建设均衡发展检测报告》中更为复杂的双重测算推演。

东部居民总消费再检地区差小于全国，为全国地区差的98.24%；东北再检地区差小于全国，为全国地区差的98.90%；中部再检地区差小于全国，为全国地区差的94.96%；西部再检地区差大于全国，为全国地区差的104.26%。

17个省域居民总消费再检地区差低于全国，按再检地区差从小到大依次为广西、青海、山东、江西、西藏、安徽、上海、海南、吉林、河南、四川、宁夏、云南、天津、福建、山西、广东；14个省域再检地区差高于全国，按再检地区差从小到大依次为辽宁、新疆、甘肃、北京、河北、湖南、内蒙古、浙江、黑龙江、湖北、江苏、陕西、重庆、贵州。广西再检地区差最小，为全国地区差的73.85%；贵州再检地区差最大，为全国地区差的153.87%。

有必要强调，本项检测基于相应数据增长关系进行推演，主要注重相关关系值测算，不必拘泥于预测总量、人均值及其所需增长率绝对值。系统检验全国各地诸方面发展的协调性、均衡性足以表明，经济高速度增长"一骑绝尘"有可能造成社会、民生发展滞后而矛盾丛生，特别是发达地区应当率先转向高质量发展，否则将会继续拉大各地的差异，拉高全国协调增长、均衡发展难度。

（二）2035年劳动者报酬、最终消费均衡性测算

假定 2035 年全国各地产值构成之劳动者报酬、最终消费中居民消费实现弥合地区差目标，预测算见表 6，分区域以劳动者报酬弥合地区差校订收入法产值测算人均值至 2035 年所需年均增长率从低到高位次排列。

1. 劳动者报酬弥合地区差测算

当前，全国收入法产值构成之劳动者报酬人均值现有地区差指数为 1.3218。东部地区差大于全国，为全国地区差的 117.31%；东北地区差小于全国，为全国地区差的 94.52%；中部地区差小于全国，为全国地区差的 92.15%；西部地区差小于全国，为全国地区差的 90.87%。

21 个省域此项地区差小于全国，按地区差从小到大依次为湖北、内蒙古、新疆、海南、宁夏、重庆、西藏、陕西、山东、湖南、河南、辽宁、河北、青海、吉林、四川、贵州、广西、安徽、山西、黑龙江；10 个省域地区差大于全国，按地区差从小到大依次为江西、云南、广东、甘肃、浙江、福建、天津、江苏、上海、北京。湖北地区差占据首位，为全国地区差的 77.88%；北京地区差处于末位，为全国地区差的 183.73%。

在此假定测算至 2035 年实现劳动者报酬弥合地区差的结果，无论各地人均值高于还是低于全国人均值，一律与之持平。在此假定设置下，2035 年全国劳动者报酬总量应为 3132689 亿元，人均值应为 217165 元。各地人均值与全国持平，失去比较意义，仅列出总量供参考。

2. 同构传导至收入法产值推演

在此假定设置下，自然进一步向收入法产值同构传导推演测算，2035 年全国收入法产值总量应为 6721587 亿元，人均值应达到 439942 元，所需年均增长率为 11.94%（总量演算为 12.55%）。东部收入法产值测算人均值低于全国，为全国测算值的 99.61%；东北测算人均值高于全国，为全国测算值的 111.83%；中部测算人均值高于全国，为全国测算值的 113.19%；西部测算人均值高于全国，为全国测算值的 108.46%。

表6　假定2035年全国各地劳动者报酬、居民消费弥合地区差测算

地区	收入法产值构成之劳动者报酬弥合地区差					支出法产值构成之最终消费支出中居民消费弥合地区差				
	劳动者报酬总量（亿元）	推演2035年收入法产值				居民消费总量（亿元）	推演2035年支出法产值			
		人均值（元）	年均增（%）	排序（倒序）	重检地区差		人均值（元）	年均增（%）	重检地区差
全国	3132689	439942	11.94	—	1.1044	3086667	515206	13.10	1.2149
广东	321129	450226	10.20	4	1.0234	291071	527131	11.22	1.0231
河北	184429	428409	13.77	5	1.0262	152993	510546	14.95	1.0090
上海	77381	464322	7.54	10	1.0554	89674	564504	8.78	1.0957
浙江	152119	465434	9.56	11	1.0579	170746	649198	11.72	1.2601
福建	98680	412530	9.28	12	1.0623	90058	661252	12.36	1.2835
海南	23994	405019	12.84	17	1.0794	19905	415752	13.01	1.1930
山东	242653	476375	11.38	18	1.0828	245350	554981	12.38	1.0772
北京	75368	403254	6.41	20	1.0834	113633	739073	10.27	1.4345
江苏	192005	514456	9.20	24	1.1694	330826	993193	13.51	1.9278
天津	52400	554735	9.39	29	1.2609	58952	753910	11.38	1.4633
东部	1420159	438232	9.77	[1]	1.0901	1563208	603657	11.86	1.2767
河南	214662	457529	13.89	6	1.0400	178073	476408	14.16	1.0753
湖南	156564	458350	13.54	7	1.0418	129877	484894	13.91	1.0588
山西	91964	461732	14.63	9	1.0495	76288	409519	13.82	1.2051
湖北	134256	476594	12.27	19	1.0833	132367	618538	14.01	1.2006
安徽	141176	481745	14.57	22	1.0950	117113	485103	14.62	1.0584
江西	112254	562036	15.65	31	1.2775	93121	469235	14.43	1.0892
中部	850875	497973	14.21	[2]	1.0979	726839	513273	14.41	1.1146
宁夏	18339	433173	13.02	2	1.0154	16406	478781	13.69	1.0707
青海	15142	449106	14.10	3	1.0208	12561	451946	14.14	1.1228
广西	116275	419528	14.58	8	1.0464	96456	438810	14.88	1.1483
甘肃	58871	411912	16.36	13	1.0637	48836	357235	15.39	1.3066
贵州	75140	410528	14.47	14	1.0669	72901	530525	16.21	1.0297
四川	189215	471249	14.26	15	1.0712	156964	470910	14.25	1.0860
云南	118511	407106	15.13	16	1.0746	98311	395572	14.93	1.2322
内蒙古	58564	478604	12.13	21	1.0879	61683	629617	13.96	1.2221
新疆	70251	375125	12.66	23	1.1473	58277	501903	14.60	1.0258
西藏	9621	351122	13.09	26	1.2019	7981	690788	17.68	1.3408
陕西	88354	546042	13.50	27	1.2412	85194	704026	15.20	1.3665

地区	收入法产值构成之 劳动者报酬弥合地区差					支出法产值构成之最终消费支出中 居民消费弥合地区差				
	劳动者 报酬总量 （亿元）	推演 2035 年收入法产值				居民消费 总量 （亿元）	推演 2035 年支出法产值			
		人均值 （元）	年均增 （%）	排序 （倒序）	重检 地区差		人均值 （元）	年均增 （%）	重检 地区差	
重庆	72249	555255	13.35	30	1.2621	76242	675070	14.66	1.3103	
西部	890531	477172	14.36	[3]	1.1083	791812	537828	15.17	1.1885	
黑龙江	81726	442923	14.66	1	1.0068	67796	399263	13.96	1.2250	
辽宁	98770	524241	13.83	25	1.1916	81935	376643	11.63	1.2689	
吉林	60039	549393	14.42	28	1.2488	49805	748401	16.52	1.4526	
东北	240535	492007	14.10	[4]	1.1491	199536	466796	13.74	1.3155	

注：基于独创和首倡检测逆指标测算结构优化高质量发展至2035年合理性目标：2020年推算预测，全国及6个省域劳动者报酬地区差为历年最小地区差，6个省域最终消费支出中居民消费地区差为历年最小地区差。由此推演假定2035年全国各地同步，①收入法产值构成之劳动者报酬弥合地区差，②支出法产值构成之最终消费支出中居民消费弥合地区差，无论各地高于还是低于全国人均值，一律同步与全国总体平均值持平。同时假定产值构成其余部分不变，最后依据数理关系推算，全国收入法产值总量、人均测算值所需年均增长率分别为12.55%、11.94%，支出法产值总量、人均测算值所需年均增长率分别为13.72%、13.10%。各省域类推，地区差距显著缩小。限于制表空间，推演测算过渡性数据置于后台。

20个省域收入法产值测算人均值高于全国，按人均值高低依次为江西、重庆、天津、吉林、陕西、辽宁、江苏、安徽、内蒙古、湖北、山东、四川、浙江、上海、山西、湖南、河南、广东、青海、黑龙江；11个省域测算人均值低于全国，按人均值高低依次为宁夏、河北、广西、福建、甘肃、贵州、云南、海南、北京、新疆、西藏。江西测算人均值最高，为全国人均值的127.75%；西藏测算人均值最低，为全国人均值的79.81%。

东部收入法产值所需年均增长率小于全国，为全国增长率的81.83%；东北所需增长率大于全国，为全国增长率的118.04%；中部所需增长率大于全国，为全国增长率的118.96%；西部所需增长率大于全国，为全国增长率的120.28%。

8个省域收入法产值所需年均增长率低于全国，按所需增长率从小到大依次为北京、上海、江苏、福建、天津、浙江、广东、山东；23个省域所需年均增长率高于全国，按所需增长率从小到大依次为内蒙古、湖北、新疆、海南、宁夏、西藏、重庆、陕西、湖南、河北、辽宁、河南、青海、四川、吉林、贵州、安徽、广西、山西、黑龙江、云南、江西、甘肃。北京所需增长率最低，低于全国 5.53 个百分点；甘肃所需增长率最高，高于全国 4.42 个百分点。

必须补充说明，各地劳动者报酬弥合地区差演算带来全国劳动者报酬人均值持平，然而传导推演至收入法产值测算人均值并未持平。因而最后仍有必要再检收入法产值测算人均值地区差指数，全国为 1.1044，相比当前现有地区差（对照本书 E.3 排行报告表 2）显著缩小。

东部收入法产值再检地区差小于全国，为全国地区差的 98.71%；东北再检地区差大于全国，为全国地区差的 104.05%；中部再检地区差小于全国，为全国地区差的 99.41%；西部再检地区差大于全国，为全国地区差的 100.36%。

22 个省域收入法产值再检地区差低于全国，按再检地区差从小到大依次为黑龙江、宁夏、青海、广东、河北、河南、湖南、广西、山西、上海、浙江、福建、甘肃、贵州、四川、云南、海南、山东、湖北、北京、内蒙古、安徽；9 个省域再检地区差高于全国，按再检地区差从小到大依次为新疆、江苏、辽宁、西藏、陕西、吉林、天津、重庆、江西。黑龙江再检地区差最小，为全国地区差的 91.16%；江西再检地区差最大，为全国地区差的 115.68%。

收入法产值人均值再检地区差的结局分明可辨，22 个省域与全国人均值之间的正负偏差值差异在 10% 以内，全国地区差作为 31 个省域偏差值的平均值体现也在 10% 上下，权且看作各地经济增长随机波动的或然性差异，这才是"均衡化"社会结构体制下应有的正常格局。

3. 最终消费支出中居民消费弥合地区差测算

当前，全国支出法产值构成之最终消费中居民消费人均值现有地区差指数为 1.3321。东部地区差大于全国，为全国地区差的 116.22%；东北地区差小于全国，为全国地区差的 92.98%；中部地区差小于全国，为全国地区差的 89.96%；西部地区差小于全国，为全国地区差的 93.25%。

23 个省域此项地区差小于全国，按地区差从小到大依次为内蒙古、湖北、重庆、辽宁、海南、宁夏、福建、湖南、山东、陕西、山西、黑龙江、四川、青海、河南、江西、安徽、新疆、广西、贵州、广东、云南、河北；8 个省域地区差大于全国，按地区差从小到大依次为甘肃、吉林、浙江、西藏、天津、江苏、上海、北京。内蒙古地区差占据首位，为全国地区差的 76.21%；北京地区差处于末位，为全国地区差的 176.74%。

在此假定测算至 2035 年实现最终消费中居民消费弥合地区差的结果，无论各地人均值高于还是低于全国人均值，一律与之持平。在此假定设置下，2035 年全国居民消费总量应为 3086667 亿元，人均值应为 202029 元。各地人均值与全国持平，失去比较意义，仅列出总量供参考。

4. 同构传导至支出法产值推演

在此假定设置下，自然进一步向支出法产值同构传导推演测算，2035 年全国支出法产值总量应为 7871504 亿元，人均值应达到 515206 元，所需年均增长率为 13.10%（总量演算为 13.72%）。东部收入法产值测算人均值高于全国，为全国测算值的 117.17%；东北测算人均值低于全国，为全国测算值的 90.60%；中部测算人均值低于全国，为全国测算值的 99.62%；西部测算人均值高于全国，为全国测算值的 104.39%。

15 个省域收入法产值测算人均值高于全国，按人均值高低依次为江苏、天津、吉林、北京、陕西、西藏、重庆、福建、浙江、内蒙古、湖北、上海、山东、贵州、广东；16 个省域测算人均值低于全国，按人均值高低依次为河北、新疆、安徽、湖南、宁夏、河南、四川、江西、青海、广西、海南、山西、黑龙江、云南、辽宁、甘肃。江苏测算人均值最高，为全国人均值的 192.78%；甘肃测算人均值最低，为全国人均值的 69.34%。

东部收入法产值所需年均增长率小于全国，为全国增长率的 90.50%；东北所需增长率大于全国，为全国增长率的 104.88%；中部所需增长率大于全国，为全国增长率的 109.95%；西部所需增长率大于全国，为全国增长率的 115.77%。

9个省域收入法产值所需年均增长率低于全国，按所需增长率从小到大依次为上海、北京、广东、天津、辽宁、浙江、福建、山东、海南；22个省域所需年均增长率高于全国，按所需增长率从小到大依次为江苏、宁夏、山西、湖南、内蒙古、黑龙江、湖北、青海、河南、四川、江西、新疆、安徽、重庆、广西、云南、河北、陕西、甘肃、贵州、吉林、西藏。上海所需增长率最低，低于全国4.32个百分点；西藏所需增长率最高，高于全国4.58个百分点。

同样必须补充说明，各地居民消费弥合地区差演算带来全国居民消费人均值持平，然而传导推演经整个最终消费支出再到支出法产值测算人均值并未持平。因而最后仍有必要再检支出法产值测算人均值地区差指数，全国为1.2149，相比当前现有地区差（对照本书E.3排行报告表3）也显著缩小。

东部支出法产值再检地区差大于全国，为全国地区差的105.09%；东北再检地区差大于全国，为全国地区差的108.28%；中部再检地区差小于全国，为全国地区差的91.74%；西部再检地区差小于全国，为全国地区差的97.82%。

17个省域收入法产值再检地区差低于全国，按再检地区差从小到大依次为河北、广东、新疆、贵州、安徽、湖南、宁夏、河南、山东、四川、江西、上海、青海、广西、海南、湖北、山西；14个省域再检地区差高于全国，按再检地区差从小到大依次为内蒙古、黑龙江、云南、浙江、辽宁、福建、甘肃、重庆、西藏、陕西、北京、吉林、天津、江苏。河北再检地区差最小，为全国地区差的83.05%；江苏再检地区差最大，为全国地区差的158.67%。

支出法产值人均值再检地区差的结局分明可辨，15个省域与全国人均值之间的正负偏差值差异在20%以内，全国地区差作为31个省域偏差值的平均值体现略微高于20%，不妨看作各地经济增长随机波动的或然性差异，大致也是"均衡化"社会结构体制下应有的正常格局。本系列检测恰好一向以偏差20%作为"均衡性"检验的临界值。在经济、社会、民生发展各方面加快缩小并最终弥合城乡比和地区差，必须成为面向现代化国家建设的基本要务。

省 域 报 告[*]

Provincial Reports

E.5

江苏：2018年经济发展指数排名第1位

王亚南[**]

摘　要：　2000～2018年，江苏地区生产总值构成比中第二产业从51.68%降至44.55%，第三产业从36.30%升至50.98%；收入法产值构成比中劳动者报酬从49.66%降至43.22%，生产税净额从15.18%降至12.86%，营业盈余从23.19%升至30.33%；支出法产值构成比中最终消费率从43.74%升至50.33%，资本形成率从46.50%降至43.46%；经济生活收

* 限于篇幅无法全面展开省域分析，以兼顾排行位次与区域分布方式选取省域报告：按排行报告表9（排行汇总表）年度横向及各类纵向测评结果，取东、中、西部和东北（为平衡归并邻近河北、山东）各自省、自治区、直辖市单列排名前三位，共12省、3自治区、3直辖市；剩余篇幅不分区域，依次取各项测评前列云南、天津2地；最后统一按各地最高位次拟题排文，相同位次以先横向后较长时段纵向测评为序。未有独立报告的省域见技术报告既往纵向对比、排行报告当前纵向对比、预测报告未来预期对比详尽分析的各地排序。

** 王亚南，云南省社会科学院研究员，文化发展研究中心主任，主要研究方向为民俗学、民族学及文化理论、文化战略和文化产业。

支中财政收入比从 5.24% 升至 9.32%，居民收入比从
41.58% 降至 33.93%，居民消费率从 30.14% 降至 22.13%。
财政收入、支出人均值地区差缩小，但产值、居民收入、总
消费人均值地区差扩大；居民总消费人均值城乡比缩小，但
居民收入人均值城乡比扩大。江苏经济增长结构优化排行：
城乡、地区无差距理想值横向测评为省域第 1 位；2000 年、
2005 年、2010 年、2015 年和 2017 年自身基数值纵向测评分
别为省域第 15 位、第 16 位、第 16 位、第 15 位和第 20 位。

关键词： 江苏　经济生产　经济生活　结构优化　综合排行

三次产业（生产法）产值结构主体子系统，收入法、支出法产值结构
辅助子系统，面向公共经济生活、人民经济生活的收支综合子系统分别设置
为一图，难以充分展开。当地数据检测更多细节可参看技术报告、排行报告
由不同侧面展开的各地纵向历时动态、横向共时静态对比分析。

一　三次产业（生产法）产值构成子系统检测

2000 年以来江苏三次产业（生产法）产值构成子系统结构性检测见图 1。

1. 生产法结构产值

2000～2018 年，江苏生产法结构产值总量由 8553.69 亿元增至
92595.40 亿元，2018 年为 2000 年的 10.83 倍，历年年均增长 14.15%，"十
三五"以来（2015 年以来，后同）年均增长 9.71%。人均值由 11765.00
元增至 115168.41 元，2018 年为 2000 年的 9.79 倍，历年年均增长
13.51%，"十三五"以来年均增长 9.39%，省域间人均值位次（基于各地
变化，后同）从第 6 位上升为第 4 位。

在此期间，生产法产值人均值地区差指数由 1.4814 扩大至 1.7816，明

显扩增 20.27% ，省域间地区差位次从第 25 位下降为第 28 位，意味着与全国人均值的距离拉大。

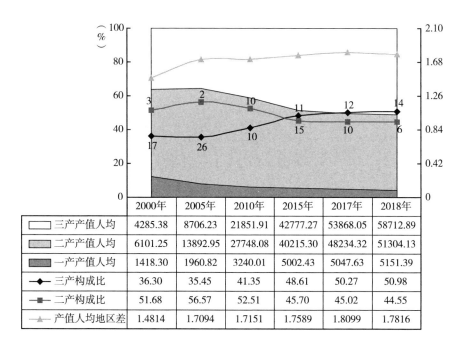

	2000年	2005年	2010年	2015年	2017年	2018年
☐ 三产产值人均	4285.38	8706.23	21851.91	42777.27	53868.05	58712.89
▨ 二产产值人均	6101.25	13892.95	27748.08	40215.30	48234.32	51304.13
▨ 一产产值人均	1418.30	1960.82	3240.01	5002.43	5047.63	5151.39
◆ 三产构成比	36.30	35.45	41.35	48.61	50.27	50.98
■ 二产构成比	51.68	56.57	52.51	45.70	45.02	44.55
▲ 产值人均地区差	1.4814	1.7094	1.7151	1.7589	1.8099	1.7816

图 1　2000 年以来江苏三次产业（生产法）产值构成子系统结构性检测

左轴面积：一、二、三产产值人均值（元转换为%），其和即生产法产值人均值，其间直观比例体现构成比关系。右轴曲线：生产法产值人均值地区差（偏差指数，无差距 =1）。左轴曲线：二、三产构成比（%），标注省域间位次。正文另测算一、二、三产人均值地区差、一产构成比，检测各类位次。国家统计局据经济普查修订 2000 年生产法产值数据，但其中三次产业仅修订全国数据，为保持数据关系协调仍按年度发布数据演算各地构成比。

2. 第一产业增长及构成比动态

同期，江苏第一产业产值总量由 1031.17 亿元增至 4141.72 亿元，2018 年为 2000 年的 4.02 倍，历年年均增长 8.03% ，"十三五"以来年均增长 1.29% 。人均值由 1418.30 元增至 5151.39 元，2018 年为 2000 年的 3.63 倍，历年年均增长 7.43% ，"十三五"以来年均增长 0.98% ，省域间人均值位次从第 8 位下降为第 11 位。

在此期间，第一产业产值人均值地区差指数由 1.2168 缩小至 1.1083，明显缩减 8.92%。第一产业构成比由 12.02% 降至 4.47%，明显降低 7.55 个百分点，省域间构成比位次从第 23 位下降为第 25 位。

3. 第二产业增长及构成比动态

同期，江苏第二产业产值总量由 4435.89 亿元增至 41248.52 亿元，2018 年为 2000 年的 9.30 倍，历年年均增长 13.19%，"十三五"以来年均增长 8.78%。人均值由 6101.25 元增至 51304.13 元，2018 年为 2000 年的 8.41 倍，历年年均增长 12.56%，"十三五"以来年均增长 8.46%，省域间人均值位次从第 5 位上升为第 1 位。

在此期间，第二产业产值人均值地区差指数由 1.6870 扩大至 1.9522，明显扩增 15.72%。第二产业构成比由 51.68% 降至 44.55%，明显降低 7.13 个百分点，省域间构成比位次从第 3 位下降为第 6 位。

4. 第三产业增长及构成比动态

同期，江苏第三产业产值总量由 3115.67 亿元增至 47205.16 亿元，2018 年为 2000 年的 15.15 倍，历年年均增长 16.30%，"十三五"以来年均增长 11.46%。人均值由 4285.38 元增至 58712.89 元，2018 年为 2000 年的 13.70 倍，历年年均增长 15.65%，"十三五"以来年均增长 11.13%，省域间人均值位次从第 8 位上升为第 4 位。

在此期间，第三产业产值人均值地区差指数由 1.3562 扩大至 1.7414，明显扩增 28.40%。第三产业构成比由 36.30% 升至 50.98%，显著升高 14.68 个百分点，省域间构成比位次从第 17 位上升为第 14 位。

二 收入法产值构成子系统检测

2000 年以来江苏收入法产值构成子系统结构性检测见图 2。

1. 收入法结构产值

2000～2018 年，江苏收入法结构产值总量由 8582.73 亿元增至 92595.40 亿元，2018 年为 2000 年的 10.79 倍，历年年均增长 14.13%，"十三五"以来年均增长 9.71%。人均值由 11804.94 元增至 115168.41 元，

2018 年为 2000 年的 9.76 倍，历年年均增长 13.49%，"十三五"以来年均增长 9.39%，省域间人均值位次从第 5 位上升为第 4 位。

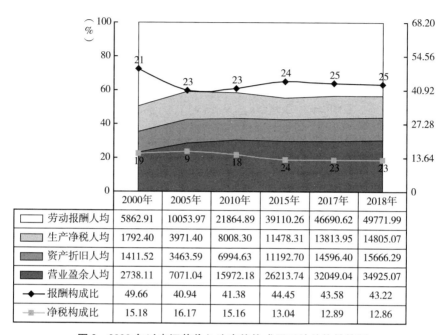

	2000年	2005年	2010年	2015年	2017年	2018年
□ 劳动报酬人均	5862.91	10053.97	21864.89	39110.26	46690.62	49771.99
▨ 生产净税人均	1792.40	3971.40	8008.30	11478.31	13813.95	14805.07
▨ 资产折旧人均	1411.52	3463.59	6994.63	11192.70	14596.40	15666.29
▨ 营业盈余人均	2738.11	7071.04	15972.18	26213.74	32049.04	34925.07
◆ 报酬构成比	49.66	40.94	41.38	44.45	43.58	43.22
▪ 净税构成比	15.18	16.17	15.16	13.04	12.89	12.86

图2　2000 年以来江苏收入法产值构成子系统结构性检测

左轴面积：劳动者报酬、生产税净额、固定资产折旧、营业盈余人均值（元转换为%），其和即收入法产值人均值，其间直观比例体现构成比关系。右轴曲线：报酬、净税构成比（%），标注省域间位次。正文另测算各类人均值地区差、折旧、盈余构成比，检测各类位次。

在此期间，收入法产值地区差指数由 1.5062 扩大至 1.7816，明显扩增 18.28%，省域间地区差位次从第 25 位下降为第 28 位，意味着与全国人均值的距离拉大。

2. 劳动者报酬增长及构成比动态

同期，江苏收入法产值构成之劳动者报酬总量由 4262.60 亿元增至 40016.68 亿元，2018 年为 2000 年的 9.39 倍，历年年均增长 13.25%，"十三五"以来年均增长 8.69%。人均值由 5862.91 元增至 49771.99 元，2018 年为 2000 年的 8.49 倍，历年年均增长 12.62%，"十三五"以来年均增长 8.37%，省域间人均值位次从第 5 位上升为第 3 位。

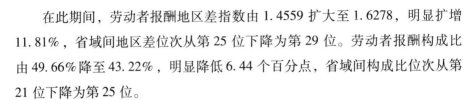

在此期间，劳动者报酬地区差指数由 1.4559 扩大至 1.6278，明显扩增 11.81%，省域间地区差位次从第 25 位下降为第 29 位。劳动者报酬构成比由 49.66% 降至 43.22%，明显降低 6.44 个百分点，省域间构成比位次从第 21 位下降为第 25 位。

3. 生产税净额增长及构成比动态

同期，江苏收入法产值构成之生产税净额总量由 1303.16 亿元增至 11903.27 亿元，2018 年为 2000 年的 9.13 倍，历年年均增长 13.08%，"十三五"以来年均增长 9.18%。人均值由 1792.40 元增至 14805.07 元，2018 年为 2000 年的 8.26 倍，历年年均增长 12.45%，"十三五"以来年均增长 8.85%，省域间人均值位次从第 7 位上升为第 4 位。

在此期间，生产税净额地区差指数由 1.4848 扩大至 1.6082，明显扩增 8.31%。生产税净额构成比由 15.18% 降至 12.86%，较明显降低 2.32 个百分点，省域间构成比位次从第 19 位下降为第 23 位。

4. 固定资产折旧增长及构成比动态

同期，江苏收入法产值构成之固定资产折旧总量由 1026.24 亿元增至 12595.70 亿元，2018 年为 2000 年的 12.27 倍，历年年均增长 14.95%，"十三五"以来年均增长 12.20%。人均值由 1411.52 元增至 15666.29 元，2018 年为 2000 年的 11.10 倍，历年年均增长 14.31%，"十三五"以来年均增长 11.86%，省域间人均值位次从第 7 位上升为第 3 位。

在此期间，资产折旧地区差指数由 1.2723 扩大至 1.8059，显著扩增 41.94%。资产折旧构成比由 11.96% 升至 13.60%，较明显升高 1.64 个百分点，省域间构成比位次从第 18 位上升为第 15 位。

5. 营业盈余增长及构成比动态

同期，江苏收入法产值构成之营业盈余总量由 1990.73 亿元增至 28079.75 亿元，2018 年为 2000 年的 14.11 倍，历年年均增长 15.84%，"十三五"以来年均增长 10.37%。人均值由 2738.11 元增至 34925.07 元，2018 年为 2000 年的 12.76 倍，历年年均增长 15.19%，"十三五"以来年均增长 10.04%，省域间人均值位次从第 6 位上升为第 2 位。

在此期间，营业盈余地区差指数由 1.8329 扩大至 2.1575，明显扩增 17.71%。营业盈余构成比由 23.19% 升至 30.33%，明显升高 7.14 个百分点，省域间构成比位次从第 9 位上升为第 1 位。

三　支出法产值构成子系统检测

2000 年以来江苏支出法产值构成子系统结构性检测见图 3。

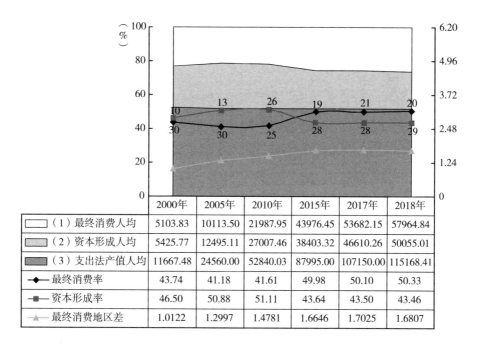

	2000年	2005年	2010年	2015年	2017年	2018年
（1）最终消费人均	5103.83	10113.50	21987.95	43976.45	53682.15	57964.84
（2）资本形成人均	5425.77	12495.11	27007.46	38403.32	46610.26	50055.01
（3）支出法产值人均	11667.48	24560.00	52840.03	87995.00	107150.00	115168.41
最终消费率	43.74	41.18	41.61	49.98	50.10	50.33
资本形成率	46.50	50.88	51.11	43.64	43.50	43.46
最终消费地区差	1.0122	1.2997	1.4781	1.6646	1.7025	1.6807

图 3　2000 年以来江苏支出法产值构成子系统结构性检测

左轴面积：（1）最终消费支出、（2）资本形成、（3）支出法产值人均值（元转换为%），（3）－（1）－（2）＝货物与服务净流出，大多数省域为负值，即（1）＋（2）＞（3），制图变通体现负值关系。右轴曲线：最终消费人均值地区差（偏差指数，无差距＝1）。左轴曲线：最终消费率、资本形成率（%），标注省域间位次。正文另测算其余人均值地区差，检测各类位次。

1. 支出法结构产值

2000 ~ 2018 年，江苏支出法结构产值总量由 8482.79 亿元增至

92595.40 亿元，2018 年为 2000 年的 10.92 倍，历年年均增长 14.20%，"十三五"以来年均增长 9.71%。人均值由 11667.48 元增至 115168.41 元，2018 年为 2000 年的 9.87 倍，历年年均增长 13.56%，"十三五"以来年均增长 9.39%，省域间人均值位次从第 5 位上升为第 4 位。

在此期间，支出法产值地区差指数由 1.4648 扩大至 1.8136，明显扩增 23.81%，省域间地区差位次从第 25 位下降为第 28 位，意味着与全国人均值的距离拉大。

2. 最终消费支出增长及构成比动态

同期，江苏支出法产值构成之最终消费支出总量由 3710.72 亿元增至 46603.73 亿元，2018 年为 2000 年的 12.56 倍，历年年均增长 15.09%，"十三五"以来年均增长 9.97%。人均值由 5103.83 元增至 57964.84 元，2018 年为 2000 年的 11.36 倍，历年年均增长 14.45%，"十三五"以来年均增长 9.64%，省域间人均值位次从第 8 位上升为第 3 位。

在此期间，最终消费地区差指数由 1.0122 扩大至 1.6807，显著扩增 66.04%，省域间地区差位次从第 1 位下降为第 29 位。最终消费率（消费率）由 43.74% 升至 50.33%，明显升高 6.59 个百分点，省域间比值位次从第 30 位上升为第 20 位。

3. 资本形成增长及构成比动态

同期，江苏支出法产值构成之资本形成总额由 3944.78 亿元增至 40244.23 亿元，2018 年为 2000 年的 10.20 倍，历年年均增长 13.77%，"十三五"以来年均增长 9.56%。人均值由 5425.77 元增至 50055.01 元，2018 年为 2000 年的 9.23 倍，历年年均增长 13.14%，"十三五"以来年均增长 9.23%，省域间人均值位次从第 5 位下降为第 8 位。

在此期间，资本形成地区差指数由 1.9843 缩小至 1.7576，明显缩减 11.43%，省域间地区差位次从第 27 位上升为第 24 位。资本形成率（投资率）由 46.50% 降至 43.46%，明显降低 3.04 个百分点，省域间比值位次从第 10 位下降为第 29 位。

四　经济生活收支综合子系统检测

2000年以来江苏经济生活收支综合子系统结构性检测见图4。

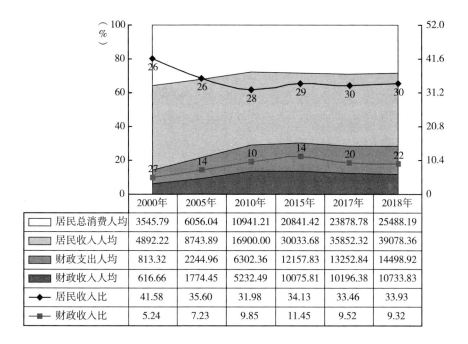

	2000年	2005年	2010年	2015年	2017年	2018年
居民总消费人均	3545.79	6056.04	10941.21	20841.42	23878.78	25488.19
居民收入人均	4892.22	8743.89	16900.00	30033.68	35852.32	39078.36
财政支出人均	813.32	2244.96	6302.36	12157.83	13252.84	14498.92
财政收入人均	616.66	1774.45	5232.49	10075.81	10196.38	10733.83
居民收入比	41.58	35.60	31.98	34.13	33.46	33.93
财政收入比	5.24	7.23	9.85	11.45	9.52	9.32

图4　2000年以来江苏经济生活收支综合子系统结构性检测

左轴面积：居民总消费、居民收入、财政支出、财政收入人均值（元转换为%），其间
呈直观比例。右轴曲线：居民收入比、财政收入比（%），标注省域间位次。正文另测算居
民消费率、财政支出比、各类人均值地区差、民生数据城乡比，检测各类位次。

（一）公共经济生活

1.财政收入增长及相对比值动态

2000～2018年，江苏财政收入总量由448.31亿元增至8630.16亿元，
2018年为2000年的19.25倍，历年年均增长17.86%，"十三五"以来年均
增长2.44%。人均值由616.66元增至10733.83元，2018年为2000年的

17.41 倍，历年年均增长 17.20%，"十三五"以来年均增长 2.13%，省域间人均值位次从第 8 位上升为第 6 位。

与此同时，财政收入比由 5.24% 升至 9.32%，明显升高 4.08 个百分点，省域间比值位次从第 27 位上升为第 22 位。

2. 财政支出增长及相对比值动态

同期，江苏财政支出总量由 591.28 亿元增至 11657.35 亿元，2018 年为 2000 年的 19.72 倍，历年年均增长 18.01%，"十三五"以来年均增长 6.36%。人均值由 813.32 元增至 14498.92 元，2018 年为 2000 年的 17.83 倍，历年年均增长 17.36%，"十三五"以来年均增长 6.05%，省域间人均值位次从第 17 位上升为第 12 位。

与此同时，财政支出比由 6.91% 升至 12.59%，明显升高 5.68 个百分点，省域间比值位次保持第 31 位。

3. 财政收入、财政支出地区差变化

在此期间，江苏财政收入地区差指数由 1.4187 缩小至 1.1847，明显缩减 16.50%，地区均衡性明显增强，省域间地区差位次从第 6 位上升为第 4 位；财政支出地区差指数由 1.3536 缩小至 1.0859，明显缩减 19.78%，地区均衡性明显增强，省域间地区差位次从第 13 位上升为第 3 位。

（二）人民经济生活

1. 居民收入增长及相对比值动态

2000~2018 年，江苏居民收入总量由 3556.64 亿元增至 31419.59 亿元，2018 年为 2000 年的 8.83 倍，历年年均增长 12.87%，"十三五"以来年均增长 9.50%。城乡综合演算人均值由 4892.22 元增至 39078.36 元，2018 年为 2000 年的 7.99 倍，历年年均增长 12.24%，"十三五"以来年均增长 9.17%，省域间人均值位次从第 7 位上升为第 5 位。

与此同时，江苏居民收入比由 41.58% 降至 33.93%，明显降低 7.65 个百分点，省域间比值位次从第 26 位下降为第 30 位。

2. 居民总消费增长及相对比值动态

同期，江苏居民总消费总量由 2577.79 亿元增至 20492.89 亿元，2018 年为 2000 年的 7.95 倍，历年年均增长 12.21%，"十三五"以来年均增长 7.26%。城乡综合演算人均值由 3545.79 元增至 25488.19 元，2018 年为 2000 年的 7.19 倍，历年年均增长 11.58%，"十三五"以来年均增长 6.94%，省域间人均值位次从第 7 位上升为第 6 位。

与此同时，江苏居民消费率由 30.14% 降至 22.13%，明显降低 8.01 个百分点，省域间比值位次从第 27 位下降为第 31 位。

3. 居民收入、总消费地区差、城乡比变化

在此期间，江苏居民收入地区差指数由 1.3283 扩大至 1.3400，略微扩增 0.88%，地区均衡性略微减弱，省域间地区差位次从第 22 位下降为第 25 位；居民收入城乡比指数由 1.8915 扩大至 2.2643，明显扩增 19.71%，城乡均衡性明显减弱，省域间城乡比位次从第 1 位下降为第 6 位。

江苏居民总消费地区差指数由 1.2434 扩大至 1.2504，略微扩增 0.56%，地区均衡性略微减弱，省域间地区差位次从第 18 位下降为第 23 位；居民总消费城乡比指数由 2.2773 缩小至 1.7784，显著缩减 21.91%，城乡均衡性显著增强，省域间城乡比位次保持第 4 位。

五 经济增长通用指标动态测评

2000~2018 年江苏经济增长结构优化综合检测结果见图 5。

1. 各年度理想值横向测评

以假定全国及各地全面消除城乡差距、地区差距为理想值 100，2018 年全国横向测评排行，江苏指数为 100.01。这表明与全国城乡、地区无差距理想值相比，江苏经济增长结构优化全量化检测分值高于理想值 0.01%，指数排名处于省域间第 1 位。

2. 2000 年以来基数值纵向测评

以"九五"末年 2000 年各类数据演算指标为基数值 100，"十五"以来

至2018年纵向测评排行，江苏指数为273.67。这表明与2000年自身基数值相比，江苏经济增长结构优化全量化检测分值高于基数值173.67%，指数提升程度处于省域间第15位。

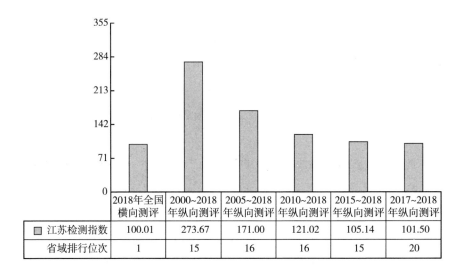

图5 2000～2018年江苏经济增长结构优化综合检测结果

数轴柱形：共时性年度横向测评（全国城乡地区无差距理想值＝100），类似"不论年龄比高矮"，有利于发达地区；历时性阶段纵向测评（起点年自身基数值＝100），类似"不论高矮比生长"，有利于后发地区，从左至右①"十五"以来，②"十一五"以来，③"十二五"以来，④"十三五"以来，⑤上年以来，多向度检测省域排行，考察不同阶段进展状况。

3. 2005年以来基数值纵向测评

以"十五"末年2005年各类数据演算指标为基数值100，"十一五"以来至2018年纵向测评排行，江苏指数为171.00。这表明与2005年自身基数值相比，江苏经济增长结构优化全量化检测分值高于基数值71.00%，指数提升程度处于省域间第16位。

4. 2010年以来基数值纵向测评

以"十一五"末年2010年各类数据演算指标为基数值100，"十二五"以来至2018年纵向测评排行，江苏指数为121.02。这表明与2010年自身基数值相比，江苏经济增长结构优化全量化检测分值高于基数值21.02%，指数提升程度处于省域间第 16 位。

5.2015年以来基数值纵向测评

以"十二五"末年 2015 年各类数据演算指标为基数值 100，"十三五"以来至 2018 年纵向测评排行，江苏指数为 105.14。这表明与 2015 年自身基数值相比，江苏经济增长结构优化全量化检测分值高于基数值 5.14%，指数提升程度处于省域间第 15 位。

6. 逐年度基数值纵向测评

逐年以上年各类数据演算指标为基数值 100，2017～2018 年纵向测评排行，江苏指数为 101.50。这表明与 2017 年自身基数值相比，江苏经济增长结构优化全量化检测分值高于基数值 1.50%，指数提升程度处于省域间第 20 位。

E.6
西藏：2000~2018年经济发展指数提升度第1位

方 彧[*]

摘 要： 2000~2018年，西藏地区生产总值构成比中第二产业从
23.17%升至42.53%，第三产业从45.91%升至48.66%；
收入法产值构成比中劳动者报酬从67.94%降至62.21%，生
产税净额从24.56%降至7.66%，营业盈余从2.27%升至
17.21%；支出法产值构成比中最终消费率从55.29%升至
80.83%，资本形成率从38.03%升至110.20%；经济生活收
支中财政收入比从4.57%升至15.59%，居民收入比从
53.87%降至42.35%，居民消费率从42.45%降至28.30%。
产值、财政收入人均值地区差缩小，但财政支出、居民收
入、总消费人均值地区差扩大；居民收入、总消费人均值城
乡比全都缩小。西藏经济增长结构优化排行：城乡、地区无
差距理想值横向测评为省域第26位；2000年、2005年、
2010年、2015年和2017年自身基数值纵向测评分别为省域
第1位、第9位、第2位、第1位和第1位。

关键词： 西藏 经济生产 经济生活 结构优化 综合排行

---

* 方彧，中国老龄科学研究中心副研究员，中国社会科学院博士，主要研究方向为口头传统、
老龄文化和文化产业。

三次产业（生产法）产值结构主体子系统，收入法、支出法产值结构辅助子系统，面向公共经济生活、人民经济生活的收支综合子系统分别设置为一图，难以充分展开。当地数据检测更多细节可参看技术报告、排行报告由不同侧面展开的各地纵向历时动态、横向共时静态对比分析。

一 三次产业（生产法）产值构成子系统检测

2000年以来西藏三次产业（生产法）产值构成子系统结构性检测见图1。

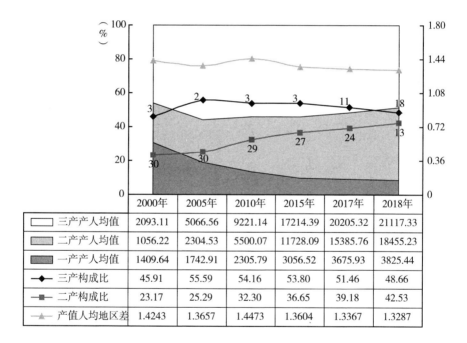

	2000年	2005年	2010年	2015年	2017年	2018年
三产产人均值	2093.11	5066.56	9221.14	17214.39	20205.32	21117.33
二产产人均值	1056.22	2304.53	5500.07	11728.09	15385.76	18455.23
一产产人均值	1409.64	1742.91	2305.79	3056.52	3675.93	3825.44
三产构成比	45.91	55.59	54.16	53.80	51.46	48.66
二产构成比	23.17	25.29	32.30	36.65	39.18	42.53
产值人均地区差	1.4243	1.3657	1.4473	1.3604	1.3367	1.3287

图1 2000年以来西藏三次产业（生产法）产值构成子系统结构性检测

左轴面积：一、二、三产产值人均值（元转换为%），其和即生产法产值人均值，其间直观比例体现构成比关系。右轴曲线：生产法产值人均值地区差（偏差指数，无差距＝1）。左轴曲线：二、三产构成比（%），标注省域间位次。正文另测算一、二、三产人均值地区差、一产构成比，检测各类位次。国家统计局据经济普查修订2000年生产法产值数据，但其中三次产业仅修订全国数据，为保持数据关系协调仍按年度发布数据演算各地构成比。

1. 生产法结构产值

2000～2018 年，西藏生产法结构产值总量由 117.80 亿元增至 1477.63 亿元，2018 年为 2000 年的 12.54 倍，历年年均增长 15.09%，"十三五"以来（2015 年以来，后同）年均增长 12.91%。人均值由 4572.00 元增至 43398.00 元，2018 年为 2000 年的 9.49 倍，历年年均增长 13.32%，"十三五"以来年均增长 10.69%，省域间人均值位次（基于各地变化，后同）从第 29 位上升为第 26 位。

在此期间，生产法产值人均值地区差指数由 1.4243 缩小至 1.3287，较明显缩减 6.72%，省域间地区差位次从第 23 位上升为第 19 位，意味着与全国人均值的距离减小。

2. 第一产业增长及构成比动态

同期，西藏第一产业产值总量由 36.32 亿元增至 130.25 亿元，2018 年为 2000 年的 3.59 倍，历年年均增长 7.35%，"十三五"以来年均增长 9.93%。人均值由 1409.64 元增至 3825.44 元，2018 年为 2000 年的 2.71 倍，历年年均增长 5.70%，"十三五"以来年均增长 7.77%，省域间人均值位次从第 9 位下降为第 24 位。

在此期间，第一产业产值人均值地区差指数由 1.2094 缩小至 1.1770，略微缩减 2.68%。第一产业构成比由 30.92% 降至 8.81%，显著降低 22.11 个百分点，省域间构成比位次从第 2 位下降为第 14 位。

3. 第二产业增长及构成比动态

同期，西藏第二产业产值总量由 27.21 亿元增至 628.37 亿元，2018 年为 2000 年的 23.09 倍，历年年均增长 19.05%，"十三五"以来年均增长 18.65%。人均值由 1056.22 元增至 18455.23 元，2018 年为 2000 年的 17.47 倍，历年年均增长 17.23%，"十三五"以来年均增长 16.31%，省域间人均值位次从第 30 位上升为第 24 位。

在此期间，第二产业产值人均值地区差指数由 1.7080 缩小至 1.2977，显著缩减 24.02%。第二产业构成比由 23.17% 升至 42.53%，显著升高 19.36 个百分点，省域间构成比位次从第 30 位上升为第 13 位。

4. 第三产业增长及构成比动态

同期，西藏第三产业产值总量由 53.93 亿元增至 719.01 亿元，2018 年为 2000 年的 13.33 倍，历年年均增长 15.48%，"十三五"以来年均增长 9.20%。人均值由 2093.11 元增至 21117.33 元，2018 年为 2000 年的 10.09 倍，历年年均增长 13.70%，"十三五"以来年均增长 7.05%，省域间人均值位次从第 19 位下降为第 27 位。

在此期间，第三产业产值人均值地区差指数由 1.3376 扩大至 1.3737，略微扩增 2.70%。第三产业构成比由 45.91% 升至 48.66%，较明显升高 2.75 个百分点，省域间构成比位次从第 3 位下降为第 18 位。

二 收入法产值构成子系统检测

2000 年以来西藏收入法产值构成子系统结构性检测见图 2。

1. 收入法结构产值

2000～2018 年，西藏收入法结构产值总量由 117.46 亿元增至 1477.63 亿元，2018 年为 2000 年的 12.58 倍，历年年均增长 15.10%，"十三五"以来年均增长 12.91%。人均值由 4558.96 元增至 43398.00 元，2018 年为 2000 年的 9.52 倍，历年年均增长 13.34%，"十三五"以来年均增长 10.69%，省域间人均值位次从第 29 位上升为第 26 位。

在此期间，收入法产值人均值地区差指数由 1.4183 缩小至 1.3287，较明显缩减 6.32%，省域间地区差位次从第 21 位上升为第 19 位，意味着与全国人均值的距离减小。

2. 劳动者报酬增长及构成比动态

同期，西藏收入法产值构成之劳动者报酬总量由 79.80 亿元增至 919.19 亿元，2018 年为 2000 年的 11.52 倍，历年年均增长 14.54%，"十三五"以来年均增长 11.84%。人均值由 3097.32 元增至 26996.70 元，2018 年为 2000 年的 8.72 倍，历年年均增长 12.78%，"十三五"以来年均增长 9.64%，省域间人均值位次从第 20 位上升为第 15 位。

在此期间，劳动者报酬地区差指数由 1.2309 缩小至 1.1170，明显缩减 9.25%，省域间地区差位次从第 12 位上升为第 7 位。劳动者报酬构成比由 67.94% 降至 62.21%，明显降低 5.73 个百分点，省域间构成比位次保持第 1 位。

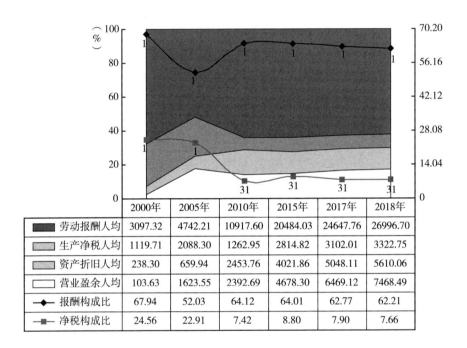

	2000年	2005年	2010年	2015年	2017年	2018年
劳动报酬人均	3097.32	4742.21	10917.60	20484.03	24647.76	26996.70
生产净税人均	1119.71	2088.30	1262.95	2814.82	3102.01	3322.75
资产折旧人均	238.30	659.94	2453.76	4021.86	5048.11	5610.06
营业盈余人均	103.63	1623.55	2392.69	4678.30	6469.12	7468.49
报酬构成比	67.94	52.03	64.12	64.01	62.77	62.21
净税构成比	24.56	22.91	7.42	8.80	7.90	7.66

图 2 2000 年以来西藏收入法产值构成子系统结构性检测

左轴面积：劳动者报酬、生产税净额、固定资产折旧、营业盈余人均值（元转换为%），其和即收入法产值人均值，其间直观比例体现构成比关系。右轴曲线：报酬、净税构成比（%），标注省域间位次。正文另测算各类人均值地区差、折旧、盈余构成比，检测各类位次。

3. 生产税净额增长及构成比动态

同期，西藏收入法产值构成之生产税净额总量由 28.85 亿元增至 113.13 亿元，2018 年为 2000 年的 3.92 倍，历年年均增长 7.89%，"十三五"以来年均增长 7.81%。人均值由 1119.71 元增至 3322.75 元，2018 年为 2000 年的 2.97 倍，历年年均增长 6.23%，"十三五"以来年均增长 5.69%，省域间人均值位次从第 14 位下降为第 31 位。

在此期间，生产税净额地区差指数由 1.0724 扩大至 1.6391，显著扩增52.84%。生产税净额构成比由 24.56% 降至 7.66%，显著降低 16.90 个百分点，省域间构成比位次从第 1 位下降为第 31 位。

4. 固定资产折旧增长及构成比动态

同期，西藏收入法产值构成之固定资产折旧总量由 6.14 亿元增至191.01 亿元，2018 年为 2000 年的 31.11 倍，历年年均增长 21.04%，"十三五"以来年均增长 13.98%。人均值由 238.30 元增至 5610.06 元，2018 年为 2000 年的 23.54 倍，历年年均增长 19.18%，"十三五"以来年均增长11.73%，省域间人均值位次从第 31 位上升为第 27 位。

在此期间，资产折旧地区差指数由 1.7852 缩小至 1.3533，显著缩减24.19%。资产折旧构成比由 5.23% 升至 12.93%，明显升高 7.70 个百分点，省域间构成比位次从第 31 位上升为第 23 位。

5. 营业盈余增长及构成比动态

同期，西藏收入法产值构成之营业盈余总量由 2.67 亿元增至 254.29 亿元，2018 年为 2000 年的 95.24 倍，历年年均增长 28.81%，"十三五"以来年均增长 19.22%。人均值由 103.63 元增至 7468.49 元，2018 年为 2000 年的 72.07 倍，历年年均增长 26.83%，"十三五"以来年均增长 16.87%，省域间人均值位次从第 31 位上升为第 26 位。

在此期间，营业盈余地区差指数由 1.9306 缩小至 1.5386，明显缩减20.30%。营业盈余构成比由 2.27% 升至 17.21%，显著升高 14.94 个百分点，省域间构成比位次从第 31 位上升为第 26 位。

三 支出法产值构成子系统检测

2000 年以来西藏支出法产值构成子系统结构性检测见图 3。

1. 支出法结构产值

2000～2018 年，西藏支出法结构产值总量由 119.67 亿元增至 1477.63亿元，2018 年为 2000 年的 12.35 倍，历年年均增长 14.99%，"十三五"以

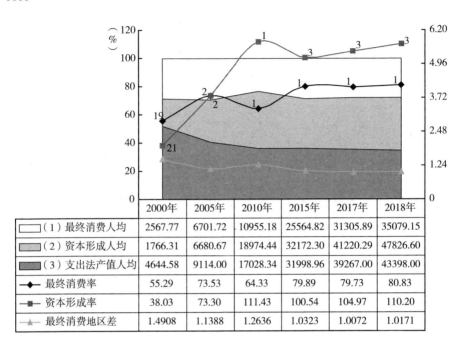

	2000年	2005年	2010年	2015年	2017年	2018年
□（1）最终消费人均	2567.77	6701.72	10955.18	25564.82	31305.89	35079.15
▨（2）资本形成人均	1766.31	6680.67	18974.44	32172.30	41220.29	47826.60
▨（3）支出法产值人均	4644.58	9114.00	17028.34	31998.96	39267.00	43398.00
◆ 最终消费率	55.29	73.53	64.33	79.89	79.73	80.83
■ 资本形成率	38.03	73.30	111.43	100.54	104.97	110.20
▲ 最终消费地区差	1.4908	1.1388	1.2636	1.0323	1.0072	1.0171

图3　2000年以来西藏支出法产值构成子系统结构性检测

左轴面积：①最终消费支出、②资本形成、③支出法产值人均值（元转换为%），（3）－
（1）－（2）＝货物与服务净流出，大多省域为负值，即（1）＋（2）＞（3），制图变通体现负值
关系。右轴曲线：最终消费人均值地区差（偏差指数，无差距＝1）。左轴曲线：最终消费率、资本
形成率（%），标注省域位次。正文另测算其余人均值地区差，检测各类位次。

来年均增长 12.91%。人均值由 4644.58 元增至 43398.00 元，2018 年为
2000 年的 9.34 倍，历年年均增长 13.22%，"十三五"以来年均增长
10.69%，省域间人均值位次保持第 26 位。

在此期间，支出法产值人均值地区差指数由 1.4169 缩小至 1.3166，明显缩
减 7.08%，省域间地区差位次保持第 19 位，意味着与全国人均值的距离减小。

2. 最终消费支出增长及构成比动态

同期，西藏支出法产值构成之最终消费支出总量由 66.16 亿元增至
1194.39 亿元，2018 年为 2000 年的 18.05 倍，历年年均增长 17.44%，"十
三五"以来年均增长 13.36%。人均值由 2567.77 元增至 35079.15 元，2018
年为 2000 年的 13.66 倍，历年年均增长 15.63%，"十三五"以来年均增长

11.12%，省域间人均值位次从第29位上升为第10位。

在此期间，最终消费地区差指数由1.4908缩小至1.0171，显著缩减31.77%，省域间地区差位次从第26位上升为第2位。最终消费率（消费率）由55.29%升至80.83%，极显著升高25.54个百分点，省域间比值位次从第19位上升为第1位。

3. 资本形成增长及构成比动态

同期，西藏支出法产值构成之资本形成总额由45.51亿元增至1628.42亿元，2018年为2000年的35.78倍，历年年均增长21.99%，"十三五"以来年均增长16.42%。人均值由1766.31元增至47826.60元，2018年为2000年的27.08倍，历年年均增长20.11%，"十三五"以来年均增长14.13%，省域间人均值位次从第26位上升为第9位。

在此期间，资本形成地区差指数由1.3540扩大至1.6793，明显扩增24.02%，省域间地区差位次从第18位下降为第23位。资本形成率（投资率）由38.03%升至110.20%，极显著升高72.17个百分点，省域间比值位次从第21位上升为第3位。

图3中明显可见，历年最高资本形成率已超100%，由此压低图形中心部分。如此高投资率促成的高增长注定不能持久。

四　经济生活收支综合子系统检测

2000年以来西藏经济生活收支综合子系统结构性检测见图4。

（一）公共经济生活

1. 财政收入增长及相对比值动态

2000～2018年，西藏财政收入总量由5.38亿元增至230.35亿元，2018年为2000年的42.78倍，历年年均增长23.20%，"十三五"以来年均增长18.87%。人均值由209.53元增至6765.18元，2018年为2000年的32.29倍，历年年均增长21.29%，"十三五"以来年均增长16.53%，省域间人均

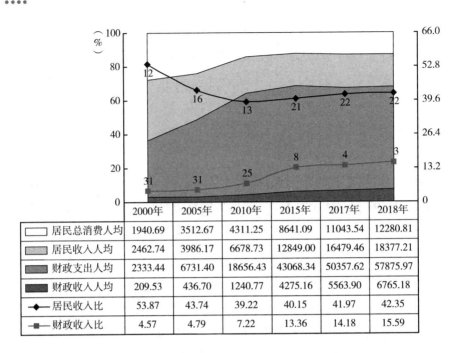

	2000年	2005年	2010年	2015年	2017年	2018年
居民总消费人均	1940.69	3512.67	4311.25	8641.09	11043.54	12280.81
居民收入人均	2462.74	3986.17	6678.73	12849.00	16479.46	18377.21
财政支出人均	2333.44	6731.40	18656.43	43068.34	50357.62	57875.97
财政收入人均	209.53	436.70	1240.77	4275.16	5563.90	6765.18
◆ 居民收入比	53.87	43.74	39.22	40.15	41.97	42.35
■ 财政收入比	4.57	4.79	7.22	13.36	14.18	15.59

图 4　2000 年以来西藏经济生活收支综合子系统结构性检测

左轴面积：居民总消费、居民收入、财政支出、财政收入人均值（元转换为%），其间呈直观比例。右轴曲线：居民收入比、财政收入比（%），标注省域间位次。正文另测算居民消费率、财政支出比、各类人均值地区差、民生数据城乡比，检测各类位次。

值位次从第 31 位上升为第 11 位。

与此同时，财政收入比由 4.57% 升至 15.59%，显著升高 11.02 个百分点，省域间比值位次从第 31 位上升为第 3 位。

2. 财政支出增长及相对比值动态

同期，西藏财政支出总量由 59.97 亿元增至 1970.68 亿元，2018 年为 2000 年的 32.86 倍，历年年均增长 21.41%，"十三五"以来年均增长 12.57%。人均值由 2333.44 元增至 57875.97 元，2018 年为 2000 年的 24.80 倍，历年年均增长 19.53%，"十三五"以来年均增长 10.35%，省域间人均值位次从第 3 位上升为第 1 位。

与此同时，财政支出比由 50.91% 升至 133.37%，极显著升高 82.46 个百分点，省域间比值位次保持第 1 位。

3.财政收入、财政支出地区差变化

在此期间，西藏财政收入地区差指数由1.8025缩小至1.4861，明显缩减17.55%，地区均衡性明显增强，省域间地区差位次从第29位上升为第9位；财政支出地区差指数由1.8546扩大至3.6489，极显著扩增96.75%，地区均衡性极显著减弱，省域间地区差位次从第29位下降为第31位。

（二）人民经济生活

1.居民收入增长及相对比值动态

2000～2018年，西藏居民收入总量由63.29亿元增至625.74亿元，2018年为2000年的9.89倍，历年年均增长13.57%，"十三五"以来年均增长14.93%。城乡综合演算人均值由2462.74元增至18377.21元，2018年为2000年的7.46倍，历年年均增长11.81%，"十三五"以来年均增长12.67%，省域间人均值位次从第29位下降为第31位。

与此同时，西藏居民收入比由53.87%降至42.35%，显著降低11.52个百分点，省域间比值位次从第12位下降为第22位。

2.居民总消费增长及相对比值动态

同期，西藏居民总消费总量由49.88亿元增至418.16亿元，2018年为2000年的8.38倍，历年年均增长12.54%，"十三五"以来年均增长14.69%。城乡综合演算人均值由1940.69元增至12280.81元，2018年为2000年的6.33倍，历年年均增长10.79%，"十三五"以来年均增长12.43%，省域间人均值位次从第28位下降为第31位。

与此同时，西藏居民消费率由42.45%降至28.30%，显著降低14.15个百分点，省域间比值位次从第15位下降为第26位。

3.居民收入、总消费地区差、城乡比变化

在此期间，西藏居民收入地区差指数由1.3313扩大至1.3699，略微扩增2.90%，地区均衡性略微减弱，省域间地区差位次从第23位下降为第28位；居民收入城乡比指数由5.5803缩小至2.9518，极显著缩减47.10%，城乡均衡性极显著增强，省域间城乡比位次从第31位上升为第26位。

西藏居民总消费地区差指数由 1.3194 扩大至 1.3975，较明显扩增 5.92%，地区均衡性较明显减弱，省域间地区差位次从第 23 位下降为第 27 位；居民总消费城乡比指数由 4.9744 缩小至 3.0903，极显著缩减 37.88%，城乡均衡性极显著增强，省域间城乡比位次保持第 31 位。

五 经济增长通用指标动态测评

2000～2018 年西藏经济增长结构优化综合检测结果见图 5。

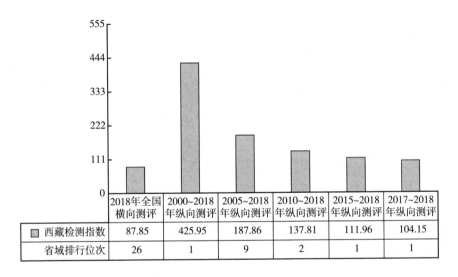

	2018年全国横向测评	2000~2018年纵向测评	2005~2018年纵向测评	2010~2018年纵向测评	2015~2018年纵向测评	2017~2018年纵向测评
▦ 西藏检测指数	87.85	425.95	187.86	137.81	111.96	104.15
省域排行位次	26	1	9	2	1	1

图 5　2000～2018 年西藏经济增长结构优化综合检测结果

数轴柱形：共时性年度横向测评（全国城乡地区无差距理想值＝100），类似"不论年龄比高矮"，有利于发达地区；历时性阶段纵向测评（起点年自身基数值＝100），类似"不论高矮比生长"，有利于后发地区，从左至右①"十五"以来，②"十一五"以来，③"十二五"以来，④"十三五"以来，⑤上年以来，多向度检测省域排行，考察不同阶段进展状况。

1. 各年度理想值横向测评

以假定全国及各地全面消除城乡差距、地区差距为理想值 100，2018 年全国横向测评排行，西藏指数为 87.85。这表明与全国城乡、地区无差距理想值相比，西藏经济增长结构优化全量化检测分值低于理想值 12.15%，指数排名处于省域间第26位。

2.2000年以来基数值纵向测评

以"九五"末年2000年各类数据演算指标为基数值100，"十五"以来至2018年纵向测评排行，西藏指数为425.95。这表明与2000年自身基数值相比，西藏经济增长结构优化全量化检测分值高于基数值325.95%，指数提升程度处于省域间第1位。

3.2005年以来基数值纵向测评

以"十五"末年2005年各类数据演算指标为基数值100，"十一五"以来至2018年纵向测评排行，西藏指数为187.86。这表明与2005年自身基数值相比，西藏经济增长结构优化全量化检测分值高于基数值87.86%，指数提升程度处于省域间第9位。

4.2010年以来基数值纵向测评

以"十一五"末年2010年各类数据演算指标为基数值100，"十二五"以来至2018年纵向测评排行，西藏指数为137.81。这表明与2010年自身基数值相比，西藏经济增长结构优化全量化检测分值高于基数值37.81%，指数提升程度处于省域间第2位。

5.2015年以来基数值纵向测评

以"十二五"末年2015年各类数据演算指标为基数值100，"十三五"以来至2018年纵向测评排行，西藏指数为111.96。这表明与2015年自身基数值相比，西藏经济增长结构优化全量化检测分值高于基数值11.96%，指数提升程度处于省域间第1位。

6.逐年度基数值纵向测评

逐年以上年各类数据演算指标为基数值100，2017～2018年纵向测评排行，西藏指数为104.15。这表明与2017年自身基数值相比，西藏经济增长结构优化全量化检测分值高于基数值4.15%，指数提升程度处于省域间第1位。

E.7
贵州：2005~2018年经济发展指数提升度第1位

赵　娟[*]

摘　要： 2000~2018年，贵州地区生产总值构成比中第二产业从
39.04%降至38.87%，第三产业从33.69%升至46.54%；
收入法产值构成比中劳动者报酬从60.85%降至54.29%，生
产税净额从12.96%升至17.09%，营业盈余从7.71%升至
16.16%；支出法产值构成比中最终消费率从78.03%降至
54.40%，资本形成率从49.91%升至71.10%；经济生活收
支中财政收入比从8.28%升至11.66%，居民收入比从
81.50%降至48.37%，居民消费率从66.65%降至35.41%。
产值、财政收入、财政支出、居民收入、总消费人均值地区
差全都缩小；居民收入、总消费人均值城乡比也全都缩小。
贵州经济增长结构优化排行：城乡、地区无差距理想值横向
测评为省域第25位；2000年、2005年、2010年、2015年和
2017年自身基数值纵向测评分别为省域第2位、第1位、第
1位、第2位和第12位。

关键词： 贵州　经济生产　经济生活　结构优化　综合排行

---

* 赵娟，云南省社会科学院民族文学研究所副研究员，主要研究方向为古典文学、民族文化和
文化产业。

三次产业（生产法）产值结构主体子系统，收入法、支出法产值结构辅助子系统，面向公共经济生活、人民经济生活的收支综合子系统分别设置为一图，难以充分展开。当地数据检测更多细节可参看技术报告、排行报告由不同侧面展开的各地纵向历时动态、横向共时静态对比分析。

一 三次产业（生产法）产值构成子系统检测

2000年以来贵州三次产业（生产法）产值构成子系统结构性检测见图1。

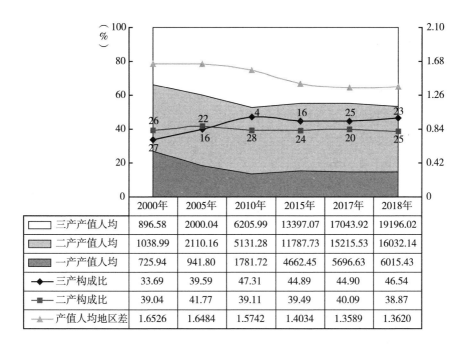

	2000年	2005年	2010年	2015年	2017年	2018年
□ 三产产值人均	896.58	2000.04	6205.99	13397.07	17043.92	19196.02
▨ 二产产值人均	1038.99	2110.16	5131.28	11787.73	15215.53	16032.14
▨ 一产产值人均	725.94	941.80	1781.72	4662.45	5696.63	6015.43
◆ 三产构成比	33.69	39.59	47.31	44.89	44.90	46.54
■ 二产构成比	39.04	41.77	39.11	39.49	40.09	38.87
▲ 产值人均地区差	1.6526	1.6484	1.5742	1.4034	1.3589	1.3620

图1 2000年以来贵州三次产业（生产法）产值构成子系统结构性检测

左轴面积：一、二、三产产值人均值（元转换为%），其和即生产法产值人均值，其间直观比例体现构成比关系。右轴曲线：生产法产值人均值地区差（偏差指数，无差距=1）。左轴曲线：二、三产构成比（%），标注省域位次。正文另测算一、二、三产人均值地区差、一产构成比，检测各类位次。国家统计局据经济普查修订2000年生产法产值数据，但其中三次产业仅修订全国数据，为保持数据关系协调仍按年度发布数据演算各地构成比。

1. 生产法结构产值

2000～2018 年，贵州生产法结构产值总量由 1029.92 亿元增至 14806.45 亿元，2018 年为 2000 年的 14.38 倍，历年年均增长 15.96%，"十三五"以来（2015 年以来，后同）年均增长 12.13%。人均值由 2759.00 元增至 41243.59 元，2018 年为 2000 年的 14.95 倍，历年年均增长 16.21%，"十三五"以来年均增长 11.38%，省域间人均值位次（基于各地变化，后同）从第 31 位上升为第 29 位。

在此期间，生产法产值人均值地区差指数由 1.6526 缩小至 1.3620，明显缩减 17.59%，省域间地区差位次从第 27 位上升为第 23 位，意味着与全国人均值的距离减小。

2. 第一产业增长及构成比动态

同期，贵州第一产业产值总量由 270.99 亿元增至 2159.54 亿元，2018 年为 2000 年的 7.97 倍，历年年均增长 12.22%，"十三五"以来年均增长 9.59%。人均值由 725.94 元增至 6015.43 元，2018 年为 2000 年的 8.29 倍，历年年均增长 12.47%，"十三五"以来年均增长 8.86%，省域间人均值位次从第 28 位上升为第 7 位。

在此期间，第一产业产值人均值地区差指数由 1.3772 缩小至 1.2942，较明显缩减 6.03%。第一产业构成比由 27.27% 降至 14.59%，显著降低 12.68 个百分点，省域间构成比位次从第 3 位下降为第 4 位。

3. 第二产业增长及构成比动态

同期，贵州第二产业产值总量由 387.85 亿元增至 5755.54 亿元，2018 年为 2000 年的 14.84 倍，历年年均增长 16.17%，"十三五"以来年均增长 11.54%。人均值由 1038.99 元增至 16032.14 元，2018 年为 2000 年的 15.43 倍，历年年均增长 16.42%，"十三五"以来年均增长 10.80%，省域间人均值位次从第 31 位上升为第 27 位。

在此期间，第二产业产值人均值地区差指数由 1.7127 缩小至 1.3899，明显缩减 18.85%。第二产业构成比由 39.04% 降至 38.87%，略微降低 0.17 个百分点，省域间构成比位次从第 26 位上升为第 25 位。

4. 第三产业增长及构成比动态

同期，贵州第三产业产值总量由 334.69 亿元增至 6891.37 亿元，2018 年为 2000 年的 20.59 倍，历年年均增长 18.30%，"十三五"以来年均增长 13.49%。人均值由 896.58 元增至 19196.02 元，2018 年为 2000 年的 21.41 倍，历年年均增长 18.56%，"十三五"以来年均增长 12.74%，省域间人均值位次从第 31 位上升为第 28 位。

在此期间，第三产业产值人均值地区差指数由 1.7163 缩小至 1.4307，明显缩减 16.64%。第三产业构成比由 33.69% 升至 46.54%，显著升高 12.85 个百分点，省域间构成比位次从第 27 位上升为第 23 位。

二 收入法产值构成子系统检测

2000 年以来贵州收入法产值构成子系统结构性检测见图 2。

1. 收入法结构产值

2000～2018 年，贵州收入法结构产值总量由 993.53 亿元增至 14806.45 亿元，2018 年为 2000 年的 14.90 倍，历年年均增长 16.19%，"十三五"以来年均增长 12.13%。人均值由 2661.52 元增至 41243.59 元，2018 年为 2000 年的 15.50 倍，历年年均增长 16.45%，"十三五"以来年均增长 11.38%，省域间人均值位次从第 31 位上升为第 29 位。

在此期间，收入法产值地区差指数由 1.6604 缩小至 1.3620，明显缩减 17.97%，省域间地区差位次从第 27 位上升为第 23 位，意味着与全国人均值的距离减小。

2. 劳动者报酬增长及构成比动态

同期，贵州收入法产值构成之劳动者报酬总量由 604.60 亿元增至 8038.71 亿元，2018 年为 2000 年的 13.30 倍，历年年均增长 15.46%，"十三五"以来年均增长 11.20%。人均值由 1619.63 元增至 22391.94 元，2018 年为 2000 年的 13.83 倍，历年年均增长 15.71%，"十三五"以来年均增长 10.46%，省域间人均值位次从第 31 位上升为第 24 位。

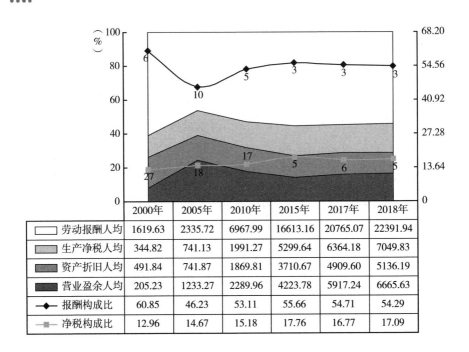

	2000年	2005年	2010年	2015年	2017年	2018年
☐ 劳动报酬人均	1619.63	2335.72	6967.99	16613.16	20765.07	22391.94
▨ 生产净税人均	344.82	741.13	1991.27	5299.64	6364.18	7049.83
▨ 资产折旧人均	491.84	741.87	1869.81	3710.67	4909.60	5136.19
■ 营业盈余人均	205.23	1233.27	2289.96	4223.78	5917.24	6665.63
◆ 报酬构成比	60.85	46.23	53.11	55.66	54.71	54.29
◢ 净税构成比	12.96	14.67	15.18	17.76	16.77	17.09

图2　2000年以来贵州收入法产值构成子系统结构性检测

左轴面积：劳动者报酬、生产税净额、固定资产折旧、营业盈余人均值（元转换为%），其和即收入法产值人均值，其间直观比例体现构成比关系。右轴曲线：报酬、净税构成比（%），标注省域间位次。正文另测算各类人均值地区差、折旧、盈余构成比，检测各类位次。

在此期间，劳动者报酬地区差指数由1.5978缩小至1.2677，明显缩减20.66%，省域间地区差位次从第27位上升为第17位。劳动者报酬构成比由60.85%降至54.29%，明显降低6.56个百分点，省域间构成比位次从第6位上升为第3位。

3.生产税净额增长及构成比动态

同期，贵州收入法产值构成之生产税净额总量由128.72亿元增至2530.89亿元，2018年为2000年的19.66倍，历年年均增长18.00%，"十三五"以来年均增长10.72%。人均值由344.82元增至7049.83元，2018年为2000年的20.44倍，历年年均增长18.25%，"十三五"以来年均增长9.98%，省域间人均值位次从第31位上升为第21位。

在此期间，生产税净额地区差指数由1.7144缩小至1.2342，显著缩减

28.01%。生产税净额构成比由 12.96% 升至 17.09%，明显升高 4.13 个百分点，省域间构成比位次从第 27 位上升为第 5 位。

4. 固定资产折旧增长及构成比动态

同期，贵州收入法产值构成之固定资产折旧总量由 183.60 亿元增至 1843.89 亿元，2018 年为 2000 年的 10.04 倍，历年年均增长 13.67%，"十三五" 以来年均增长 12.19%。人均值由 491.84 元增至 5136.19 元，2018 年为 2000 年的 10.44 倍，历年年均增长 13.92%，"十三五" 以来年均增长 11.45%，省域间人均值位次保持第 29 位。

在此期间，资产折旧地区差指数由 1.5567 缩小至 1.4079，明显缩减 9.56%。资产折旧构成比由 18.48% 降至 12.45%，明显降低 6.03 个百分点，省域间构成比位次从第 3 位下降为第 26 位。

5. 营业盈余增长及构成比动态

同期，贵州收入法产值构成之营业盈余总量由 76.61 亿元增至 2392.96 亿元，2018 年为 2000 年的 31.24 倍，历年年均增长 21.07%，"十三五" 以来年均增长 17.21%。人均值由 205.23 元增至 6665.63 元，2018 年为 2000 年的 32.48 倍，历年年均增长 21.33%，"十三五" 以来年均增长 16.43%，省域间人均值位次从第 30 位上升为第 29 位。

在此期间，营业盈余地区差指数由 1.8626 缩小至 1.5882，明显缩减 14.73%。营业盈余构成比由 7.71% 升至 16.16%，明显升高 8.45 个百分点，省域间构成比位次从第 29 位上升为第 28 位。

三 支出法产值构成子系统检测

2000 年以来贵州支出法产值构成子系统结构性检测见图 3。

1. 支出法结构产值

2000～2018 年，贵州支出法结构产值总量由 993.53 亿元增至 14806.45 亿元，2018 年为 2000 年的 14.90 倍，历年年均增长 16.19%，"十三五" 以来年均增长 12.13%。人均值由 2661.52 元增至 41243.61 元，2018 年为

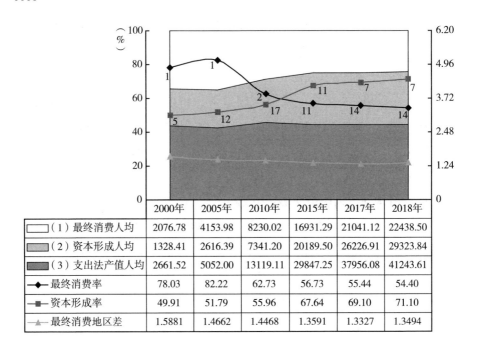

	2000年	2005年	2010年	2015年	2017年	2018年
□（1）最终消费人均	2076.78	4153.98	8230.02	16931.29	21041.12	22438.50
▨（2）资本形成人均	1328.41	2616.39	7341.20	20189.50	26226.91	29323.84
▨（3）支出法产值人均	2661.52	5052.00	13119.11	29847.25	37956.08	41243.61
◆ 最终消费率	78.03	82.22	62.73	56.73	55.44	54.40
■ 资本形成率	49.91	51.79	55.96	67.64	69.10	71.10
▲ 最终消费地区差	1.5881	1.4662	1.4468	1.3591	1.3327	1.3494

图3　2000年以来贵州支出法产值构成子系统结构性检测

左轴面积：（1）最终消费支出、（2）资本形成、（3）支出法产值人均值（元转换为%），（3）－（1）－（2）＝货物与服务净流出，大多省域为负值，即（1）＋（2）＞（3），制图变通体现负值关系。右轴曲线：最终消费人均值地区差（偏差指数，无差距＝1）。左轴曲线：最终消费率、资本形成率（%），标注省间位次。正文另测算其余人均值地区差，检测各类位次。

2000年的15.50倍，历年年均增长16.45%，"十三五"以来年均增长11.38%，省域间人均值位次从第31位上升为第29位。

在此期间，支出法产值地区差指数由1.6659缩小至1.3505，明显缩减18.93%，省域间地区差位次从第28位上升为第22位，意味着与全国人均值的距离减小。

2.最终消费支出增长及构成比动态

同期，贵州支出法产值构成之最终消费支出总量由775.25亿元增至8055.42亿元，2018年为2000年的10.39倍，历年年均增长13.89%，"十三五"以来年均增长10.58%。人均值由2076.78元增至22438.50元，2018年为2000年的10.80倍，历年年均增长14.14%，"十三五"以来年均增

9.84%，省域间人均值位次从第 31 位上升为第 29 位。

在此期间，最终消费地区差指数由 1.5881 缩小至 1.3494，明显缩减 15.03%，省域间地区差位次从第 28 位上升为第 24 位。最终消费率（消费率）由 78.03% 降至 54.40%，显著降低 23.63 个百分点，省域间比值位次从第 1 位下降为第 14 位。

3. 资本形成增长及构成比动态

同期，贵州支出法产值构成之资本形成总额由 495.89 亿元增至 10527.26 亿元，2018 年为 2000 年的 21.23 倍，历年年均增长 18.50%，"十三五"以来年均增长 14.01%。人均值由 1328.41 元增至 29323.84 元，2018 年为 2000 年的 22.07 倍，历年年均增长 18.76%，"十三五"以来年均增长 13.25%，省域间人均值位次从第 31 位上升为第 21 位。

在此期间，资本形成地区差指数由 1.5142 缩小至 1.0296，显著缩减 32.00%，省域间地区差位次从第 24 位上升为第 2 位。资本形成率（投资率）由 49.91% 升至 71.10%，显著升高 21.19 个百分点，省域间比值位次从第 5 位下降为第 7 位。

四 经济生活收支综合子系统检测

2000 年以来贵州经济生活收支综合子系统结构性检测见图 4。

（一）公共经济生活

1. 财政收入增长及相对比值动态

2000～2018 年，贵州财政收入总量由 85.23 亿元增至 1726.85 亿元，2018 年为 2000 年的 20.26 倍，历年年均增长 18.19%，"十三五"以来年均增长 4.73%。人均值由 228.32 元增至 4810.17 元，2018 年为 2000 年的 21.07 倍，历年年均增长 18.45%，"十三五"以来年均增长 4.03%，省域间人均值位次从第 30 位上升为第 21 位。

与此同时，财政收入比由 8.28% 升至 11.66%，明显升高 3.38 个百分

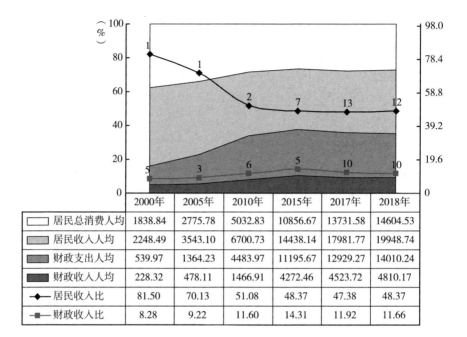

	2000年	2005年	2010年	2015年	2017年	2018年
☐ 居民总消费人均	1838.84	2775.78	5032.83	10856.67	13731.58	14604.53
☐ 居民收入人均	2248.49	3543.10	6700.73	14438.14	17981.77	19948.74
☐ 财政支出人均	539.97	1364.23	4483.97	11195.67	12929.27	14010.24
■ 财政收入人均	228.32	478.11	1466.91	4272.46	4523.72	4810.17
◆ 居民收入比	81.50	70.13	51.08	48.37	47.38	48.37
■ 财政收入比	8.28	9.22	11.60	14.31	11.92	11.66

图4　2000年以来贵州经济生活收支综合子系统结构性检测

左轴面积：居民总消费、居民收入、财政支出、财政收入人均值（元转换为%），其间呈直观比例。右轴曲线：居民收入比、财政收入比（%），标注省域间位次。正文另测算居民消费率、财政支出比、各类人均值地区差、民生数据城乡比，检测各类位次。

点，省域间比值位次从第5位下降为第10位。

2. 财政支出增长及相对比值动态

同期，贵州财政支出总量由201.57亿元增至5029.68亿元，2018年为2000年的24.95倍，历年年均增长19.57%，"十三五"以来年均增长8.48%。人均值由539.97元增至14010.24元，2018年为2000年的25.95倍，历年年均增长19.83%，"十三五"以来年均增长7.76%，省域间人均值位次从第26位上升为第14位。

与此同时，财政支出比由19.57%升至33.97%，显著升高14.40个百分点，省域间比值位次从第5位下降为第8位。

3. 财政收入、财政支出地区差变化

在此期间，贵州财政收入地区差指数由1.7848缩小至1.6346，明显缩减 8.41%，地区均衡性明显增强，省域间地区差位次从第 28 位上升为第 19 位；财政支出地区差指数由 1.5708 缩小至 1.1167，显著缩减 28.91%，地区均衡性显著增强，省域间地区差位次从第 23 位上升为第 5 位。

（二）人民经济生活

1.居民收入增长及相对比值动态

2000～2018 年，贵州居民收入总量由 839.36 亿元增至 7161.60 亿元，2018 年为 2000 年的 8.53 倍，历年年均增长 12.65%，"十三五"以来年均增长 12.13%。城乡综合演算人均值由 2248.49 元增至 19948.74 元，2018 年为 2000 年的 8.87 倍，历年年均增长 12.89%，"十三五"以来年均增长 11.38%，省域间人均值位次从第 31 位上升为第 29 位。

与此同时，贵州居民收入比由 81.50% 降至 48.37%，极显著降低 33.13 个百分点，省域间比值位次从第 1 位下降为第 12 位。

2.居民总消费增长及相对比值动态

同期，贵州居民总消费总量由 686.44 亿元增至 5243.03 亿元，2018 年为 2000 年的 7.64 倍，历年年均增长 11.96%，"十三五"以来年均增长 11.13%。城乡综合演算人均值由 1838.84 元增至 14604.53 元，2018 年为 2000 年的 7.94 倍，历年年均增长 12.20%，"十三五"以来年均增长 10.39%，省域间人均值位次保持第 30 位。

与此同时，贵州居民消费率由 66.65% 降至 35.41%，极显著降低 31.24 个百分点，省域间比值位次从第 1 位下降为第 11 位。

3.居民收入、总消费地区差、城乡比变化

在此期间，贵州居民收入地区差指数由 1.3895 缩小至 1.3160，较明显缩减 5.29%，地区均衡性较明显增强，省域间地区差位次从第 26 位上升为第 24 位；居民收入城乡比指数由 3.7275 缩小至 3.2515，显著缩减 12.77%，城乡均衡性显著增强，省域间城乡比位次从第 29 位下降为第 30 位。

贵州居民总消费地区差指数由 1.3552 缩小至 1.2835，较明显缩减

5.28%，地区均衡性较明显增强，省域间地区差位次保持第 25 位；居民总消费城乡比指数由 3.9013 缩小至 2.2669，极显著缩减 41.89%，城乡均衡性极显著增强，省域间城乡比位次从第 28 位上升为第 25 位。

五　经济增长通用指标动态测评

2000～2018 年贵州经济增长结构优化综合检测结果见图 5。

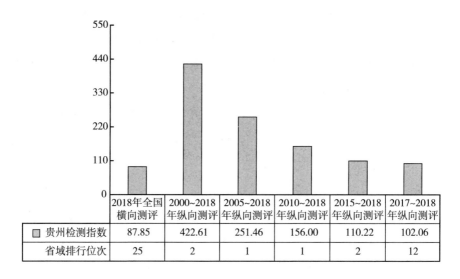

	2018年全国横向测评	2000~2018年纵向测评	2005~2018年纵向测评	2010~2018年纵向测评	2015~2018年纵向测评	2017~2018年纵向测评
贵州检测指数	87.85	422.61	251.46	156.00	110.22	102.06
省域排行位次	25	2	1	1	2	12

图 5　2000～2018 年贵州经济增长结构优化综合检测结果

数轴柱形：共时性年度横向测评（全国城乡地区无差距理想值 = 100），类似"不论年龄比高矮"，有利于发达地区；历时性阶段纵向测评（起点年自身基数值 = 100），类似"不论高矮比生长"，有利于后发地区，从左至右①"十五"以来，②"十一五"以来，③"十二五"以来，④"十三五"以来，⑤上年以来，多向度检测省域排行，考察不同阶段进展状况。

1. 各年度理想值横向测评

以假定全国及各地全面消除城乡差距、地区差距为理想值 100，2018 年全国横向测评排行，贵州指数为 87.85。这表明与全国城乡、地区无差距理想值相比，贵州经济增长结构优化全量化检测分值低于理想值 12.15%，指数排名处于省域间第 25 位。

2. 2000年以来基数值纵向测评

以"九五"末年2000年各类数据演算指标为基数值100，"十五"以来至2018年纵向测评排行，贵州指数为422.61。这表明与2000年自身基数值相比，贵州经济增长结构优化全量化检测分值高于基数值322.61%，指数提升程度处于省域间第2位。

3. 2005年以来基数值纵向测评

以"十五"末年2005年各类数据演算指标为基数值100，"十一五"以来至2018年纵向测评排行，贵州指数为251.46。这表明与2005年自身基数值相比，贵州经济增长结构优化全量化检测分值高于基数值151.46%，指数提升程度处于省域间第1位。

4. 2010年以来基数值纵向测评

以"十一五"末年2010年各类数据演算指标为基数值100，"十二五"以来至2018年纵向测评排行，贵州指数为156.00。这表明与2010年自身基数值相比，贵州经济增长结构优化全量化检测分值高于基数值56.00%，指数提升程度处于省域间第1位。

5. 2015年以来基数值纵向测评

以"十二五"末年2015年各类数据演算指标为基数值100，"十三五"以来至2018年纵向测评排行，贵州指数为110.22。这表明与2015年自身基数值相比，贵州经济增长结构优化全量化检测分值高于基数值10.22%，指数提升程度处于省域间第2位。

6. 逐年度基数值纵向测评

逐年以上年各类数据演算指标为基数值100，2017～2018年纵向测评排行，贵州指数为102.06。这表明与2017年自身基数值相比，贵州经济增长结构优化全量化检测分值高于基数值2.06%，指数提升程度处于省域间第12位。

E.8
北京：2018年经济发展指数排名第2位

袁春生*

摘　要：　2000～2018年，北京地区生产总值构成比中第二产业从38.06%降至18.63%，第三产业从58.31%升至80.98%；收入法产值构成比中劳动者报酬从45.63%升至52.96%，生产税净额从17.38%降至12.88%，营业盈余从24.72%降至21.08%；支出法产值构成比中最终消费率从49.27%升至61.55%，资本形成率从61.22%降至38.07%；经济生活收支中财政收入比从10.91%升至19.08%，居民收入比从37.45%升至44.49%，居民消费率从30.40%降至28.43%。产值、财政收入、财政支出、居民收入、总消费人均值地区差全都缩小；居民总消费人均值城乡比缩小，但居民收入人均值城乡比扩大。北京经济增长结构优化排行：城乡、地区无差距理想值横向测评为省域第2位；2000年、2005年、2010年、2015年和2017年自身基数值纵向测评分别为省域第28位、第30位、第27位、第19位和第23位。

关键词：　北京　经济生产　经济生活　结构优化　综合排行

三次产业（生产法）产值结构主体子系统，收入法、支出法产值结构辅助子系统，面向公共经济生活、人民经济生活的收支综合子系统分别设置

---

* 袁春生，云南省社会科学院科研处副处长、副研究员，主要从事民族文化、民族政治研究。

为一图，难以充分展开。当地数据检测更多细节可参看技术报告、排行报告由不同侧面展开的各地纵向历时动态、横向共时静态对比分析。

一　三次产业（生产法）产值构成子系统检测

2000年以来北京三次产业（生产法）产值构成子系统结构性检测见图1。

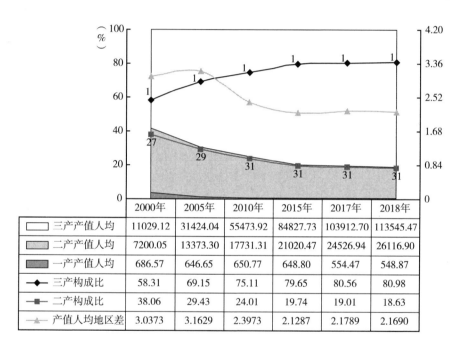

	2000年	2005年	2010年	2015年	2017年	2018年
三产产值人均	11029.12	31424.04	55473.92	84827.73	103912.70	113545.47
二产产值人均	7200.05	13373.30	17731.31	21020.47	24526.94	26116.90
一产产值人均	686.57	646.65	650.77	648.80	554.47	548.87
三产构成比	58.31	69.15	75.11	79.65	80.56	80.98
二产构成比	38.06	29.43	24.01	19.74	19.01	18.63
产值人均地区差	3.0373	3.1629	2.3973	2.1287	2.1789	2.1690

图1　2000年以来北京三次产业（生产法）产值构成子系统结构性检测

左轴面积：一、二、三产产值人均值（元转换为%），其和即生产法产值人均值，其间直观比例体现构成比关系。右轴曲线：生产法产值人均值地区差（偏差指数，无差距＝1）。左轴曲线：二、三产构成比（%），标注省域间位次。正文另测算一、二、三产人均值地区差、一产构成比，检测各类位次。国家统计局据经济普查修订2000年生产法产值数据，但其中三次产业仅修订全国数据，为保持数据关系协调仍按年度发布数据演算各地构成比。

1.生产法结构产值

2000～2018年，北京生产法结构产值总量由3161.00亿元增至30319.98亿元，2018年为2000年的9.59倍，历年年均增长13.38%，"十三五"以来（2015年以来，后同）年均增长9.62%。人均值由24122.00元增至140211.24元，2018年为2000年的5.81倍，历年年均增长10.27%，"十三五"以来年均增长9.60%，省域间人均值位次（基于各地变化，后同）从第2位上升为第1位。

在此期间，生产法产值人均值地区差指数由3.0373缩小至2.1690，显著缩减28.59%，省域间地区差位次从第30位下降为第31位，意味着与全国人均值的距离减小。

2. 第一产业增长及构成比动态

同期，北京第一产业产值总量由89.97亿元增至118.69亿元，2018年为2000年的1.32倍，历年年均增长1.55%，"十三五"以来年均负增长5.40%。人均值由686.57元降至548.87元，2018年为2000年的0.80倍，历年年均负增长1.24%，"十三五"以来年均负增长5.42%，省域间人均值位次从第29位下降为第30位。

在此期间，第一产业产值人均值地区差指数由1.4110扩大至1.8819，显著扩增33.38%。第一产业构成比由3.63%降至0.39%，明显降低3.24个百分点，省域间构成比位次保持第30位。

3. 第二产业增长及构成比动态

同期，北京第二产业产值总量由943.51亿元增至5647.65亿元，2018年为2000年的5.99倍，历年年均增长10.45%，"十三五"以来年均增长7.53%。人均值由7200.05元增至26116.90元，2018年为2000年的3.63倍，历年年均增长7.42%，"十三五"以来年均增长7.50%，省域间人均值位次从第3位下降为第12位。

在此期间，第二产业产值人均值地区差指数由1.9909缩小至1.0062，显著缩减49.46%。第二产业构成比由38.06%降至18.63%，显著降低19.43个百分点，省域间构成比位次从第27位下降为第31位。

4. 第三产业增长及构成比动态

同期，北京第三产业产值总量由1445.28亿元增至24553.64亿元，2018年为2000年的16.99倍，历年年均增长17.04%，"十三五"以来年均增长 10.23%。人均值由 11029.12 元增至 113545.47 元，2018 年为 2000 年的 10.30 倍，历年年均增长 13.83%，"十三五"以来年均增长 10.21%，省域间人均值位次从第 2 位上升为第 1 位。

在此期间，第三产业产值人均值地区差指数由 3.4904 缩小至 3.3677，明显缩减 3.52%。第三产业构成比由 58.31% 升至 80.98%，显著升高 22.67 个百分点，省域间构成比位次保持第 1 位。

二　收入法产值构成子系统检测

2000 年以来北京收入法产值构成子系统结构性检测见图 2。

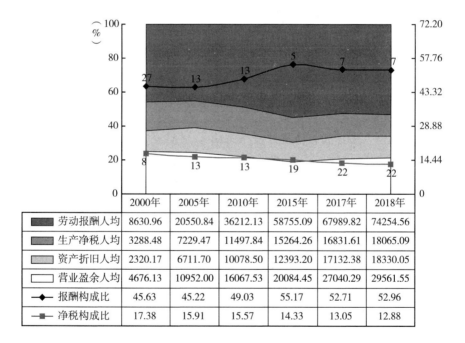

	2000年	2005年	2010年	2015年	2017年	2018年
劳动报酬人均	8630.96	20550.84	36212.13	58755.09	67989.82	74254.56
生产净税人均	3288.48	7229.47	11497.84	15264.26	16831.61	18065.09
资产折旧人均	2320.17	6711.70	10078.50	12393.20	17132.38	18330.05
营业盈余人均	4676.13	10952.00	16067.53	20084.45	27040.29	29561.55
报酬构成比	45.63	45.22	49.03	55.17	52.71	52.96
净税构成比	17.38	15.91	15.57	14.33	13.05	12.88

图 2　2000 年以来北京收入法产值构成子系统结构性检测

左轴面积：劳动者报酬、生产税净额、固定资产折旧、营业盈余人均值（元转换为%），其和即收入法产值人均值，其间直观比例体现构成比关系。右轴曲线：报酬、净税构成比（%），标注省域间位次。正文另测算各类人均值地区差、折旧、盈余构成比，检测各类位次。

1. 收入法结构产值

2000～2018 年，北京收入法结构产值总量由 2478.76 亿元增至 30319.98 亿元，2018 年为 2000 年的 12.23 倍，历年年均增长 14.93%，"十三五"以来年均增长 9.62%。人均值由 18915.74 元增至 140211.24 元，2018 年为 2000 年的 7.41 倍，历年年均增长 11.77%，"十三五"以来年均增长 9.60%，省域间人均值位次从第 2 位上升为第 1 位。

在此期间，收入法产值地区差指数由 2.4135 缩小至 2.1690，明显缩减 10.13%，省域间地区差位次从第 30 位下降为第 31 位，意味着与全国人均值的距离减小。

2. 劳动者报酬增长及构成比动态

同期，北京收入法产值构成之劳动者报酬总量由 1131.02 亿元增至 16057.18 亿元，2018 年为 2000 年的 14.20 倍，历年年均增长 15.88%，"十三五"以来年均增长 8.14%。人均值由 8630.96 元增至 74254.56 元，2018 年为 2000 年的 8.60 倍，历年年均增长 12.70%，"十三五"以来年均增长 8.12%，省域间人均值位次从第 2 位上升为第 1 位。

在此期间，劳动者报酬地区差指数由 2.1432 扩大至 2.4286，明显扩增 13.31%，省域间地区差位次从第 30 位下降为第 31 位。劳动者报酬构成比由 45.63% 升至 52.96%，明显升高 7.33 个百分点，省域间构成比位次从第 27 位上升为第 7 位。

3. 生产税净额增长及构成比动态

同期，北京收入法产值构成之生产税净额总量由 430.93 亿元增至 3906.48 亿元，2018 年为 2000 年的 9.07 倍，历年年均增长 13.03%，"十三五"以来年均增长 5.80%。人均值由 3288.48 元增至 18065.09 元，2018 年为 2000 年的 5.49 倍，历年年均增长 9.93%，"十三五"以来年均增长 5.78%，省域间人均值位次从第 2 位下降为第 3 位。

在此期间，生产税净额地区差指数由 2.7241 缩小至 1.9623，显著缩减 27.97%。生产税净额构成比由 17.38% 降至 12.88%，明显降低 4.50 个百分点，省域间构成比位次从第 8 位下降为第 22 位。

4. 固定资产折旧增长及构成比动态

同期，北京收入法产值构成之固定资产折旧总量由 304.04 亿元增至 3963.78 亿元，2018 年为 2000 年的 13.04 倍，历年年均增长 15.33%，"十三五"以来年均增长 13.96%。人均值由 2320.17 元增至 18330.05 元，2018 年为 2000 年的 7.90 倍，历年年均增长 12.17%，"十三五"以来年均增长 13.94%，省域间人均值位次从第 3 位上升为第 2 位。

在此期间，资产折旧地区差指数由 2.0913 扩大至 2.1130，略微扩增 1.04%。资产折旧构成比由 12.27% 升至 13.07%，略微升高 0.80 个百分点，省域间构成比位次从第 17 位下降为第 21 位。

5. 营业盈余增长及构成比动态

同期，北京收入法产值构成之营业盈余总量由 612.77 亿元增至 6392.54 亿元，2018 年为 2000 年的 10.43 倍，历年年均增长 13.91%，"十三五"以来年均增长 13.78%。人均值由 4676.13 元增至 29561.55 元，2018 年为 2000 年的 6.32 倍，历年年均增长 10.79%，"十三五"以来年均增长 13.75%，省域间人均值位次从第 2 位下降为第 4 位。

在此期间，营业盈余地区差指数由 3.1302 缩小至 1.8262，极显著缩减 41.66%。营业盈余构成比由 24.72% 降至 21.08%，明显降低 3.64 个百分点，省域间构成比位次从第 4 位下降为第 21 位。

三　支出法产值构成子系统检测

2000 年以来北京支出法产值构成子系统结构性检测见图 3。

1. 支出法结构产值

2000 ~ 2018 年，北京支出法结构产值总量由 2478.76 亿元增至 30319.98 亿元，2018 年为 2000 年的 12.23 倍，历年年均增长 14.93%，"十三五"以来年均增长 9.62%。人均值由 18915.74 元增至 140211.24 元，2018 年为 2000 年的 7.41 倍，历年年均增长 11.77%，"十三五"以来年均增长 9.60%，省域间人均值位次从第 2 位上升为第 1 位。

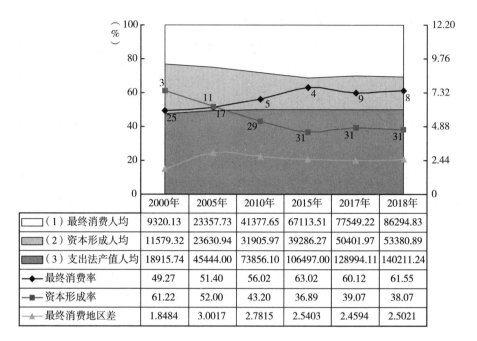

	2000年	2005年	2010年	2015年	2017年	2018年
（1）最终消费人均	9320.13	23357.73	41377.65	67113.51	77549.22	86294.83
（2）资本形成人均	11579.32	23630.94	31905.97	39286.27	50401.97	53380.89
（3）支出法产值人均	18915.74	45444.00	73856.10	106497.00	128994.11	140211.24
最终消费率	49.27	51.40	56.02	63.02	60.12	61.55
资本形成率	61.22	52.00	43.20	36.89	39.07	38.07
最终消费地区差	1.8484	3.0017	2.7815	2.5403	2.4594	2.5021

图3　2000年以来北京支出法产值构成子系统结构性检测

左轴面积：（1）最终消费支出、（2）资本形成、（3）支出法产值人均值（元转换为%），（3）－（1）－（2）＝货物与服务净流出，大多省域为负值，即（1）＋（2）＞（3），制图变通体现负值关系。右轴曲线：最终消费人均值地区差（偏差指数，无差距＝1）。左轴曲线：最终消费率、资本形成率（%），标注省域间位次。正文另测算其余人均值地区差，检测各类位次。

在此期间，支出法产值地区差指数由2.3747缩小至2.2079，明显缩减7.02%，省域间地区差位次从第30位下降为第31位，意味着与全国人均值的距离减小。

2. 最终消费支出增长及构成比动态

同期，北京支出法产值构成之最终消费支出总量由1221.33亿元增至18660.83亿元，2018年为2000年的15.28倍，历年年均增长16.35%，"十三五"以来年均增长8.76%。人均值由9320.13元增至86294.83元，2018年为2000年的9.26倍，历年年均增长13.16%，"十三五"以来年均增长8.74%，省域间人均值位次从第2位上升为第1位。

在此期间，最终消费地区差指数由1.8484扩大至2.5021，显著扩增

35.37%，省域间地区差位次从第 30 位下降为第 31 位。最终消费率（消费率）由 49.27%升至 61.55%，显著升高 12.28 个百分点，省域间比值位次从第 25 位上升为第 8 位。

3. 资本形成增长及构成比动态

同期，北京支出法产值构成之资本形成总额由 1517.38 亿元增至 11543.35 亿元，2018 年为 2000 年的 7.61 倍，历年年均增长 11.93%，"十三五"以来年均增长 10.78%。人均值由 11579.32 元增至 53380.89 元，2018 年为 2000 年的 4.61 倍，历年年均增长 8.86%，"十三五"以来年均增长 10.76%，省域间人均值位次从第 2 位下降为第 4 位。

在此期间，资本形成地区差指数由 4.2347 缩小至 1.8743，极显著缩减 55.74%，省域间地区差位次从第 30 位上升为第 28 位。资本形成率（投资率）由 61.22%降至 38.07%，显著降低 23.15 个百分点，省域间比值位次从第 3 位下降为第 31 位。

四　经济生活收支综合子系统检测

2000 年以来北京经济生活收支综合子系统结构性检测见图 4。

（一）公共经济生活

1. 财政收入增长及相对比值动态

2000~2018 年，北京财政收入总量由 345.00 亿元增至 5785.92 亿元，2018 年为 2000 年的 16.77 倍，历年年均增长 16.96%，"十三五"以来年均增长 6.99%。人均值由 2639.61 元增至 26757.54 元，2018 年为 2000 年的 10.14 倍，历年年均增长 13.73%，"十三五"以来年均增长 6.97%，省域间人均值位次保持第 2 位。

与此同时，财政收入比由 10.91%升至 19.08%，明显升高 8.17 个百分点，省域间比值位次从第 1 位下降为第 2 位。

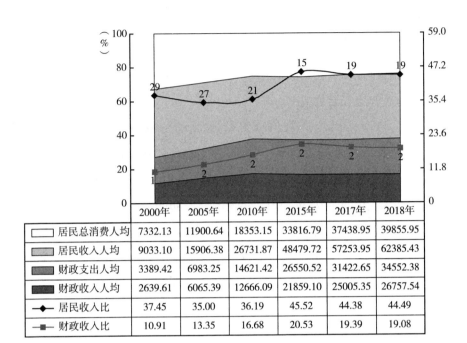

	2000年	2005年	2010年	2015年	2017年	2018年
□ 居民总消费人均	7332.13	11900.64	18353.15	33816.79	37438.95	39855.95
▨ 居民收入人均	9033.10	15906.38	26731.87	48479.72	57253.95	62385.43
▦ 财政支出人均	3389.42	6983.25	14621.42	26550.52	31422.65	34552.38
▩ 财政收入人均	2639.61	6065.39	12666.09	21859.10	25005.35	26757.54
◆ 居民收入比	37.45	35.00	36.19	45.52	44.38	44.49
■ 财政收入比	10.91	13.35	16.68	20.53	19.39	19.08

图4　2000年以来北京经济生活收支综合子系统结构性检测

左轴面积：居民总消费、居民收入、财政支出、财政收入人均值（元转换为%），其间呈直观比例。右轴曲线：居民收入比、财政收入比（%），标注省域间位次。正文另测算居民消费率、财政支出比、各类人均值地区差、民生数据城乡比，检测各类位次。

2. 财政支出增长及相对比值动态

同期，北京财政支出总量由443.00亿元增至7471.43亿元，2018年为2000年的16.87倍，历年年均增长16.99%，"十三五"以来年均增长9.20%。人均值由3389.42元增至34552.38元，2018年为2000年的10.19倍，历年年均增长13.77%，"十三五"以来年均增长9.18%，省域间人均值位次保持第2位。

与此同时，财政支出比由14.01%升至24.64%，显著升高10.63个百分点，省域间比值位次从第9位下降为第16位。

3. 财政收入、财政支出地区差变化

在此期间，北京财政收入地区差指数由2.4881缩小至2.0324，显著缩减 18.32%，地区均衡性显著增强，省域间地区差位次保持第 30 位；财政支出地区差指数由 2.6939 缩小至 2.1784，显著缩减 19.13%，地区均衡性显著增强，省域间地区差位次保持第 30 位。

（二）人民经济生活

1. 居民收入增长及相对比值动态

2000～2018 年，北京居民收入总量由 1180.63 亿元增至 13489.91 亿元，2018 年为 2000 年的 11.43 倍，历年年均增长 14.49%，"十三五"以来年均增长 8.79%。城乡综合演算人均值由 9033.10 元增至 62385.43 元，2018 年为 2000 年的 6.91 倍，历年年均增长 11.33%，"十三五"以来年均增长 8.77%，省域间人均值位次保持第 2 位。

与此同时，北京居民收入比由 37.45% 升至 44.49%，明显升高 7.04 个百分点，省域间比值位次从第 29 位上升为第 19 位。

2. 居民总消费增长及相对比值动态

同期，北京居民总消费总量由 958.31 亿元增至 8618.25 亿元，2018 年为 2000 年的 8.99 倍，历年年均增长 12.98%，"十三五"以来年均增长 5.65%。城乡综合演算人均值由 7332.13 元增至 39855.95 元，2018 年为 2000 年的 5.44 倍，历年年均增长 9.86%，"十三五"以来年均增长 5.63%，省域间人均值位次保持第 2 位。

与此同时，北京居民消费率由 30.40% 降至 28.43%，较明显降低 1.97 个百分点，省域间比值位次从第 26 位上升为第 25 位。

3. 居民收入、总消费地区差、城乡比变化

在此期间，北京居民收入地区差指数由 2.4527 缩小至 2.1392，明显缩减 12.78%，地区均衡性明显增强，省域间地区差位次保持第 30 位；居民收入城乡比指数由 2.2477 扩大至 2.5666，明显扩增 14.19%，城乡均衡性明显减弱，省域间城乡比位次从第 5 位下降为第 18 位。

北京居民总消费地区差指数由 2.5712 缩小至 1.9552，显著缩减 23.96%，地区均衡性显著增强，省域间地区差位次保持第 30 位；居民总消

费城乡比指数由 2.4793 缩小至 2.1255，明显缩减 14.27%，城乡均衡性明显增强，省域间城乡比位次从第 7 位下降为第 20 位。

五 经济增长通用指标动态测评

2000～2018 年北京经济增长结构优化综合检测结果见图 5。

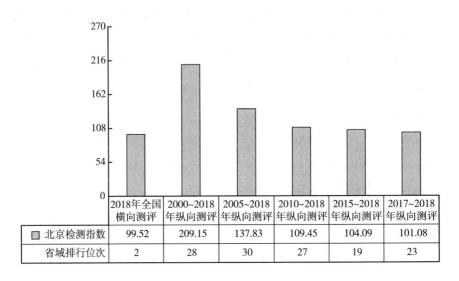

	2018年全国横向测评	2000~2018年纵向测评	2005~2018年纵向测评	2010~2018年纵向测评	2015~2018年纵向测评	2017~2018年纵向测评
北京检测指数	99.52	209.15	137.83	109.45	104.09	101.08
省域排行位次	2	28	30	27	19	23

图 5　2000～2018 年北京经济增长结构优化综合检测结果

数轴柱形：共时性年度横向测评（全国城乡地区无差距理想值＝100），类似"不论年龄比高矮"，有利于发达地区；历时性阶段纵向测评（起点年自身基数值＝100），类似"不论高矮比生长"，有利于后发地区，从左至右①"十五"以来，②"十一五"以来，③"十二五"以来，④"十三五"以来，⑤上年以来，多向度检测省域排行，考察不同阶段进展状况。

1. 各年度理想值横向测评

以假定全国及各地全面消除城乡差距、地区差距为理想值 100，2018 年全国横向测评排行，北京指数为 99.52。这表明与全国城乡、地区无差距理想值相比，北京经济增长结构优化全量化检测分值低于理想值 0.48%，指数排名处于省域间第 2 位。

2. 2000年以来基数值纵向测评

以"九五"末年2000年各类数据演算指标为基数值100，"十五"以来至2018年纵向测评排行，北京指数为209.15。这表明与2000年自身基数值相比，北京经济增长结构优化全量化检测分值高于基数值109.15%，指数提升程度处于省域间第28位。

3. 2005年以来基数值纵向测评

以"十五"末年2005年各类数据演算指标为基数值100，"十一五"以来至2018年纵向测评排行，北京指数为137.83。这表明与2005年自身基数值相比，北京经济增长结构优化全量化检测分值高于基数值37.83%，指数提升程度处于省域间第30位。

4. 2010年以来基数值纵向测评

以"十一五"末年2010年各类数据演算指标为基数值100，"十二五"以来至2018年纵向测评排行，北京指数为109.45。这表明与2010年自身基数值相比，北京经济增长结构优化全量化检测分值高于基数值9.45%，指数提升程度处于省域间第27位。

5. 2015年以来基数值纵向测评

以"十二五"末年2015年各类数据演算指标为基数值100，"十三五"以来至2018年纵向测评排行，北京指数为104.09。这表明与2015年自身基数值相比，北京经济增长结构优化全量化检测分值高于基数值4.09%，指数提升程度处于省域间第19位。

6. 逐年度基数值纵向测评

逐年以上年各类数据演算指标为基数值100，2017～2018年纵向测评排行，北京指数为101.08。这表明与2017年自身基数值相比，北京经济增长结构优化全量化检测分值高于基数值1.08%，指数提升程度处于省域间第23位。

E.9
陕西：2005～2018年经济发展指数
提升度第2位

范　刚*

摘　要：　2000～2018年，陕西地区生产总值构成比中第二产业从
44.07%升至49.75%，第三产业从39.13%升至42.76%；
收入法产值构成比中劳动者报酬从59.76%降至41.80%，生
产税净额从16.09%升至17.01%，营业盈余从9.21%升至
25.56%；支出法产值构成比中最终消费率从57.59%降至
43.28%，资本形成率从51.28%升至67.39%；经济生活收
支中财政收入比从6.37%升至9.18%，居民收入比从
52.46%降至37.68%，居民消费率从44.42%降至26.63%。
产值、财政收入、财政支出、居民收入、总消费人均值地区
差全都缩小；居民收入、总消费人均值城乡比也全都缩小。
陕西经济增长结构优化排行：城乡、地区无差距理想值横向
测评为省域第9位；2000年、2005年、2010年、2015年和
2017年自身基数值纵向测评分别为省域第3位、第2位、第
6位、第5位和第3位。

关键词：　陕西　经济生产　经济生活　结构优化　综合排行

＊　范刚，云南省社会科学院研究经济所副研究员，主要从事产业经济、县域经济研究。

　　三次产业（生产法）产值结构主体子系统，收入法、支出法产值结构辅助子系统，面向公共经济生活、人民经济生活的收支综合子系统分别设置为一图，难以充分展开。当地数据检测更多细节可参看技术报告、排行报告由不同侧面展开的各地纵向历时动态、横向共时静态对比分析。

一　三次产业（生产法）产值构成子系统检测

　　2000年以来陕西三次产业（生产法）产值构成子系统结构性检测见图1。

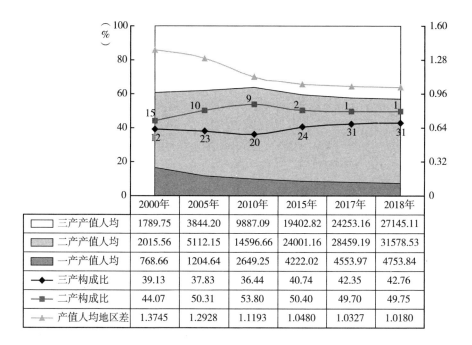

	2000年	2005年	2010年	2015年	2017年	2018年
□　三产产值人均	1789.75	3844.20	9887.09	19402.82	24253.16	27145.11
▨　二产产值人均	2015.56	5112.15	14596.66	24001.16	28459.19	31578.53
▦　一产产值人均	768.66	1204.64	2649.25	4222.02	4553.97	4753.84
◆　三产构成比	39.13	37.83	36.44	40.74	42.35	42.76
■　二产构成比	44.07	50.31	53.80	50.40	49.70	49.75
▲　产值人均地区差	1.3745	1.2928	1.1193	1.0480	1.0327	1.0180

图1　2000年以来陕西三次产业（生产法）产值构成子系统结构性检测

　　左轴面积：一、二、三产产值人均值（元转换为%），其和即生产法产值人均值，其间直观比例体现构成比关系。右轴曲线：生产法产值人均值地区差（偏差指数，无差距＝1）。左轴曲线：二、三产构成比（%），标注省域间位次。正文另测算一、二、三产人均值地区差、一产构成比，检测各类位次。国家统计局据经济普查修订2000年生产法产值数据，但其中三次产业仅修订全国数据，为保持数据关系协调仍按年度发布数据演算各地构成比。

1. 生产法结构产值

2000～2018 年，陕西生产法结构产值总量由 1804.00 亿元增至 24438.32 亿元，2018 年为 2000 年的 13.55 倍，历年年均增长 15.58%，"十三五"以来（2015 年以来，后同）年均增长 10.69%。人均值由 4968.00 元增至 63477.47 元，2018 年为 2000 年的 12.78 倍，历年年均增长 15.20%，"十三五"以来年均增长 10.05%，省域间人均值位次（基于各地变化，后同）从第 23 位上升为第 12 位。

在此期间，生产法产值地区差指数由 1.3745 缩小至 1.0180，明显缩减 25.93%，省域间地区差位次从第 15 位上升为第 1 位，意味着与全国人均值的距离减小。

2. 第一产业增长及构成比动态

同期，陕西第一产业产值总量由 279.12 亿元增至 1830.19 亿元，2018 年为 2000 年的 6.56 倍，历年年均增长 11.01%，"十三五"以来年均增长 4.63%。人均值由 768.66 元增至 4753.84 元，2018 年为 2000 年的 6.18 倍，历年年均增长 10.65%，"十三五"以来年均增长 4.03%，省域间人均值位次从第 24 位上升为第 13 位。

在此期间，第一产业产值地区差指数由 1.3405 缩小至 1.0228，明显缩减 23.70%。第一产业构成比由 16.80% 降至 7.49%，明显降低 9.31 个百分点，省域间构成比位次从第 17 位下降为第 21 位。

3. 第二产业增长及构成比动态

同期，陕西第二产业产值总量由 731.90 亿元增至 12157.48 亿元，2018 年为 2000 年的 16.61 倍，历年年均增长 16.90%，"十三五"以来年均增长 10.21%。人均值由 2015.56 元增至 31578.53 元，2018 年为 2000 年的 15.67 倍，历年年均增长 16.52%，"十三五"以来年均增长 9.58%，省域间人均值位次从第 24 位上升为第 8 位。

在此期间，第二产业产值地区差指数由 1.4427 缩小至 1.2016，明显缩减 16.71%。第二产业构成比由 44.07% 升至 49.75%，明显升高 5.68 个百分点，省域间构成比位次从第 15 位上升为第 1 位。

4. 第三产业增长及构成比动态

同期，陕西第三产业产值总量由 649.90 亿元增至 10450.65 亿元，2018 年为 2000 年的 16.08 倍，历年年均增长 16.69%，"十三五"以来年均增长 12.49%。人均值由 1789.75 元增至 27145.11 元，2018 年为 2000 年的 15.17 倍，历年年均增长 16.31%，"十三五"以来年均增长 11.84%，省域间人均值位次从第 24 位上升为第 16 位。

在此期间，第三产业产值地区差指数由 1.4336 缩小至 1.1949，明显缩减 16.65%。第三产业构成比由 39.13% 升至 42.76%，明显升高 3.63 个百分点，省域间构成比位次从第 12 位下降为第 31 位。

二 收入法产值构成子系统检测

2000 年以来陕西收入法产值构成子系统结构性检测见图 2。

1. 收入法结构产值

2000～2018 年，陕西收入法结构产值总量由 1660.92 亿元增至 24438.32 亿元，2018 年为 2000 年的 14.71 倍，历年年均增长 16.11%，"十三五"以来年均增长 10.69%。人均值由 4573.97 元增至 63477.47 元，2018 年为 2000 年的 13.88 倍，历年年均增长 15.73%，"十三五"以来年均增长 10.05%，省域间人均值位次从第 28 位上升为第 12 位。

在此期间，收入法产值地区差指数由 1.4164 缩小至 1.0180，明显缩减 28.12%，省域间地区差位次从第 20 位上升为第 1 位，意味着与全国人均值的距离减小。

2. 劳动者报酬增长及构成比动态

同期，陕西收入法产值构成之劳动者报酬总量由 992.52 亿元增至 10215.28 亿元，2018 年为 2000 年的 10.29 倍，历年年均增长 13.83%，"十三五"以来年均增长 9.76%。人均值由 2733.28 元增至 26533.74 元，2018 年为 2000 年的 9.71 倍，历年年均增长 13.46%，"十三五"以来年均增长 9.13%，省域间人均值位次从第 26 位上升为第 16 位。

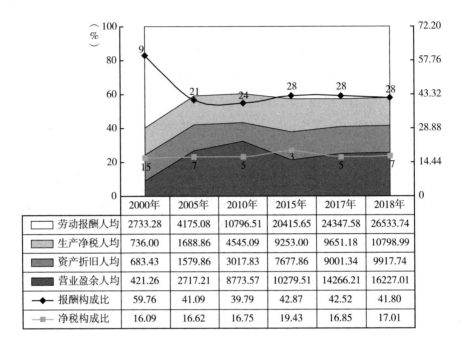

	2000年	2005年	2010年	2015年	2017年	2018年
劳动报酬人均	2733.28	4175.08	10796.51	20415.65	24347.58	26533.74
生产净税人均	736.00	1688.86	4545.09	9253.00	9651.18	10798.99
资产折旧人均	683.43	1579.86	3017.83	7677.86	9001.34	9917.74
营业盈余人均	421.26	2717.21	8773.57	10279.51	14266.21	16227.01
报酬构成比	59.76	41.09	39.79	42.87	42.52	41.80
净税构成比	16.09	16.62	16.75	19.43	16.85	17.01

图2　2000年以来陕西收入法产值构成子系统结构性检测

左轴面积：劳动者报酬、生产税净额、固定资产折旧、营业盈余人均值（元转换为%），其和即收入法产值人均值，其间直观比例体现构成比关系。右轴曲线：报酬、净税构成比（%），标注省域间位次。正文另测算各类人均值地区差、折旧、盈余构成比，检测各类位次。

在此期间，劳动者报酬地区差指数由1.3213缩小至1.1322，明显缩减14.31%，省域间地区差位次从第19位上升为第8位。劳动者报酬构成比由59.76%降至41.80%，显著降低17.96个百分点，省域间构成比位次从第9位下降为第28位。

3.生产税净额增长及构成比动态

同期，陕西收入法产值构成之生产税净额总量由267.26亿元增至4157.52亿元，2018年为2000年的15.56倍，历年年均增长16.47%，"十三五"以来年均增长5.89%。人均值由736.00元增至10798.99元，2018年为2000年的14.67倍，历年年均增长16.09%，"十三五"以来年均增长5.29%，省域间人均值位次从第24位上升为第11位。

在此期间，生产税净额地区差指数由1.3903缩小至1.1730，明显缩减

15.63%。生产税净额构成比由16.09%升至17.01%，略微升高0.92个百分点，省域间构成比位次从第15位上升为第7位。

4. 固定资产折旧增长及构成比动态

同期，陕西收入法产值构成之固定资产折旧总量由248.17亿元增至3818.25亿元，2018年为2000年的15.39倍，历年年均增长16.40%，"十三五"以来年均增长9.54%。人均值由683.43元增至9917.74元，2018年为2000年的14.51倍，历年年均增长16.02%，"十三五"以来年均增长8.91%，省域间人均值位次从第20位上升为第10位。

在此期间，资产折旧地区差指数由1.3840缩小至1.1433，明显缩减17.39%。资产折旧构成比由14.94%升至15.62%，略微升高0.68个百分点，省域间构成比位次从第8位下降为第9位。

5. 营业盈余增长及构成比动态

同期，陕西收入法产值构成之营业盈余总量由152.97亿元增至6247.27亿元，2018年为2000年的40.84倍，历年年均增长22.89%，"十三五"以来年均增长17.11%。人均值由421.26元增至16227.01元，2018年为2000年的38.52倍，历年年均增长22.49%，"十三五"以来年均增长16.44%，省域间人均值位次从第27位上升为第10位。

在此期间，营业盈余地区差指数由1.7180缩小至1.0024，显著缩减41.65%。营业盈余构成比由9.21%升至25.56%，显著升高16.35个百分点，省域间构成比位次从第27位上升为第11位。

三　支出法产值构成子系统检测

2000年以来陕西支出法产值构成子系统结构性检测见图3。

1. 支出法结构产值

2000～2018年，陕西支出法结构产值总量由1660.92亿元增至24438.32亿元，2018年为2000年的14.71倍，历年年均增长16.11%，"十三五"以来年均增长10.69%。人均值由4573.97元增至63477.47元，2018

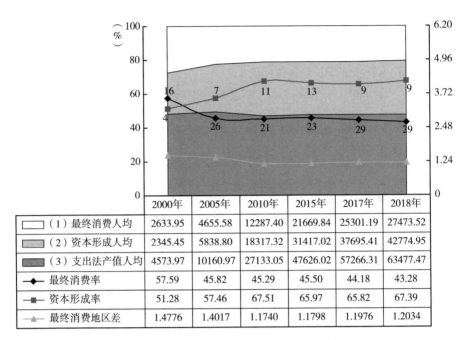

	2000年	2005年	2010年	2015年	2017年	2018年
（1）最终消费人均	2633.95	4655.58	12287.40	21669.84	25301.19	27473.52
（2）资本形成人均	2345.45	5838.80	18317.32	31417.02	37695.41	42774.95
（3）支出法产值人均	4573.97	10160.97	27133.05	47626.02	57266.31	63477.47
◆ 最终消费率	57.59	45.82	45.29	45.50	44.18	43.28
■ 资本形成率	51.28	57.46	67.51	65.97	65.82	67.39
▲ 最终消费地区差	1.4776	1.4017	1.1740	1.1798	1.1976	1.2034

图 3　2000 年以来陕西支出法产值构成子系统结构性检测

左轴面积：（1）最终消费支出、（2）资本形成、（3）支出法产值人均值（元转换为%），（3）－（1）－（2）＝货物与服务净流出，大多省域为负值，即（1）＋（2）＞（3），制图变通体现负关系。右轴曲线：最终消费人均地区差（偏差指数，无差距＝1）。左轴曲线：最终消费率、资本形成率（%），标注省域位次。正文另测算其余人均值地区差，检测各类位次。

年为 2000 年的 13.88 倍，历年年均增长 15.73%，"十三五"以来年均增长 10.05%，省域间人均值位次从第 29 位上升到第 12 位。

在此期间，支出法产值地区差指数由 1.4258 缩小至 1.0004，显著缩减 29.83%，省域间地区差位次从第 22 位上升为第 1 位，意味着与全国人均值的距离减小。

2. 最终消费支出增长及构成比动态

同期，陕西支出法产值构成之最终消费支出总量由 956.45 亿元增至 10577.09 亿元，2018 年为 2000 年的 11.06 倍，历年年均增长 14.28%，"十三五"以来年均增长 8.86%。人均值由 2633.95 元增至 27473.52 元，2018 年为 2000 年的 10.43 倍，历年年均增长 13.91%，"十三五"以来年均增长

8.23%，省域间人均值位次从第28位上升为第20位。

在此期间，最终消费地区差指数由1.4776缩小至1.2034，明显缩减18.56%，省域间地区差位次从第25位上升为第14位。最终消费率（消费率）由57.59%降至43.28%，显著降低14.31个百分点，省域间比值位次从第16位下降为第29位。

3. 资本形成增长及构成比动态

同期，陕西支出法产值构成之资本形成总额由851.69亿元增至16468.01亿元，2018年为2000年的19.34倍，历年年均增长17.89%，"十三五"以来年均增长11.47%。人均值由2345.45元增至42774.95元，2018年为2000年的18.24倍，历年年均增长17.50%，"十三五"以来年均增长10.83%，省域间人均值位次从第20位上升为第12位。

在此期间，资本形成地区差指数由1.1422扩大至1.5019，明显扩增31.49%，省域间地区差位次从第7位下降为第20位。资本形成率（投资率）由51.28%升至67.39%，显著升高16.11个百分点，省域间比值位次从第4位下降为第9位。

四　经济生活收支综合子系统检测

2000年以来陕西经济生活收支综合子系统结构性检测见图4。

（一）公共经济生活

1. 财政收入增长及相对比值动态

2000～2018年，陕西财政收入总量由114.97亿元增至2243.14亿元，2018年为2000年的19.51倍，历年年均增长17.95%，"十三五"以来年均增长2.88%。人均值由316.64元增至5827.09元，2018年为2000年的18.40倍，历年年均增长17.56%，"十三五"以来年均增长2.29%，省域间人均值位次从第21位上升为第17位。

与此同时，财政收入比由6.37%升至9.18%，较明显升高2.81个百分

185

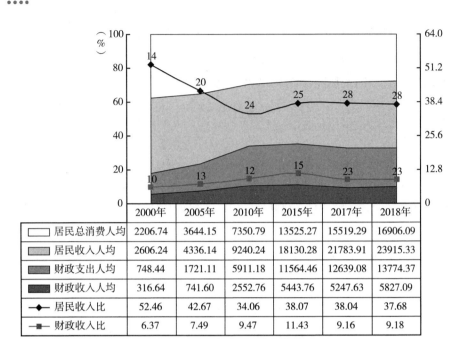

	2000年	2005年	2010年	2015年	2017年	2018年
居民总消费人均	2206.74	3644.15	7350.79	13525.27	15519.29	16906.09
居民收入人均	2606.24	4336.14	9240.24	18130.28	21783.91	23915.33
财政支出人均	748.44	1721.11	5911.18	11564.46	12639.08	13774.37
财政收入人均	316.64	741.60	2552.76	5443.76	5247.63	5827.09
◆ 居民收入比	52.46	42.67	34.06	38.07	38.04	37.68
■ 财政收入比	6.37	7.49	9.47	11.43	9.16	9.18

图4 2000年以来陕西经济生活收支综合子系统结构性检测

左轴面积：居民总消费、居民收入、财政支出、财政收入人均值（元转换为%），其间呈直观比例。右轴曲线：居民收入比、财政收入比（%），标注省域间位次。正文另测算居民消费率、财政支出比、各类人均值地区差、民生数据城乡比，检测各类位次。

点，省域间比值位次从第10位下降为第23位。

2. 财政支出增长及相对比值动态

同期，陕西财政支出总量由271.76亿元增至5302.44亿元，2018年为2000年的19.51倍，历年年均增长17.95%，"十三五"以来年均增长6.61%。人均值由748.44元增至13774.37元，2018年为2000年的18.40倍，历年年均增长17.56%，"十三五"以来年均增长6.00%，省域间人均值位次从第18位上升为第17位。

与此同时，财政支出比由15.06%升至21.70%，明显升高6.64个百分点，省域间比值位次从第8位下降为第20位。

3. 财政收入、财政支出地区差变化

在此期间，陕西财政收入地区差指数由1.7015缩小至1.5574，明显缩减8.47%，地区均衡性明显增强，省域间地区差位次从第19位上升为第15位；财政支出地区差指数由1.4051缩小至1.1316，明显缩减19.47%，地区均衡性明显增强，省域间地区差位次从第14位上升为第8位。

（二）人民经济生活

1. 居民收入增长及相对比值动态

2000~2018年，陕西居民收入总量由946.32亿元增至9206.21亿元，2018年为2000年的9.73倍，历年年均增长13.47%，"十三五"以来年均增长10.30%。城乡综合演算人均值由2606.24元增至23915.33元，2018年为2000年的9.18倍，历年年均增长13.10%，"十三五"以来年均增长9.67%，省域间人均值位次从第27位上升为第18位。

与此同时，陕西居民收入比由52.46%降至37.68%，显著降低14.78个百分点，省域间比值位次从第14位下降为第28位。

2. 居民总消费增长及相对比值动态

同期，陕西居民总消费总量由801.27亿元增至6508.00亿元，2018年为2000年的8.12倍，历年年均增长12.34%，"十三五"以来年均增长8.34%。城乡综合演算人均值由2206.74元增至16906.09元，2018年为2000年的7.66倍，历年年均增长11.98%，"十三五"以来年均增长7.72%，省域间人均值位次保持第22位。

与此同时，陕西居民消费率由44.42%降至26.63%，显著降低17.79个百分点，省域间比值位次从第8位下降为第27位。

3. 居民收入、总消费地区差、城乡比变化

在此期间，陕西居民收入地区差指数由1.2924缩小至1.1800，明显缩减8.70%，地区均衡性明显增强，省域间地区差位次从第20位上升为第12位；居民收入城乡比指数由3.5490缩小至2.9715，显著缩减16.27%，城乡均衡性显著增强，省域间城乡比位次从第28位上升为第27位。

陕西居民总消费地区差指数由1.2261缩小至1.1706，较明显缩减4.53%，地区均衡性较明显增强，省域间地区差位次从第15位下降为第

16 位；居民总消费城乡比指数由 3.4180 缩小至 2.1812，极显著缩减 36.19%，城乡均衡性极显著增强，省域间城乡比位次从第 23 位上升为第 22 位。

五 经济增长通用指标动态测评

2000～2018 年陕西经济增长结构优化综合检测结果见图 5。

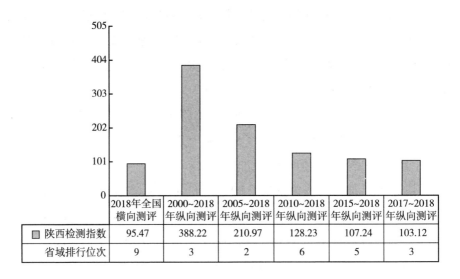

	2018年全国 横向测评	2000~2018 年纵向测评	2005~2018 年纵向测评	2010~2018 年纵向测评	2015~2018 年纵向测评	2017~2018 年纵向测评
▢ 陕西检测指数	95.47	388.22	210.97	128.23	107.24	103.12
省域排行位次	9	3	2	6	5	3

图 5 2000～2018 年陕西经济增长结构优化综合检测结果

数轴柱形：共时性年度横向测评（全国城乡地区无差距理想值＝100），类似"不论年龄比高矮"，有利于发达地区；历时性阶段纵向测评（起点年自身基数值＝100），类似"不论高矮比生长"，有利于后发地区，从左至右①"十五"以来，②"十一五"以来，③"十二五"以来，④"十三五"以来，⑤上年以来，多向度检测省域排行，考察不同阶段进展状况。

1. 各年度理想值横向测评

以假定全国及各地全面消除城乡差距、地区差距为理想值 100，2018 年全国横向测评排行，陕西指数为 95.47。这表明与全国城乡、地区无差距理想值相比，陕西经济增长结构优化全量化检测分值低于理想值 4.53%，指数排名处于省域间第 9 位。

2. 2000年以来基数值纵向测评

以"九五"末年2000年各类数据演算指标为基数值100，"十五"以来至2018年纵向测评排行，陕西指数为388.22。这表明与2000年自身基数值相比，陕西经济增长结构优化全量化检测分值高于基数值288.22%，指数提升程度处于省域间第3位。

3. 2005年以来基数值纵向测评

以"十五"末年2005年各类数据演算指标为基数值100，"十一五"以来至2018年纵向测评排行，陕西指数为210.97。这表明与2005年自身基数值相比，陕西经济增长结构优化全量化检测分值高于基数值110.97%，指数提升程度处于省域间第2位。

4. 2010年以来基数值纵向测评

以"十一五"末年2010年各类数据演算指标为基数值100，"十二五"以来至2018年纵向测评排行，陕西指数为128.23。这表明与2010年自身基数值相比，陕西经济增长结构优化全量化检测分值高于基数值28.23%，指数提升程度处于省域间第6位。

5. 2015年以来基数值纵向测评

以"十二五"末年2015年各类数据演算指标为基数值100，"十三五"以来至2018年纵向测评排行，陕西指数为107.24。这表明与2015年自身基数值相比，陕西经济增长结构优化全量化检测分值高于基数值7.24%，指数提升程度处于省域间第5位。

6. 逐年度基数值纵向测评

逐年以上年各类数据演算指标为基数值100，2017～2018年纵向测评排行，陕西指数为103.12。这表明与2017年自身基数值相比，陕西经济增长结构优化全量化检测分值高于基数值3.12%，指数提升程度处于省域间第3位。

E.10
上海：2018年经济发展
指数排名第3位

肖云鑫*

摘　要：　2000~2018年，上海地区生产总值构成比中第二产业从47.54%降至29.78%，第三产业从50.63%升至69.90%；收入法产值构成比中劳动者报酬从34.99%升至44.97%，生产税净额从13.97%升至17.67%，营业盈余从26.71%升至26.71%；支出法产值构成比中最终消费率从42.78%升至58.17%，资本形成率从46.54%降至39.00%；经济生活收支中财政收入比从10.17%升至21.75%，居民收入比从36.99%升至47.03%，居民消费率从27.95%升至31.76%。产值、财政收入、财政支出、居民收入、总消费人均值地区差全都缩小；居民收入、总消费人均值城乡比全都扩大。上海经济增长结构优化排行：城乡、地区无差距理想值横向测评为省域第3位；2000年、2005年、2010年、2015年和2017年自身基数值纵向测评分别为省域第31位、第31位、第26位、第18位和第28位。

关键词：　上海　经济生产　经济生活　结构优化　综合排行

---

* 肖云鑫，云南省社会科学院民族学研究所副所长、副研究员，主要从事民族文化旅游研究。

三次产业（生产法）产值结构主体子系统，收入法、支出法产值结构
辅助子系统，面向公共经济生活、人民经济生活的收支综合子系统分别设置
为一图，难以充分展开。当地数据检测更多细节可参看技术报告、排行报告
由不同侧面展开的各地纵向历时动态、横向共时静态对比分析。

一 三次产业（生产法）产值构成子系统检测

2000年以来上海三次产业（生产法）产值构成子系统结构性检测见图1。

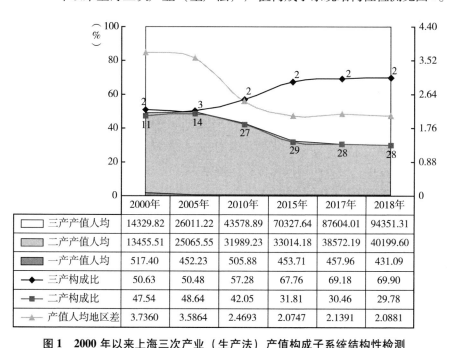

	2000年	2005年	2010年	2015年	2017年	2018年
三产产值人均	14329.82	26011.22	43578.89	70327.64	87604.01	94351.31
二产产值人均	13455.51	25065.55	31989.23	33014.18	38572.19	40199.60
一产产值人均	517.40	452.23	505.88	453.71	457.96	431.09
三产构成比	50.63	50.48	57.28	67.76	69.18	69.90
二产构成比	47.54	48.64	42.05	31.81	30.46	29.78
产值人均地区差	3.7360	3.5864	2.4693	2.0747	2.1391	2.0881

图1 2000年以来上海三次产业（生产法）产值构成子系统结构性检测

左轴面积：一、二、三产产值人均值（元转换为%），其和即生产法产值人均值，其间
直观比例体现构成比关系。右轴曲线：生产法产值人均值地区差（偏差指数，无差距＝1）。
左轴曲线：二、三产构成比（%），标注省域间位次。正文另测算一、二、三产人均值地区
差、一产构成比，检测各类位次。国家统计局据经济普查修订2000年生产法产值数据，但
其中三次产业仅修订全国数据，为保持数据关系协调仍按年度发布数据演算各地构成比。

1. 生产法结构产值

2000～2018年，上海生产法结构产值总量由4771.17亿元增至32679.87亿

元，2018 年为 2000 年的 6.85 倍，历年年均增长 11.28%，"十三五"以来（2015 年以来，后同）年均增长 9.16%。人均值由 29671.00 元增至 134982.00 元，2018 年为 2000 年的 4.55 倍，历年年均增长 8.78%，"十三五"以来年均增长 9.15%，省域间人均值位次（基于各地变化，后同）从第 1 位下降为第 2 位。

在此期间，生产法产值人均值地区差指数由 3.7360 缩小至 2.0881，极显著缩减 44.11%，省域间地区差位次从第 31 位上升为第 30 位，意味着与全国人均值的距离减小。

2. 第一产业增长及构成比动态

同期，上海第一产业产值总量由 83.20 亿元增至 104.37 亿元，2018 年为 2000 年的 1.25 倍，历年年均增长 1.27%，"十三五"以来年均负增长 1.68%。人均值由 517.40 元增至 431.09 元，2018 年为 2000 年的 0.83 倍，历年年均负增长 1.01%，"十三五"以来年均负增长 1.69%，省域间人均值位次保持第 31 位。

在此期间，第一产业产值人均值地区差指数由 1.5561 扩大至 1.9073，明显扩增 22.57%。第一产业构成比由 1.83% 降至 0.32%，较明显降低 1.51 个百分点，省域间构成比位次保持第 31 位。

3. 第二产业增长及构成比动态

同期，上海第二产业产值总量由 2163.68 亿元增至 9732.54 亿元，2018 年为 2000 年的 4.50 倍，历年年均增长 8.71%，"十三五"以来年均增长 6.79%。人均值由 13455.51 元增至 40199.60 元，2018 年为 2000 年的 2.99 倍，历年年均增长 6.27%，"十三五"以来年均增长 6.78%，省域间人均值位次从第 1 位下降为第 5 位。

在此期间，第二产业产值人均值地区差指数由 3.7205 缩小至 1.5297，极显著缩减 58.89%。第二产业构成比由 47.54% 降至 29.78%，显著降低 17.76 个百分点，省域间构成比位次从第 11 位下降为第 28 位。

4. 第三产业增长及构成比动态

同期，上海第三产业产值总量由 2304.27 亿元增至 22842.96 亿元，2018 年为 2000 年的 9.91 倍，历年年均增长 13.59%，"十三五"以来年均增长 10.30%。人均值由 14329.82 元增至 94351.31 元，2018 年为 2000 年的 6.58 倍，历年年均增长 11.04%，"十三五"以来年均增长 10.29%，省域间人均值位次从第 1 位下降为第 2 位。

在此期间，第三产业产值人均值地区差指数由 4.5350 缩小至 2.7984，极显著缩减 38.29%。第三产业构成比由 50.63% 升至 69.90%，显著升高 19.27 个百分点，省域间构成比位次保持第 2 位。

二 收入法产值构成子系统检测

2000 年以来上海收入法产值构成子系统结构性检测见图 2。

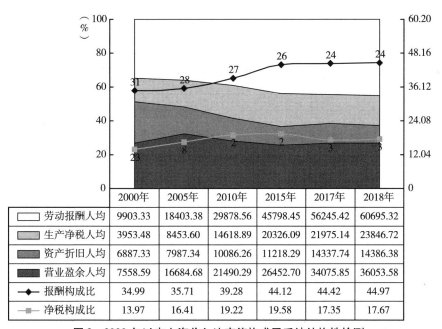

	2000年	2005年	2010年	2015年	2017年	2018年
劳动报酬人均	9903.33	18403.38	29878.56	45798.45	56245.42	60695.32
生产净税人均	3953.48	8453.60	14618.89	20326.09	21975.14	23846.72
资产折旧人均	6887.33	7987.34	10086.26	11218.29	14337.74	14386.38
营业盈余人均	7558.59	16684.68	21490.29	26452.70	34075.85	36053.58
报酬构成比	34.99	35.71	39.28	44.12	44.42	44.97
净税构成比	13.97	16.41	19.22	19.58	17.35	17.67

图2 2000 年以来上海收入法产值构成子系统结构性检测

左轴面积：劳动者报酬、生产税净额、固定资产折旧、营业盈余人均值（元转换为%），其和即收入法产值人均值，其间直观比例体现构成比关系。右轴曲线：报酬、净税构成比（%），标注省域间位次。正文另测算各类人均值地区差、折旧、盈余构成比，检测各类位次。

1. 收入法结构产值

2000 ~ 2018 年，上海收入法结构产值总量由 4551.15 亿元增至 32679.87 亿元，2018 年为 2000 年的 7.18 倍，历年年均增长 11.57%，"十三五"以来年均增长 9.16%。人均值由 28302.74 元增至 134982.00 元，2018 年为 2000 年的 4.77 倍，历年年均增长 9.07%，"十三五"以来年均增长 9.15%，省域间人均值位次从第 1 位下降为第 2 位。

在此期间，收入法产值地区差指数由 3.6111 缩小至 2.0881，极显著缩减 42.18%，省域间地区差位次从第 31 位上升为第 30 位，意味着与全国人均值的距离减小。

2. 劳动者报酬增长及构成比动态

同期，上海收入法产值构成之劳动者报酬总量由 1592.48 亿元增至 14694.67 亿元，2018 年为 2000 年的 9.23 倍，历年年均增长 13.14%，"十三五"以来年均增长 9.85%。人均值由 9903.33 元增至 60695.32 元，2018 年为 2000 年的 6.13 倍，历年年均增长 10.60%，"十三五"以来年均增长 9.84%，省域间人均值位次从第 1 位下降为第 2 位。

在此期间，劳动者报酬地区差指数由 2.4592 缩小至 1.9851，显著缩减 19.28%，省域间地区差位次从第 31 位上升为第 30 位。劳动者报酬构成比由 34.99% 升至 44.97%，明显升高 9.98 个百分点，省域间构成比位次从第 31 位上升为第 24 位。

3. 生产税净额增长及构成比动态

同期，上海收入法产值构成之生产税净额总量由 635.73 亿元增至 5773.42 亿元，2018 年为 2000 年的 9.08 倍，历年年均增长 13.04%，"十三五"以来年均增长 5.48%。人均值由 3953.48 元增至 23846.72 元，2018 年为 2000 年的 6.03 倍，历年年均增长 10.50%，"十三五"以来年均增长 5.47%，省域间人均值位次保持第 1 位。

在此期间，生产税净额地区差指数由 3.2750 缩小至 2.5903，显著缩减 20.91%。生产税净额构成比由 13.97% 升至 17.67%，明显升高 3.70 个百分点，省域间构成比位次从第 23 位上升为第 3 位。

4. 固定资产折旧增长及构成比动态

同期，上海收入法产值构成之固定资产折旧总量由 1107.50 亿元增至 3483.02 亿元，2018 年为 2000 年的 3.14 倍，历年年均增长 6.57%，"十三五"以来年均增长 8.65%。人均值由 6887.33 元增至 14386.38 元，2018 年为 2000 年的 2.09 倍，历年年均增长 4.18%，"十三五"以来年均增长 8.64%，省域间人均值位次从第 1 位下降为第 4 位。

在此期间，资产折旧地区差指数由 6.2080 缩小至 1.6584，极显著缩减 73.29%。资产折旧构成比由 24.33% 降至 10.66%，显著降低 13.67 个百分点，省域间构成比位次从第 2 位下降为第 29 位。

5. 营业盈余增长及构成比动态

同期，上海收入法产值构成之营业盈余总量由 1215.44 亿元增至 8728.77 亿元，2018 年为 2000 年的 7.18 倍，历年年均增长 11.58%，"十三五"以来年均增长 10.88%。人均值由 7558.59 元增至 36053.58 元，2018 年为 2000 年的 4.77 倍，历年年均增长 9.07%，"十三五"以来年均增长 10.87%，省域间人均值位次保持第 1 位。

在此期间，营业盈余地区差指数由 5.0597 缩小至 2.2272，极显著缩减 55.98%。营业盈余构成比由 26.71% 升至 26.71%，略微升高 0.00 个百分点，省域间构成比位次从第 3 位下降为第 8 位。

三 支出法产值构成子系统检测

2000 年以来上海支出法产值构成子系统结构性检测见图 3。

1. 支出法结构产值

2000 ~ 2018 年，上海支出法结构产值总量由 4551.15 亿元增至 32679.87 亿元，2018 年为 2000 年的 7.18 倍，历年年均增长 11.57%，"十三五"以来年均增长 9.16%。人均值由 28302.74 元增至 134982.00 元，2018 年为 2000 年的 4.77 倍，历年年均增长 9.07%，"十三五"以来年均增长 9.15%，省域间人均值位次从第 1 位下降为第 2 位。

在此期间，支出法产值地区差指数由 3.5532 缩小至 2.1256，极显著缩减 40.18%，省域间地区差位次从第 31 位上升为第 30 位，意味着与全国人均值的距离减小。

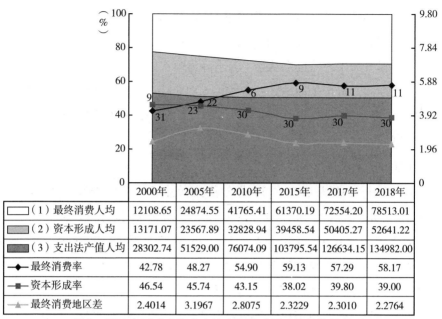

	2000年	2005年	2010年	2015年	2017年	2018年
□（1）最终消费人均	12108.65	24874.55	41765.41	61370.19	72554.20	78513.01
▨（2）资本形成人均	13171.07	23567.89	32828.94	39458.54	50405.27	52641.22
▨（3）支出法产值人均	28302.74	51529.00	76074.09	103795.54	126634.15	134982.00
◆最终消费率	42.78	48.27	54.90	59.13	57.29	58.17
■资本形成率	46.54	45.74	43.15	38.02	39.80	39.00
▲最终消费地区差	2.4014	3.1967	2.8075	2.3229	2.3010	2.2764

图3　2000年以来上海支出法产值构成子系统结构性检测

左轴面积：（1）最终消费支出、（2）资本形成、（3）支出法产值人均值（元转换为%），（3）－（1）－（2）＝货物与服务净流出，大多省域为负值，即（1）＋（2）＞（3），制图变通体现负值关系。右轴曲线：最终消费人均值地区差（偏差指数，无差距＝1）。左轴曲线：最终消费率、资本形成率（%），标注省间位次。正文另测算其余人均值地区差，检测各类位次。

2. 最终消费支出增长及构成比动态

同期，上海支出法产值构成之最终消费支出总量由1947.10亿元增至19008.42亿元，2018年为2000年的9.76倍，历年年均增长13.49%，"十三五"以来年均增长8.57%。人均值由12108.65元增至78513.01元，2018年为2000年的6.48倍，历年年均增长10.94%，"十三五"以来年均增长8.56%，省域间人均值位次从第1位下降为第2位。

在此期间，最终消费地区差指数由2.4014缩小至2.2764，明显缩减5.20%，省域间地区差位次从第31位上升为第30位。最终消费率（消费率）由42.78%升至58.17%，显著升高15.39个百分点，省域间比值位次从第31位上升为第11位。

3. 资本形成增长及构成比动态

同期，上海支出法产值构成之资本形成总额由2117.94亿元增至

12744.72 亿元，2018 年为 2000 年的 6.02 倍，历年年均增长 10.48%，"十三五"以来年均增长 10.09%。人均值由 13171.07 元增至 52641.22 元，2018 年为 2000 年的 4.00 倍，历年年均增长 8.00%，"十三五"以来年均增长 10.09%，省域间人均值位次从第 1 位下降为第 6 位。

在此期间，资本形成地区差指数由 4.8168 缩小至 1.8484，极显著缩减 61.63%，省域间地区差位次从第 31 位上升为第 26 位。资本形成率（投资率）由 46.54% 降至 39.00%，明显降低 7.54 个百分点，省域间比值位次从第 9 位下降为第 30 位。

四 经济生活收支综合子系统检测

2000 年以来上海经济生活收支综合子系统结构性检测见图4。

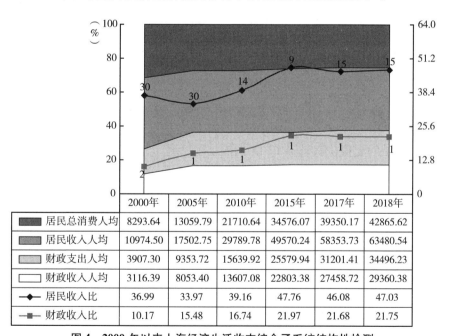

	2000年	2005年	2010年	2015年	2017年	2018年
居民总消费人均	8293.64	13059.79	21710.64	34576.07	39350.17	42865.62
居民收入人均	10974.50	17502.75	29789.78	49570.24	58353.73	63480.54
财政支出人均	3907.30	9353.72	15639.92	25579.94	31201.41	34496.23
财政收入人均	3116.39	8053.40	13607.08	22803.38	27458.72	29360.38
居民收入比	36.99	33.97	39.16	47.76	46.08	47.03
财政收入比	10.17	15.48	16.74	21.97	21.68	21.75

图4 2000 年以来上海经济生活收支综合子系统结构性检测

左轴面积：居民总消费、居民收入、财政支出、财政收入人均值（元转换为%），其间呈直观比例。右轴曲线：居民收入比、财政收入比（%），标注省域间位次。正文另测算居民消费率、财政支出比、各类人均值地区差、民生数据城乡比，检测各类位次。

（一）公共经济生活

1. 财政收入增长及相对比值动态

2000～2018 年，上海财政收入总量由 485.38 亿元增至 7108.15 亿元，2018 年为 2000 年的 14.64 倍，历年年均增长 16.08%，"十三五"以来年均增长 8.80%。人均值由 3116.39 元增至 29360.38 元，2018 年为 2000 年的 9.42 倍，历年年均增长 13.27%，"十三五"以来年均增长 8.79%，省域间人均值位次保持第 1 位。

与此同时，财政收入比由 10.17% 升至 21.75%，显著升高 11.58 个百分点，省域间比值位次从第 2 位上升为第 1 位。

2. 财政支出增长及相对比值动态

同期，上海财政支出总量由 608.56 亿元增至 8351.54 亿元，2018 年为 2000 年的 13.72 倍，历年年均增长 15.66%，"十三五"以来年均增长 10.49%。人均值由 3907.30 元增至 34496.23 元，2018 年为 2000 年的 8.83 倍，历年年均增长 12.86%，"十三五"以来年均增长 10.48%，省域间人均值位次从第 1 位下降为第 3 位。

与此同时，财政支出比由 12.75% 升至 25.56%，显著升高 12.81 个百分点，省域间比值位次从第 12 位下降为第 13 位。

3. 财政收入、财政支出地区差变化

在此期间，上海财政收入地区差指数由 2.9375 缩小至 2.2301，显著缩减 24.08%，地区均衡性显著增强，省域间地区差位次保持第 31 位；财政支出地区差指数由 3.1055 缩小至 2.1749，显著缩减 29.97%，地区均衡性显著增强，省域间地区差位次从第 31 位上升为第 29 位。

（二）人民经济生活

1. 居民收入增长及相对比值动态

2000～2018 年，上海居民收入总量由 1709.28 亿元增至 15368.64 亿元，2018 年为 2000 年的 8.99 倍，历年年均增长 12.98%，"十三五"以来年均

增长8.60%。城乡综合演算人均值由10974.50元增至63480.54元，2018年为2000年的5.78倍，历年年均增长10.24%，"十三五"以来年均增长8.59%，省域间人均值位次保持第1位。

与此同时，上海居民收入比由36.99%升至47.03%，显著升高10.04个百分点，省域间比值位次从第30位上升为第15位。

2. 居民总消费增长及相对比值动态

同期，上海居民总消费总量由1291.73亿元增至10377.77亿元，2018年为2000年的8.03倍，历年年均增长12.27%，"十三五"以来年均增长7.43%。城乡综合演算人均值由8293.64元增至42865.62元，2018年为2000年的5.17倍，历年年均增长9.55%，"十三五"以来年均增长7.43%，省域间人均值位次保持第1位。

与此同时，上海居民消费率由27.95%升至31.76%，明显升高3.81个百分点，省域间比值位次从第31位上升为第17位。

3. 居民收入、总消费地区差、城乡比变化

在此期间，上海居民收入地区差指数由2.9798缩小至2.1767，显著缩减26.95%，地区均衡性显著增强，省域间地区差位次保持第31位；居民收入城乡比指数由2.0939扩大至2.2398，明显扩增6.97%，城乡均衡性明显减弱，省域间城乡比位次从第2位下降为第5位。

上海居民总消费地区差指数由2.9084缩小至2.1029，显著缩减27.70%，地区均衡性显著增强，省域间地区差位次保持第31位；居民总消费城乡比指数由2.1433扩大至2.3048，明显扩增7.54%，城乡均衡性明显减弱，省域间城乡比位次从第1位下降为第26位。

五　经济增长通用指标动态测评

2000～2018年上海经济增长结构优化综合检测结果见图5。

1. 各年度理想值横向测评

以假定全国及各地全面消除城乡差距、地区差距为理想值100，2018年

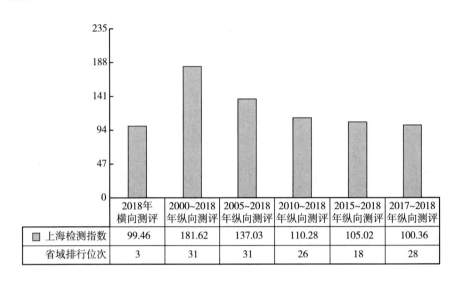

	2018年横向测评	2000~2018年纵向测评	2005~2018年纵向测评	2010~2018年纵向测评	2015~2018年纵向测评	2017~2018年纵向测评
▨ 上海检测指数	99.46	181.62	137.03	110.28	105.02	100.36
省域排行位次	3	31	31	26	18	28

图5 2000～2018年上海经济增长结构优化综合检测结果

数轴柱形：共时性年度横向测评（全国城乡地区无差距理想值＝100），类似"不论年龄比高矮"，有利于发达地区；历时性阶段纵向测评（起点年自身基数值＝100），类似"不论高矮比生长"，有利于后发地区，从左至右①"十五"以来，②"十一五"以来，③"十二五"以来，④"十三五"以来，⑤上年以来，多向度检测省域排行，考察不同阶段进展状况。

全国横向测评排行，上海指数为99.46。这表明与全国城乡、地区无差距理想值相比，上海经济增长结构优化全量化检测分值低于理想值0.54%，指数排名处于省域间第3位。

2. 2000年以来基数值纵向测评

以"九五"末年2000年各类数据演算指标为基数值100，"十五"以来至2018年纵向测评排行，上海指数为181.62。这表明与2000年自身基数值相比，上海经济增长结构优化全量化检测分值高于基数值81.62%，指数提升程度处于省域间第31位。

3. 2005年以来基数值纵向测评

以"十五"末年2005年各类数据演算指标为基数值100，"十一五"以来至2018年纵向测评排行，上海指数为137.03。这表明与2005年自身基数值相比，上海经济增长结构优化全量化检测分值高于基数值37.03%，指数提升程度处于省域间第 31 位。

4. 2010 年以来基数值纵向测评

以"十一五"末年 2010 年各类数据演算指标为基数值 100，"十二五"以来至 2018 年纵向测评排行，上海指数为 110. 28。这表明与 2010 年自身基数值相比，上海经济增长结构优化全量化检测分值高于基数值 10. 28%，指数提升程度处于省域间第 26 位。

5. 2015 年以来基数值纵向测评

以"十二五"末年 2015 年各类数据演算指标为基数值 100，"十三五"以来至 2018 年纵向测评排行，上海指数为 105. 02。这表明与 2015 年自身基数值相比，上海经济增长结构优化全量化检测分值高于基数值 5. 02%，指数提升程度处于省域间第 18 位。

6. 逐年度基数值纵向测评

逐年以上年各类数据演算指标为基数值 100，2017～2018 年纵向测评排行，上海指数为 100. 36。这表明与 2017 年自身基数值相比，上海经济增长结构优化全量化检测分值高于基数值 0. 36%，指数提升程度处于省域间第 28 位。

E.11
重庆：2005~2018年经济发展指数提升度第3位

付丙峰*

摘　要：　2000~2018年，重庆地区生产总值构成比中第二产业从
41.37%降至40.90%，第三产业从40.82%升至52.33%；
收入法产值构成比中劳动者报酬从54.23%降至41.02%，生
产税净额从16.45%升至16.48%，营业盈余从15.98%升至
29.00%；支出法产值构成比中最终消费率从62.25%降至
47.24%，资本形成率从43.23%升至54.24%；经济生活收
支中财政收入比从5.44%升至11.13%，居民收入比从
58.97%降至41.65%，居民消费率从48.91%降至30.13%。
产值、财政收入、财政支出、居民收入、总消费人均值地区
差全都缩小；居民收入、总消费人均值城乡比也全都缩小。
重庆经济增长结构优化排行：城乡、地区无差距理想值横向
测评为省域第14位；2000年、2005年、2010年、2015年和
2017年自身基数值纵向测评分别为省域第6位、第3位、第
3位、第11位和第25位。

关键词：　重庆　经济生产　经济生活　结构优化　综合排行

＊ 付丙峰，云南省社会科学院科研处研究实习员，主要从事国际问题、安全问题研究。

三次产业（生产法）产值结构主体子系统，收入法、支出法产值结构辅助子系统，面向公共经济生活、人民经济生活的收支综合子系统分别设置为一图，难以充分展开。当地数据检测更多细节可参看技术报告、排行报告由不同侧面展开的各地纵向历时动态、横向共时静态对比分析。

一 三次产业（生产法）产值构成子系统检测

2000年以来重庆三次产业（生产法）产值构成子系统结构性检测见图1。

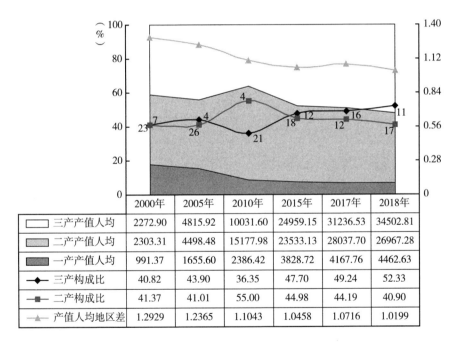

	2000年	2005年	2010年	2015年	2017年	2018年
三产产值人均	2272.90	4815.92	10031.60	24959.15	31236.53	34502.81
二产产值人均	2303.31	4498.48	15177.98	23533.13	28037.70	26967.28
一产产值人均	991.37	1655.60	2386.42	3828.72	4167.76	4462.63
三产构成比	40.82	43.90	36.35	47.70	49.24	52.33
二产构成比	41.37	41.01	55.00	44.98	44.19	40.90
产值人均地区差	1.2929	1.2365	1.1043	1.0458	1.0716	1.0199

图1 2000年以来重庆三次产业（生产法）产值构成子系统结构性检测

左轴面积：一、二、三产产值人均值（元转换为%），其和即生产法产值人均值，其间直观比例体现构成比关系。右轴曲线：生产法产值人均值地区差（偏差指数，无差距=1）。左轴曲线：二、三产构成比（%），标注省域间位次。正文另测算一、二、三产人均值地区差、一产构成比，检测各类位次。国家统计局据经济普查修订2000年生产法产值数据，但其中三次产业仅修订全国数据，为保持数据关系协调仍按年度发布数据演算各地构成比。

1. 生产法结构产值

2000～2018 年，重庆生产法结构产值总量由 1603.16 亿元增至 20363.19 亿元，2018 年为 2000 年的 12.70 倍，历年年均增长 15.17%，"十三五"以来（2015 年以来，后同）年均增长 9.02%。人均值由 5616.00 元增至 65932.72 元，2018 年为 2000 年的 11.74 倍，历年年均增长 14.66%，"十三五"以来年均增长 8.01%，省域间人均值位次（基于各地变化，后同）从第 18 位上升为第 11 位。

在此期间，生产法产值人均值地区差指数由 1.2929 缩小至 1.0199，明显缩减 21.11%，省域间地区差位次从第 10 位上升为第 2 位，意味着与全国人均值的距离减小。

2. 第一产业增长及构成比动态

同期，重庆第一产业产值总量由 283.00 亿元增至 1378.27 亿元，2018 年为 2000 年的 4.87 倍，历年年均增长 9.19%，"十三五"以来年均增长 6.22%。人均值由 991.37 元增至 4462.63 元，2018 年为 2000 年的 4.50 倍，历年年均增长 8.72%，"十三五"以来年均增长 5.24%，省域间人均值位次从第 21 位上升为第 17 位。

在此期间，第一产业产值人均值地区差指数由 1.1495 缩小至 1.0399，明显缩减 9.53%。第一产业构成比由 17.81% 降至 6.77%，显著降低 11.04 个百分点，省域间构成比位次从第 15 位下降为第 22 位。

3. 第二产业增长及构成比动态

同期，重庆第二产业产值总量由 657.51 亿元增至 8328.79 亿元，2018 年为 2000 年的 12.67 倍，历年年均增长 15.15%，"十三五"以来年均增长 5.62%。人均值由 2303.31 元增至 26967.28 元，2018 年为 2000 年的 11.71 倍，历年年均增长 14.65%，"十三五"以来年均增长 4.65%，省域间人均值位次从第 18 位上升为第 10 位。

在此期间，第二产业产值人均值地区差指数由 1.3631 缩小至 1.0262，明显缩减 24.72%。第二产业构成比由 41.37% 降至 40.90%，略微降低 0.47 个百分点，省域间构成比位次从第 23 位上升为第 17 位。

4. 第三产业增长及构成比动态

同期，重庆第三产业产值总量由648.83亿元增至10656.13亿元，2018年为2000年的16.42倍，历年年均增长16.82%，"十三五"以来年均增长12.43%。人均值由2272.90元增至34502.81元，2018年为2000年的15.18倍，历年年均增长16.31%，"十三五"以来年均增长11.40%，省域间人均值位次从第16位上升为第9位。

在此期间，第三产业产值人均值地区差指数由1.2807缩小至1.0233，明显缩减20.10%。第三产业构成比由40.82%升至52.33%，显著升高11.51个百分点，省域间构成比位次从第7位下降为第11位。

二 收入法产值构成子系统检测

2000年以来重庆收入法产值构成子系统结构性检测见图2。

1. 收入法结构产值

2000～2018年，重庆收入法结构产值总量由1589.34亿元增至20363.19亿元，2018年为2000年的12.81倍，历年年均增长15.22%，"十三五"以来年均增长9.02%。人均值由5567.59元增至65932.72元，2018年为2000年的11.84倍，历年年均增长14.72%，"十三五"以来年均增长8.01%，省域间人均值位次从第18位上升为第11位。

在此期间，收入法产值地区差指数由1.2896缩小至1.0199，明显缩减20.91%，省域间地区差位次从第10位上升为第2位，意味着与全国人均值的距离减小。

2. 劳动者报酬增长及构成比动态

同期，重庆收入法产值构成之劳动者报酬总量由861.91亿元增至8353.58亿元，2018年为2000年的9.69倍，历年年均增长13.45%，"十三五"以来年均增长8.22%。人均值由3019.34元增至27047.53元，2018年为2000年的8.96倍，历年年均增长12.95%，"十三五"以来年均增长

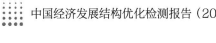
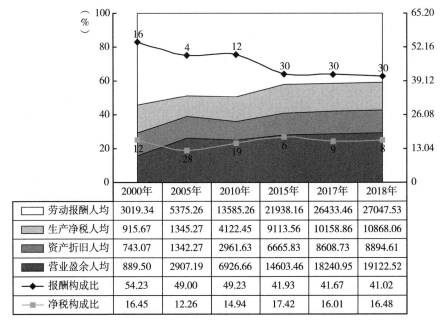

	2000年	2005年	2010年	2015年	2017年	2018年
劳动报酬人均	3019.34	5375.26	13585.26	21938.16	26433.46	27047.53
生产净税人均	915.67	1345.27	4122.45	9113.56	10158.86	10868.06
资产折旧人均	743.07	1342.27	2961.63	6665.83	8608.73	8894.61
营业盈余人均	889.50	2907.19	6926.66	14603.46	18240.95	19122.52
报酬构成比	54.23	49.00	49.23	41.93	41.67	41.02
净税构成比	16.45	12.26	14.94	17.42	16.01	16.48

图2 2000年以来重庆收入法产值构成子系统结构性检测

左轴面积：劳动者报酬、生产税净额、固定资产折旧、营业盈余人均值（元转换为%），其和即收入法产值人均值，其间直观比例体现构成比关系。右轴曲线：报酬、净税构成比（%），标注省域间位次。正文另测算各类人均值地区差、折旧、盈余构成比，检测各类位次。

7.23%，省域间人均值位次从第21位上升为第14位。

在此期间，劳动者报酬地区差指数由1.2502缩小至1.1154，明显缩减10.79%，省域间地区差位次从第14位上升为第6位。劳动者报酬构成比由54.23%降至41.02%，显著降低13.21个百分点，省域间构成比位次从第16位下降为第30位。

3. 生产税净额增长及构成比动态

同期，重庆收入法产值构成之生产税净额总量由261.39亿元增至3356.58亿元，2018年为2000年的12.84倍，历年年均增长15.24%，"十三五"以来年均增长7.03%。人均值由915.67元增至10868.06元，2018年为2000年的11.87倍，历年年均增长14.73%，"十三五"以来年均增长

6.04%，省域间人均值位次从第18位上升为第9位。

在此期间，生产税净额地区差指数由1.2415缩小至1.1805，较明显缩减4.91%。生产税净额构成比由16.45%升至16.48%，略微升高0.03个百分点，省域间构成比位次从第12位上升为第8位。

4. 固定资产折旧增长及构成比动态

同期，重庆收入法产值构成之固定资产折旧总量由212.12亿元增至2747.08亿元，2018年为2000年的12.95倍，历年年均增长15.29%，"十三五"以来年均增长11.11%。人均值由743.07元增至8894.61元，2018年为2000年的11.97倍，历年年均增长14.79%，"十三五"以来年均增长10.09%，省域间人均值位次保持第15位。

在此期间，资产折旧地区差指数由1.3302缩小至1.0253，明显缩减22.92%。资产折旧构成比由13.35%升至13.49%，略微升高0.14个百分点，省域间构成比位次从第14位下降为第16位。

5. 营业盈余增长及构成比动态

同期，重庆收入法产值构成之营业盈余总量由253.92亿元增至5905.95亿元，2018年为2000年的23.26倍，历年年均增长19.10%，"十三五"以来年均增长10.42%。人均值由889.50元增至19122.52元，2018年为2000年的21.50倍，历年年均增长18.58%，"十三五"以来年均增长9.40%，省域间人均值位次从第17位上升为第9位。

在此期间，营业盈余地区差指数由1.4046缩小至1.1813，明显缩减15.90%。营业盈余构成比由15.98%升至29.00%，显著升高13.02个百分点，省域间构成比位次从第16位上升为第4位。

三　支出法产值构成子系统检测

2000年以来重庆支出法产值构成子系统结构性检测见图3。

1. 支出法结构产值

2000~2018年，重庆支出法结构产值总量由1597.53亿元增至

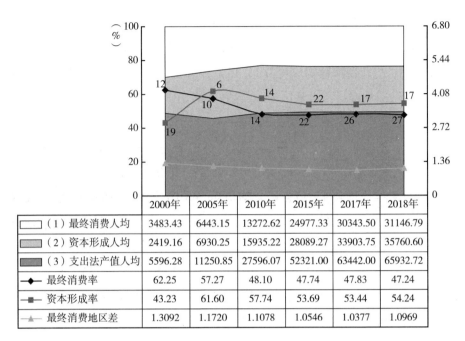

图3　2000年以来重庆支出法产值构成子系统结构性检测

左轴面积：（1）最终消费支出、（2）资本形成、（3）支出法产值人均值（元转换为%），（3）－（1）－（2）＝货物与服务净流出，大多省域为负值，即（1）＋（2）＞（3），制图变通体现负值关系。右轴曲线：最终消费人均值地区差（偏差指数，无差距＝1）。左轴曲线：最终消费率、资本形成率（%），标注省域间位次。正文另测算其余人均值地区差，检测各类位次。

20363.19亿元，2018年为2000年的12.75倍，历年年均增长15.19%，"十三五"以来年均增长9.02%。人均值由5596.28元增至65932.72元，2018年为2000年的11.78倍，历年年均增长14.69%，"十三五"以来年均增长8.01%，省域间人均值位次从第18位上升为第11位。

在此期间，支出法产值地区差指数由1.2974缩小至1.0383，明显缩减19.98%，省域间地区差位次从第10位上升至第2位，意味着与全国人均值的距离减小。

2.最终消费支出增长及构成比动态

同期，重庆支出法产值构成之最终消费支出总量由994.39亿元增至

9619.62 亿元，2018 年为 2000 年的 9.67 倍，历年年均增长 13.44%，"十三五"以来年均增长 8.64%。人均值由 3483.43 元增至 31146.79 元，2018 年为 2000 年的 8.94 倍，历年年均增长 12.94%，"十三五"以来年均增长 7.64%，省域间人均值位次保持第 17 位。

在此期间，最终消费地区差指数由 1.3092 缩小至 1.0969，明显缩减 16.21%，省域间地区差位次从第 14 位上升为第 11 位。最终消费率（消费率）由 62.25% 降至 47.24%，显著降低 15.01 个百分点，省域间比值位次从第 12 位下降为第 27 位。

3. 资本形成增长及构成比动态

同期，重庆支出法产值构成之资本形成总额由 690.58 亿元增至 11044.59 亿元，2018 年为 2000 年的 15.99 倍，历年年均增长 16.65%，"十三五"以来年均增长 9.39%。人均值由 2419.16 元增至 35760.60 元，2018 年为 2000 年的 14.78 倍，历年年均增长 16.14%，"十三五"以来年均增长 8.38%，省域间人均值位次保持第 19 位。

在此期间，资本形成地区差指数由 1.1153 扩大至 1.2556，明显扩增 12.58%，省域间地区差位次从第 4 位下降为第 11 位。资本形成率（投资率）由 43.23% 升至 54.24%，显著升高 11.01 个百分点，省域间比值位次从第 19 位上升为第 17 位。

四 经济生活收支综合子系统检测

2000 年以来重庆经济生活收支综合子系统结构性检测见图 4。

（一）公共经济生活

1. 财政收入增长及相对比值动态

2000～2018 年，重庆财政收入总量由 87.24 亿元增至 2265.54 亿元，2018 年为 2000 年的 25.97 倍，历年年均增长 19.83%，"十三五"以来年均增长 1.68%。人均值由 282.94 元增至 7335.22 元，2018 年为 2000 年的

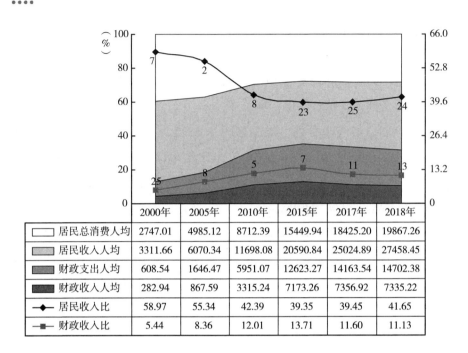

	2000年	2005年	2010年	2015年	2017年	2018年
☐ 居民总消费人均	2747.01	4985.12	8712.39	15449.94	18425.20	19867.26
▨ 居民收入人均	3311.66	6070.34	11698.08	20590.84	25024.89	27458.45
▨ 财政支出人均	608.54	1646.47	5951.07	12623.27	14163.54	14702.38
■ 财政收入人均	282.94	867.59	3315.24	7173.26	7356.92	7335.22
◆ 居民收入比	58.97	55.34	42.39	39.35	39.45	41.65
■ 财政收入比	5.44	8.36	12.01	13.71	11.60	11.13

图4 2000年以来重庆经济生活收支综合子系统结构性检测

左轴面积：居民总消费、居民收入、财政支出、财政收入人均值（元转换为%），其间
呈直观比例。右轴曲线：居民收入比、财政收入比（%），标注省域间位次。正文另测算居
民消费率、财政支出比、各类人均值地区差、民生数据城乡比，检测各类位次。

25.93倍，历年年均增长19.82%，"十三五"以来年均增长0.75%，省域
间人均值位次从第24位上升为第10位。

与此同时，财政收入比由5.44%升至11.13%，明显升高5.69个百分
点，省域间比值位次从第25位上升为第13位。

2.财政支出增长及相对比值动态

同期，重庆财政支出总量由187.64亿元增至4540.95亿元，2018年为
2000年的24.20倍，历年年均增长19.37%，"十三五"以来年均增长
6.19%。人均值由608.54元增至14702.38元，2018年为2000年的24.16
倍，历年年均增长19.35%，"十三五"以来年均增长5.21%，省域间人均
值位次从第24位上升为第11位。

与此同时，财政支出比由11.70%升至22.30%，显著升高10.60个百

分点，省域间比值位次从第 17 位下降为第 18 位。

3. 财政收入、财政支出地区差变化

在此期间，重庆财政收入地区差指数由 1.7333 缩小至 1.4428，明显缩减 16.76%，地区均衡性明显增强，省域间地区差位次从第 22 位上升为第 8 位；财政支出地区差指数由 1.5163 缩小至 1.0731，显著缩减 29.23%，地区均衡性显著增强，省域间地区差位次从第 20 位上升为第 2 位。

（二）人民经济生活

1. 居民收入增长及相对比值动态

2000～2018 年，重庆居民收入总量由 1021.15 亿元增至 8480.76 亿元，2018 年为 2000 年的 8.31 倍，历年年均增长 12.48%，"十三五"以来年均增长 11.09%。城乡综合演算人均值由 3311.66 元增至 27458.45 元，2018 年为 2000 年的 8.29 倍，历年年均增长 12.47%，"十三五"以来年均增长 10.07%，省域间人均值位次从第 16 位上升为第 11 位。

与此同时，重庆居民收入比由 58.97% 降至 41.65%，显著降低 17.32 个百分点，省域间比值位次从第 7 位下降为第 24 位。

2. 居民总消费增长及相对比值动态

同期，重庆居民总消费总量由 847.04 亿元增至 6136.16 亿元，2018 年为 2000 年的 7.24 倍，历年年均增长 11.63%，"十三五"以来年均增长 9.76%。城乡综合演算人均值由 2747.01 元增至 19867.26 元，2018 年为 2000 年的 7.23 倍，历年年均增长 11.62%，"十三五"以来年均增长 8.74%，省域间人均值位次从第 13 位上升为第 11 位。

与此同时，重庆居民消费率由 48.91% 降至 30.13%，显著降低 18.78 个百分点，省域间比值位次从第 4 位下降为第 22 位。

3. 居民收入、总消费地区差、城乡比变化

在此期间，重庆居民收入地区差指数由 1.1008 缩小至 1.0585，略微缩减 3.85%，地区均衡性略微增强，省域间地区差位次从第 8 位上升为第 4 位；居民收入城乡比指数由 3.3163 缩小至 2.5317，显著缩减 23.66%，城

乡均衡性显著增强，省域间城乡比位次从第 24 位上升为第 16 位。

重庆居民总消费地区差指数由 1.0367 缩小至 1.0254，略微缩减 1.09%，地区均衡性略微增强，省域间地区差位次从第 4 位上升为第 3 位；居民总消费城乡比指数由 3.9912 缩小至 2.0167，极显著缩减 49.47%，城乡均衡性极显著增强，省域间城乡比位次从第 29 位上升为第 15 位。

五　经济增长通用指标动态测评

2000~2018 年重庆经济增长结构优化综合检测结果见图 5。

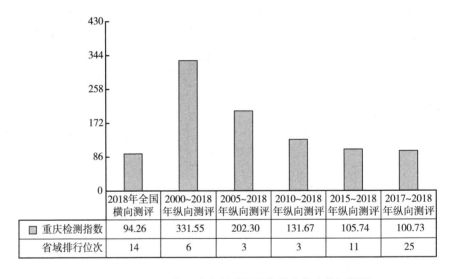

	2018年全国横向测评	2000~2018年纵向测评	2005~2018年纵向测评	2010~2018年纵向测评	2015~2018年纵向测评	2017~2018年纵向测评
重庆检测指数	94.26	331.55	202.30	131.67	105.74	100.73
省域排行位次	14	6	3	3	11	25

图 5　2000~2018 年重庆经济增长结构优化综合检测结果

数轴柱形：共时性年度横向测评（全国城乡地区无差距理想值＝100），类似"不论年龄比高矮"，有利于发达地区；历时性阶段纵向测评（起点年自身基数值＝100），类似"不论高矮比生长"，有利于后发地区，从左至右①"十五"以来，②"十一五"以来，③"十二五"以来，④"十三五"以来，⑤上年以来，多向度检测省域排行，考察不同阶段进展状况。

1. 各年度理想值横向测评

以假定全国及各地全面消除城乡差距、地区差距为理想值 100，2018 年全国横向测评排行，重庆指数为 94.26。这表明与全国城乡、地区无差距理想值相比, 重庆经济增长结构优化全量化检测分值低于理想值5.74%, 指数排名处于省域间第14位。

2. 2000年以来基数值纵向测评

以"九五"末年2000年各类数据演算指标为基数值100, "十五"以来至2018年纵向测评排行, 重庆指数为331.55。这表明与2000年自身基数值相比, 重庆经济增长结构优化全量化检测分值高于基数值231.55%, 指数提升程度处于省域间第6位。

3. 2005年以来基数值纵向测评

以"十五"末年2005年各类数据演算指标为基数值100, "十一五"以来至2018年纵向测评排行, 重庆指数为202.30。这表明与2005年自身基数值相比, 重庆经济增长结构优化全量化检测分值高于基数值102.30%, 指数提升程度处于省域间第3位。

4. 2010年以来基数值纵向测评

以"十一五"末年2010年各类数据演算指标为基数值100, "十二五"以来至2018年纵向测评排行, 重庆指数为131.67。这表明与2010年自身基数值相比, 重庆经济增长结构优化全量化检测分值高于基数值31.67%, 指数提升程度处于省域间第3位。

5. 2015年以来基数值纵向测评

以"十二五"末年2015年各类数据演算指标为基数值100, "十三五"以来至2018年纵向测评排行, 重庆指数为105.74。这表明与2015年自身基数值相比, 重庆经济增长结构优化全量化检测分值高于基数值5.74%, 指数提升程度处于省域间第11位。

6. 逐年度基数值纵向测评

逐年以上年各类数据演算指标为基数值100, 2017～2018年纵向测评排行, 重庆指数为100.73。这表明与2017年自身基数值相比, 重庆经济增长结构优化全量化检测分值高于基数值0.73%, 指数提升程度处于省域间第25位。

E.12
四川：2015~2018年经济发展
指数提升度第3位

马建宇*

摘　要： 2000~2018年，四川地区生产总值构成比中第二产业从
42.40%降至37.67%，第三产业从34.02%升至51.45%；
收入法产值构成比中劳动者报酬从56.44%降至47.50%，生
产税净额从16.02%降至15.40%，营业盈余从15.85%升至
22.41%；支出法产值构成比中最终消费率从62.91%降至
51.92%，资本形成率从37.04%升至49.36%；经济生活收
支中财政收入比从5.95%升至9.61%，居民收入比从
59.38%降至48.24%，居民消费率从47.67%降至37.37%。
产值、财政收入、财政支出、居民收入、总消费人均值地区
差全都缩小；居民收入、总消费人均值城乡比也全都缩小。
四川经济增长结构优化排行：城乡、地区无差距理想值横向
测评为省域第20位；2000年、2005年、2010年、2015年和
2017年自身基数值纵向测评分别为省域第10位、第8位、
第8位、第3位和第9位。

关键词： 四川　经济生产　经济生活　结构优化　综合排行

---

　* 马建宇，云南省社会科学院经济研究所副研究员，主要从事应用经济研究。

三次产业（生产法）产值结构主体子系统，收入法、支出法产值结构辅助子系统，面向公共经济生活、人民经济生活的收支综合子系统分别设置为一图，难以充分展开。当地数据检测更多细节可参看技术报告、排行报告由不同侧面展开的各地纵向历时动态、横向共时静态对比分析。

一 三次产业（生产法）产值构成子系统检测

2000年以来四川三次产业（生产法）产值构成子系统结构性检测见图1。

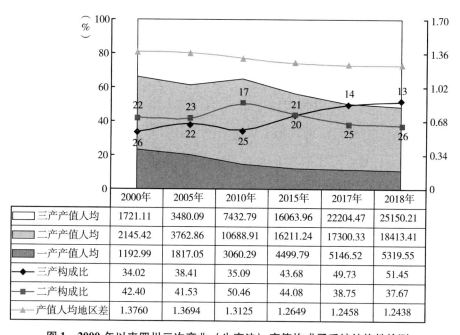

	2000年	2005年	2010年	2015年	2017年	2018年
□三产产值人均	1721.11	3480.09	7432.79	16063.96	22204.47	25150.21
▨二产产值人均	2145.42	3762.86	10688.91	16211.24	17300.33	18413.41
▨一产产值人均	1192.99	1817.05	3060.29	4499.79	5146.52	5319.55
◆三产构成比	34.02	38.41	35.09	43.68	49.73	51.45
■二产构成比	42.40	41.53	50.46	44.08	38.75	37.67
▲产值人均地区差	1.3760	1.3694	1.3125	1.2649	1.2458	1.2438

图1 2000年以来四川三次产业（生产法）产值构成子系统结构性检测

左轴面积：一、二、三产值人均值（元转换为%），其和即生产法产值人均值，其间直观比例体现构成比关系。右轴曲线：生产法产值人均值地区差（偏差指数，无差距=1）。左轴曲线：二、三产构成比（%），标注省域间位次。正文另测算一、二、三产人均值地区差、一产构成比，检测各类位次。国家统计局据经济普查修订2000年生产法产值数据，但其中三次产业仅修订全国数据，为保持数据关系协调仍按年度发布数据演算各地构成比。

1. 生产法结构产值

2000～2018年，四川生产法结构产值总量由3928.20亿元增至40678.13亿元，2018 年为 2000 年的 10.36 倍，历年年均增长 13.87%，"十三五"以来（2015 年以来，后同）年均增长 10.62%。人均值由 4956.00 元增至 48883.17 元，2018 年为 2000 年的 9.86 倍，历年年均增长 13.56%，"十三五"以来年均增长 9.95%，省域间人均值位次（基于各地变化，后同）从第 24 位上升为第 20 位。

在此期间，生产法产值人均值地区差指数由 1.3760 缩小至 1.2438，明显缩减 9.61%，省域间地区差位次从第 16 位上升为第 13 位，意味着与全国人均值的距离减小。

2. 第一产业增长及构成比动态

同期，四川第一产业产值总量由 945.58 亿元增至 4426.66 亿元，2018 年为 2000 年的 4.68 倍，历年年均增长 8.95%，"十三五"以来年均增长 6.38%。人均值由 1192.99 元增至 5319.55 元，2018 年为 2000 年的 4.46 倍，历年年均增长 8.66%，"十三五"以来年均增长 5.74%，省域间人均值位次从第 16 位上升为第 9 位。

在此期间，第一产业产值人均值地区差指数由 1.0235 扩大至 1.1445，明显扩增 11.82%。第一产业构成比由 23.58% 降至 10.88%，显著降低 12.70 个百分点，省域间构成比位次保持第 8 位。

3. 第二产业增长及构成比动态

同期，四川第二产业产值总量由 1700.49 亿元增至 15322.72 亿元，2018 年为 2000 年的 9.01 倍，历年年均增长 12.99%，"十三五"以来年均增长 4.97%。人均值由 2145.42 元增至 18413.41 元，2018 年为 2000 年的 8.58 倍，历年年均增长 12.69%，"十三五"以来年均增长 4.34%，省域间人均值位次从第 22 位下降为第 25 位。

在此期间，第二产业产值人均值地区差指数由 1.4068 缩小至 1.2993，明显缩减 7.64%。第二产业构成比由 42.40% 降至 37.67%，明显降低 4.73 个百分点，省域间构成比位次从第 22 位下降为第 26 位。

4. 第三产业增长及构成比动态

同期，四川第三产业产值总量由 1364.18 亿元增至 20928.75 亿元，2018 年为 2000 年的 15.34 倍，历年年均增长 16.38%，"十三五"以来年均增长 16.82%。人均值由 1721.11 元增至 25150.21 元，2018 年为 2000 年的 14.61 倍，历年年均增长 16.07%，"十三五"以来年均增长 16.12%，省域间人均值位次从第 25 位上升为第 18 位。

在此期间，第三产业产值人均值地区差指数由 1.4553 缩小至 1.2541，明显缩减 13.83%。第三产业构成比由 34.02% 升至 51.45%，显著升高 17.43 个百分点，省域间构成比位次从第 26 位上升为第 13 位。

二 收入法产值构成子系统检测

2000 年以来四川收入法产值构成子系统结构性检测见图 2。

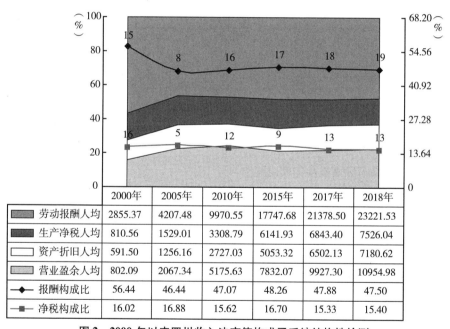

	2000年	2005年	2010年	2015年	2017年	2018年
劳动报酬人均	2855.37	4207.48	9970.55	17747.68	21378.50	23221.53
生产净税人均	810.56	1529.01	3308.79	6141.93	6843.40	7526.04
资产折旧人均	591.50	1256.16	2727.03	5053.32	6502.13	7180.62
营业盈余人均	802.09	2067.34	5175.63	7832.07	9927.30	10954.98
报酬构成比	56.44	46.44	47.07	48.26	47.88	47.50
净税构成比	16.02	16.88	15.62	16.70	15.33	15.40

图 2 2000 年以来四川收入法产值构成子系统结构性检测

左轴面积：劳动者报酬、生产税净额、固定资产折旧、营业盈余人均值（元转换为%），其和即收入法产值人均值，其间直观比例体现构成比关系。右轴曲线：报酬、净税构成比（%），标注省域间位次。正文另测算各类人均值地区差、折旧、盈余构成比，检测各类位次。

1. 收入法结构产值

2000～2018 年，四川收入法结构产值总量由 4010.25 亿元增至

40678.13 亿元，2018 年为 2000 年的 10.14 倍，历年年均增长 13.74%，"十三五"以来年均增长 10.62%。人均值由 5059.52 元增至 48883.17 元，2018 年为 2000 年的 9.66 倍，历年年均增长 13.43%，"十三五"以来年均增长 9.95%，省域间人均值位次从第 22 位上升为第 20 位。

在此期间，收入法产值地区差指数由 1.3545 缩小至 1.2438，明显缩减 8.17%，省域间地区差位次从第 14 位上升为第 13 位，意味着与全国人均值的距离减小。

2. 劳动者报酬增长及构成比动态

同期，四川收入法产值构成之劳动者报酬总量由 2263.21 亿元增至 19323.79 亿元，2018 年为 2000 年的 8.54 倍，历年年均增长 12.65%，"十三五"以来年均增长 10.04%。人均值由 2855.37 元增至 23221.53 元，2018 年为 2000 年的 8.13 倍，历年年均增长 12.35%，"十三五"以来年均增长 9.37%，省域间人均值位次从第 24 位上升为第 23 位。

在此期间，劳动者报酬地区差指数由 1.2910 缩小至 1.2405，较明显缩减 3.91%，省域间地区差位次从第 17 位上升为第 16 位。劳动者报酬构成比由 56.44% 降至 47.50%，明显降低 8.94 个百分点，省域间构成比位次从第 15 位下降为第 19 位。

3. 生产税净额增长及构成比动态

同期，四川收入法产值构成之生产税净额总量由 642.46 亿元增至 6262.80 亿元，2018 年为 2000 年的 9.75 倍，历年年均增长 13.49%，"十三五"以来年均增长 7.66%。人均值由 810.56 元增至 7526.04 元，2018 年为 2000 年的 9.29 倍，历年年均增长 13.18%，"十三五"以来年均增长 7.01%，省域间人均值位次从第 22 位上升为第 19 位。

在此期间，生产税净额地区差指数由 1.3285 缩小至 1.1825，明显缩减 10.99%。生产税净额构成比由 16.02% 降至 15.40%，略微降低 0.62 个百分点，省域间构成比位次从第 16 位上升为第 13 位。

4. 固定资产折旧增长及构成比动态

同期，四川收入法产值构成之固定资产折旧总量由 468.83 亿元增至 5975.36 亿元，2018 年为 2000 年的 12.75 倍，历年年均增长 15.19%，"十

"三五"以来年均增长 13.11%。人均值由 591.50 元增至 7180.62 元，2018
年为 2000 年的 12.14 倍，历年年均增长 14.88%，"十三五"以来年均增长
12.42%，省域间人均值位次从第 24 位上升为第 20 位。

在此期间，资产折旧地区差指数由 1.4668 缩小至 1.1723，明显缩减
20.08%。资产折旧构成比由 11.69% 升至 14.69%，较明显升高 3.00 个百
分点，省域间构成比位次从第 20 位上升为第 11 位。

5. 营业盈余增长及构成比动态

同期，四川收入法产值构成之营业盈余总量由 635.75 亿元增至
9116.19 亿元，2018 年为 2000 年的 14.34 倍，历年年均增长 15.94%，"十
三五"以来年均增长 12.51%。人均值由 802.09 元增至 10954.98 元，2018
年为 2000 年的 13.66 倍，历年年均增长 15.63%，"十三五"以来年均增长
11.84%，省域间人均值位次从第 19 位下降为第 20 位。

在此期间，营业盈余地区差指数由 1.4631 缩小至 1.3232，明显缩减
9.56%。营业盈余构成比由 15.85% 升至 22.41%，明显升高 6.56 个百分
点，省域间构成比位次从第 17 位下降为第 19 位。

三 支出法产值构成子系统检测

2000 年以来四川支出法产值构成子系统结构性检测见图 3。

1. 支出法结构产值

2000 ～ 2018 年，四川支出法结构产值总量由 4010.25 亿元增至
40678.13 亿元，2018 年为 2000 年的 10.14 倍，历年年均增长 13.74%，"十
三五"以来年均增长 10.62%。人均值由 5059.52 元增至 48883.17 元，2018
年为 2000 年的 9.66 倍，历年年均增长 13.43%，"十三五"以来年均增长
9.95%，省域间人均值位次从第 21 位上升为第 20 位。

在此期间，支出法产值地区差指数由 1.3648 缩小至 1.2302，明显缩减
9.86%，省域间地区差位次保持第 13 位，意味着与全国人均值的距离减小。

2. 最终消费支出增长及构成比动态

同期，四川支出法产值构成之最终消费支出总量由 2522.87 亿元增至

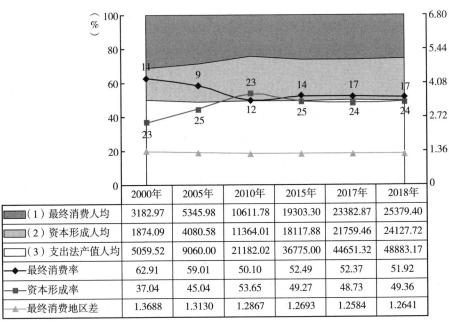

	2000年	2005年	2010年	2015年	2017年	2018年
（1）最终消费人均	3182.97	5345.98	10611.78	19303.30	23382.87	25379.40
（2）资本形成人均	1874.09	4080.58	11364.01	18117.88	21759.46	24127.72
（3）支出法产值人均	5059.52	9060.00	21182.02	36775.00	44651.32	48883.17
最终消费率	62.91	59.01	50.10	52.49	52.37	51.92
资本形成率	37.04	45.04	53.65	49.27	48.73	49.36
最终消费地区差	1.3688	1.3130	1.2867	1.2693	1.2584	1.2641

图3　2000年以来四川支出法产值构成子系统结构性检测

左轴面积：（1）最终消费支出、（2）资本形成、（3）支出法产值人均值（元转换为%），（3）－（1）－（2）＝货物与服务净流出，大多省域为负值，即（1）＋（2）＞（3），制图变通体现负值关系。右轴曲线：最终消费人均值地区差（偏差指数，无差距＝1）。左轴曲线：最终消费率、资本形成率（%），标注省间位次。正文另测算其余人均值地区差，检测各类位次。

21119.47亿元，2018年为2000年的8.37倍，历年年均增长12.53%，"十三五"以来年均增长10.21%。人均值由3182.97元增至25379.40元，2018年为2000年的7.97倍，历年年均增长12.23%，"十三五"以来年均增长9.55%，省域间人均值位次从第24位上升为第23位。

在此期间，最终消费地区差指数由1.3688缩小至1.2641，明显缩减7.64%，省域间地区差位次从第21位上升为第18位。最终消费率（消费率）由62.91%降至51.92%，显著降低10.99个百分点，省域间比值位次从第11位下降为第17位。

3. 资本形成增长及构成比动态

同期，四川支出法产值构成之资本形成总额由1485.43亿元增至20077.88亿元，2018年为2000年的13.52倍，历年年均增长15.56%，"十

"三五"以来年均增长10.69%。人均值由1874.09元增至24127.72元，2018年为2000年的12.87倍，历年年均增长15.25%，"十三五"以来年均增长10.02%，省域间人均值位次从第24位下降为第27位。

在此期间，资本形成地区差指数由1.3146缩小至1.1528，明显缩减12.31%，省域间地区差位次从第16位上升为第7位。资本形成率（投资率）由37.04%升至49.36%，显著升高12.32个百分点，省域间比值位次从第23位下降为第24位。

四　经济生活收支综合子系统检测

2000年以来四川经济生活收支综合子系统结构性检测见图4。

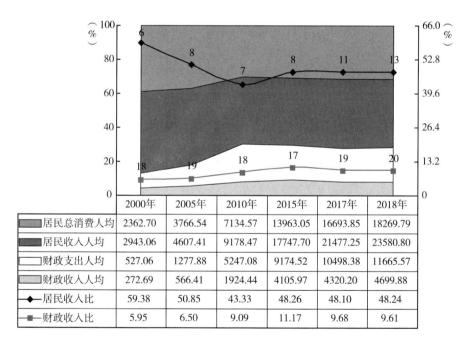

	2000年	2005年	2010年	2015年	2017年	2018年
居民总消费人均	2362.70	3766.54	7134.57	13963.05	16693.85	18269.79
居民收入人均	2943.06	4607.41	9178.47	17747.70	21477.25	23580.80
财政支出人均	527.06	1277.88	5247.08	9174.52	10498.38	11665.57
财政收入人均	272.69	566.41	1924.44	4105.97	4320.20	4699.88
居民收入比	59.38	50.85	43.33	48.26	48.10	48.24
财政收入比	5.95	6.50	9.09	11.17	9.68	9.61

图4　2000年以来四川经济生活收支综合子系统结构性检测

左轴面积：居民总消费、居民收入、财政支出、财政收入人均值（元转换为%），其间呈直观比例。右轴曲线：居民收入比、财政收入比（%），标注省域间位次。正文另测算居民消费率、财政支出比、各类人均值地区差、民生数据城乡比，检测各类位次。

（一）公共经济生活

1. 财政收入增长及相对比值动态

2000～2018 年，四川财政收入总量由 233.86 亿元增至 3911.01 亿元，2018 年为 2000 年的 16.72 倍，历年年均增长 16.94%，"十三五"以来年均增长 5.24%。人均值由 272.69 元增至 4699.88 元，2018 年为 2000 年的 17.23 倍，历年年均增长 17.14%，"十三五"以来年均增长 4.61%，省域间人均值位次从第 25 位上升为第 22 位。

与此同时，财政收入比由 5.95% 升至 9.61%，明显升高 3.66 个百分点，省域间比值位次从第 18 位下降为第 20 位。

2. 财政支出增长及相对比值动态

同期，四川财政支出总量由 452.00 亿元增至 9707.50 亿元，2018 年为 2000 年的 21.48 倍，历年年均增长 18.58%，"十三五"以来年均增长 8.99%。人均值由 527.06 元增至 11665.57 元，2018 年为 2000 年的 22.13 倍，历年年均增长 18.77%，"十三五"以来年均增长 8.34%，省域间人均值位次从第 29 位上升为第 24 位。

与此同时，财政支出比由 11.51% 升至 23.86%，显著升高 12.35 个百分点，省域间比值位次从第 18 位上升为第 17 位。

3. 财政收入、财政支出地区差变化

在此期间，四川财政收入地区差指数由 1.7430 缩小至 1.6430，较明显缩减 5.73%，地区均衡性较明显增强，省域间地区差位次从第 23 位上升为第 20 位；财政支出地区差指数由 1.5811 缩小至 1.2645，明显缩减 20.02%，地区均衡性明显增强，省域间地区差位次从第 26 位上升为第 18 位。

（二）人民经济生活

1. 居民收入增长及相对比值动态

2000～2018 年，四川居民收入总量由 2523.97 亿元增至 19622.77 亿元，

2018年为2000年的7.77倍，历年年均增长12.07%，"十三五"以来年均增长10.60%。城乡综合演算人均值由2943.06元增至23580.80元，2018年为2000年的8.01倍，历年年均增长12.26%，"十三五"以来年均增长9.94%，省域间人均值位次从第20位上升为第19位。

与此同时，四川居民收入比由59.38%降至48.24%，显著降低11.14个百分点，省域间比值位次从第6位下降为第13位。

2. 居民总消费增长及相对比值动态

同期，四川居民总消费总量由2026.25亿元增至15203.21亿元，2018年为2000年的7.50倍，历年年均增长11.85%，"十三五"以来年均增长10.04%。城乡综合演算人均值由2362.70元增至18269.79元，2018年为2000年的7.73倍，历年年均增长12.03%，"十三五"以来年均增长9.37%，省域间人均值位次从第18位上升为第14位。

与此同时，四川居民消费率由47.67%降至37.37%，显著降低10.30个百分点，省域间比值位次从第5位上升为第4位。

3. 居民收入、总消费地区差、城乡比变化

在此期间，四川居民收入地区差指数由1.2009缩小至1.1914，略微缩减0.79%，地区均衡性略微增强，省域间地区差位次保持第13位；居民收入城乡比指数由3.0964缩小至2.4916，显著缩减19.53%，城乡均衡性显著增强，省域间城乡比位次从第22位上升为第15位。

四川居民总消费地区差指数由1.1715缩小至1.1037，较明显缩减5.78%，地区均衡性较明显增强，省域间地区差位次从第11位上升为第7位；居民总消费城乡比指数由3.2708缩小至1.8458，极显著缩减43.57%，城乡均衡性极显著增强，省域间城乡比位次从第22位上升为第6位。

五　经济增长通用指标动态测评

2000～2018年四川经济增长结构优化综合检测结果见图5。

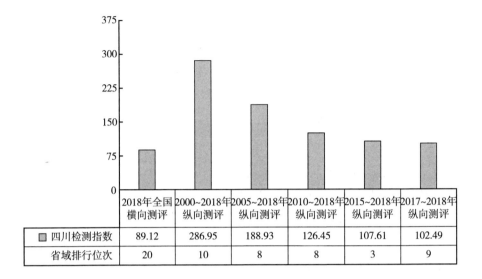

	2018年全国横向测评	2000~2018年纵向测评	2005~2018年纵向测评	2010~2018年纵向测评	2015~2018年纵向测评	2017~2018年纵向测评
四川检测指数	89.12	286.95	188.93	126.45	107.61	102.49
省域排行位次	20	10	8	8	3	9

图5　2000～2018年四川经济增长结构优化综合检测结果

数轴柱形：共时性年度横向测评（全国城乡地区无差距理想值＝100），类似"不论年龄比高矮"，有利于发达地区；历时性阶段纵向测评（起点年自身基数值＝100），类似"不论高矮比生长"，有利于后发地区，从左至右①"十五"以来，②"十一五"以来，③"十二五"以来，④"十三五"以来，⑤上年以来，多向度检测省域排行，考察不同阶段进展状况。

1. 各年度理想值横向测评

以假定全国及各地全面消除城乡差距、地区差距为理想值100，2018年全国横向测评排行，四川指数为89.12。这表明与全国城乡、地区无差距理想值相比，四川经济增长结构优化全量化检测分值低于理想值10.88%，指数排名处于省域间第20位。

2. 2000年以来基数值纵向测评

以"九五"末年2000年各类数据演算指标为基数值100，"十五"以来至2018年纵向测评排行，四川指数为286.95。这表明与2000年自身基数值相比，四川经济增长结构优化全量化检测分值高于基数值186.95%，指数提升程度处于省域间第10位。

3. 2005年以来基数值纵向测评

以"十五"末年2005年各类数据演算指标为基数值100，"十一五"以来至2018年纵向测评排行，四川指数为188.93。这表明与2005年自身基数值相比，四川经济增长结构优化全量化检测分值高于基数值88.93%，指数提升程度处于省域间第8位。

4. 2010年以来基数值纵向测评

以"十一五"末年2010年各类数据演算指标为基数值100，"十二五"以来至2018年纵向测评排行，四川指数为126.45。这表明与2010年自身基数值相比，四川经济增长结构优化全量化检测分值高于基数值26.45%，指数提升程度处于省域间第8位。

5. 2015年以来基数值纵向测评

以"十二五"末年2015年各类数据演算指标为基数值100，"十三五"以来至2018年纵向测评排行，四川指数为107.61。这表明与2015年自身基数值相比，四川经济增长结构优化全量化检测分值高于基数值7.61%，指数提升程度处于省域间第3位。

6. 逐年度基数值纵向测评

逐年以上年各类数据演算指标为基数值100，2017～2018年纵向测评排行，四川指数为102.49。这表明与2017年自身基数值相比，四川经济增长结构优化全量化检测分值高于基数值2.49%，指数提升程度处于省域间第9位。

B.13
内蒙古：2018年经济发展
指数排名第4位

王国爱*

摘　要： 2000～2018年，内蒙古地区生产总值构成比中第二产业从39.71%降至39.37%，第三产业从35.26%升至50.48%；收入法产值构成比中劳动者报酬从62.50%降至47.60%，生产税净额从12.34%升至17.22%，营业盈余从13.96%升至21.82%；支出法产值构成比中最终消费率从56.56%降至52.27%，资本形成率从44.09%升至65.21%；经济生活收支中财政收入比从6.17%升至10.74%，居民收入比从51.36%降至42.58%，居民消费率从39.82%降至29.29%。产值、财政收入、居民收入、总消费人均值地区差缩小，但财政支出人均值地区差扩大；居民总消费人均值城乡比缩小，但居民收入人均值城乡比扩大。内蒙古经济增长结构优化排行：城乡、地区无差距理想值横向测评为省域第4位；2000年、2005年、2010年、2015年和2017年自身基数值纵向测评分别为省域第4位、第18位、第23位、第23位和第18位。

关键词： 内蒙古　经济生产　经济生活　结构优化　综合排行

---

* 王国爱，云南省社会科学院民族学研究所副研究员，主要从事民族文化研究。

三次产业（生产法）产值结构主体子系统，收入法、支出法产值结构辅助子系统，面向公共经济生活、人民经济生活的收支综合子系统分别设置为一图，难以充分展开。当地数据检测更多细节可参看技术报告、排行报告由不同侧面展开的各地纵向历时动态、横向共时静态对比分析。

一 三次产业（生产法）产值构成子系统检测

2000年以来内蒙古三次产业（生产法）产值构成子系统结构性检测见图1。

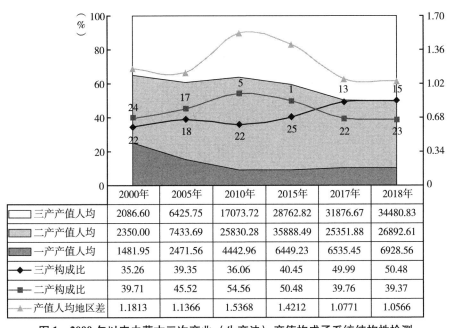

	2000年	2005年	2010年	2015年	2017年	2018年
三产产值人均	2086.60	6425.75	17073.72	28762.82	31876.67	34480.83
二产产值人均	2350.00	7433.69	25830.28	35888.49	25351.88	26892.61
一产产值人均	1481.95	2471.56	4442.96	6449.23	6535.45	6928.56
三产构成比	35.26	39.35	36.06	40.45	49.99	50.48
二产构成比	39.71	45.52	54.56	50.48	39.76	39.37
产值人均地区差	1.1813	1.1366	1.5368	1.4212	1.0771	1.0566

图1 2000年以来内蒙古三次产业（生产法）产值构成子系统结构性检测

左轴面积：一、二、三产产值人均值（元转换为%），其和即生产法产值人均值，其间直观比例体现构成比关系。右轴曲线：生产法产值人均值地区差（偏差指数，无差距=1）。左轴曲线：二、三产构成比（%），标注省域间位次。正文另测算一、二、三产人均值地区差、一产构成比，检测各类位次。国家统计局据经济普查修订2000年生产法产值数据，但其中三次产业仅修订全国数据，为保持数据关系协调仍按年度发布数据演算各地构成比。

1. 生产法结构产值

2000～2018年，内蒙古生产法结构产值总量由1539.12亿元增至

17289.22 亿元，2018 年为 2000 年的 11.23 倍，历年年均增长 14.38%，"十三五"以来（2015 年以来，后同）年均负增长 1.02%。人均值由 6502.00 元增至 68302.00 元，2018 年为 2000 年的 10.50 倍，历年年均增长 13.96%，"十三五"以来年均负增长 1.33%，省域间人均值位次（基于各地变化，后同）从第 15 位上升为第 9 位。

在此期间，生产法产值人均值地区差指数由 1.1813 缩小至 1.0566，明显缩减 10.56%，省域间地区差位次从第 7 位上升为第 4 位，意味着与全国人均值的距离减小。

2. 第一产业增长及构成比动态

同期，内蒙古第一产业产值总量由 350.80 亿元增至 1753.82 亿元，2018 年为 2000 年的 5.00 倍，历年年均增长 9.35%，"十三五"以来年均增长 2.74%。人均值由 1481.95 元增至 6928.56 元，2018 年为 2000 年的 4.68 倍，历年年均增长 8.95%，"十三五"以来年均增长 2.42%，省域间人均值位次从第 5 位上升为第 3 位。

在此期间，第一产业产值人均值地区差指数由 1.2714 扩大至 1.4906，明显扩增 17.24%。第一产业构成比由 25.03% 降至 10.15%，显著降低 14.88 个百分点，省域间构成比位次从第 5 位下降为第 9 位。

3. 第二产业增长及构成比动态

同期，内蒙古第二产业产值总量由 556.28 亿元增至 6807.30 亿元，2018 年为 2000 年的 12.24 倍，历年年均增长 14.93%，"十三五"以来年均负增长 8.89%。人均值由 2350.00 元增至 26892.61 元，2018 年为 2000 年的 11.44 倍，历年年均增长 14.50%，"十三五"以来年均负增长 9.17%，省域间人均值位次从第 17 位上升为第 11 位。

在此期间，第二产业产值人均值地区差指数由 1.3502 缩小至 1.0233，明显缩减 24.21%。第二产业构成比由 39.71% 降至 39.37%，略微降低 0.34 个百分点，省域间构成比位次从第 24 位上升为第 23 位。

4. 第三产业增长及构成比动态

同期，内蒙古第三产业产值总量由 493.93 亿元增至 8728.10 亿元，

2018 年为 2000 年的 17.67 倍，历年年均增长 17.30%，"十三五"以来年均增长 6.56%。人均值由 2086.60 元增至 34480.83 元，2018 年为 2000 年的 16.52 倍，历年年均增长 16.86%，"十三五"以来年均增长 6.23%，省域间人均值位次从第 20 位上升为第 10 位。

在此期间，第三产业产值人均值地区差指数由 1.3396 缩小至 1.0227，明显缩减 23.66%。第三产业构成比由 35.26% 升至 50.48%，显著升高 15.22 个百分点，省域间构成比位次从第 22 位上升为第 15 位。

二　收入法产值构成子系统检测

2000 年以来内蒙古收入法产值构成子系统结构性检测见图 2。

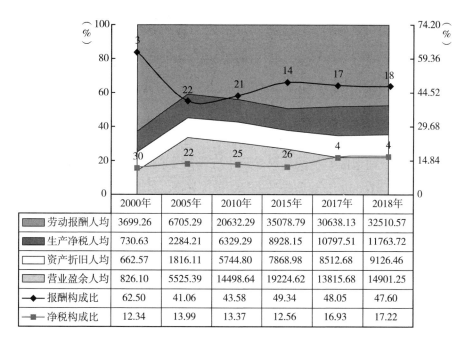

图2　2000年以来内蒙古收入法产值构成子系统结构性检测

左轴面积：劳动者报酬、生产税净额、固定资产折旧、营业盈余人均值（元转换为%），其和即收入法产值人均值，其间直观比例体现构成比关系。右轴曲线：报酬、净税构成比（%），标注省域间位次。正文另测算各类人均值地区差、折旧、盈余构成比，检测各类位次。

1. 收入法结构产值

2000~2018 年，内蒙古收入法结构产值总量由 1401.01 亿元增至 17289.22 亿元，2018 年为 2000 年的 12.34 倍，历年年均增长 14.98%，"十三五"以来年均负增长 1.02%。人均值由 5918.56 元增至 68302.00 元，2018 年为 2000 年的 11.54 倍，历年年均增长 14.55%，"十三五"以来年均负增长 1.33%，省域间人均值位次从第 16 位上升为第 9 位。

在此期间，收入法产值地区差指数由 1.2449 缩小至 1.0566，明显缩减 15.12%，省域间地区差位次从第 8 位上升为第 4 位，意味着与全国人均值的距离减小。

2. 劳动者报酬增长及构成比动态

同期，内蒙古收入法产值构成之劳动者报酬总量由 875.67 亿元增至 8229.37 亿元，2018 年为 2000 年的 9.40 倍，历年年均增长 13.25%，"十三五"以来年均负增长 2.20%。人均值由 3699.26 元增至 32510.57 元，2018 年为 2000 年的 8.79 倍，历年年均增长 12.83%，"十三五"以来年均负增长 2.50%，省域间人均值位次从第 15 位上升为第 9 位。

在此期间，劳动者报酬地区差指数由 1.0814 缩小至 1.0633，略微缩减 1.68%，省域间地区差位次从第 5 位上升为第 2 位。劳动者报酬构成比由 62.50% 降至 47.60%，显著降低 14.90 个百分点，省域间构成比位次从第 3 位下降为第 18 位。

3. 生产税净额增长及构成比动态

同期，内蒙古收入法产值构成之生产税净额总量由 172.95 亿元增至 2977.74 亿元，2018 年为 2000 年的 17.22 倍，历年年均增长 17.13%，"十三五"以来年均增长 9.97%。人均值由 730.63 元增至 11763.72 元，2018 年为 2000 年的 16.10 倍，历年年均增长 16.69%，"十三五"以来年均增长 9.63%，省域间人均值位次从第 25 位上升为第 6 位。

在此期间，生产税净额地区差指数由 1.3948 缩小至 1.2778，明显缩减 8.38%。生产税净额构成比由 12.34% 升至 17.22%，明显升高 4.88 个百分点，省域间构成比位次从第 30 位上升为第 4 位。

4. 固定资产折旧增长及构成比动态

同期，内蒙古收入法产值构成之固定资产折旧总量由 156.84 亿元增至 2310.17 亿元，2018 年为 2000 年的 14.73 倍，历年年均增长 16.12%，"十三五"以来年均增长 5.39%。人均值由 662.57 元增至 9126.46 元，2018 年为 2000 年的 13.77 倍，历年年均增长 15.69%，"十三五"以来年均增长 5.07%，省域间人均值位次从第 23 位上升为第 13 位。

在此期间，资产折旧地区差指数由 1.4028 缩小至 1.0521，明显缩减 25.00%。资产折旧构成比由 11.19% 升至 13.36%，较明显升高 2.17 个百分点，省域间构成比位次从第 24 位上升为第 18 位。

5. 营业盈余增长及构成比动态

同期，内蒙古收入法产值构成之营业盈余总量由 195.55 亿元增至 3771.94 亿元，2018 年为 2000 年的 19.29 倍，历年年均增长 17.87%，"十三五"以来年均负增长 7.86%。人均值由 826.10 元增至 14901.25 元，2018 年为 2000 年的 18.04 倍，历年年均增长 17.43%，"十三五"以来年均负增长 8.14%，省域间人均值位次从第 18 位上升为第 13 位。

在此期间，营业盈余地区差指数由 1.4470 缩小至 1.0795，明显缩减 25.40%。营业盈余构成比由 13.96% 升至 21.82%，明显升高 7.86 个百分点，省域间构成比位次从第 21 位上升为第 20 位。

三 支出法产值构成子系统检测

2000 年以来内蒙古支出法产值构成子系统结构性检测见图 3。

1. 支出法结构产值

2000～2018 年，内蒙古支出法结构产值总量由 1391.88 亿元增至 17289.22 亿元，2018 年为 2000 年的 12.42 倍，历年年均增长 15.02%，"十三五"以来年均负增长 1.02%。人均值由 5879.99 元增至 68302.00 元，

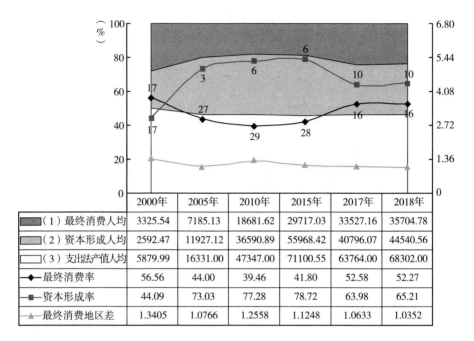

	2000年	2005年	2010年	2015年	2017年	2018年
（1）最终消费人均	3325.54	7185.13	18681.62	29717.03	33527.16	35704.78
（2）资本形成人均	2592.47	11927.12	36590.89	55968.42	40796.07	44540.56
（3）支出法产值人均	5879.99	16331.00	47347.00	71100.55	63764.00	68302.00
最终消费率	56.56	44.00	39.46	41.80	52.58	52.27
资本形成率	44.09	73.03	77.28	78.72	63.98	65.21
最终消费地区差	1.3405	1.0766	1.2558	1.1248	1.0633	1.0352

图3 2000年以来内蒙古支出法产值构成子系统结构性检测

左轴面积：（1）最终消费支出、（2）资本形成、（3）支出法产值人均值（元转换为%），（3）－（1）－（2）＝货物与服务净流出，大多省域为负值，即（1）＋（2）＞（3），制图变通体现负值关系。右轴曲线：最终消费人均值地区差（偏差指数，无差距＝1）。左轴曲线：最终消费率、资本形成率（%），标注省域间位次。正文另测算其余人均值地区差，检测各类位次。

2018年为2000年的11.62倍，历年年均增长14.60%，"十三五"以来年均负增长1.33%，省域间人均值位次从第16位上升为第9位。

在此期间，支出法产值地区差指数由1.2618缩小至1.0756，明显缩减14.76%，省域间地区差位次从第8位上升为第4位，意味着与全国人均值的距离减小。

2. 最终消费支出增长及构成比动态

同期，内蒙古支出法产值构成之最终消费支出总量由787.21亿元增至9037.92亿元，2018年为2000年的11.48倍，历年年均增长14.52%，"十三五"以来年均增长6.64%。人均值由3325.54元增至35704.78元，2018年为2000年的10.74倍，历年年均增长14.10%，

"十三五"以来年均增长 6.31%，省域间人均值位次从第 20 位上升为第 9 位。

在此期间，最终消费地区差指数由 1.3405 缩小至 1.0352，明显缩减 22.77%，省域间地区差位次从第 17 位上升为第 3 位。最终消费率（消费率）由 56.56% 降至 52.27%，明显降低 4.29 个百分点，省域间比值位次从第 17 位上升为第 16 位。

3. 资本形成增长及构成比动态

同期，内蒙古支出法产值构成之资本形成总额由 613.68 亿元增至 11274.51 亿元，2018 年为 2000 年的 18.37 倍，历年年均增长 17.55%，"十三五"以来年均负增长 7.04%。人均值由 2592.47 元增至 44540.56 元，2018 年为 2000 年的 17.18 倍，历年年均增长 17.12%，"十三五"以来年均负增长 7.33%，省域间人均值位次从第 17 位上升为第 10 位。

在此期间，资本形成地区差指数由 1.0519 扩大至 1.5639，显著扩增 48.68%，省域间地区差位次从第 2 位下降为第 22 位。资本形成率（投资率）由 44.09% 升至 65.21%，显著升高 21.12 个百分点，省域间比值位次从第 17 位上升为第 10 位。

四 经济生活收支综合子系统检测

2000 年以来内蒙古经济生活收支综合子系统结构性检测见图 4。

（一）公共经济生活

1. 财政收入增长及相对比值动态

2000~2018 年，内蒙古财政收入总量由 95.03 亿元增至 1857.65 亿元，2018 年为 2000 年的 19.55 倍，历年年均增长 17.96%，"十三五"以来年均负增长 1.85%。人均值由 401.49 元增至 7338.14 元，2018 年为 2000 年的 18.28 倍，历年年均增长 17.52%，"十三五"以来年均负增长 2.15%，省

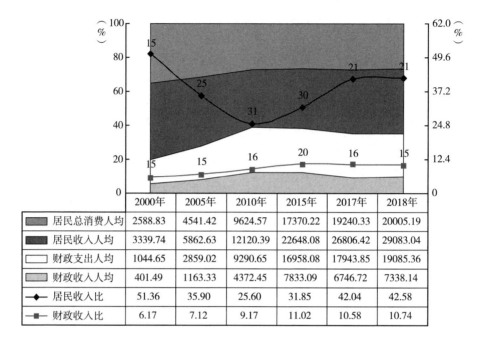

	2000年	2005年	2010年	2015年	2017年	2018年
居民总消费人均	2588.83	4541.42	9624.57	17370.22	19240.33	20005.19
居民收入人均	3339.74	5862.63	12120.39	22648.08	26806.42	29083.04
财政支出人均	1044.65	2859.02	9290.65	16958.08	17943.85	19085.36
财政收入人均	401.49	1163.33	4372.45	7833.09	6746.72	7338.14
居民收入比	51.36	35.90	25.60	31.85	42.04	42.58
财政收入比	6.17	7.12	9.17	11.02	10.58	10.74

图4　2000年以来内蒙古经济生活收支综合子系统结构性检测

左轴面积：居民总消费、居民收入、财政支出、财政收入人均值（元转换为%），其间呈直观比例。右轴曲线：居民收入比、财政收入比（%），标注省域间位次。正文另测算居民消费率、财政支出比、各类人均值地区差、民生数据城乡比，检测各类位次。

域间人均值位次从第14位上升为第9位。

与此同时，财政收入比由6.17%升至10.74%，明显升高4.57个百分点，省域间比值位次保持第15位。

2. 财政支出增长及相对比值动态

同期，内蒙古财政支出总量由247.27亿元增至4831.46亿元，2018年为2000年的19.54倍，历年年均增长17.96%，"十三五"以来年均增长4.34%。人均值由1044.65元增至19085.36元，2018年为2000年的18.27倍，历年年均增长17.52%，"十三五"以来年均增长4.02%，省域间人均值位次从第10位上升为第8位。

与此同时，财政支出比由16.07%升至27.94%，显著升高11.87个百分点，省域间比值位次从第7位下降为第10位。

3. 财政收入、财政支出地区差变化

在此期间，内蒙古财政收入地区差指数由 1.6216 缩小至 1.4426，明显缩减 11.03%，地区均衡性明显增强，省域间地区差位次从第 12 位上升为第 7 位；财政支出地区差指数由 1.1697 扩大至 1.2033，略微扩增 2.87%，地区均衡性略微减弱，省域间地区差位次从第 6 位下降为第 10 位。

（二）人民经济生活

1. 居民收入增长及相对比值动态

2000～2018 年，内蒙古居民收入总量由 790.52 亿元增至 7362.37 亿元，2018 年为 2000 年的 9.31 倍，历年年均增长 13.20%，"十三五"以来年均增长 9.03%。城乡综合演算人均值由 3339.74 元增至 29083.04 元，2018 年为 2000 年的 8.71 倍，历年年均增长 12.78%，"十三五"以来年均增长 8.69%，省域间人均值位次从第 15 位上升为第 10 位。

与此同时，内蒙古居民收入比由 51.36% 降至 42.58%，明显降低 8.78 个百分点，省域间比值位次从第 15 位下降为第 21 位。

2. 居民总消费增长及相对比值动态

同期，内蒙古居民总消费总量由 612.78 亿元增至 5064.31 亿元，2018 年为 2000 年的 8.26 倍，历年年均增长 12.45%，"十三五"以来年均增长 5.15%。城乡综合演算人均值由 2588.83 元增至 20005.19 元，2018 年为 2000 年的 7.73 倍，历年年均增长 12.03%，"十三五"以来年均增长 4.82%，省域间人均值位次从第 15 位上升为第 9 位。

与此同时，内蒙古居民消费率由 39.82% 降至 29.29%，显著降低 10.53 个百分点，省域间比值位次从第 16 位下降为第 24 位。

3. 居民收入、总消费地区差、城乡比变化

在此期间，内蒙古居民收入地区差指数由 1.0932 缩小至 1.0028，较明显缩减 8.27%，地区均衡性较明显增强，省域间地区差位次从第 7 位上升为第 1 位；居民收入城乡比指数由 2.5164 扩大至 2.7752，明显扩增 10.28%，城乡均衡性明显减弱，省域间城乡比位次从第 17 位下降为第

25 位。

内蒙古居民总消费地区差指数由 1.0922 缩小至 1.0186，较明显缩减 6.73%，地区均衡性较明显增强，省域间地区差位次从第 7 位上升为第 1 位；居民总消费城乡比指数由 2.4322 缩小至 1.9300，显著缩减 20.65%，城乡均衡性显著增强，省域间城乡比位次从第 6 位下降为第 10 位。

五　经济增长通用指标动态测评

2000～2018 年内蒙古经济增长结构优化综合检测结果见图 5。

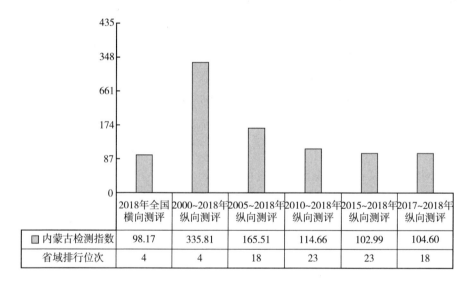

	2018年全国横向测评	2000~2018年纵向测评	2005~2018年纵向测评	2010~2018年纵向测评	2015~2018年纵向测评	2017~2018年纵向测评
内蒙古检测指数	98.17	335.81	165.51	114.66	102.99	104.60
省域排行位次	4	4	18	23	23	18

图 5　2000～2018 年内蒙古经济增长结构优化综合检测结果

数轴柱形：共时性年度横向测评（全国城乡地区无差距理想值＝100），类似"不论年龄比高矮"，有利于发达地区；历时性阶段纵向测评（起点年自身基数值＝100），类似"不论高矮比生长"，有利于后发地区，从左至右①"十五"以来，②"十一五"以来，③"十二五"以来，④"十三五"以来，⑤上年以来，多向度检测省域排行，考察不同阶段进展状况。

1. 各年度理想值横向测评

以假定全国及各地全面消除城乡差距、地区差距为理想值 100，2018 年全国横向测评排行，内蒙古指数为98.17。这表明与全国城乡、地区无差距理想值相比，内蒙古经济增长结构优化全量化检测分值低于理想值1.83%，指数排名处于省域间第4位。

2.2000年以来基数值纵向测评

以"九五"末年2000年各类数据演算指标为基数值100，"十五"以来至2018年纵向测评排行，内蒙古指数为335.81。这表明与2000年自身基数值相比，内蒙古经济增长结构优化全量化检测分值高于基数值235.81%，指数提升程度处于省域间第4位。

3.2005年以来基数值纵向测评

以"十五"末年2005年各类数据演算指标为基数值100，"十一五"以来至2018年纵向测评排行，内蒙古指数为165.51。这表明与2005年自身基数值相比，内蒙古经济增长结构优化全量化检测分值高于基数值65.51%，指数提升程度处于省域间第18位。

4.2010年以来基数值纵向测评

以"十一五"末年2010年各类数据演算指标为基数值100，"十二五"以来至2018年纵向测评排行，内蒙古指数为114.66。这表明与2010年自身基数值相比，内蒙古经济增长结构优化全量化检测分值高于基数值14.66%，指数提升程度处于省域间第23位。

5.2015年以来基数值纵向测评

以"十二五"末年2015年各类数据演算指标为基数值100，"十三五"以来至2018年纵向测评排行，内蒙古指数为102.99。这表明与2015年自身基数值相比，内蒙古经济增长结构优化全量化检测分值高于基数值2.99%，指数提升程度处于省域间第23位。

6.逐年度基数值纵向测评

逐年以上年各类数据演算指标为基数值100，2017～2018年纵向测评排行，内蒙古指数为101.60。这表明与2017年自身基数值相比，内蒙古经济增长结构优化全量化检测分值高于基数值1.60%，指数提升程度处于省域间第18位。

E.14
湖北：2005~2018年经济发展
指数提升度第4位

汪 洋*

摘　要：　2000~2018年，湖北地区生产总值构成比中第二产业从
49.66%降至43.41%，第三产业从34.85%升至47.58%；
收入法产值构成比中劳动者报酬从59.14%降至47.25%，
生产税净额从15.66%升至16.24%，营业盈余从9.38%升
至23.77%；支出法产值构成比中最终消费率从51.68%降
至48.18%，资本形成率从47.00%升至59.60%；经济生
活收支中财政收入比从6.05%升至8.40%，居民收入比从
56.38%降至39.97%，居民消费率从44.01%降至
29.96%。产值、财政收入、财政支出、居民总消费人均值
地区差缩小，但居民收入人均值地区差扩大；居民收入、
总消费人均值城乡比全都缩小。湖北经济增长结构优化排
行：城乡、地区无差距理想值横向测评为省域第6位；2000
年、2005年、2010年、2015年和2017年自身基数值纵向
测评分别为省域第13位、第4位、第5位、第6位和第
6位。

关键词：　湖北　经济生产　经济生活　结构优化　综合排行

* 汪洋，云南省社会科学院图书馆副馆长、副研究员，主要从事民族生态文化研究。

三次产业（生产法）产值结构主体子系统，收入法、支出法产值结构辅助子系统，面向公共经济生活、人民经济生活的收支综合子系统分别设置为一图，难以充分展开。当地数据检测更多细节可参看技术报告、排行报告由不同侧面展开的各地纵向历时动态、横向共时静态对比分析。

一 三次产业（生产法）产值构成子系统检测

2000年以来湖北三次产业（生产法）产值构成子系统结构性检测见图1。

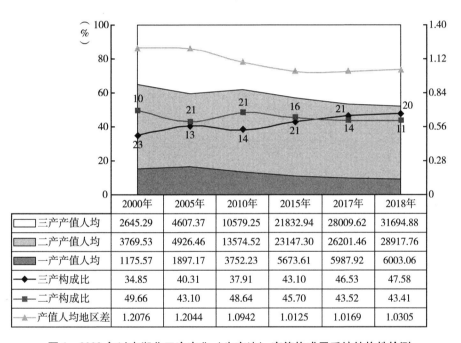

	2000年	2005年	2010年	2015年	2017年	2018年
三产产值人均	2645.29	4607.37	10579.25	21832.94	28009.62	31694.88
二产产值人均	3769.53	4926.46	13574.52	23147.30	26201.46	28917.76
一产产值人均	1175.57	1897.17	3752.23	5673.61	5987.92	6003.06
三产构成比	34.85	40.31	37.91	43.10	46.53	47.58
二产构成比	49.66	43.10	48.64	45.70	43.52	43.41
产值人均地区差	1.2076	1.2044	1.0942	1.0125	1.0169	1.0305

图1　2000年以来湖北三次产业（生产法）产值构成子系统结构性检测

左轴面积：一、二、三产值人均值（元转换为%），其和即生产法产值人均值，其间直观比例体现构成比关系。右轴曲线：生产法产值人均值地区差（偏差指数，无差距＝1）。左轴曲线：二、三产构成比（%），标注省域间位次。正文另测算一、二、三产人均值地区差、一产构成比，检测各类位次。国家统计局据经济普查修订2000年生产法产值数据，但其中三次产业仅修订全国数据，为保持数据关系协调仍按年度发布数据演算各地构成比。

1. 生产法结构产值

2000～2018年，湖北生产法结构产值总量由3545.39亿元增至39366.55亿元，2018 年为 2000 年的 11.10 倍，历年年均增长 14.31%，"十三五"以来（2015 年以来，后同）年均增长 10.03%。人均值由 6293.00 元增至 66615.70 元，2018 年为 2000 年的 10.59 倍，历年年均增长 14.01%，"十三五"以来年均增长 9.56%，省域间人均值位次（基于各地变化，后同）从第 16 位上升为第 10 位。

在此期间，生产法产值人均值地区差指数由 1.2076 缩小至 1.0305，明显缩减 14.67%，省域间地区差位次从第 8 位上升为第 3 位，意味着与全国人均值的距离减小。

2. 第一产业增长及构成比动态

同期，湖北第一产业产值总量由 662.30 亿元增至 3547.51 亿元，2018 年为 2000 年的 5.36 倍，历年年均增长 9.77%，"十三五"以来年均增长 2.34%。人均值由 1175.57 元增至 6003.06 元，2018 年为 2000 年的 5.11 倍，历年年均增长 9.48%，"十三五"以来年均增长 1.90%，省域间人均值位次从第 18 位上升为第 8 位。

在此期间，第一产业产值人均值地区差指数由 1.0086 扩大至 1.2915，明显扩增 28.06%。第一产业构成比由 15.49% 降至 9.01%，明显降低 6.48 个百分点，省域间构成比位次从第 20 位上升为第 12 位。

3. 第二产业增长及构成比动态

同期，湖北第二产业产值总量由 2123.70 亿元增至 17088.95 亿元，2018 年为 2000 年的 8.05 倍，历年年均增长 12.28%，"十三五"以来年均增长 8.17%。人均值由 3769.53 元增至 28917.76 元，2018 年为 2000 年的 7.67 倍，历年年均增长 11.99%，"十三五"以来年均增长 7.70%，省域间人均值位次从第 12 位上升为第 9 位。

在此期间，第二产业产值人均值地区差指数由 1.0423 扩大至 1.1004，较明显扩增 5.57%。第二产业构成比由 49.66% 降至 43.41%，明显降低 6.25 个百分点，省域间构成比位次从第 10 位下降为第 11 位。

4. 第三产业增长及构成比动态

同期，湖北第三产业产值总量由 1490.32 亿元增至 18730.09 亿元，2018 年为 2000 年的 12.57 倍，历年年均增长 15.10%，"十三五"以来年均

增长 13.72%。人均值由 2645.29 元增至 31694.88 元，2018 年为 2000 年的
11.98 倍，历年年均增长 14.79%，"十三五"以来年均增长 13.23%，省域
间人均值位次从第 13 位上升为第 11 位。

在此期间，第三产业产值人均值地区差指数由 1.1628 缩小至 1.0600，
明显缩减 8.85%。第三产业构成比由 34.85% 升至 47.58%，显著升高
12.73 个百分点，省域间构成比位次从第 23 位上升为第 20 位。

二 收入法产值构成子系统检测

2000 年以来湖北收入法产值构成子系统结构性检测见图 2。

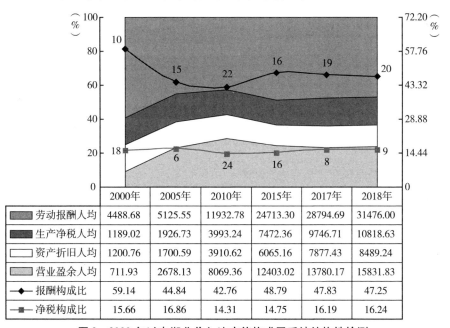

图 2 2000 年以来湖北收入法产值构成子系统结构性检测

左轴面积：劳动者报酬、生产税净额、固定资产折旧、营业盈余人均值（元转换为%），
其和即收入法产值人均值，其间直观比例体现构成比关系。右轴曲线：报酬、净税构成比
（%），标注省域间位次。正文另测算各类人均值地区差、折旧、盈余构成比，检测各类位次。

1. 收入法结构产值

2000～2018 年，湖北收入法结构产值总量由 4276.32 亿元增至

39366.55 亿元，2018 年为 2000 年的 9.21 倍，历年年均增长 13.13%，"十三五"以来年均增长 10.03%。人均值由 7590.39 元增至 66615.70 元，2018年为 2000 年的 8.78 倍，历年年均增长 12.83%，"十三五"以来年均增长9.56%，省域间人均值位次从第 12 位上升为第 10 位。

在此期间，收入法产值地区差指数由 1.0315 缩小至 1.0305，略微缩减 0.10%，省域间地区差位次从第 2 位下降为第 3 位，意味着与全国人均值的距离减小。

2. 劳动者报酬增长及构成比动态

同期，湖北收入法产值构成之劳动者报酬总量由 2528.86 亿元增至18600.74 亿元，2018 年为 2000 年的 7.36 倍，历年年均增长 11.72%，"十三五"以来年均增长 8.86%。人均值由 4488.68 元增至 31476.00 元，2018年为 2000 年的 7.01 倍，历年年均增长 11.43%，"十三五"以来年均增长8.40%，省域间人均值位次保持第 10 位。

在此期间，劳动者报酬地区差指数由 1.1146 缩小至 1.0295，较明显缩减 7.64%，省域间地区差位次从第 7 位上升为第 1 位。劳动者报酬构成比由 59.14% 降至 47.25%，显著降低 11.89 个百分点，省域间构成比位次从第 10 位下降为第 20 位。

3. 生产税净额增长及构成比动态

同期，湖北收入法产值构成之生产税净额总量由 669.88 亿元增至6393.27 亿元，2018 年为 2000 年的 9.54 倍，历年年均增长 13.35%，"十三五"以来年均增长 13.62%。人均值由 1189.02 元增至 10818.63 元，2018年为 2000 年的 9.10 倍，历年年均增长 13.05%，"十三五"以来年均增长13.13%，省域间人均值位次从第 12 位上升为第 10 位。

在此期间，生产税净额地区差指数由 1.0150 扩大至 1.1752，明显扩增15.78%。生产税净额构成比由 15.66% 升至 16.24%，略微升高 0.58 个百分点，省域间构成比位次从第 18 位上升为第 9 位。

4. 固定资产折旧增长及构成比动态

同期，湖北收入法产值构成之固定资产折旧总量由 676.49 亿元增至5016.72 亿元，2018 年为 2000 年的 7.42 倍，历年年均增长 11.77%，"十三五"以来年均增长 12.34%。人均值由 1200.76 元增至 8489.24 元，2018 年为 2000 年的 7.07 倍，历年年均增长 11.48%，"十三五"以来年均增长 11.86%，省域间人均值位次从第 10 位下降为第 17 位。

在此期间，资产折旧地区差指数由 1.0823 缩小至 1.0214，较明显缩减 5.63%。资产折旧构成比由 15.82% 降至 12.74%，明显降低 3.08 个百分点，省域间构成比位次从第 6 位下降为第 24 位。

5. 营业盈余增长及构成比动态

同期，湖北收入法产值构成之营业盈余总量由 401.09 亿元增至 9355.82 亿元，2018 年为 2000 年的 23.33 倍，历年年均增长 19.12%，"十三五"以来年均增长 8.94%。人均值由 711.93 元增至 15831.83 元，2018 年为 2000 年的 22.24 倍，历年年均增长 18.81%，"十三五"以来年均增长 8.48%，省域间人均值位次从第 21 位上升为第 11 位。

在此期间，营业盈余地区差指数由 1.5234 缩小至 1.0220，显著缩减 32.92%。营业盈余构成比由 9.38% 升至 23.77%，显著升高 14.39 个百分点，省域间构成比位次从第 26 位上升为第 17 位。

三　支出法产值构成子系统检测

2000 年以来湖北支出法产值构成子系统结构性检测见图 3。

1. 支出法结构产值

2000～2018 年，湖北支出法结构产值总量由 4153.90 亿元增至 39366.55 亿元，2018 年为 2000 年的 9.48 倍，历年年均增长 13.31%，"十三五"以来年均增长 8.03%。人均值由 7373.09 元增至 66615.70 元，2018 年为 2000 年的 9.03 倍，历年年均增长 13.01%，"十三五"以来年均增长 7.56%，省域间人均值位次从第 13 位上升为第 10 位。

在此期间，支出法产值地区差指数由 1.0744 缩小至 1.0490，略微缩减 2.36%，省域间地区差位次从第 4 位上升为第 3 位，意味着与全国人均值的距离减小。

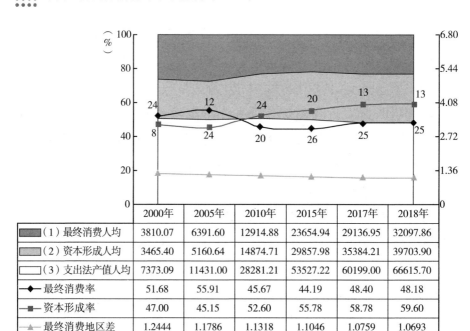

	2000年	2005年	2010年	2015年	2017年	2018年
（1）最终消费人均	3810.07	6391.60	12914.88	23654.94	29136.95	32097.86
（2）资本形成人均	3465.40	5160.64	14874.71	29857.98	35384.21	39703.90
（3）支出法产值人均	7373.09	11431.00	28281.21	53527.22	60199.00	66615.70
最终消费率	51.68	55.91	45.67	44.19	48.40	48.18
资本形成率	47.00	45.15	52.60	55.78	58.78	59.60
最终消费地区差	1.2444	1.1786	1.1318	1.1046	1.0759	1.0693

图 3　2000 年以来湖北支出法产值构成子系统结构性检测

左轴面积：（1）最终消费支出、（2）资本形成、（3）支出法产值人均值（元转换为%），（3）–（1）–（2）＝货物与服务净流出，大多省域为负值，即（1）＋（2）＞（3），制图变通体现负值关系。右轴曲线：最终消费人均值地区差（偏差指数，无差距＝1）。左轴曲线：最终消费率、资本形成率（%），标注省间位次。正文另测算其余人均值地区差，检测各类位次。

2. 最终消费支出增长及构成比动态

同期，湖北支出法产值构成之最终消费支出总量由 2146.54 亿元增至 18968.23 亿元，2018 年为 2000 年的 8.84 倍，历年年均增长 12.87%，"十三五"以来年均增长 11.19%。人均值由 3810.07 元增至 32097.86 元，2018 年为 2000 年的 8.42 倍，历年年均增长 12.57%，"十三五"以来年均增长 10.71%，省域间人均值位次从第 13 位下降为第 16 位。

在此期间，最终消费地区差指数由 1.2444 缩小至 1.0693，明显缩减 14.07%，省域间地区差位次保持第 9 位。最终消费率（消费率）由 51.68% 降至 48.18%，明显降低 3.50 个百分点，省域间比值位次从第 24 位下降为第 25 位。

3. 资本形成增长及构成比动态

同期，湖北支出法产值构成之资本形成总额由 1952.36 亿元增至

23463.02 亿元, 2018 年为 2000 年的 12.02 倍, 历年年均增长 14.81%, "十三五" 以来年均增长 10.44%。人均值由 3465.40 元增至 39703.90 元, 2018 年为 2000 年的 11.46 倍, 历年年均增长 14.51%, "十三五" 以来年均增长 9.97%, 省域间人均值位次从第 11 位下降为第 13 位。

在此期间, 资本形成地区差指数由 1.2673 扩大至 1.3941, 明显扩增 10.00%, 省域间地区差位次从第 12 位下降为第 18 位。资本形成率 (投资率) 由 47.00% 升至 59.60%, 显著升高 12.60 个百分点, 省域间比值位次从第 8 位下降为第 13 位。

四 经济生活收支综合子系统检测

2000 年以来湖北经济生活收支综合子系统结构性检测见图 4。

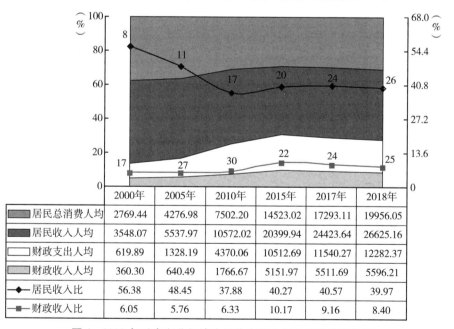

	2000年	2005年	2010年	2015年	2017年	2018年
居民总消费人均	2769.44	4276.98	7502.20	14523.02	17293.11	19956.05
居民收入人均	3548.07	5537.97	10572.02	20399.94	24423.64	26625.16
财政支出人均	619.89	1328.19	4370.06	10512.69	11540.27	12282.37
财政收入人均	360.30	640.49	1766.67	5151.97	5511.69	5596.21
居民收入比	56.38	48.45	37.88	40.27	40.57	39.97
财政收入比	6.05	5.76	6.33	10.17	9.16	8.40

图 4 2000 年以来湖北经济生活收支综合子系统结构性检测

左轴面积: 居民总消费、居民收入、财政支出、财政收入人均值 (元转换为%), 其间呈直观比例。右轴曲线: 居民收入比、财政收入比 (%), 标注省域间位次。正文另测算居民消费率、财政支出比、各类人均值地区差、民生数据城乡比, 检测各类位次。

（一）公共经济生活

1. 财政收入增长及相对比值动态

2000～2018 年，湖北财政收入总量由 214.35 亿元增至 3307.08 亿元，2018 年为 2000 年的 15.43 倍，历年年均增长 16.42%，"十三五"以来年均增长 3.24%。人均值由 360.30 元增至 5596.21 元，2018 年为 2000 年的 15.53 倍，历年年均增长 16.46%，"十三五"以来年均增长 2.80%，省域间人均值位次保持第 18 位。

与此同时，财政收入比由 6.05% 升至 8.40%，较明显升高 2.35 个百分点，省域间比值位次从第 17 位下降为第 25 位。

2. 财政支出增长及相对比值动态

同期，湖北财政支出总量由 368.77 亿元增至 7258.27 亿元，2018 年为 2000 年的 19.68 倍，历年年均增长 18.00%，"十三五"以来年均增长 5.78%。人均值由 619.89 元增至 12282.37 元，2018 年为 2000 年的 19.81 倍，历年年均增长 18.05%，"十三五"以来年均增长 5.32%，省域间人均值位次从第 23 位上升为第 21 位。

与此同时，财政支出比由 10.40% 升至 18.44%，明显升高 8.04 个百分点，省域间比值位次从第 23 位下降为第 25 位。

3. 财政收入、财政支出地区差变化

在此期间，湖北财政收入地区差指数由 1.6604 缩小至 1.5749，较明显缩减 5.15%，地区均衡性较明显增强，省域间地区差位次保持第 16 位；财政支出地区差指数由 1.5073 缩小至 1.2256，明显缩减 18.69%，地区均衡性明显增强，省域间地区差位次从第 19 位上升为第 14 位。

（二）人民经济生活

1. 居民收入增长及相对比值动态

2000～2018 年，湖北居民收入总量由 2110.75 亿元增至 15734.14 亿元，2018 年为 2000 年的 7.45 倍，历年年均增长 11.81%，"十三五"以来年均

增长9.75%。城乡综合演算人均值由3548.07元增至26625.16元，2018年为2000年的7.50倍，历年年均增长11.85%，"十三五"以来年均增长9.28%，省域间人均值位次从第11位下降为第12位。

与此同时，湖北居民收入比由56.38%降至39.97%，显著降低16.41个百分点，省域间比值位次从第8位下降为第26位。

2. 居民总消费增长及相对比值动态

同期，湖北居民总消费总量由1647.54亿元增至11793.03亿元，2018年为2000年的7.16倍，历年年均增长11.55%，"十三五"以来年均增长11.65%。城乡综合演算人均值由2769.44元增至19956.05元，2018年为2000年的7.21倍，历年年均增长11.60%，"十三五"以来年均增长11.17%，省域间人均值位次从第11位上升为第10位。

与此同时，湖北居民消费率由44.01%降至29.96%，显著降低14.05个百分点，省域间比值位次从第10位下降为第23位。

3. 居民收入、总消费地区差、城乡比变化

在此期间，湖北居民收入地区差指数由1.0366扩大至1.0870，较明显扩增4.86%，地区均衡性较明显减弱，省域间地区差位次从第2位下降为第5位；居民收入城乡比指数由2.4352缩小至2.3004，明显缩减5.54%，城乡均衡性明显增强，省域间城乡比位次从第13位上升为第7位。

湖北居民总消费地区差指数由1.0288缩小至1.0210，略微缩减0.76%，地区均衡性略微增强，省域间地区差位次保持第2位；居民总消费城乡比指数由2.9856缩小至1.7206，极显著缩减42.37%，城乡均衡性极显著增强，省域间城乡比位次从第16位上升为第2位。

五　经济增长通用指标动态测评

2000～2018年湖北经济增长结构优化综合检测结果见图5。

1. 各年度理想值横向测评

以假定全国及各地全面消除城乡差距、地区差距为理想值100，2018年

247

中国经济发展结构优化检测报告（2020）

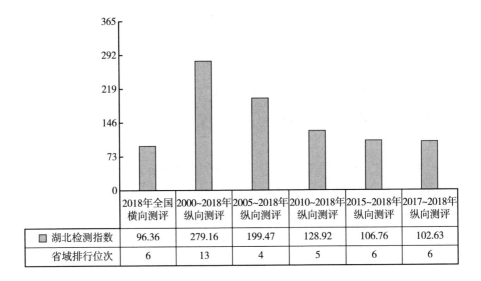

	2018年全国横向测评	2000~2018年纵向测评	2005~2018年纵向测评	2010~2018年纵向测评	2015~2018年纵向测评	2017~2018年纵向测评
湖北检测指数	96.36	279.16	199.47	128.92	106.76	102.63
省域排行位次	6	13	4	5	6	6

图5　2000~2018年湖北经济增长结构优化综合检测结果

数轴柱形：共时性年度横向测评（全国城乡地区无差距理想值＝100），类似"不论年龄比高矮"，有利于发达地区；历时性阶段纵向测评（起点年自身基数值＝100），类似"不论高矮比生长"，有利于后发地区，从左至右①"十五"以来，②"十一五"以来，③"十二五"以来，④"十三五"以来，⑤上年以来，多向度检测省域排行，考察不同阶段进展状况。

全国横向测评排行，湖北指数为96.36。这表明与全国城乡、地区无差距理想值相比，湖北经济增长结构优化全量化检测分值低于理想值3.64%，指数排名处于省域间第6位。

2. 2000年以来基数值纵向测评

以"九五"末年2000年各类数据演算指标为基数值100，"十五"以来至2018年纵向测评排行，湖北指数为279.16。这表明与2000年自身基数值相比，湖北经济增长结构优化全量化检测分值高于基数值179.16%，指数提升程度处于省域间第13位。

3. 2005年以来基数值纵向测评

以"十五"末年2005年各类数据演算指标为基数值100，"十一五"以来至2018年纵向测评排行，湖北指数为199.47。这表明与2005年自身基数值相比，湖北经济增长结构优化全量化检测分值高于基数值99.47%，指数

248

提升程度处于省域间第 4 位。

4. 2010 年以来基数值纵向测评

以"十一五"末年 2010 年各类数据演算指标为基数值 100,"十二五"以来至 2018 年纵向测评排行,湖北指数为 128.92。这表明与 2010 年自身基数值相比,湖北经济增长结构优化全量化检测分值高于基数值 28.92%,指数提升程度处于省域间第 5 位。

5. 2015 年以来基数值纵向测评

以"十二五"末年 2015 年各类数据演算指标为基数值 100,"十三五"以来至 2018 年纵向测评排行,湖北指数为 106.76。这表明与 2015 年自身基数值相比,湖北经济增长结构优化全量化检测分值高于基数值 6.76%,指数提升程度处于省域间第 6 位。

6. 逐年度基数值纵向测评

逐年以上年各类数据演算指标为基数值 100,2017～2018 年纵向测评排行,湖北指数为 102.63。这表明与 2017 年自身基数值相比,湖北经济增长结构优化全量化检测分值高于基数值 2.63%,指数提升程度处于省域间第 6 位。

E.15
云南：2010~2018年经济发展
指数提升度第4位

郭　娜*

摘　要： 2000~2018年，云南地区生产总值构成比中第二产业从
43.13%降至38.91%，第三产业从34.56%升至47.12%；
收入法产值构成比中劳动者报酬从44.35%升至52.24%，生
产税净额从14.69%升至20.47%，营业盈余从16.31%升至
17.37%；支出法产值构成比中最终消费率从75.79%降至
64.38%，资本形成率从37.07%升至98.40%；经济生活收
支中财政收入比从8.99%升至11.15%，居民收入比从
54.18%升至57.90%，居民消费率从45.36%降至40.47%。
财政支出、居民收入人均值地区差缩小，但产值、财政收
入、居民总消费人均值地区差扩大；居民收入、总消费人均
值城乡比全都缩小。云南经济增长结构优化排行：城乡、地
区无差距理想值横向测评为省域第23位；2000年、2005
年、2010年、2015年和2017年自身基数值纵向测评分别为
省域第17位、第13位、第4位、第14位和第13位。

关键词： 云南　经济生产　经济生活　结构优化　综合排行

---

* 郭娜，云南省社会科学院民族学研究所副研究员，主要从事可持续发展、民族生态学研究。

三次产业（生产法）产值结构主体子系统，收入法、支出法产值结构辅助子系统，面向公共经济生活、人民经济生活的收支综合子系统分别设置为一图，难以充分展开。当地数据检测更多细节可参看技术报告、排行报告由不同侧面展开的各地纵向历时动态、横向共时静态对比分析。

一 三次产业（生产法）产值构成子系统检测

2000年以来云南三次产业（生产法）产值构成子系统结构性检测见图1。

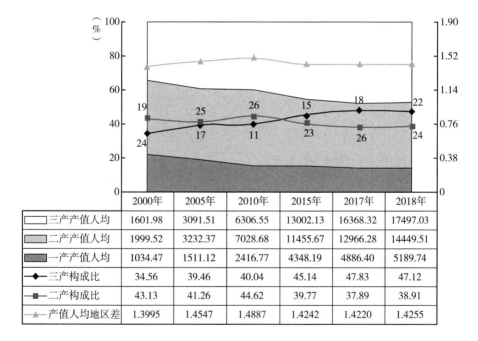

	2000年	2005年	2010年	2015年	2017年	2018年
□ 三产产值人均	1601.98	3091.51	6306.55	13002.13	16368.32	17497.03
▨ 二产产值人均	1999.52	3232.37	7028.68	11455.67	12966.28	14449.51
▩ 一产产值人均	1034.47	1511.12	2416.77	4348.19	4886.40	5189.74
◆ 三产构成比	34.56	39.46	40.04	45.14	47.83	47.12
■ 二产构成比	43.13	41.26	44.62	39.77	37.89	38.91
▲ 产值人均地区差	1.3995	1.4547	1.4887	1.4242	1.4220	1.4255

图1 2000年以来云南三次产业（生产法）产值构成子系统结构性检测

左轴面积：一、二、三产产值人均值（元转换为%），其和即生产法产值人均值，其间直观比例体现构成比关系。右轴曲线：生产法产值人均地区差（偏差指数，无差距=1）。左轴曲线：二、三产构成比（%），标注省域间位次。正文另测算一、二、三产人均地区差、一产构成比，检测各类位次。国家统计局据经济普查修订2000年生产法产值数据，但其中三次产业仅修订全国数据，为保持数据关系协调仍按年度发布数据演算各地构成比。

1. 生产法结构产值

2000～2018 年，云南生产法结构产值总量由 2011.19 亿元增至 17881.12 亿元，2018 年为 2000 年的 8.89 倍，历年年均增长 12.91%，"十三五"以来（2015 年以来，后同）年均增长 9.50%。人均值由 4769.00 元增至 37136.28 元，2018 年为 2000 年的 7.79 倍，历年年均增长 12.08%，"十三五"以来年均增长 8.84%，省域间人均值位次（基于各地变化，后同）从第 27 位下降为第 30 位。

在此期间，生产法产值人均值地区差指数由 1.3995 扩大至 1.4255，略微扩增 1.86%，省域间地区差位次从第 19 位下降为第 25 位，意味着与全国人均值的距离拉大。

2. 第一产业增长及构成比动态

同期，云南第一产业产值总量由 436.26 亿元增至 2498.86 亿元，2018 年为 2000 年的 5.73 倍，历年年均增长 10.18%，"十三五"以来年均增长 6.72%。人均值由 1034.47 元增至 5189.74 元，2018 年为 2000 年的 5.02 倍，历年年均增长 9.37%，"十三五"以来年均增长 6.07%，省域间人均值位次从第 20 位上升为第 10 位。

在此期间，第一产业产值人均值地区差指数由 1.1125 扩大至 1.1165，略微扩增 0.36%。第一产业构成比 22.31% 降至 13.97%，明显降低 8.34 个百分点，省域间构成比位次从第 10 位上升为第 5 位。

3. 第二产业增长及构成比动态

同期，云南第二产业产值总量由 843.24 亿元增至 6957.44 亿元，2018 年为 2000 年的 8.25 倍，历年年均增长 12.44%，"十三五"以来年均增长 8.71%。人均值由 1999.52 元增至 14449.51 元，2018 年为 2000 年的 7.23 倍，历年年均增长 11.61%，"十三五"以来年均增长 8.05%，省域间人均值位次从第 25 位下降为第 28 位。

在此期间，第二产业产值人均值地区差指数由 1.4471 扩大至 1.4502，略微扩增 0.21%。第二产业构成比 43.13% 降至 38.91%，明显降低 4.22 个百分点，省域间构成比位次从第 19 位下降为第 24 位。

4. 第三产业增长及构成比动态

同期，云南第三产业产值总量由 675.59 亿元增至 8424.82 亿元，2018 年为 2000 年的 12.47 倍，历年年均增长 15.05%，"十三五"以来年均增长 11.08%。人均值由 1601.98 元增至 17497.03 元，2018 年为 2000 年的 10.92 倍，历年年均增长 14.20%，"十三五"以来年均增长 10.40%，省域间人均值位次从第 29 位下降为第 30 位。

在此期间，第三产业产值人均值地区差指数由 1.4930 缩小至 1.4811，略微缩减 0.80%。第三产业构成比由 34.56% 升至 47.12%，显著升高 12.56 个百分点，省域间构成比位次从第 24 位上升为第 22 位。

二 收入法产值构成子系统检测

2000 年以来云南收入法产值构成子系统结构性检测见图 2。

1. 收入法结构产值

2000～2018 年，云南收入法结构产值总量由 1955.09 亿元增至 17881.12 亿元，2018 年为 2000 年的 9.15 倍，历年年均增长 13.08%，"十三五"以来年均增长 9.50%。人均值由 4635.97 元增至 37136.28 元，2018 年为 2000 年的 8.01 倍，历年年均增长 12.25%，"十三五"以来年均增长 8.84%，省域间人均值位次从第 26 位下降为第 30 位。

在此期间，收入法产值地区差指数由 1.4085 扩大至 1.4255，略微扩增 1.21%，省域间地区差位次从第 18 位下降为第 25 位，意味着与全国人均值的距离拉大。

2. 劳动者报酬增长及构成比动态

同期，云南收入法产值构成之劳动者报酬总量由 867.04 亿元增至 9340.79 亿元，2018 年为 2000 年的 10.77 倍，历年年均增长 14.12%，"十三五"以来年均增长 11.02%。人均值由 2055.95 元增至 19399.36 元，2018 年为 2000 年的 9.44 倍，历年年均增长 13.28%，"十三五"以来年均增长 10.35%，省域间人均值位次保持第 30 位。

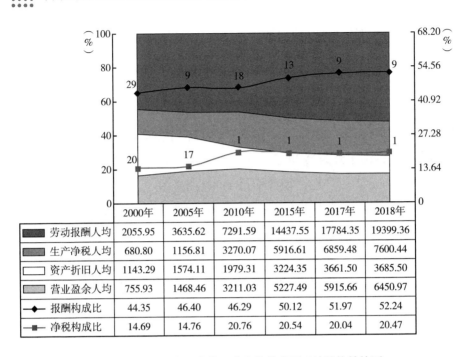

	2000年	2005年	2010年	2015年	2017年	2018年
劳动报酬人均	2055.95	3635.62	7291.59	14437.55	17784.35	19399.36
生产净税人均	680.80	1156.81	3270.07	5916.61	6859.48	7600.44
资产折旧人均	1143.29	1574.11	1979.31	3224.35	3661.50	3685.50
营业盈余人均	755.93	1468.46	3211.03	5227.49	5915.66	6450.97
报酬构成比	44.35	46.40	46.29	50.12	51.97	52.24
净税构成比	14.69	14.76	20.76	20.54	20.04	20.47

图2 2000年以来云南收入法产值构成子系统结构性检测

左轴面积：劳动者报酬、生产税净额、固定资产折旧、营业盈余人均值（元转换为%），其和即收入法产值人均值，其间直观比例体现构成比关系。右轴曲线：报酬、净税构成比（%），标注省域位次。正文另测算各类人均值地区差、折旧、盈余构成比，检测各类位次。

在此期间，劳动者报酬地区差指数由1.4895缩小至1.3655，明显缩减8.32%，省域间地区差位次从第26位上升为第23位。劳动者报酬构成比由44.35%升至52.24%，明显升高7.89个百分点，省域间构成比位次从第29位上升为第9位。

3.生产税净额增长及构成比动态

同期，云南收入法产值构成之生产税净额总量由287.11亿元增至3659.61亿元，2018年为2000年的12.75倍，历年年均增长15.19%，"十三五"以来年均增长9.37%。人均值由680.80元增至7600.44元，2018年为2000年的11.16倍，历年年均增长14.34%，"十三五"以来年均增长8.71%，省域间人均值位次从第28位上升为第18位。

在此期间，生产税净额地区差指数由1.4360缩小至1.1744，明显缩减

18.22%。生产税净额构成比由 14.69% 升至 20.47%，明显升高 5.78 个百分点，省域间构成比位次从第 20 位上升为第 1 位。

4. 固定资产折旧增长及构成比动态

同期，云南收入法产值构成之固定资产折旧总量由 482.15 亿元增至 1774.57 亿元，2018 年为 2000 年的 3.68 倍，历年年均增长 7.51%，"十三五"以来年均增长 5.19%。人均值由 1143.29 元增至 3685.50 元，2018 年为 2000 年的 3.22 倍，历年年均增长 6.72%，"十三五"以来年均增长 4.56%，省域间人均值位次从第 12 位下降为第 31 位。

在此期间，资产折旧地区差指数由 1.0305 扩大至 1.5752，显著扩增 52.85%。资产折旧构成比 24.66% 降至 9.92%，显著降低 14.74 个百分点，省域间构成比位次从第 1 位下降为第 30 位。

5. 营业盈余增长及构成比动态

同期，云南收入法产值构成之营业盈余总量由 318.79 亿元增至 3106.14 亿元，2018 年为 2000 年的 9.74 倍，历年年均增长 13.48%，"十三五"以来年均增长 7.92%。人均值由 755.93 元增至 6450.97 元，2018 年为 2000 年的 8.53 倍，历年年均增长 12.65%，"十三五"以来年均增长 7.26%，省域间人均值位次从第 20 位下降为第 30 位。

在此期间，营业盈余地区差指数由 1.4940 扩大至 1.6015，明显扩增 7.20%。营业盈余构成比由 16.31% 升至 17.37%，较明显升高 1.06 个百分点，省域间构成比位次从第 15 位下降为第 25 位。

三 支出法产值构成子系统检测

2000 年以来云南支出法产值构成子系统结构性检测见图 3。

1. 支出法结构产值

2000～2018 年，云南支出法结构产值总量由 1955.09 亿元增至 17881.12 亿元，2018 年为 2000 年的 9.15 倍，历年年均增长 13.08%，"十三五"以来年均增长 9.50%。人均值由 4635.97 元增至 37136.28 元，2018

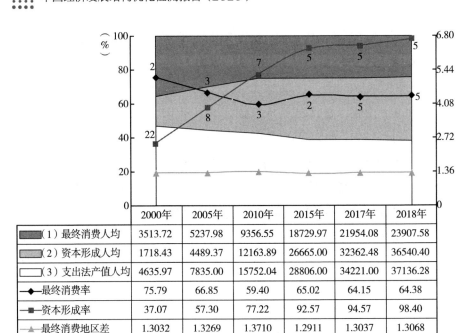

	2000年	2005年	2010年	2015年	2017年	2018年
（1）最终消费人均	3513.72	5237.98	9356.55	18729.97	21954.08	23907.58
（2）资本形成人均	1718.43	4489.37	12163.89	26665.00	32362.48	36540.40
（3）支出法产值人均	4635.97	7835.00	15752.04	28806.00	34221.00	37136.28
最终消费率	75.79	66.85	59.40	65.02	64.15	64.38
资本形成率	37.07	57.30	77.22	92.57	94.57	98.40
最终消费地区差	1.3032	1.3269	1.3710	1.2911	1.3037	1.3068

图3　2000年以来云南支出法产值构成子系统结构性检测

　　左轴面积：（1）最终消费支出、（2）资本形成、（3）支出法产值人均值（元转换为%），（3）－（1）－（2）＝货物与服务净流出，大多省域为负值，即（1）＋（2）＞（3），制图变通体现负值关系。右轴曲线：最终消费人均值地区差（偏差指数，无差距＝1）。左轴曲线：最终消费率、资本形成率（%），标注省域间位次。正文另测算其余人均值地区差，检测各类位次。

　　年为2000年的8.01倍，历年年均增长12.25%，"十三五"以来年均增长8.84%，省域间人均值位次从第27位下降为第30位。

　　在此期间，支出法产值地区差指数由1.4180缩小至1.4152，略微缩减0.20%，省域间地区差位次从第20位下降为第24位，意味着与全国人均值的距离减小。

　　2. 最终消费支出增长及构成比动态

　　同期，云南支出法产值构成之最终消费支出总量由1481.81亿元增至11511.50亿元，2018年为2000年的7.77倍，历年年均增长12.06%，"十三五"以来年均增长9.14%。人均值由3513.72元增至23907.58元，2018年为2000年的6.80倍，历年年均增长11.24%，"十三五"以来年均增长

8.48%，省域间人均值位次从第 16 位下降为第 25 位。

在此期间，最终消费地区差指数由 1.3032 扩大至 1.3068，略微扩增 0.28%，省域间地区差位次从第 13 位下降为第 20 位。最终消费率（消费率）由 75.79% 降至 64.38%，显著降低 11.41 个百分点，省域间比值位次从第 2 位下降为第 5 位。

3. 资本形成增长及构成比动态

同期，云南支出法产值构成之资本形成总额由 724.70 亿元增至 17594.20 亿元，2018 年为 2000 年的 24.28 倍，历年年均增长 19.39%，"十三五"以来年均增长 11.75%。人均值由 1718.43 元增至 36540.40 元，2018 年为 2000 年的 21.26 倍，历年年均增长 18.51%，"十三五"以来年均增长 11.07%，省域间人均值位次从第 29 位上升为第 17 位。

在此期间，资本形成地区差指数由 1.3716 缩小至 1.2830，较明显缩减 6.45%，省域间地区差位次从第 21 位上升为第 14 位。资本形成率（投资率）由 37.07% 升至 98.40%，极显著升高 61.33 个百分点，省域间比值位次从第 22 位上升为第 5 位。

四　经济生活收支综合子系统检测

2000 年以来云南经济生活收支综合子系统结构性检测见图 4。

（一）公共经济生活

1. 财政收入增长及相对比值动态

2000～2018 年，云南财政收入总量由 180.75 亿元增至 1994.35 亿元，2018 年为 2000 年的 11.03 倍，历年年均增长 14.27%，"十三五"以来年均增长 3.32%。人均值由 428.66 元增至 4141.73 元，2018 年为 2000 年的 9.66 倍，历年年均增长 13.43%，"十三五"以来年均增长 2.69%，省域间人均值位次从第 13 位下降为第 27 位。

与此同时，财政收入比由 8.99% 升至 11.15%，较明显升高 2.16 个百

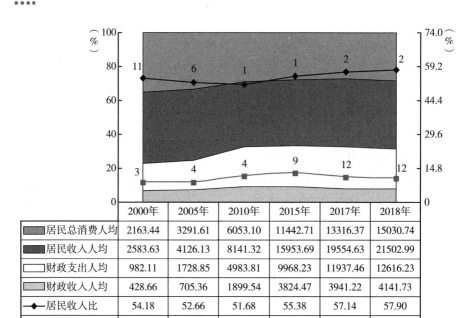

	2000年	2005年	2010年	2015年	2017年	2018年
▨居民总消费人均	2163.44	3291.61	6053.10	11442.71	13316.37	15030.74
■居民收入人均	2583.63	4126.13	8141.32	15953.69	19554.63	21502.99
□财政支出人均	982.11	1728.85	4983.81	9968.23	11937.46	12616.23
▨财政收入人均	428.66	705.36	1899.54	3824.47	3941.22	4141.73
◆居民收入比	54.18	52.66	51.68	55.38	57.14	57.90
■财政收入比	8.99	9.00	12.06	13.28	11.52	11.15

图4 2000年以来云南经济生活收支综合子系统结构性检测

　　左轴面积：居民总消费、居民收入、财政支出、财政收入人均值（元转换为%），其间呈直观比例。右轴曲线：居民收入比、财政收入比（%），标注省域间位次。正文另测算居民消费率、财政支出比、各类人均值地区差、民生数据城乡比，检测各类位次。

分点，省域间比值位次从第3位下降为第12位。

　　2. 财政支出增长及相对比值动态

　　同期，云南财政支出总量由414.11亿元增至6075.03亿元，2018年为2000年的14.67倍，历年年均增长16.09%，"十三五"以来年均增长8.83%。人均值由982.11元增至12616.23元，2018年为2000年的12.85倍，历年年均增长15.24%，"十三五"以来年均增长8.17%，省域间人均值位次从第12位下降为第18位。

　　与此同时，财政支出比由20.59%升至33.97%，显著升高13.38个百分点，省域间比值位次从第4位下降为第7位。

　　3. 财政收入、财政支出地区差变化

　　在此期间，云南财政收入地区差指数由1.5959扩大至1.6854，较明显扩增 5.61%，地区均衡性较明显减弱，省域间地区差位次从第 11 位下降为第 25 位；财政支出地区差指数由 1.2194 缩小至 1.2046，略微缩减 1.22%，地区均衡性略微增强，省域间地区差位次从第 8 位下降为第 11 位。

（二）人民经济生活

1.居民收入增长及相对比值动态

2000～2018 年，云南居民收入总量由 1089.39 亿元增至 10354.23 亿元，2018 年为 2000 年的 9.50 倍，历年年均增长 13.33%，"十三五"以来年均增长 11.14%。城乡综合演算人均值由 2583.63 元增至 21502.99 元，2018 年为 2000 年的 8.32 倍，历年年均增长 12.49%，"十三五"以来年均增长 10.46%，省域间人均值位次保持第 28 位。

与此同时，云南居民收入比由 54.18% 升至 57.90%，明显升高 3.72 个百分点，省域间比值位次从第 11 位上升为第 2 位。

2.居民总消费增长及相对比值动态

同期，云南居民总消费总量由 912.22 亿元增至 7237.68 亿元，2018 年为 2000 年的 7.93 倍，历年年均增长 12.19%，"十三五"以来年均增长 10.19%。城乡综合演算人均值由 2163.44 元增至 15030.74 元，2018 年为 2000 年的 6.95 倍，历年年均增长 11.37%，"十三五"以来年均增长 9.52%，省域间人均值位次从第 24 位下降为第 29 位。

与此同时，云南居民消费率由 45.36% 降至 40.47%，明显降低 4.89 个百分点，省域间比值位次从第 6 位上升为第 2 位。

3.居民收入、总消费地区差、城乡比变化

在此期间，云南居民收入地区差指数由 1.2985 缩小至 1.2627，略微缩减 2.76%，地区均衡性略微增强，省域间地区差位次从第 21 位下降为第 23 位；居民收入城乡比指数由 4.2775 缩小至 3.1100，极显著缩减 27.29%，城乡均衡性极显著增强，省域间城乡比位次从第 30 位上升为第 29 位。

云南居民总消费地区差指数由 1.2413 扩大至 1.2626，略微扩增 1.72%，地区均衡性略微减弱，省域间地区差位次从第 17 位下降为第 24

位；居民总消费城乡比指数由 4.0803 缩小至 2.3706，极显著缩减 41.90%，城乡均衡性极显著增强，省域间城乡比位次从第 30 位上升为 第 28 位。

五 经济增长通用指标动态测评

2000～2018 年云南经济增长结构优化综合检测结果见图 5。

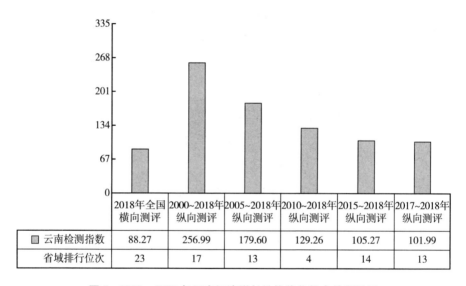

	2018年全国横向测评	2000~2018年纵向测评	2005~2018年纵向测评	2010~2018年纵向测评	2015~2018年纵向测评	2017~2018年纵向测评
云南检测指数	88.27	256.99	179.60	129.26	105.27	101.99
省域排行位次	23	17	13	4	14	13

图 5 2000～2018 年云南经济增长结构优化综合检测结果

数轴柱形：共时性年度横向测评（全国城乡地区无差距理想值＝100），类似"不论年龄比高矮"，有利于发达地区；历时性阶段纵向测评（起点年自身基数值＝100），类似"不论高矮比生长"，有利于后发地区，从左至右①"十五"以来，②"十一五"以来，③"十二五"以来，④"十三五"以来，⑤上年以来，多向度检测省域排行，考察不同阶段进展状况。

1.各年度理想值横向测评

以假定全国及各地全面消除城乡差距、地区差距为理想值 100，2018 年全国横向测评排行，云南指数为 88.27。这表明与全国城乡、地区无差距理想值相比，云南经济增长结构优化全量化检测分值低于理想值 11.73%，指数排名处于省域间第 23 位。

2. 2000年以来基数值纵向测评

以"九五"末年2000年各类数据演算指标为基数值100, "十五"以来至2018年纵向测评排行, 云南指数为256.99。这表明与2000年自身基数值相比, 云南经济增长结构优化全量化检测分值高于基数值156.99%, 指数提升程度处于省域间第17位。

3. 2005年以来基数值纵向测评

以"十五"末年2005年各类数据演算指标为基数值100, "十一五"以来至2018年纵向测评排行, 云南指数为179.60。这表明与2005年自身基数值相比, 云南经济增长结构优化全量化检测分值高于基数值79.60%, 指数提升程度处于省域间第13位。

4. 2010年以来基数值纵向测评

以"十一五"末年2010年各类数据演算指标为基数值100, "十二五"以来至2018年纵向测评排行, 云南指数为129.26。这表明与2010年自身基数值相比, 云南经济增长结构优化全量化检测分值高于基数值29.26%, 指数提升程度处于省域间第4位。

5. 2015年以来基数值纵向测评

以"十二五"末年2015年各类数据演算指标为基数值100, "十三五"以来至2018年纵向测评排行, 云南指数为105.27。这表明与2015年自身基数值相比, 云南经济增长结构优化全量化检测分值高于基数值5.27%, 指数提升程度处于省域间第14位。

6. 逐年度基数值纵向测评

逐年以上年各类数据演算指标为基数值100, 2017～2018年纵向测评排行, 云南指数为101.99。这表明与2017年自身基数值相比, 云南经济增长结构优化全量化检测分值高于基数值1.99%, 指数提升程度处于省域间第13位。

E.16

安徽：2015~2018年经济发展指数提升度第4位

蒋坤洋[*]

摘　要：　2000~2018年，安徽地区生产总值构成比中第二产业从
42.67%升至46.13%，第三产业从33.23%升至45.08%；收
入法产值构成比中劳动者报酬从53.62%降至46.10%，生产
税净额从14.25%升至15.31%，营业盈余从17.97%升至
25.13%；支出法产值构成比中最终消费率从64.05%降至
49.49%，资本形成率从36.00%升至51.41%；经济生活收支
中财政收入比从6.16%升至10.16%，居民收入比从59.56%
降至52.46%，居民消费率从44.19%降至36.67%。产值、财
政收入、财政支出、居民收入、总消费人均值地区差全都缩小；
居民收入、总消费人均值城乡比也全都缩小。安徽经济增长结
构优化排行：城乡、地区无差距理想值横向测评为省域第21
位；2000年、2005年、2010年、2015年和2017年自身基数值纵
向测评分别为省域第12位、第5位、第7位、第4位和第7位。

关键词：　安徽　经济生产　经济生活　结构优化　综合排行

三次产业（生产法）产值结构主体子系统，收入法、支出法产值结构

---

* 蒋坤洋，云南省社会科学院培训部副研究员，主要从事民族法文化研究。

辅助子系统，面向公共经济生活、人民经济生活的收支综合子系统分别设置为一图，难以充分展开。当地数据检测更多细节可参看技术报告、排行报告由不同侧面展开的各地纵向历时动态、横向共时静态对比分析。

一 三次产业（生产法）产值构成子系统检测

2000年以来安徽三次产业（生产法）产值构成子系统结构性检测见图1。

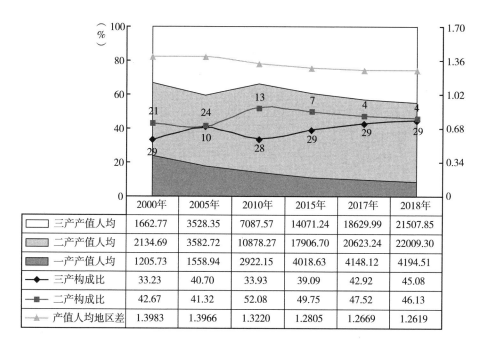

	2000年	2005年	2010年	2015年	2017年	2018年
□ 三产产值人均	1662.77	3528.35	7087.57	14071.24	18629.99	21507.85
▨ 二产产值人均	2134.69	3582.72	10878.27	17906.70	20623.24	22009.30
▨ 一产产值人均	1205.73	1558.94	2922.15	4018.63	4148.12	4194.51
◆ 三产构成比	33.23	40.70	33.93	39.09	42.92	45.08
■ 二产构成比	42.67	41.32	52.08	49.75	47.52	46.13
▲ 产值人均地区差	1.3983	1.3966	1.3220	1.2805	1.2669	1.2619

图1 2000年以来安徽三次产业（生产法）产值构成子系统结构性检测

左轴面积：一、二、三产产值人均值（元转换为%），其和即生产法产值人均值，其间直观比例体现构成比关系。右轴曲线：生产法产值人均值地区差（偏差指数，无差距＝1）。左轴曲线：二、三产构成比（%），标注省域间位次。正文另测算一、二、三产人均值地区差、一产构成比，检测各类位次。国家统计局据经济普查修订2000年生产法产值数据，但其中三次产业仅修订全国数据，为保持数据关系协调仍按年度发布数据演算各地构成比。

1.生产法结构产值

2000～2018年，安徽生产法结构产值总量由2902.09亿元增至

30006.82 亿元，2018 年为 2000 年的 10.34 倍，历年年均增长 13.86%，"十三五"以来（2015 年以来，后同）年均增长 10.89%。人均值由 4779.00 元增至 47711.66 元，2018 年为 2000 年的 9.98 倍，历年年均增长 13.64%，"十三五"以来年均增长 9.85%，省域间人均值位次（基于各地变化，后同）从第 26 位上升为第 22 位。

在此期间，生产法产值人均值地区差指数由 1.3983 缩小至 1.2619，明显缩减 9.75%，省域间地区差位次从第 18 位上升为第 15 位，意味着与全国人均值的距离减小。

2. 第一产业增长及构成比动态

同期，安徽第一产业产值总量由 732.19 亿元增至 2638.01 亿元，2018 年为 2000 年的 3.60 倍，历年年均增长 7.38%，"十三五"以来年均增长 2.40%。人均值由 1205.73 元增至 4194.51 元，2018 年为 2000 年的 3.48 倍，历年年均增长 7.17%，"十三五"以来年均增长 1.44%，省域间人均值位次从第 12 位下降为第 21 位。

在此期间，第一产业产值人均值地区差指数由 1.0344 扩大至 1.0976，较明显扩增 6.10%。第一产业构成比由 24.10% 降至 8.79%，显著降低 15.31 个百分点，省域间构成比位次从第 7 位下降为第 15 位。

3. 第二产业增长及构成比动态

同期，安徽第二产业产值总量由 1296.31 亿元增至 13842.09 亿元，2018 年为 2000 年的 10.68 倍，历年年均增长 14.06%，"十三五"以来年均增长 8.14%。人均值由 2134.69 元增至 22009.30 元，2018 年为 2000 年的 10.31 倍，历年年均增长 13.84%，"十三五"以来年均增长 7.12%，省域间人均值位次从第 23 位上升为第 18 位。

在此期间，第二产业产值人均值地区差指数由 1.4097 缩小至 1.1625，明显缩减 17.54%。第二产业构成比由 42.67% 升至 46.13%，明显升高 3.46 个百分点，省域间构成比位次从第 21 位上升为第 4 位。

4. 第三产业增长及构成比动态

同期，安徽第三产业产值总量由 1009.73 亿元增至 13526.72 亿元，

2018 年为 2000 年的 13.40 倍，历年年均增长 15.51%，"十三五"以来年均增长 16.29%。人均值由 1662.77 元增至 21507.85 元，2018 年为 2000 年的 12.93 倍，历年年均增长 15.28%，"十三五"以来年均增长 15.19%，省域间人均值位次从第 28 位上升为第 25 位。

在此期间，第三产业产值人均值地区差指数由 1.4738 缩小至 1.3621，明显缩减 7.58%。第三产业构成比由 33.23% 升至 45.08%，显著升高 11.85 个百分点，省域间构成比位次保持第 29 位。

二　收入法产值构成子系统检测

2000 年以来安徽收入法产值构成子系统结构性检测见图 2。

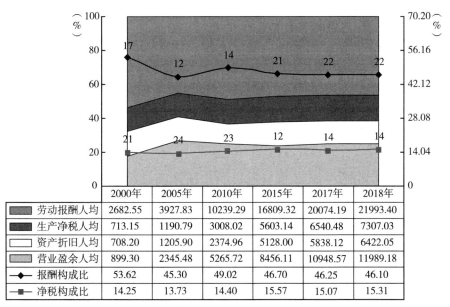

	2000年	2005年	2010年	2015年	2017年	2018年
劳动报酬人均	2682.55	3927.83	10239.29	16809.32	20074.19	21993.40
生产净税人均	713.15	1190.79	3008.02	5603.14	6540.48	7307.03
资产折旧人均	708.20	1205.90	2374.96	5128.00	5838.12	6422.05
营业盈余人均	899.30	2345.48	5265.72	8456.11	10948.57	11989.18
报酬构成比	53.62	45.30	49.02	46.70	46.25	46.10
净税构成比	14.25	13.73	14.40	15.57	15.07	15.31

图 2　2000 年以来安徽收入法产值构成子系统结构性检测

左轴面积：劳动者报酬、生产税净额、固定资产折旧、营业盈余人均值（元转换为%），其和即收入法产值人均值，其间直观比例体现构成比关系。右轴曲线：报酬、净税构成比（%），标注省域间位次。正文另测算各类人均值地区差、折旧、盈余构成比，检测各类位次。

1. 收入法结构产值

2000～2018 年，安徽收入法结构产值总量由 3038.24 亿元增至

30006.82 亿元，2018 年为 2000 年的 9.88 倍，历年年均增长 13.57%，"十三五"以来年均增长 10.89%。人均值由 5003.20 元增至 47711.66 元，2018 年为 2000 年的 9.54 倍，历年年均增长 13.35%，"十三五"以来年均增长 9.85%，省域间人均值位次从第 23 位上升为第 22 位。

在此期间，收入法产值地区差指数由 1.3616 缩小至 1.2619，较明显缩减 7.32%，省域间地区差位次保持第 15 位，意味着与全国人均值的距离减小。

2. 劳动者报酬增长及构成比动态

同期，安徽收入法产值构成之劳动者报酬总量由 1629.00 亿元增至 13832.09 亿元，2018 年为 2000 年的 8.49 倍，历年年均增长 12.62%，"十三五"以来年均增长 10.41%。人均值由 2682.55 元增至 21993.40 元，2018 年为 2000 年的 8.20 倍，历年年均增长 12.40%，"十三五"以来年均增长 9.37%，省域间人均值位次从第 27 位上升为第 26 位。

在此期间，劳动者报酬地区差指数由 1.3339 缩小至 1.2807，较明显缩减 3.99%，省域间地区差位次从第 20 位上升为第 19 位。劳动者报酬构成比由 53.62% 降至 46.10%，明显降低 7.52 个百分点，省域间构成比位次从第 17 位下降为第 22 位。

3. 生产税净额增长及构成比动态

同期，安徽收入法产值构成之生产税净额总量由 433.07 亿元增至 4595.54 亿元，2018 年为 2000 年的 10.61 倍，历年年均增长 14.02%，"十三五"以来年均增长 10.29%。人均值由 713.15 元增至 7307.03 元，2018 年为 2000 年的 10.25 倍，历年年均增长 13.80%，"十三五"以来年均增长 9.25%，省域间人均值位次从第 27 位上升为第 20 位。

在此期间，生产税净额地区差指数由 1.4092 缩小至 1.2063，明显缩减 14.40%。生产税净额构成比由 14.25% 升至 15.31%，较明显升高 1.06 个百分点，省域间构成比位次从第 21 位上升为第 14 位。

4. 固定资产折旧增长及构成比动态

同期，安徽收入法产值构成之固定资产折旧总量由 430.06 亿元增至 4038.96 亿元，2018 年为 2000 年的 9.39 倍，历年年均增长 13.25%，"十三五"以来年均增长8.81%。人均值由708.20元增至6422.05元，2018年为2000年的9.07倍，历年年均增长13.03%，"十三五"以来年均增长7.79%，省域间人均值位次从第18位下降为第23位。

在此期间，资产折旧地区差指数由1.3617缩小至1.2597，明显缩减7.49%。资产折旧构成比14.15%降至13.46%，略微降低0.69个百分点，省域间构成比位次从第12位下降为第17位。

5. 营业盈余增长及构成比动态

同期，安徽收入法产值构成之营业盈余总量由546.11亿元增至7540.24亿元，2018年为2000年的13.81倍，历年年均增长15.70%，"十三五"以来年均增长13.41%。人均值由899.30元增至11989.18元，2018年为2000年的13.33倍，历年年均增长15.48%，"十三五"以来年均增长12.34%，省域间人均值位次从第16位下降为第18位。

在此期间，营业盈余地区差指数由1.3980缩小至1.2594，明显缩减9.92%。营业盈余构成比17.97%升至25.13%，明显升高7.16个百分点，省域间构成比位次从第13位上升为第12位。

三 支出法产值构成子系统检测

2000年以来安徽支出法产值构成子系统结构性检测见图3。

1. 支出法结构产值

2000～2018年，安徽支出法结构产值总量由3041.24亿元增至30006.82亿元，2018年为2000年的9.87倍，历年年均增长13.56%，"十三五"以来年均增长10.89%。人均值由5008.15元增至47711.66元，2018年为2000年的9.53倍，历年年均增长13.34%，"十三五"以来年均增长9.85%，省域间人均值位次保持第22位。

在此期间，支出法产值地区差指数由1.3713缩小至1.2487，明显缩减8.94%，省域间地区差位次从第14位下降为第15位，意味着与全国人均值的距离减小。

2. 最终消费支出增长及构成比动态

同期，安徽支出法产值构成之最终消费支出总量由1947.78亿元增至

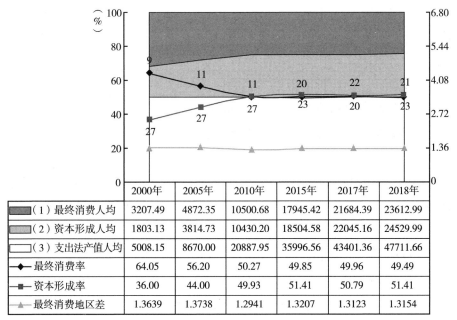

	2000年	2005年	2010年	2015年	2017年	2018年
▇（1）最终消费人均	3207.49	4872.35	10500.68	17945.42	21684.39	23612.99
▨（2）资本形成人均	1803.13	3814.73	10430.20	18504.58	22045.16	24529.99
▢（3）支出法产值人均	5008.15	8670.00	20887.95	35996.56	43401.36	47711.66
◆最终消费率	64.05	56.20	50.27	49.85	49.96	49.49
▪资本形成率	36.00	44.00	49.93	51.41	50.79	51.41
▲最终消费地区差	1.3639	1.3738	1.2941	1.3207	1.3123	1.3154

图3　2000年以来安徽支出法产值构成子系统结构性检测

左轴面积：（1）最终消费支出、（2）资本形成、（3）支出法产值人均值（元转换为%），（3）－（1）－（2）＝货物与服务净流出，大多省域为负值，即（1）＋（2）＞（3），制图变通体现负值关系。右轴曲线：最终消费人均值地区差（偏差指数，无差距＝1）。左轴曲线：最终消费率、资本形成率（%），标注省域间位次。正文另测算其余人均值地区差，检测各类位次。

14850.68亿元，2018年为2000年的7.62倍，历年年均增长11.95%，"十三五"以来年均增长10.62%。人均值由3207.49元增至23612.99元，2018年为2000年的7.36倍，历年年均增长11.73%，"十三五"以来年均增长9.58%，省域间人均值位次从第23位下降为第26位。

在此期间，最终消费地区差指数由1.3639缩小至1.3154，略微缩减3.56%，省域间地区差位次从第20位下降为第21位。最终消费率（消费率）由64.05%降至49.49%，显著降低14.56个百分点，省域间比值位次从第9位下降为第23位。

3.资本形成增长及构成比动态

同期，安徽支出法产值构成之资本形成总额由1094.97亿元增至15427.40亿元，2018年为2000年的14.09倍，历年年均增长15.83%，"十

"三五"以来年均增长 10.90% 。人均值由 1803.13 元增至 24529.99 元, 2018
年为 2000 年的 13.60 倍, 历年年均增长 15.61% , "十三五"以来年均增长
9.85% , 省域间人均值位次从第 25 位下降为第 26 位。

在此期间, 资本形成地区差指数由 1.3406 缩小至 1.1387, 明显缩减
15.06% , 省域间地区差位次从第 17 位上升为第 6 位。资本形成率 (投资
率) 由 36.00% 升至 51.41% , 显著升高 15.41 个百分点, 省域间比值位次
从第 27 位上升为第 21 位。

四 经济生活收支综合子系统检测

2000 年以来安徽经济生活收支综合子系统结构性检测见图 4。

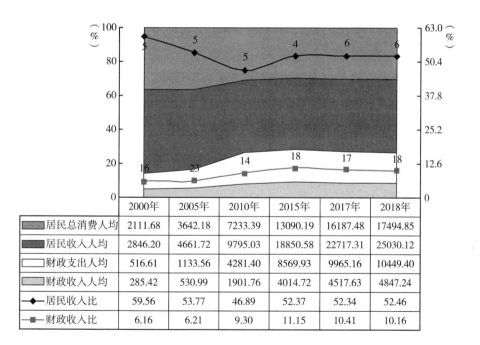

	2000年	2005年	2010年	2015年	2017年	2018年
居民总消费人均	2111.68	3642.18	7233.39	13090.19	16187.48	17494.85
居民收入人均	2846.20	4661.72	9795.03	18850.58	22717.31	25030.12
财政支出人均	516.61	1133.56	4281.40	8569.93	9965.16	10449.40
财政收入人均	285.42	530.99	1901.76	4014.72	4517.63	4847.24
居民收入比	59.56	53.77	46.89	52.37	52.34	52.46
财政收入比	6.16	6.21	9.30	11.15	10.41	10.16

图 4 2000 年以来安徽经济生活收支综合子系统结构性检测

左轴面积: 居民总消费、居民收入、财政支出、财政收入人均值 (元转换为%), 其间呈
直观比例。右轴曲线: 居民收入比、财政收入比 (%), 标注省域间位次。正文另测算居民消
费率、财政支出比、各类人均值地区差、民生数据城乡比, 检测各类位次。

（一）公共经济生活

1. 财政收入增长及相对比值动态

2000～2018 年，安徽财政收入总量由 178.72 亿元增至 3048.67 亿元，2018 年为 2000 年的 17.06 倍，历年年均增长 17.07%，"十三五"以来年均增长 7.50%。人均值由 285.42 元增至 4847.24 元，2018 年为 2000 年的 16.98 倍，历年年均增长 17.04%，"十三五"以来年均增长 6.48%，省域间人均值位次从第 23 位上升为第 20 位。

与此同时，财政收入比由 6.16% 升至 10.16%，明显升高 4.00 个百分点，省域间比值位次从第 16 位下降为第 18 位。

2. 财政支出增长及相对比值动态

同期，安徽财政支出总量由 323.47 亿元增至 6572.15 亿元，2018 年为 2000 年的 20.32 倍，历年年均增长 18.21%，"十三五"以来年均增长 7.85%。人均值由 516.61 元增至 10449.40 元，2018 年为 2000 年的 20.23 倍，历年年均增长 18.18%，"十三五"以来年均增长 6.83%，省域间人均值位次从第 30 位上升为第 28 位。

与此同时，财政支出比由 11.15% 升至 21.90%，显著升高 10.75 个百分点，省域间比值位次从第 20 位上升为第 19 位。

3. 财政收入、财政支出地区差变化

在此期间，安徽财政收入地区差指数由 1.7310 缩小至 1.6318，较明显缩减 5.73%，地区均衡性较明显增强，省域间地区差位次从第 21 位上升为第 18 位；财政支出地区差指数由 1.5894 缩小至 1.3412，明显缩减 15.62%，地区均衡性明显增强，省域间地区差位次从第 27 位上升为第 24 位。

（二）人民经济生活

1. 居民收入增长及相对比值动态

2000～2018 年，安徽居民收入总量由 1782.15 亿元增至 15742.69 亿元，

2018 年为 2000 年的 8.83 倍，历年年均增长 12.87%，"十三五"以来年均增长 10.96%。城乡综合演算人均值由 2846.20 元增至 25030.12 元，2018 年为 2000 年的 8.79 倍，历年年均增长 12.84%，"十三五"以来年均增长 9.91%，省域间人均值位次从第 23 位上升为第 16 位。

与此同时，安徽居民收入比由 59.56% 降至 52.46%，明显降低 7.10 个百分点，省域间比值位次从第 5 位下降为第 6 位。

2. 居民总消费增长及相对比值动态

同期，安徽居民总消费总量由 1322.23 亿元增至 11003.39 亿元，2018 年为 2000 年的 8.32 倍，历年年均增长 12.49%，"十三五"以来年均增长 11.20%。城乡综合演算人均值由 2111.68 元增至 17494.85 元，2018 年为 2000 年的 8.28 倍，历年年均增长 12.46%，"十三五"以来年均增长 10.15%，省域间人均值位次从第 26 位上升为第 16 位。

与此同时，安徽居民消费率由 44.19% 降至 36.67%，明显降低 7.52 个百分点，省域间比值位次从第 9 位上升为第 8 位。

3. 居民收入、总消费地区差、城乡比变化

在此期间，安徽居民收入地区差指数由 1.2272 缩小至 1.1417，较明显缩减 6.96%，地区均衡性较明显增强，省域间地区差位次从第 16 位上升为第 9 位；居民收入城乡比指数由 2.7363 缩小至 2.4573，明显缩减 10.19%，城乡均衡性明显增强，省域间城乡比位次从第 19 位上升为第 14 位。

安徽居民总消费地区差指数由 1.2595 缩小至 1.1418，明显缩减 9.35%，地区均衡性明显增强，省域间地区差位次从第 20 位上升为第 9 位；居民总消费城乡比指数由 3.2032 缩小至 1.6883，极显著缩减 47.29%，城乡均衡性极显著增强，省域间城乡比位次从第 20 位上升为第 1 位。

五　经济增长通用指标动态测评

2000～2018 年安徽经济增长结构优化综合检测结果见图 5。

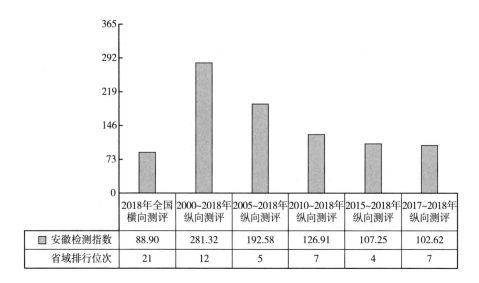

	2018年全国 横向测评	2000~2018年 纵向测评	2005~2018年 纵向测评	2010~2018年 纵向测评	2015~2018年 纵向测评	2017~2018年 纵向测评
安徽检测指数	88.90	281.32	192.58	126.91	107.25	102.62
省域排行位次	21	12	5	7	4	7

图5　2000～2018年安徽经济增长结构优化综合检测结果

数轴柱形：共时性年度横向测评（全国城乡地区无差距理想值＝100），类似"不论年龄比高矮"，有利于发达地区；历时性阶段纵向测评（起点年自身基数值＝100），类似"不论高矮比生长"，有利于后发地区，从左至右①"十五"以来，②"十一五"以来，③"十二五"以来，④"十三五"以来，⑤上年以来，多向度检测省域排行，考察不同阶段进展状况。

1. 各年度理想值横向测评

以假定全国及各地全面消除城乡差距、地区差距为理想值100，2018年全国横向测评排行，安徽指数为88.90。这表明与全国城乡、地区无差距理想值相比，安徽经济增长结构优化全量化检测分值低于理想值11.10%，指数排名处于省域间第21位。

2. 2000年以来基数值纵向测评

以"九五"末年2000年各类数据演算指标为基数值100，"十五"以来至2018年纵向测评排行，安徽指数为281.32。这表明与2000年自身基数值相比，安徽经济增长结构优化全量化检测分值高于基数值181.32%，指数提升程度处于省域间第12位。

3. 2005年以来基数值纵向测评

以"十五"末年2005年各类数据演算指标为基数值100，"十一五"以来至2018年纵向测评排行，安徽指数为192.58。这表明与2005年自身基数值相比，安徽经济增长结构优化全量化检测分值高于基数值92.58%，指数提升程度处于省域间第5位。

4. 2010年以来基数值纵向测评

以"十一五"末年2010年各类数据演算指标为基数值100，"十二五"以来至2018年纵向测评排行，安徽指数为126.91。这表明与2010年自身基数值相比，安徽经济增长结构优化全量化检测分值高于基数值26.91%，指数提升程度处于省域间第7位。

5. 2015年以来基数值纵向测评

以"十二五"末年2015年各类数据演算指标为基数值100，"十三五"以来至2018年纵向测评排行，安徽指数为107.25。这表明与2015年自身基数值相比，安徽经济增长结构优化全量化检测分值高于基数值7.25%，指数提升程度处于省域间第4位。

6. 逐年度基数值纵向测评

逐年以上年各类数据演算指标为基数值100，2017～2018年纵向测评排行，安徽指数为102.62。这表明与2017年自身基数值相比，安徽经济增长结构优化全量化检测分值高于基数值2.62%，指数提升程度处于省域间第7位。

E.17

福建：2018年经济发展
指数排名第5位

宁发金*

摘　要： 2000～2018年，福建地区生产总值构成比中第二产业从
43.65%升至48.13%，第三产业从40.01%升至45.22%；
收入法产值构成比中劳动者报酬从48.08%升至52.33%，生
产税净额从12.65%降至12.45%，营业盈余从29.29%降至
24.12%；支出法产值构成比中最终消费率从52.70%降至
40.30%，资本形成率从46.18%升至58.18%；经济生活收
支中财政收入比从6.22%升至8.40%，居民收入比从
44.08%降至36.94%，居民消费率从33.22%降至25.84%。
财政支出、居民收入、总消费人均值地区差缩小，但产值、
财政收入人均值地区差扩大；居民总消费人均值城乡比缩
小，但居民收入人均值城乡比扩大。福建经济增长结构优化
排行：城乡、地区无差距理想值横向测评为省域第5位；
2000年、2005年、2010年、2015年和2017年自身基数值纵
向测评分别为省域第22位、第15位、第14位、第7位和第
8位。

关键词： 福建　经济生产　经济生活　结构优化　综合排行

---

* 宁发金，云南省社会科学院科研处副研究员，主要从事数据分析相关研究。

三次产业（生产法）产值结构主体子系统，收入法、支出法产值结构辅助子系统，面向公共经济生活、人民经济生活的收支综合子系统分别设置为一图，难以充分展开。当地数据检测更多细节可参看技术报告、排行报告由不同侧面展开的各地纵向历时动态、横向共时静态对比分析。

一 三次产业（生产法）产值构成子系统检测

2000年以来福建三次产业（生产法）产值构成子系统结构性检测见图1。

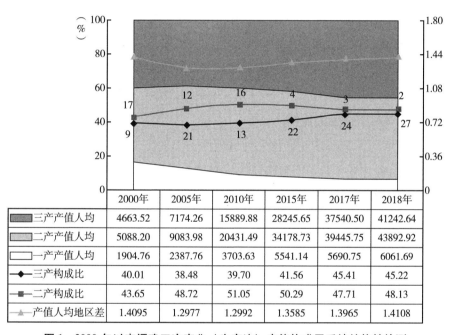

	2000年	2005年	2010年	2015年	2017年	2018年
▨ 三产产值人均	4663.52	7174.26	15889.88	28245.65	37540.50	41242.64
▦ 二产产值人均	5088.20	9083.98	20431.49	34178.73	39445.75	43892.92
☐ 一产产值人均	1904.76	2387.76	3703.63	5541.14	5690.75	6061.69
◆ 三产构成比	40.01	38.48	39.70	41.56	45.41	45.22
■ 二产构成比	43.65	48.72	51.05	50.29	47.71	48.13
▲ 产值人均地区差	1.4095	1.2977	1.2992	1.3585	1.3965	1.4108

图1 2000年以来福建三次产业（生产法）产值构成子系统结构性检测

左轴面积：一、二、三产产值人均值（元转换为%），其和即生产法产值人均值，其间直观比例体现构成比关系。右轴曲线：生产法产值人均值地区差（偏差指数，无差距=1）。左轴曲线：二、三产构成比（%），标注省域间位次。正文另测算一、二、三产人均值地区差、一产构成比，检测各类位次。国家统计局据经济普查修订2000年生产法产值数据，但其中三次产业仅修订全国数据，为保持数据关系协调仍按年度发布数据演算各地构成比。

1. 生产法结构产值

2000~2018年，福建生产法结构产值总量由3764.54亿元增至35804.04亿元，2018 年为 2000 年的 9.51 倍，历年年均增长 13.33%，"十三五"以来（2015 年以来，后同）年均增长 11.28%。人均值由 11194.00 元增至 91197.25 元，2018 年为 2000 年的 8.15 倍，历年年均增长 12.36%，"十三五"以来年均增长 10.30%，省域间人均值位次（基于各地变化，后同）从第 7 位上升为第 6 位。

在此期间，生产法产值人均值地区差指数由 1.4095 扩大至 1.4108，略微扩增 0.09%，省域间地区差位次从第 21 位下降为第 24 位，意味着与全国人均值的距离拉大。

2. 第一产业增长及构成比动态

同期，福建第一产业产值总量由 640.57 亿元增至 2379.82 亿元，2018 年为 2000 年的 3.72 倍，历年年均增长 7.56%，"十三五"以来年均增长 3.96%。人均值由 1904.76 元增至 6061.69 元，2018 年为 2000 年的 3.18 倍，历年年均增长 6.64%，"十三五"以来年均增长 3.04%，省域间人均值位次从第 2 位下降为第 6 位。

在此期间，第一产业产值人均值地区差指数由 1.6342 缩小至 1.3041，明显缩减 20.19%。第一产业构成比由 16.34% 降至 6.65%，明显降低 9.69 个百分点，省域间构成比位次从第 18 位下降为第 23 位。

3. 第二产业增长及构成比动态

同期，福建第二产业产值总量由 1711.16 亿元增至 17232.36 亿元，2018 年为 2000 年的 10.07 倍，历年年均增长 13.69%，"十三五"以来年均增长 9.67%。人均值由 5088.20 元增至 43892.92 元，2018 年为 2000 年的 8.63 倍，历年年均增长 12.72%，"十三五"以来年均增长 8.70%，省域间人均值位次从第 8 位上升为第 3 位。

在此期间，第二产业产值人均值地区差指数由 1.4069 扩大至 1.6702，明显扩增 18.72%。第二产业构成比由 43.65% 升至 48.13%，明显升高 4.48 个百分点，省域间构成比位次从第 17 位上升为第 2 位。

4. 第三产业增长及构成比动态

同期，福建第三产业产值总量由 1568.34 亿元增至 16191.86 亿元，2018 年为 2000 年的 10.32 倍，历年年均增长 13.85%，"十三五"以来年均增长 14.46%。人均值由 4663.52 元增至 41242.64 元，2018 年为 2000 年的 8.84 倍，历年年均增长 12.87%，"十三五"以来年均增长 13.45%，省域间人均值位次从第 5 位下降为第 7 位。

在此期间，第三产业产值人均值地区差指数由 1.4759 缩小至 1.2232，明显缩减 17.12%。第三产业构成比由 40.01% 升至 45.22%，明显升高 5.21 个百分点，省域间构成比位次从第 9 位下降为第 27 位。

二　收入法产值构成子系统检测

2000 年以来福建收入法产值构成子系统结构性检测见图 2。

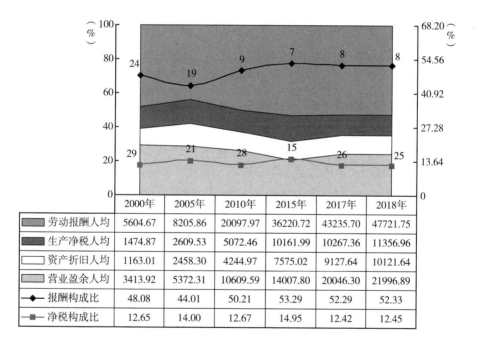

	2000年	2005年	2010年	2015年	2017年	2018年
劳动报酬人均	5604.67	8205.86	20097.97	36220.72	43235.70	47721.75
生产净税人均	1474.87	2609.53	5072.46	10161.99	10267.36	11356.96
资产折旧人均	1163.01	2458.30	4244.97	7575.02	9127.64	10121.64
营业盈余人均	3413.92	5372.31	10609.59	14007.80	20046.30	21996.89
报酬构成比	48.08	44.01	50.21	53.29	52.29	52.33
净税构成比	12.65	14.00	12.67	14.95	12.42	12.45

图 2　2000 年以来福建收入法产值构成子系统结构性检测

左轴面积：劳动者报酬、生产税净额、固定资产折旧、营业盈余人均值（元转换为%），其和即收入法产值人均值，其间直观比例体现构成比关系。右轴曲线：报酬、净税构成比（%），标注省域间位次。正文另测算各类人均值地区差、折旧、盈余构成比，检测各类位次。

1. 收入法结构产值

2000～2018 年，福建收入法结构产值总量由 3920.07 亿元增至 35804.04 亿元，2018 年为 2000 年的 9.13 倍，历年年均增长 13.08%，"十三五"以来年均增长 11.28%。人均值由 11656.47 元增至 91197.25 元，2018 年为 2000 年的 7.82 倍，历年年均增长 12.11%，"十三五"以来年均增长 10.30%，省域间人均值位次保持第 6 位。

在此期间，收入法产值地区差指数由 1.4872 缩小至 1.4108，较明显缩减 5.14%，省域间地区差位次保持第 24 位，意味着与全国人均值的距离减小。

2. 劳动者报酬增长及构成比动态

同期，福建收入法产值构成之劳动者报酬总量由 1884.85 亿元增至 18735.56 亿元，2018 年为 2000 年的 9.94 倍，历年年均增长 13.61%，"十三五"以来年均增长 10.61%。人均值由 5604.67 元增至 47721.75 元，2018 年为 2000 年的 8.51 倍，历年年均增长 12.64%，"十三五"以来年均增长 9.63%，省域间人均值位次从第 6 位上升至第 5 位。

在此期间，劳动者报酬地区差指数由 1.3917 扩大至 1.5608，明显扩增 12.15%，省域间地区差位次从第 23 位下降为第 27 位。劳动者报酬构成比由 48.08% 升至 52.33%，明显升高 4.25 个百分点，省域间构成比位次从第 24 位上升为第 8 位。

3. 生产税净额增长及构成比动态

同期，福建收入法产值构成之生产税净额总量由 496.00 亿元增至 4458.74 亿元，2018 年为 2000 年的 8.99 倍，历年年均增长 12.98%，"十三五"以来年均增长 4.70%。人均值由 1474.87 元增至 11356.96 元，2018 年为 2000 年的 7.70 倍，历年年均增长 12.01%，"十三五"以来年均增长 3.78%，省域间人均值位次从第 9 位上升为第 8 位。

在此期间，生产税净额地区差指数由 1.2218 扩大至 1.2336，略微扩增 0.97%。生产税净额构成比由 12.65% 降至 12.45%，略微降低 0.20 个百分点，省域间构成比位次从第 29 位上升为第 25 位。

4. 固定资产折旧增长及构成比动态

同期，福建收入法产值构成之固定资产折旧总量由 391.12 亿元增至 3973.76 亿元，2018 年为 2000 年的 10.16 倍，历年年均增长 13.75%，"十三五"以来年均增长 11.13%。人均值由 1163.01 元增至 10121.64 元，2018 年为 2000 年的 8.70 倍，历年年均增长 12.77%，"十三五"以来年均增长 10.14%，省域间人均值位次从第 11 位上升为第 9 位。

在此期间，资产折旧地区差指数由 1.0483 扩大至 1.1668，明显扩增 11.30%。资产折旧构成比由 9.98% 升至 11.10%，较明显升高 1.12 个百分点，省域间构成比位次保持第 28 位。

5. 营业盈余增长及构成比动态

同期，福建收入法产值构成之营业盈余总量由 1148.10 亿元增至 8635.98 亿元，2018 年为 2000 年的 7.52 倍，历年年均增长 11.86%，"十三五"以来年均增长 17.27%。人均值由 3413.92 元增至 21996.89 元，2018 年为 2000 年的 6.44 倍，历年年均增长 10.90%，"十三五"以来年均增长 16.23%，省域间人均值位次从第 3 位下降为第 6 位。

在此期间，营业盈余地区差指数由 2.2853 缩小至 1.3589，显著缩减 40.54%。营业盈余构成比由 29.29% 降至 24.12%，明显降低 5.17 个百分点，省域间构成比位次从第 1 位下降为第 16 位。

三 支出法产值构成子系统检测

2000 年以来福建支出法产值构成子系统结构性检测见图 3。

1. 支出法结构产值

2000 ～ 2018 年，福建支出法结构产值总量由 3894.17 亿元增至 35804.04 亿元，2018 年为 2000 年的 9.19 倍，历年年均增长 13.12%，"十三五"以来年均增长 11.28%。人均值由 11579.46 元增至 91197.25 元，2018 年为 2000 年的 7.88 倍，历年年均增长 12.15%，"十三五"以来年均增长 10.30%，省域间人均值位次保持第 6 位。

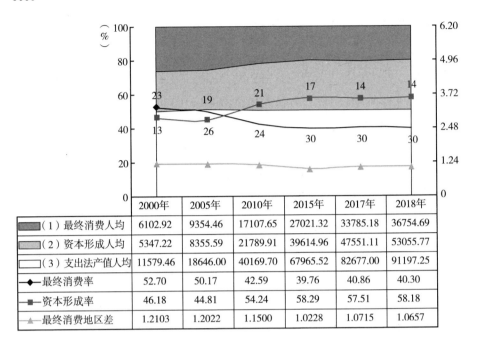

	2000年	2005年	2010年	2015年	2017年	2018年
（1）最终消费人均	6102.92	9354.46	17107.65	27021.32	33785.18	36754.69
（2）资本形成人均	5347.22	8355.59	21789.91	39614.96	47551.11	53055.77
（3）支出法产值人均	11579.46	18646.00	40169.70	67965.52	82677.00	91197.25
最终消费率	52.70	50.17	42.59	39.76	40.86	40.30
资本形成率	46.18	44.81	54.24	58.29	57.51	58.18
最终消费地区差	1.2103	1.2022	1.1500	1.0228	1.0715	1.0657

图3　2000年以来福建支出法产值构成子系统结构性检测

左轴面积：（1）最终消费支出、（2）资本形成、（3）支出法产值人均值（元转换为%），（3）－（1）－（2）＝货物与服务净流出，大多省域为负值，即（1）＋（2）＞（3），制图变通体现负值关系。右轴曲线：最终消费人均值地区差（偏差指数，无差距=1）。左轴曲线：最终消费率、资本形成率（%），标注省域间位次。正文另测算其余人均值地区差，检测各类位次。

在此期间，支出法产值地区差指数由1.4537缩小至1.4361，略微缩减1.21%，省域间地区差位次从第24位下降为第25位，意味着与全国人均值的距离减小。

2.最终消费支出增长及构成比动态

同期，福建支出法产值构成之最终消费支出总量由2052.41亿元增至14429.89亿元，2018年为2000年的7.03倍，历年年均增长11.44%，"十三五"以来年均增长11.79%。人均值由6102.92元增至36754.69元，2018年为2000年的6.02倍，历年年均增长10.49%，"十三五"以来年均增长10.80%，省域间人均值位次从第6位下降为第8位。

在此期间，最终消费地区差指数由1.2103缩小至1.0657，明显缩减

11.95%，省域间地区差位次从第 7 位下降为第 8 位。最终消费率（消费率）由 52.70% 降至 40.30%，显著降低 12.40 个百分点，省域间比值位次从第 23 位下降为第 30 位。

3. 资本形成增长及构成比动态

同期，福建支出法产值构成之资本形成总额由 1798.27 亿元增至 20829.70 亿元，2018 年为 2000 年的 11.58 倍，历年年均增长 14.58%，"十三五"以来年均增长 11.21%。人均值由 5347.22 元增至 53055.77 元，2018 年为 2000 年的 9.92 倍，历年年均增长 13.60%，"十三五"以来年均增长 10.23%，省域间人均值位次从第 6 位上升为第 5 位。

在此期间，资本形成地区差指数由 1.9555 缩小至 1.8629，较明显缩减 4.74%，省域间地区差位次从第 26 位下降为第 27 位。资本形成率（投资率）由 46.18% 升至 58.18%，显著升高 12.00 个百分点，省域间比值位次从第 13 位下降为第 14 位。

四 经济生活收支综合子系统检测

2000 年以来福建经济生活收支综合子系统结构性检测见图 4。

（一）公共经济生活

1. 财政收入增长及相对比值动态

2000~2018 年，福建财政收入总量由 234.11 亿元增至 3007.41 亿元，2018 年为 2000 年的 12.85 倍，历年年均增长 15.24%，"十三五"以来年均增长 5.73%。人均值由 696.12 元增至 7660.24 元，2018 年为 2000 年的 11.00 倍，历年年均增长 14.25%，"十三五"以来年均增长 4.80%，省域间人均值位次从第 7 位下降为第 8 位。

与此同时，财政收入比由 6.22% 升至 8.40%，较明显升高 2.18 个百分点，省域间比值位次从第 13 位下降为第 26 位。

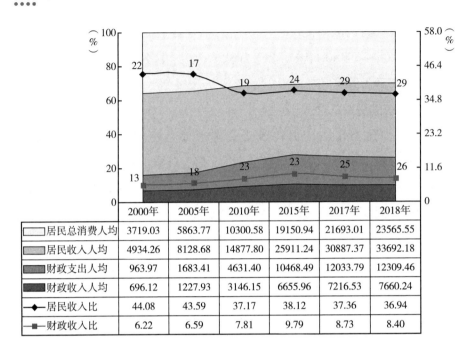

	2000年	2005年	2010年	2015年	2017年	2018年
居民总消费人均	3719.03	5863.77	10300.58	19150.94	21693.01	23565.55
居民收入人均	4934.26	8128.68	14877.80	25911.24	30887.37	33692.18
财政支出人均	963.97	1683.41	4631.40	10468.49	12033.79	12309.46
财政收入人均	696.12	1227.93	3146.15	6655.96	7216.53	7660.24
◆ 居民收入比	44.08	43.59	37.17	38.12	37.36	36.94
■ 财政收入比	6.22	6.59	7.81	9.79	8.73	8.40

图4 2000年以来福建经济生活收支综合子系统结构性检测

左轴面积：居民总消费、居民收入、财政支出、财政收入人均值（元转换为%），其间呈直观比例。右轴曲线：居民收入比、财政收入比（%），标注省域间位次。正文另测算居民消费率、财政支出比、各类人均值地区差、民生数据城乡比，检测各类位次。

2. 财政支出增长及相对比值动态

同期，福建财政支出总量由324.18亿元增至4832.69亿元，2018年为2000年的14.91倍，历年年均增长16.20%，"十三五"以来年均增长6.49%。人均值由963.97元增至12309.46元，2018年为2000年的12.77倍，历年年均增长15.20%，"十三五"以来年均增长5.55%，省域间人均值位次从第14位下降为第20位。

与此同时，财政支出比由8.61%升至13.50%，明显升高4.89个百分点，省域间比值位次从第27位下降为第29位。

3. 财政收入、财政支出地区差变化

在此期间，福建财政收入地区差指数由1.3438扩大至1.4182，较明显扩增5.53%，地区均衡性较明显减弱，省域间地区差位次从第5位下降为第6位；财政支出地区差指数由1.2338缩小至1.2239，略微缩减0.80%，地区均衡性略微增强，省域间地区差位次从第10位下降为第13位。

（二）人民经济生活

1. 居民收入增长及相对比值动态

2000~2018年，福建居民收入总量由1659.39亿元增至13227.55亿元，2018年为2000年的7.97倍，历年年均增长12.22%，"十三五"以来年均增长10.12%。城乡综合演算人均值由4934.26元增至33692.18元，2018年为2000年的6.83倍，历年年均增长11.26%，"十三五"以来年均增长9.15%，省域间人均值位次从第6位下降为第7位。

与此同时，福建居民收入比由44.08%降至36.94%，明显降低7.14个百分点，省域间比值位次从第22位下降为第29位。

2. 居民总消费增长及相对比值动态

同期，福建居民总消费总量由1250.71亿元增至9251.84亿元，2018年为2000年的7.40倍，历年年均增长11.76%，"十三五"以来年均增长8.12%。城乡综合演算人均值由3719.03元增至23565.55元，2018年为2000年的6.34倍，历年年均增长10.80%，"十三五"以来年均增长7.16%，省域间人均值位次从第6位下降为第7位。

与此同时，福建居民消费率由33.22%降至25.84%，明显降低7.38个百分点，省域间比值位次从第22位下降为第28位。

3. 居民收入、总消费地区差、城乡比变化

在此期间，福建居民收入地区差指数由1.3398缩小至1.1553，明显缩减13.77%，地区均衡性明显增强，省域间地区差位次从第24位上升为第10位；居民收入城乡比指数由2.3007扩大至2.3636，较明显扩增2.73%，城乡均衡性较明显减弱，省域间城乡比位次从第9位下降为第11位。

福建居民总消费地区差指数由1.3042缩小至1.1561，明显缩减11.36%，地区均衡性明显增强，省域间地区差位次从第22位上升为第

13 位；居民总消费城乡比指数由 2.3400 缩小至 1.8835，显著缩减 19.51%，城乡均衡性显著增强，省域间城乡比位次从第 5 位下降为第 7 位。

五　经济增长通用指标动态测评

2000～2018 年福建经济增长结构优化综合检测结果见图 5。

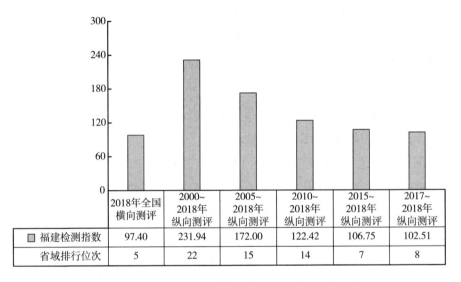

	2018年全国横向测评	2000~2018年纵向测评	2005~2018年纵向测评	2010~2018年纵向测评	2015~2018年纵向测评	2017~2018年纵向测评
福建检测指数	97.40	231.94	172.00	122.42	106.75	102.51
省域排行位次	5	22	15	14	7	8

图 5　2000～2018 年福建经济增长结构优化综合检测结果

数轴柱形：共时性年度横向测评（全国城乡地区无差距理想值＝100），类似"不论年龄比高矮"，有利于发达地区；历时性阶段纵向测评（起点年自身基数值＝100），类似"不论高矮比生长"，有利于后发地区，从左至右①"十五"以来，②"十一五"以来，③"十二五"以来，④"十三五"以来，⑤上年以来，多向度检测省域排行，考察不同阶段进展状况。

1. 各年度理想值横向测评

以假定全国及各地全面消除城乡差距、地区差距为理想值 100，2018 年全国横向测评排行，福建指数为 97.40。这表明与全国城乡、地区无差距理想值相比，福建经济增长结构优化全量化检测分值低于理想值 2.60%，指数排名处于省域间第 5 位。

2. 2000年以来基数值纵向测评

以"九五"末年2000年各类数据演算指标为基数值100，"十五"以来至2018年纵向测评排行，福建指数为231.94。这表明与2000年自身基数值相比，福建经济增长结构优化全量化检测分值高于基数值131.94%，指数提升程度处于省域间第22位。

3. 2005年以来基数值纵向测评

以"十五"末年2005年各类数据演算指标为基数值100，"十一五"以来至2018年纵向测评排行，福建指数为172.00。这表明与2005年自身基数值相比，福建经济增长结构优化全量化检测分值高于基数值72.00%，指数提升程度处于省域间第15位。

4. 2010年以来基数值纵向测评

以"十一五"末年2010年各类数据演算指标为基数值100，"十二五"以来至2018年纵向测评排行，福建指数为122.42。这表明与2010年自身基数值相比，福建经济增长结构优化全量化检测分值高于基数值22.42%，指数提升程度处于省域间第14位。

5. 2015年以来基数值纵向测评

以"十二五"末年2015年各类数据演算指标为基数值100，"十三五"以来至2018年纵向测评排行，福建指数为106.75。这表明与2015年自身基数值相比，福建经济增长结构优化全量化检测分值高于基数值6.75%，指数提升程度处于省域间第7位。

6. 逐年度基数值纵向测评

逐年以上年各类数据演算指标为基数值100，2017～2018年纵向测评排行，福建指数为102.51。这表明与2017年自身基数值相比，福建经济增长结构优化全量化检测分值高于基数值2.51%，指数提升程度处于省域间第8位。

E.18
宁夏：2000～2018年经济发展
指数提升度第5位

杨媛媛*

摘　要：　2000～2018年，宁夏地区生产总值构成比中第二产业从
45.20%降至44.54%，第三产业从37.50%升至47.91%；
收入法产值构成比中劳动者报酬从58.98%降至51.38%，生
产税净额从18.73%降至12.46%，营业盈余从8.05%升至
19.66%；支出法产值构成比中最终消费率从70.28%降至
61.34%，资本形成率从63.11%升至115.11%；经济生活收
支中财政收入比从7.06%升至11.78%，居民收入比从
50.97%降至43.45%，居民消费率从42.86%降至32.03%。
产值、财政收入、居民收入、总消费人均值地区差缩小，但
财政支出人均值地区差扩大；居民收入、总消费人均值城乡
比全都缩小。宁夏经济增长结构优化排行：城乡、地区无差
距理想值横向测评为省域第17位；2000年、2005年、2010
年、2015年和2017年自身基数值纵向测评分别为省域第5
位、第6位、第15位、第17位和第21位。

关键词：　宁夏　经济生产　经济生活　结构优化　综合排行

三次产业（生产法）产值结构主体子系统，收入法、支出法产值结构

---

* 杨媛媛，云南省社会科学院财务部副主任、副研究员，主要从事会计、财务相关研究。

辅助子系统，面向公共经济生活、人民经济生活的收支综合子系统分别设置为一图，难以充分展开。当地数据检测更多细节可参看技术报告、排行报告由不同侧面展开的各地纵向历时动态、横向共时静态对比分析。

一 三次产业（生产法）产值构成子系统检测

2000年以来宁夏三次产业（生产法）产值构成子系统结构性检测见图1。

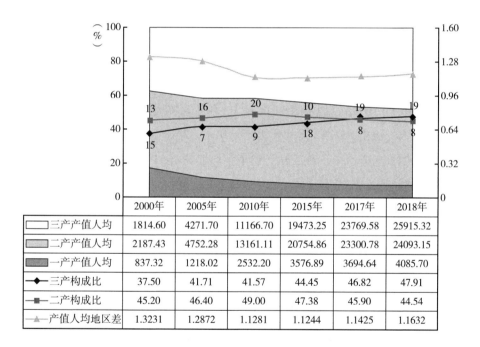

	2000年	2005年	2010年	2015年	2017年	2018年
三产产值人均	1814.60	4271.70	11166.70	19473.25	23769.58	25915.32
二产产值人均	2187.43	4752.28	13161.11	20754.86	23300.78	24093.15
一产产值人均	837.32	1218.02	2532.20	3576.89	3694.64	4085.70
三产构成比	37.50	41.71	41.57	44.45	46.82	47.91
二产构成比	45.20	46.40	49.00	47.38	45.90	44.54
产值人均地区差	1.3231	1.2872	1.1281	1.1244	1.1425	1.1632

图1　2000年以来宁夏三次产业（生产法）产值构成子系统结构性检测

左轴面积：一、二、三产产值人均值（元转换为%），其和即生产法产值人均值，其间直观比例体现构成比关系。右轴曲线：生产法产值人均值地区差（偏差指数，无差距＝1）。左轴曲线：二、三产构成比（%），标注省域间位次。正文另测算一、二、三产人均值地区差、一产构成比，检测各类位次。国家统计局据经济普查修订2000年生产法产值数据，但其中三次产业仅修订全国数据，为保持数据关系协调仍按年度发布数据演算各地构成比。

1. 生产法结构产值

2000～2018 年，宁夏生产法结构产值总量由 295.02 亿元增至 3705.18 亿元，2018 年为 2000 年的 12.56 倍，历年年均增长 15.09%，"十三五"以来（2015 年以来，后同）年均增长 8.36%。人均值由 5376.00 元增至 54094.17 元，2018 年为 2000 年的 10.06 倍，历年年均增长 13.69%，"十三五"以来年均增长 7.29%，省域间人均值位次（基于各地变化，后同）从第 21 位上升为第 15 位。

在此期间，生产法产值人均值地区差指数由 1.3231 缩小至 1.1632，明显缩减 12.08%，省域间地区差位次从第 13 位上升为第 7 位，意味着与全国人均值的距离减小。

2. 第一产业增长及构成比动态

同期，宁夏第一产业产值总量由 45.95 亿元增至 279.85 亿元，2018 年为 2000 年的 6.09 倍，历年年均增长 10.56%，"十三五"以来年均增长 5.58%。人均值由 837.32 元增至 4085.70 元，2018 年为 2000 年的 4.88 倍，历年年均增长 9.21%，"十三五"以来年均增长 4.53%，省域间人均值位次从第 23 位上升为第 22 位。

在此期间，第一产业产值人均值地区差指数由 1.2816 缩小至 1.1210，明显缩减 12.53%。第一产业构成比由 17.30% 降至 7.55%，明显降低 9.75 个百分点，省域间构成比位次从第 16 位下降为第 20 位。

3. 第二产业增长及构成比动态

同期，宁夏第二产业产值总量由 120.04 亿元增至 1650.26 亿元，2018 年为 2000 年的 13.75 倍，历年年均增长 15.67%，"十三五"以来年均增长 6.15%。人均值由 2187.43 元增至 24093.15 元，2018 年为 2000 年的 11.01 倍，历年年均增长 14.26%，"十三五"以来年均增长 5.10%，省域间人均值位次从第 21 位上升为第 13 位。

在此期间，第二产业产值人均值地区差指数由 1.3952 缩小至 1.0832，明显缩减 22.36%。第二产业构成比由 45.20% 降至 44.54%，略微降低 0.66 个百分点，省域间构成比位次从第 13 位上升为第 8 位。

4. 第三产业增长及构成比动态

同期，宁夏第三产业产值总量由99.58亿元增至1775.07亿元，2018年为2000年的17.83倍，历年年均增长17.36%，"十三五"以来年均增长11.10%。人均值由1814.60元增至25915.32元，2018年为2000年的14.28倍，历年年均增长15.92%，"十三五"以来年均增长9.99%，省域间人均值位次从第23位上升为第17位。

在此期间，第三产业产值人均值地区差指数由1.4257缩小至1.2314，明显缩减13.63%。第三产业构成比由37.50%升至47.91%，显著升高10.41个百分点，省域间构成比位次从第15位下降为第19位。

二 收入法产值构成子系统检测

2000年以来宁夏收入法产值构成子系统结构性检测见图2。

1. 收入法结构产值

2000～2018年，宁夏收入法结构产值总量由265.57亿元增至3705.18亿元，2018年为2000年的13.95倍，历年年均增长15.77%，"十三五"以来年均增长8.36%。人均值由4839.35元增至54094.17元，2018年为2000年的11.18倍，历年年均增长14.35%，"十三五"以来年均增长7.29%，省域间人均值位次从第25位上升为第15位。

在此期间，收入法产值地区差指数由1.3825缩小至1.1632，明显缩减15.87%，省域间地区差位次从第17位上升为第7位，意味着与全国人均值的距离减小。

2. 劳动者报酬增长及构成比动态

同期，宁夏收入法产值构成之劳动者报酬总量由156.64亿元增至1903.77亿元，2018年为2000年的12.15倍，历年年均增长14.88%，"十三五"以来年均增长5.87%。人均值由2854.37元增至27794.31元，2018年为2000年的9.74倍，历年年均增长13.48%，"十三五"以来年均增长4.82%，省域间人均值位次从第25位上升为第13位。

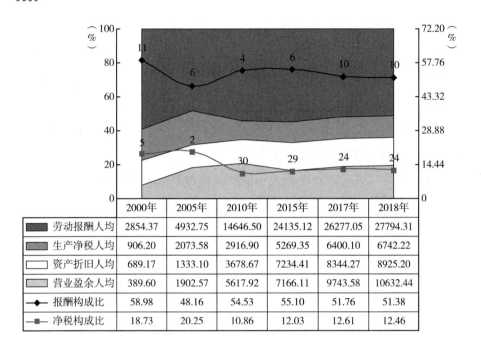

	2000年	2005年	2010年	2015年	2017年	2018年
■ 劳动报酬人均	2854.37	4932.75	14646.50	24135.12	26277.05	27794.31
■ 生产净税人均	906.20	2073.58	2916.90	5269.35	6400.10	6742.22
□ 资产折旧人均	689.17	1333.10	3678.67	7234.41	8344.27	8925.20
■ 营业盈余人均	389.60	1902.57	5617.92	7166.11	9743.58	10632.44
◆ 报酬构成比	58.98	48.16	54.53	55.10	51.76	51.38
■ 净税构成比	18.73	20.25	10.86	12.03	12.61	12.46

图2　2000年以来宁夏收入法产值构成子系统结构性检测

左轴面积：劳动者报酬、生产税净额、固定资产折旧、营业盈余人均值（元转换为%），其和即收入法产值人均值，其间直观比例体现构成比关系。右轴曲线：报酬、净税构成比（%），标注省域间位次。正文另测算各类人均值地区差、折旧、盈余构成比，检测各类位次。

在此期间，劳动者报酬地区差指数由1.2912缩小至1.0910，明显缩减15.51%，省域间地区差位次从第18位上升为第5位。劳动者报酬构成比由58.98%降至51.38%，明显降低7.60个百分点，省域间构成比位次从第11位上升为第10位。

3. 生产税净额增长及构成比动态

同期，宁夏收入法产值构成之生产税净额总量由49.73亿元增至461.81亿元，2018年为2000年的9.29倍，历年年均增长13.18%，"十三五"以来年均增长9.65%。人均值由906.20元增至6742.22元，2018年为2000年的7.44倍，历年年均增长11.79%，"十三五"以来年均增长8.56%，省域间人均值位次从第19位下降为第23位。

在此期间，生产税净额地区差指数由1.2493扩大至1.2676，略微扩增

1.47%。生产税净额构成比由 18.73% 降至 12.46%，明显降低 6.27 个百分点，省域间构成比位次从第 5 位下降为第 24 位。

4. 固定资产折旧增长及构成比动态

同期，宁夏收入法产值构成之固定资产折旧总量由 37.82 亿元增至 611.33 亿元，2018 年为 2000 年的 16.16 倍，历年年均增长 16.72%，"十三五"以来年均增长 8.33%。人均值由 689.17 元增至 8925.20 元，2018 年为 2000 年的 12.95 倍，历年年均增长 15.29%，"十三五"以来年均增长 7.25%，省域间人均值位次从第 19 位上升为第 14 位。

在此期间，资产折旧地区差指数由 1.3788 缩小至 1.0289，明显缩减 25.38%。资产折旧构成比由 14.24% 升至 16.50%，较明显升高 2.26 个百分点，省域间构成比位次从第 11 位上升为第 5 位。

5. 营业盈余增长及构成比动态

同期，宁夏收入法产值构成之营业盈余总量由 21.38 亿元增至 728.27 亿元，2018 年为 2000 年的 34.06 倍，历年年均增长 21.65%，"十三五"以来年均增长 15.20%。人均值由 389.60 元增至 10632.44 元，2018 年为 2000 年的 27.29 倍，历年年均增长 20.17%，"十三五"以来年均增长 14.06%，省域间人均值位次从第 28 位上升为第 22 位。

在此期间，营业盈余地区差指数由 1.7392 缩小至 1.3432，明显缩减 22.77%。营业盈余构成比由 8.05% 升至 19.66%，显著升高 11.61 个百分点，省域间构成比位次从第 28 位上升为第 23 位。

三 支出法产值构成子系统检测

2000 年以来宁夏支出法产值构成子系统结构性检测见图 3。

1. 支出法结构产值

2000～2018 年，宁夏支出法结构产值总量由 265.57 亿元增至 3705.18 亿元，2018 年为 2000 年的 13.95 倍，历年年均增长 15.77%，"十三五"以来年均增长 8.36%。人均值由 4839.35 元增至 54094.17 元，2018 年为 2000

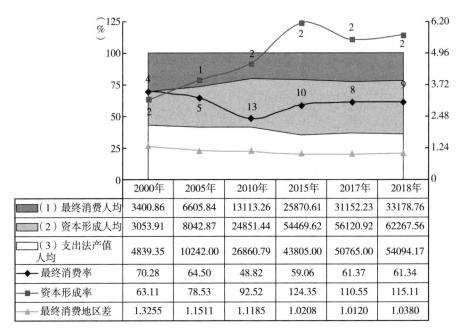

	2000年	2005年	2010年	2015年	2017年	2018年
■（1）最终消费人均	3400.86	6605.84	13113.26	25870.61	31152.23	33178.76
■（2）资本形成人均	3053.91	8042.87	24851.44	54469.62	56120.92	62267.56
□（3）支出法产值人均	4839.35	10242.00	26860.79	43805.00	50765.00	54094.17
◆最终消费率	70.28	64.50	48.82	59.06	61.37	61.34
■资本形成率	63.11	78.53	92.52	124.35	110.55	115.11
▲最终消费地区差	1.3255	1.1511	1.1185	1.0208	1.0120	1.0380

图3 2000年以来宁夏支出法产值构成子系统结构性检测

左轴面积：（1）最终消费支出、（2）资本形成、（3）支出法产值人均值（元转换为%），（3）－（1）－（2）＝货物与服务净流出，大多省域为负值，即（1）＋（2）＞（3），制图变通体现负值关系。右轴曲线：最终消费人均值地区差（偏差指数，无差距＝1）。左轴曲线：最终消费率、资本形成率（％），标注省域间位次。正文另测算其余人均值地区差，检测各类位次。

年的11.18倍，历年年均增长14.35%，"十三五"以来年均增长7.29%，省域间人均值位次从第24位上升为第15位。

在此期间，支出法产值地区差指数由1.3925缩小至1.1482，明显缩减17.54%，省域间地区差位次从第16位上升为第7位，意味着与全国人均值的距离减小。

2.最终消费支出增长及构成比动态

同期，宁夏支出法产值构成之最终消费支出总量由186.63亿元增至2272.58亿元，2018年为2000年的12.18倍，历年年均增长14.90%，"十三五"以来年均增长9.74%。人均值由3400.86元增至33178.76元，2018年为2000年的9.76倍，历年年均增长13.49%，"十三五"以来年均增长

8.65%，省域间人均值位次从第18位上升为第13位。

在此期间，最终消费地区差指数由1.3255缩小至1.0380，明显缩减21.69%，省域间地区差位次从第15位上升为第5位。最终消费率（消费率）由70.28%降至61.34%，明显降低8.94个百分点，省域间比值位次从第4位下降为第9位。

3. 资本形成增长及构成比动态

同期，宁夏支出法产值构成之资本形成总额由167.59亿元增至4265.02亿元，2018年为2000年的25.45倍，历年年均增长19.70%，"十三五"以来年均增长5.61%。人均值由3053.91元增至62267.56元，2018年为2000年的20.39倍，历年年均增长18.23%，"十三五"以来年均增长4.56%，省域间人均值位次从第15位上升为第3位。

在此期间，资本形成地区差指数由1.1168扩大至2.1864，极显著扩增95.76%，省域间地区差位次从第5位下降为第29位。资本形成率（投资率）由63.11%升至115.11%，极显著升高52.00个百分点，省域间比值位次保持第2位。

图3中明显可见，历年最高资本形成率已超100%，由此压低图形中心部分。如此高投资率促成的高增长注定不能持久。

四　经济生活收支综合子系统检测

2000年以来宁夏经济生活收支综合子系统结构性检测见图4。

（一）公共经济生活

1. 财政收入增长及相对比值动态

2000～2018年，宁夏财政收入总量由20.82亿元增至436.52亿元，2018年为2000年的20.96倍，历年年均增长18.42%，"十三五"以来年均增长5.34%。人均值由379.66元增至6372.56元，2018年为2000年的16.78倍，历年年均增长16.96%，"十三五"以来年均增长4.29%，省域

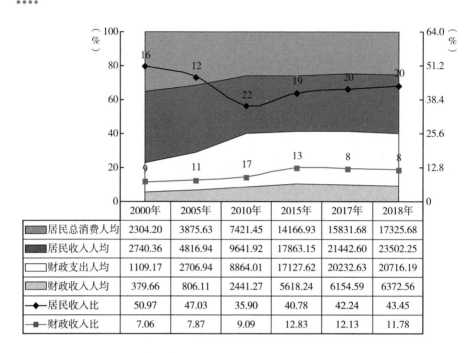

	2000年	2005年	2010年	2015年	2017年	2018年
居民总消费人均	2304.20	3875.63	7421.45	14166.93	15831.68	17325.68
居民收入人均	2740.36	4816.94	9641.92	17863.15	21442.60	23502.25
财政支出人均	1109.17	2706.94	8864.01	17127.62	20232.63	20716.19
财政收入人均	379.66	806.11	2441.27	5618.24	6154.59	6372.56
◆居民收入比	50.97	47.03	35.90	40.78	42.24	43.45
■财政收入比	7.06	7.87	9.09	12.83	12.13	11.78

图4 2000年以来宁夏经济生活收支综合子系统结构性检测

左轴面积：居民总消费、居民收入、财政支出、财政收入人均值（元转换为%），其间呈直观比例。右轴曲线：居民收入比、财政收入比（%），标注省域间位次。正文另测算居民消费率、财政支出比、各类人均值地区差、民生数据城乡比，检测各类位次。

间人均值位次从第16位上升为第13位。

与此同时，财政收入比由7.06%升至11.78%，明显升高4.72个百分点，省域间比值位次从第9位上升为第8位。

2. 财政支出增长及相对比值动态

同期，宁夏财政支出总量由60.84亿元增至1419.06亿元，2018年为2000年的23.33倍，历年年均增长19.12%，"十三五"以来年均增长7.62%。人均值由1109.17元增至20716.19元，2018年为2000年的18.68倍，历年年均增长17.66%，"十三五"以来年均增长6.55%，省域间人均值位次从第8位上升为第5位。

与此同时，财政支出比由20.62%升至38.30%，显著升高17.68个百分点，省域间比值位次从第3位下降为第5位。

3. 财政收入、财政支出地区差变化

在此期间，宁夏财政收入地区差指数由 1.6421 缩小至 1.5160，明显缩减 7.68%，地区均衡性明显增强，省域间地区差位次从第 14 位上升为第 11 位；财政支出地区差指数由 1.1184 扩大至 1.3061，明显扩增 16.78%，地区均衡性明显减弱，省域间地区差位次从第 3 位下降为第 21 位。

（二）人民经济生活

1. 居民收入增长及相对比值动态

2000～2018 年，宁夏居民收入总量由 150.31 亿元增至 1609.90 亿元，2018 年为 2000 年的 10.71 倍，历年年均增长 14.08%，"十三五"以来年均增长 10.68%。城乡综合演算人均值由 2740.36 元增至 23502.25 元，2018 年为 2000 年的 8.58 倍，历年年均增长 12.68%，"十三五"以来年均增长 9.58%，省域间人均值位次从第 25 位上升为第 20 位。

与此同时，宁夏居民收入比由 50.97% 降至 43.45%，明显降低 7.52 个百分点，省域间比值位次从第 16 位下降为第 20 位。

2. 居民总消费增长及相对比值动态

同期，宁夏居民总消费总量由 126.39 亿元增至 1186.81 亿元，2018 年为 2000 年的 9.39 倍，历年年均增长 13.25%，"十三五"以来年均增长 8.02%。城乡综合演算人均值由 2304.20 元增至 17325.68 元，2018 年为 2000 年的 7.52 倍，历年年均增长 11.86%，"十三五"以来年均增长 6.94%，省域间人均值位次保持第 19 位。

与此同时，宁夏居民消费率由 42.86% 降至 32.03%，显著降低 10.83 个百分点，省域间比值位次从第 14 位下降为第 16 位。

3. 居民收入、总消费地区差、城乡比变化

在此期间，宁夏居民收入地区差指数由 1.2559 缩小至 1.1941，较明显缩减 4.92%，地区均衡性较明显增强，省域间地区差位次从第 18 位上升为第 14 位；居民收入城乡比指数由 2.8489 缩小至 2.7243，明显缩减 4.37%，城乡均衡性明显增强，省域间城乡比位次从第 21 位下降为第 23 位。

宁夏居民总消费地区差指数由 1.1920 缩小至 1.1500，略微缩减 3.52%，地区均衡性略微增强，省域间地区差位次保持第 12 位；居民总消费城乡比指数由 2.9641 缩小至 2.0368，显著缩减 31.28%，城乡均衡性显著增强，省域间城乡比位次从第 15 位下降为第 17 位。

五　经济增长通用指标动态测评

2000～2018 年宁夏经济增长结构优化综合检测结果见图 5。

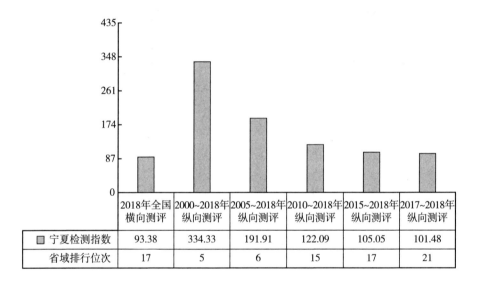

	2018年全国横向测评	2000~2018年纵向测评	2005~2018年纵向测评	2010~2018年纵向测评	2015~2018年纵向测评	2017~2018年纵向测评
▨ 宁夏检测指数	93.38	334.33	191.91	122.09	105.05	101.48
省域排行位次	17	5	6	15	17	21

图5　2000～2018 年宁夏经济增长结构优化综合检测结果

数轴柱形：共时性年度横向测评（全国城乡地区无差距理想值 = 100），类似"不论年龄比高矮"，有利于发达地区；历时性阶段纵向测评（起点年自身基数值 = 100），类似"不论高矮比生长"，有利于后发地区，从左至右①"十五"以来，②"十一五"以来，③"十二五"以来，④"十三五"以来，⑤上年以来，多向度检测省域排行，考察不同阶段进展状况。

1.各年度理想值横向测评

以假定全国及各地全面消除城乡差距、地区差距为理想值100，2018 年全国横向测评排行，宁夏指数为 93.38。这表明与全国城乡、地区无差距理想值相比，宁夏经济增长结构优化全量化检测分值低于理想值 6.62%，指数排名处于省域间第17位。

2. 2000年以来基数值纵向测评

以"九五"末年2000年各类数据演算指标为基数值100，"十五"以来至2018年纵向测评排行，宁夏指数为334.33。这表明与2000年自身基数值相比，宁夏经济增长结构优化全量化检测分值高于基数值234.33%，指数提升程度处于省域间第5位。

3. 2005年以来基数值纵向测评

以"十五"末年2005年各类数据演算指标为基数值100，"十一五"以来至2018年纵向测评排行，宁夏指数为191.91。这表明与2005年自身基数值相比，宁夏经济增长结构优化全量化检测分值高于基数值91.91%，指数提升程度处于省域间第6位。

4. 2010年以来基数值纵向测评

以"十一五"末年2010年各类数据演算指标为基数值100，"十二五"以来至2018年纵向测评排行，宁夏指数为122.09。这表明与2010年自身基数值相比，宁夏经济增长结构优化全量化检测分值高于基数值22.09%，指数提升程度处于省域间第15位。

5. 2015年以来基数值纵向测评

以"十二五"末年2015年各类数据演算指标为基数值100，"十三五"以来至2018年纵向测评排行，宁夏指数为105.05。这表明与2015年自身基数值相比，宁夏经济增长结构优化全量化检测分值高于基数值5.05%，指数提升程度处于省域间第17位。

6. 逐年度基数值纵向测评

逐年以上年各类数据演算指标为基数值100，2017~2018年纵向测评排行，宁夏指数为101.48。这表明与2017年自身基数值相比，宁夏经济增长结构优化全量化检测分值高于基数值1.48%，指数提升程度处于省域间第21位。

E.19
天津：2018年经济发展指数排名第7位

邓云斐*

摘　要： 2000～2018年，天津地区生产总值构成比中第二产业从
50.03%降至40.46%，第三产业从45.48%升至58.62%；
收入法产值构成比中劳动者报酬从46.72%降至40.54%，生
产税净额从16.44%升至19.11%，营业盈余从19.69%升至
25.00%；支出法产值构成比中最终消费率从49.09%降至
45.45%，资本形成率从49.85%升至56.46%；经济生活收
支中财政收入比从7.85%升至11.20%，居民收入比从
39.50%降至32.80%，居民消费率从28.51%降至24.83%。
产值、财政收入、财政支出、居民收入、总消费人均值地区
差全都缩小；居民收入、总消费人均值城乡比也全都缩小。
天津经济增长结构优化排行：城乡、地区无差距理想值横向
测评为省域第7位；2000年、2005年、2010年、2015年和
2017年自身基数值纵向测评分别为省域第26位、第25位、
第24位、第25位和第29位。

关键词： 天津　经济生产　经济生活　结构优化　综合排行

---

* 邓云斐，云南省社会科学院东南亚研究所副研究员，主要从事民族文化和社会问题研究。

三次产业（生产法）产值结构主体子系统，收入法、支出法产值结构辅助子系统，面向公共经济生活、人民经济生活的收支综合子系统分别设置为一图，难以充分展开。当地数据检测更多细节可参看技术报告、排行报告由不同侧面展开的各地纵向历时动态、横向共时静态对比分析。

一 三次产业（生产法）产值构成子系统检测

2000年以来天津三次产业（生产法）产值构成子系统结构性检测见图1。

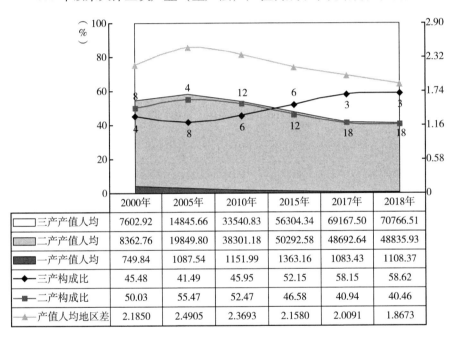

	2000年	2005年	2010年	2015年	2017年	2018年
三产产值人均	7602.92	14845.66	33540.83	56304.34	69167.50	70766.51
二产产值人均	8362.76	19849.80	38301.18	50292.58	48692.64	48835.93
一产产值人均	749.84	1087.54	1151.99	1363.16	1083.43	1108.37
三产构成比	45.48	41.49	45.95	52.15	58.15	58.62
二产构成比	50.03	55.47	52.47	46.58	40.94	40.46
产值人均地区差	2.1850	2.4905	2.3693	2.1580	2.0091	1.8673

图1 2000年以来天津三次产业（生产法）产值构成子系统结构性检测

左轴面积：一、二、三产产值人均值（元转换为%），其和即生产法产值人均值，其间直观比例体现构成比关系。右轴曲线：生产法产值人均值地区差（偏差指数，无差距=1）。左轴曲线：二、三产构成比（%），标注省域间位次。正文另测算一、二、三产人均值地区差、一产构成比，检测各类位次。国家统计局据经济普查修订2000年生产法产值数据，但其中三次产业仅修订全国数据，为保持数据关系协调仍按年度发布数据演算各地构成比。

1. 生产法结构产值

2000~2018年，天津生产法结构产值总量由1701.88亿元增至18809.64

亿元，2018 年为 2000 年的 11.05 倍，历年年均增长 14.28%，"十三五"以来（2015 年以来，后同）年均增长 4.38%。人均值由 17353.00 元增至 120710.80 元，2018 年为 2000 年的 6.96 倍，历年年均增长 11.38%，"十三五"以来年均增长 3.79%，省域间人均值位次（基于各地变化，后同）保持第 3 位。

在此期间，生产法产值人均值地区差指数由 2.1850 缩小至 1.8673，明显缩减 14.54%，省域间地区差位次保持第 29 位，意味着与全国人均值的距离减小。

2. 第一产业增长及构成比动态

同期，天津第一产业产值总量由 73.54 亿元增至 172.71 亿元，2018 年为 2000 年的 2.35 倍，历年年均增长 4.86%，"十三五"以来年均负增长 6.13%。人均值由 749.84 元增至 1108.37 元，2018 年为 2000 年的 1.48 倍，历年年均增长 2.19%，"十三五"以来年均负增长 6.66%，省域间人均值位次从第 27 位下降为第 29 位。

在此期间，第一产业产值人均值地区差指数由 1.3567 扩大至 1.7615，显著扩增 29.84%。第一产业构成比 4.49% 降至 0.92%，明显降低 3.57 个百分点，省域间构成比位次保持第 29 位。

3. 第二产业增长及构成比动态

同期，天津第二产业产值总量由 820.17 亿元增至 7609.81 亿元，2018 年为 2000 年的 9.28 倍，历年年均增长 13.17%，"十三五"以来年均负增长 0.41%。人均值由 8362.76 元增至 48835.93 元，2018 年为 2000 年的 5.84 倍，历年年均增长 10.30%，"十三五"以来年均负增长 0.97%，省域间人均值位次保持第 2 位。

在此期间，第二产业产值人均值地区差指数由 2.3123 缩小至 1.8583，显著缩减 19.63%。第二产业构成比由 50.03% 降至 40.46%，明显降低 9.57 个百分点，省域间构成比位次从第 8 位下降为第 18 位。

4. 第三产业增长及构成比动态

同期，天津第三产业产值总量由 745.65 亿元增至 11027.12 亿元，2018 年为 2000 年的 14.79 倍，历年年均增长 16.14%，"十三五"以来年均增长

8.53%。人均值由 7602.92 元增至 70766.51 元，2018 年为 2000 年的 9.31
倍，历年年均增长 13.19%，"十三五"以来年均增长 7.92%，省域间人均
值位次保持第 3 位。

在此期间，第三产业产值人均值地区差指数由 2.4061 缩小至 2.0989，
明显减 12.77%。第三产业构成比由 45.48% 升至 58.62%，显著升高
13.14 个百分点，省域间构成比位次从第 4 位上升为第 3 位。

二 收入法产值构成子系统检测

2000 年以来天津收入法产值构成子系统结构性检测见图 2。

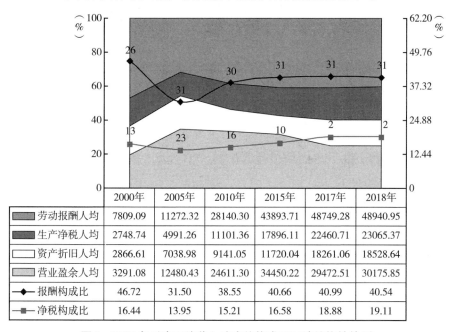

	2000年	2005年	2010年	2015年	2017年	2018年
劳动报酬人均	7809.09	11272.32	28140.30	43893.71	48749.28	48940.95
生产净税人均	2748.74	4991.26	11101.36	17896.11	22460.71	23065.37
资产折旧人均	2866.61	7038.98	9141.05	11720.04	18261.06	18528.64
营业盈余人均	3291.08	12480.43	24611.30	34450.22	29472.51	30175.85
报酬构成比	46.72	31.50	38.55	40.66	40.99	40.54
净税构成比	16.44	13.95	15.21	16.58	18.88	19.11

图2　2000 年以来天津收入法产值构成子系统结构性检测

左轴面积：劳动者报酬、生产税净额、固定资产折旧、营业盈余人均值（元转换为%），
其和即收入法产值人均值，其间直观比例体现构成比关系。右轴曲线：报酬、净税构成比
（%），标注省域间位次。正文另测算各类人均值地区差、折旧、盈余构成比，检测各类位次。

1. 收入法结构产值

2000～2018 年，天津收入法结构产值总量由 1639.36 亿元增至

18809.64 亿元，2018 年为 2000 年的 11.47 倍，历年年均增长 14.52%，"十三五"以来年均增长 4.38%。人均值由 16715.52 元增至 120710.80 元，2018 年为 2000 年的 7.22 倍，历年年均增长 11.61%，"十三五"以来年均增长 3.79%，省域间人均值位次保持第 3 位。

在此期间，收入法产值地区差指数由 2.1327 缩小至 1.8673，明显缩减 12.44%，省域间地区差位次保持第 29 位，意味着与全国人均值的距离减小。

2. 劳动者报酬增长及构成比动态

同期，天津收入法产值构成之劳动者报酬总量由 765.87 亿元增至 7626.17 亿元，2018 年为 2000 年的 9.96 倍，历年年均增长 13.62%，"十三五"以来年均增长 4.29%。人均值由 7809.09 元增至 48940.95 元，2018 年为 2000 年的 6.27 倍，历年年均增长 10.73%，"十三五"以来年均增长 3.69%，省域间人均值位次从第 3 位下降为第 4 位。

在此期间，劳动者报酬地区差指数由 1.9391 缩小至 1.6007，明显缩减 17.45%，省域间地区差位次从第 29 位上升为第 28 位。劳动者报酬构成比由 46.72% 降至 40.54%，明显降低 6.18 个百分点，省域间构成比位次从第 26 位下降为第 31 位。

3. 生产税净额增长及构成比动态

同期，天津收入法产值构成之生产税净额总量由 269.58 亿元增至 3594.14 亿元，2018 年为 2000 年的 13.33 倍，历年年均增长 15.48%，"十三五"以来年均增长 9.45%。人均值由 2748.74 元增至 23065.37 元，2018 年为 2000 年的 8.39 倍，历年年均增长 12.54%，"十三五"以来年均增长 8.83%，省域间人均值位次从第 3 位上升为第 2 位。

在此期间，生产税净额地区差指数由 2.2770 扩大至 2.5054，明显扩增 10.03%。生产税净额构成比由 16.44% 升至 19.11%，较明显升高 2.67 个百分点，省域间构成比位次从第 13 位上升为第 2 位。

4. 固定资产折旧增长及构成比动态

同期，天津收入法产值构成之固定资产折旧总量由 281.14 亿元增至

2887.21 亿元，2018 年为 2000 年的 10.27 倍，历年年均增长 13.81%，"十三五"以来年均增长 17.16%。人均值由 2866.61 元增至 18528.64 元，2018 年为 2000 年的 6.46 倍，历年年均增长 10.92%，"十三五"以来年均增长 16.49%，省域间人均值位次从第 2 位上升为第 1 位。

在此期间，资产折旧地区差指数由 2.5838 缩小至 2.1359，显著缩减 17.34%。资产折旧构成比由 17.15% 降至 15.35%，较明显降低 1.80 个百分点，省域间构成比位次从第 5 位下降为第 10 位。

5. 营业盈余增长及构成比动态

同期，天津收入法产值构成之营业盈余总量由 322.77 亿元增至 4702.12 亿元，2018 年为 2000 年的 14.57 倍，历年年均增长 16.05%，"十三五"以来年均负增长 3.77%。人均值由 3291.08 元增至 30175.85 元，2018 年为 2000 年的 9.17 倍，历年年均增长 13.10%，"十三五"以来年均负增长 4.32%，省域间人均值位次从第 4 位上升为第 3 位。

在此期间，营业盈余地区差指数由 2.2030 缩小至 1.8641，明显缩减 15.38%。营业盈余构成比由 19.69% 升至 25.00%，明显升高 5.31 个百分点，省域间构成比位次从第 11 位下降为第 14 位。

三 支出法产值构成子系统检测

2000 年以来天津支出法产值构成子系统结构性检测见图 3。

1. 支出法结构产值

2000 ~ 2018 年，天津支出法结构产值总量由 1639.36 亿元增至 18809.64 亿元，2018 年为 2000 年的 11.47 倍，历年年均增长 14.52%，"十三五"以来年均增长 4.38%。人均值由 16715.52 元增至 120710.80 元，2018 年为 2000 年的 7.22 倍，历年年均增长 11.61%，"十三五"以来年均增长 3.79%，省域间人均值位次保持第 3 位。

在此期间，支出法产值地区差指数由 2.0985 缩小至 1.9009，明显缩减 9.42%，省域间地区差位次保持第 29 位，意味着与全国人均值的距离减小。

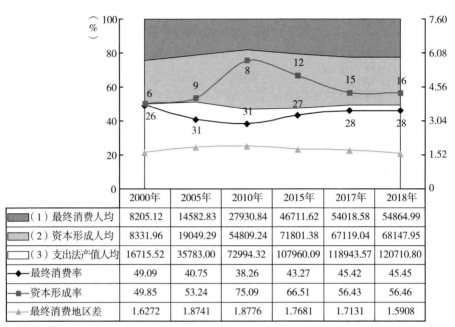

	2000年	2005年	2010年	2015年	2017年	2018年
（1）最终消费人均	8205.12	14582.83	27930.84	46711.62	54018.58	54864.99
（2）资本形成人均	8331.96	19049.29	54809.24	71801.38	67119.04	68147.95
（3）支出法产值人均	16715.52	35783.00	72994.32	107960.09	118943.57	120710.80
◆最终消费率	49.09	40.75	38.26	43.27	45.42	45.45
■资本形成率	49.85	53.24	75.09	66.51	56.43	56.46
▲最终消费地区差	1.6272	1.8741	1.8776	1.7681	1.7131	1.5908

图 3　2000 年以来天津支出法产值构成子系统结构性检测

左轴面积：（1）最终消费支出、（2）资本形成、（3）支出法产值人均值（元转换为%），（3）-（1）-（2）=货物与服务净流出，大多省域为负值，即（1）+（2）>（3），制图变通体现负值关系。右轴曲线：最终消费人均值地区差（偏差指数，无差距=1）。左轴曲线：最终消费率、资本形成率（％），标注省域间位次。正文另测算其余人均值地区差，检测各类位次。

2. 最终消费支出增长及构成比动态

同期，天津支出法产值构成之最终消费支出总量由 804.71 亿元增至 8549.28 亿元，2018 年为 2000 年的 10.62 倍，历年年均增长 14.03%，"十三五"以来年均增长 6.11%。人均值由 8205.12 元增至 54864.99 元，2018 年为 2000 年的 6.69 倍，历年年均增长 11.13%，"十三五"以来年均增长 5.51%，省域间人均值位次从第 3 位下降为第 4 位。

在此期间，最终消费地区差指数由 1.6272 缩小至 1.5908，略微缩减 2.24%，省域间地区差位次从第 29 位上升为第 28 位。最终消费率（消费率）由 49.09% 降至 45.45%，明显降低 3.64 个百分点，省域间比值位次从第 26 位下降为第 28 位。

3. 资本形成增长及构成比动态

同期，天津支出法产值构成之资本形成总额由 817.15 亿元增至

10619.09亿元，2018年为2000年的13.00倍，历年年均增长15.31%，"十三五"以来年均负增长1.17%。人均值由8331.96元增至68147.95元，2018年为2000年的8.18倍，历年年均增长12.38%，"十三五"以来年均负增长1.73%，省域间人均值位次从第3位上升为第2位。

在此期间，资本形成地区差指数由3.0471缩小至2.3928，显著缩减21.47%，省域间地区差位次从第29位下降为第30位。资本形成率（投资率）由49.85%升至56.46%，明显升高6.61个百分点，省域间比值位次从第6位下降为第16位。

四 经济生活收支综合子系统检测

2000年以来天津经济生活收支综合子系统结构性检测见图4。

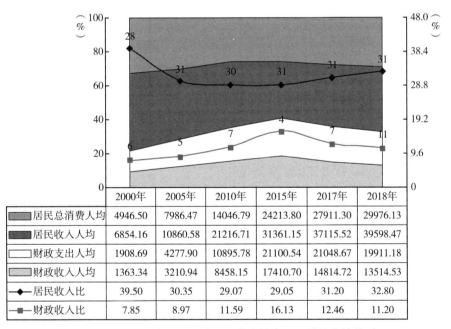

	2000年	2005年	2010年	2015年	2017年	2018年
居民总消费人均	4946.50	7986.47	14046.79	24213.80	27911.30	29976.13
居民收入人均	6854.16	10860.58	21216.71	31361.15	37115.52	39598.47
财政支出人均	1908.69	4277.90	10895.78	21100.54	21048.67	19911.18
财政收入人均	1363.34	3210.94	8458.15	17410.70	14814.72	13514.53
居民收入比	39.50	30.35	29.07	29.05	31.20	32.80
财政收入比	7.85	8.97	11.59	16.13	12.46	11.20

图4 2000年以来天津经济生活收支综合子系统结构性检测

左轴面积：居民总消费、居民收入、财政支出、财政收入人均值（元转换为%），其间呈直观比例。右轴曲线：居民收入比、财政收入比（%），标注省域间位次。正文另测算居民消费率、财政支出比、各类人均值地区差、民生数据城乡比，检测各类位次。

（一）公共经济生活

1. 财政收入增长及相对比值动态

2000～2018 年，天津财政收入总量由 133.61 亿元增至 2106.24 亿元，2018 年为 2000 年的 15.76 倍，历年年均增长 16.56%，"十三五"以来年均负增长 7.57%。人均值由 1363.34 元增至 13514.53 元，2018 年为 2000 年的 9.91 倍，历年年均增长 13.59%，"十三五"以来年均负增长 8.10%，省域间人均值位次保持第 3 位。

与此同时，财政收入比由 7.85% 升至 11.20%，明显升高 3.35 个百分点，省域间比值位次从第 6 位下降为第 11 位。

2. 财政支出增长及相对比值动态

同期，天津财政支出总量由 187.05 亿元增至 3103.16 亿元，2018 年为 2000 年的 16.59 倍，历年年均增长 16.89%，"十三五"以来年均负增长 1.35%。人均值由 1908.69 元增至 19911.18 元，2018 年为 2000 年的 10.43 倍，历年年均增长 13.91%，"十三五"以来年均负增长 1.92%，省域间人均值位次从第 4 位下降为第 7 位。

与此同时，财政支出比由 10.99% 升至 16.50%，明显升高 5.51 个百分点，省域间比值位次从第 22 位下降为第 26 位。

3. 财政收入、财政支出地区差变化

在此期间，天津财政收入地区差指数由 1.2851 缩小至 1.0265，明显缩减 20.12%，地区均衡性明显增强，省域间地区差位次从第 2 位上升为第 1 位；财政支出地区差指数由 1.5170 缩小至 1.2553，明显缩减 17.25%，地区均衡性明显增强，省域间地区差位次从第 21 位上升为第 17 位。

（二）人民经济生活

1. 居民收入增长及相对比值动态

2000～2018 年，天津居民收入总量由 671.71 亿元增至 6171.42 亿元，2018 年为 2000 年的 9.19 倍，历年年均增长 13.11%，"十三五"以来年均

增长 8.71%。城乡综合演算人均值由 6854.16 元增至 39598.47 元，2018 年为 2000 年的 5.78 倍，历年年均增长 10.23%，"十三五"以来年均增长 8.08%，省域间人均值位次保持第 4 位。

与此同时，天津居民收入比由 39.50% 降至 32.80%，明显降低 6.70 个百分点，省域间比值位次从第 28 位下降为第 31 位。

2. 居民总消费增长及相对比值动态

同期，天津居民总消费总量由 484.76 亿元增至 4671.78 亿元，2018 年为 2000 年的 9.64 倍，历年年均增长 13.41%，"十三五"以来年均增长 7.99%。城乡综合演算人均值由 4946.50 元增至 29976.13 元，2018 年为 2000 年的 6.06 倍，历年年均增长 10.53%，"十三五"以来年均增长 7.38%，省域间人均值位次从第 5 位上升为第 3 位。

与此同时，天津居民消费率由 28.51% 降至 24.83%，明显降低 3.68 个百分点，省域间比值位次从第 28 位下降为第 30 位。

3. 居民收入、总消费地区差、城乡比变化

在此期间，天津居民收入地区差指数由 1.8611 缩小至 1.3578，显著缩减 27.04%，地区均衡性显著增强，省域间地区差位次从第 28 位上升为第 27 位；居民收入城乡比指数由 2.2473 缩小至 1.8632，明显缩减 17.09%，城乡均衡性明显增强，省域间城乡比位次从第 4 位上升为第 1 位。

天津居民总消费地区差指数由 1.7346 缩小至 1.4705，明显缩减 15.22%，地区均衡性明显增强，省域间地区差位次从第 27 位下降为第 29 位；居民总消费城乡比指数由 3.0673 缩小至 1.9365，极显著缩减 36.87%，城乡均衡性极显著增强，省域间城乡比位次从第 18 位上升为第 11 位。

五　经济增长通用指标动态测评

2000～2018 年天津经济增长结构优化综合检测结果见图 5。

1. 各年度理想值横向测评

以假定全国及各地全面消除城乡差距、地区差距为理想值 100，2018 年

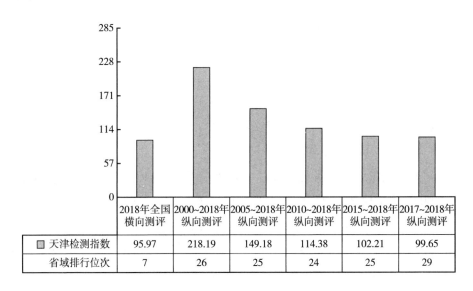

	2018年全国横向测评	2000~2018年纵向测评	2005~2018年纵向测评	2010~2018年纵向测评	2015~2018年纵向测评	2017~2018年纵向测评
▨ 天津检测指数	95.97	218.19	149.18	114.38	102.21	99.65
省域排行位次	7	26	25	24	25	29

图5　2000～2018年天津经济增长结构优化综合检测结果

数轴柱形：共时性年度横向测评（全国城乡地区无差距理想值＝100），类似"不论年龄比高矮"，有利于发达地区；历时性阶段纵向测评（起点年自身基数值＝100），类似"不论高矮比生长"，有利于后发地区，从左至右①"十五"以来，②"十一五"以来，③"十二五"以来，④"十三五"以来，⑤上年以来，多向度检测省域排行，考察不同阶段进展状况。

全国横向测评排行，天津指数为95.97。这表明与全国城乡、地区无差距理想值相比，天津经济增长结构优化全量化检测分值低于理想值4.03%，指数排名处于省域间第7位。

2. 2000年以来基数值纵向测评

以"九五"末年2000年各类数据演算指标为基数值100，"十五"以来至2018年纵向测评排行，天津指数为218.19。这表明与2000年自身基数值相比，天津经济增长结构优化全量化检测分值高于基数值118.19%，指数提升程度处于省域间第26位。

3. 2005年以来基数值纵向测评

以"十五"末年2005年各类数据演算指标为基数值100，"十一五"以来至2018年纵向测评排行，天津指数为149.18。这表明与2005年自身基数值相比，天津经济增长结构优化全量化检测分值高于基数值49.18%，指数提升程度处于省域间第25位。

4. 2010年以来基数值纵向测评

以"十一五"末年2010年各类数据演算指标为基数值100，"十二五"以来至2018年纵向测评排行，天津指数为114.38。这表明与2010年自身基数值相比，天津经济增长结构优化全量化检测分值高于基数值14.38%，指数提升程度处于省域间第24位。

5. 2015年以来基数值纵向测评

以"十二五"末年2015年各类数据演算指标为基数值100，"十三五"以来至2018年纵向测评排行，天津指数为102.21。这表明与2015年自身基数值相比，天津经济增长结构优化全量化检测分值高于基数值2.21%，指数提升程度处于省域间第25位。

6. 逐年度基数值纵向测评

逐年以上年各类数据演算指标为基数值100，2017~2018年纵向测评排行，天津指数为99.65。这表明与2017年自身基数值相比，天津经济增长结构优化全量化检测分值低于基数值0.35%，指数提升程度处于省域间第29位。

IE . 20

浙江：2018年经济发展
指数排名第8位

沈宗涛*

摘　要：　2000～2018年，浙江地区生产总值构成比中第二产业从
52.74%降至41.83%，第三产业从36.26%升至54.67%；
收入法产值构成比中劳动者报酬从49.41%降至46.77%，生
产税净额从12.72%升至14.74%，营业盈余从23.42%升至
26.01%；支出法产值构成比中最终消费率从45.94%升至
49.53%，资本形成率从44.26%降至43.77%；经济生活收
支中财政收入比从5.58%升至11.74%，居民收入比从
49.44%降至47.30%，居民消费率从37.46%降至30.31%。
产值、财政收入、财政支出、居民收入、总消费人均值地区
差全都缩小；居民收入、总消费人均值城乡比也全都缩小。
浙江经济增长结构优化排行：城乡、地区无差距理想值横向
测评为省域第8位；2000年、2005年、2010年、2015年和
2017年自身基数值纵向测评分别为省域第24位、第24位、
第22位、第13位和第17位。

关键词：　浙江　经济生产　经济生活　结构优化　综合排行

＊　沈宗涛，云南省社会科学院信息中心主任、助理研究员，主要从事数据分析研究。

三次产业（生产法）产值结构主体子系统，收入法、支出法产值结构辅助子系统，面向公共经济生活、人民经济生活的收支综合子系统分别设置为一图，难以充分展开。当地数据检测更多细节可参看技术报告、排行报告由不同侧面展开的各地纵向历时动态、横向共时静态对比分析。

一　三次产业（生产法）产值构成子系统检测

2000 年以来浙江三次产业（生产法）产值构成子系统结构性检测见图 1。

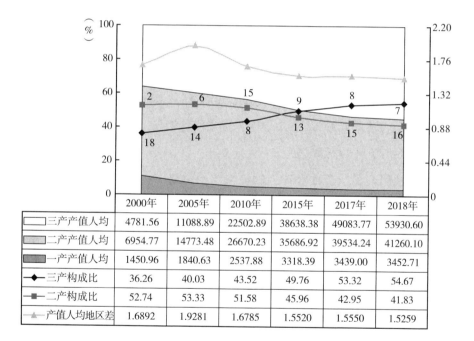

	2000年	2005年	2010年	2015年	2017年	2018年
三产产值人均	4781.56	11088.89	22502.89	38638.38	49083.77	53930.60
二产产值人均	6954.77	14773.48	26670.23	35686.92	39534.24	41260.10
一产产值人均	1450.96	1840.63	2537.88	3318.39	3439.00	3452.71
三产构成比	36.26	40.03	43.52	49.76	53.32	54.67
二产构成比	52.74	53.33	51.58	45.96	42.95	41.83
产值人均地区差	1.6892	1.9281	1.6785	1.5520	1.5550	1.5259

图 1　2000 年以来浙江三次产业（生产法）产值构成子系统结构性检测

左轴面积：一、二、三产产值人均值（元转换为%），其和即生产法产值人均值，其间直观比例体现构成比关系。右轴曲线：生产法产值人均值地区差（偏差指数，无差距 = 1）。左轴曲线：二、三产构成比（%），标注省域间位次。正文另测算一、二、三产人均值地区差、一产构成比，检测各类位次。国家统计局据经济普查修订 2000 年生产法产值数据，但其中三次产业仅修订全国数据，为保持数据关系协调仍按年度发布数据演算各地构成比。

1. 生产法结构产值

2000～2018 年，浙江生产法结构产值总量由 6141.03 亿元增至 56197.15 亿元，2018 年为 2000 年的 9.15 倍，历年年均增长 13.09%，"十三五"以来（2015 年以来，后同）年均增长 9.43%。人均值由 13416.00 元增至 98643.41 元，2018 年为 2000 年的 7.35 倍，历年年均增长 11.72%，"十三五"以来年均增长 8.31%，省域间人均值位次（基于各地变化，后同）从第 4 位下降为第 5 位。

在此期间，生产法产值人均值地区差指数由 1.6892 缩小至 1.5259，明显缩减 9.67%，省域间地区差位次从第 28 位上升为第 27 位，意味着与全国人均值的距离减小。

2. 第一产业增长及构成比动态

同期，浙江第一产业产值总量由 664.16 亿元增至 1967.01 亿元，2018 年为 2000 年的 2.96 倍，历年年均增长 6.22%，"十三五"以来年均增长 2.38%。人均值由 1450.96 元增至 3452.71 元，2018 年为 2000 年的 2.38 倍，历年年均增长 4.93%，"十三五"以来年均增长 1.33%，省域间人均值位次从第 6 位下降为第 26 位。

在此期间，第一产业产值人均值地区差指数由 1.2448 扩大至 1.2572，略微扩增 0.99%。第一产业构成比由 11.00% 降至 3.50%，明显降低 7.50 个百分点，省域间构成比位次从第 24 位下降为第 28 位。

3. 第二产业增长及构成比动态

同期，浙江第二产业产值总量由 3183.47 亿元增至 23505.88 亿元，2018 年为 2000 年的 7.38 倍，历年年均增长 11.75%，"十三五"以来年均增长 6.04%。人均值由 6954.77 元增至 41260.10 元，2018 年为 2000 年的 5.93 倍，历年年均增长 10.40%，"十三五"以来年均增长 4.96%，省域间人均值位次保持第 4 位。

在此期间，第二产业产值人均值地区差指数由 1.9230 缩小至 1.5700，明显缩减 18.36%。第二产业构成比由 52.74% 降至 41.83%，显著降低 10.91 个百分点，省域间构成比位次从第 2 位下降为第 16 位。

4.第三产业增长及构成比动态

同期，浙江第三产业产值总量由 2188.71 亿元增至 30724.26 亿元，2018 年为 2000 年的 14.04 倍，历年年均增长 15.81%，"十三五"以来年均增长 12.91%。人均值由 4781.56 元增至 53930.60 元，2018 年为 2000 年的 11.28 倍，历年年均增长 14.41%，"十三五"以来年均增长 11.76%，省域间人均值位次从第 4 位下降为第 5 位。

在此期间，第三产业产值人均值地区差指数由 1.5132 扩大至 1.5995，较明显扩增 5.70%。第三产业构成比由 36.26% 升至 54.67%，显著升高 18.41 个百分点，省域间构成比位次从第 18 位上升为第 7 位。

二　收入法产值构成子系统检测

2000 年以来浙江收入法产值构成子系统结构性检测见图 2。

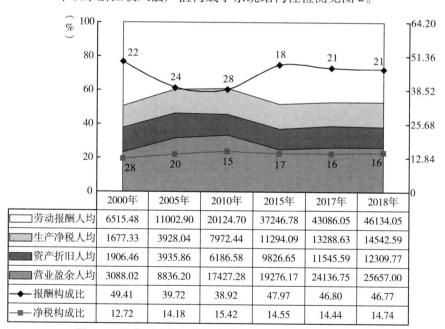

	2000年	2005年	2010年	2015年	2017年	2018年
劳动报酬人均	6515.48	11002.90	20124.70	37246.78	43086.05	46134.05
生产净税人均	1677.33	3928.04	7972.44	11294.09	13288.63	14542.59
资产折旧人均	1906.46	3935.86	6186.58	9826.65	11545.59	12309.77
营业盈余人均	3088.02	8836.20	17427.28	19276.17	24136.75	25657.00
报酬构成比	49.41	39.72	38.92	47.97	46.80	46.77
净税构成比	12.72	14.18	15.42	14.55	14.44	14.74

图 2　2000 年以来浙江收入法产值构成子系统结构性检测

左轴面积：劳动者报酬、生产税净额、固定资产折旧、营业盈余人均值（元转换为%），其和即收入法产值人均值，其间直观比例体现构成比关系。右轴曲线：报酬、净税构成比（%），标注省域间位次。正文另测算各类人均值地区差、折旧、盈余构成比，检测各类位次。

1. 收入法结构产值

2000～2018 年，浙江收入法结构产值总量由 6036.34 亿元增至 56197.15 亿元，2018 年为 2000 年的 9.31 倍，历年年均增长 13.20%，"十三五"以来年均增长 9.43%。人均值由 13187.29 元增至 98643.41 元，2018 年为 2000 年的 7.48 倍，历年年均增长 11.83%，"十三五"以来年均增长 8.31%，省域间人均值位次从第 4 位下降为第 5 位。

在此期间，收入法产值地区差指数由 1.6826 缩小至 1.5259，明显缩减 9.31%，省域间地区差位次从第 28 位上升为第 27 位，意味着与全国人均值的距离减小。

2. 劳动者报酬增长及构成比动态

同期，浙江收入法产值构成之劳动者报酬总量由 2982.39 亿元增至 26282.57 亿元，2018 年为 2000 年的 8.81 倍，历年年均增长 12.85%，"十三五"以来年均增长 8.51%。人均值由 6515.48 元增至 46134.05 元，2018 年为 2000 年的 7.08 倍，历年年均增长 11.49%，"十三五"以来年均增长 7.39%，省域间人均值位次从第 4 位下降为第 6 位。

在此期间，劳动者报酬地区差指数由 1.6179 缩小至 1.5089，明显缩减 6.74%，省域间地区差位次从第 28 位上升为第 26 位。劳动者报酬构成比由 49.41% 降至 46.77%，较明显降低 2.64 个百分点，省域间构成比位次从第 22 位上升为第 21 位。

3. 生产税净额增长及构成比动态

同期，浙江收入法产值构成之生产税净额总量由 767.78 亿元增至 8284.91 亿元，2018 年为 2000 年的 10.79 倍，历年年均增长 14.13%，"十三五"以来年均增长 9.92%。人均值由 1677.33 元增至 14542.59 元，2018 年为 2000 年的 8.67 倍，历年年均增长 12.75%，"十三五"以来年均增长 8.79%，省域间人均值位次从第 8 位上升为第 5 位。

在此期间，生产税净额地区差指数由 1.3895 扩大至 1.5797，明显扩增 13.69%。生产税净额构成比由 12.72% 升至 14.74%，较明显升高 2.02 个百分点，省域间构成比位次从第 28 位上升为第 16 位。

4. 固定资产折旧增长及构成比动态

同期，浙江收入法产值构成之固定资产折旧总量由872.66亿元增至7012.87亿元，2018年为2000年的8.04倍，历年年均增长12.27%，"十三五"以来年均增长8.92%。人均值由1906.46元增至12309.77元，2018年为2000年的6.46倍，历年年均增长10.92%，"十三五"以来年均增长7.80%，省域间人均值位次保持第5位。

在此期间，资产折旧地区差指数由1.7184缩小至1.4190，明显缩减17.42%。资产折旧构成比由14.46%降至12.48%，较明显降低1.98个百分点，省域间构成比位次从第9位下降为第25位。

5. 营业盈余增长及构成比动态

同期，浙江收入法产值构成之营业盈余总量由1413.51亿元增至14616.80亿元，2018年为2000年的10.34倍，历年年均增长13.86%，"十三五"以来年均增长11.14%。人均值由3088.02元增至25657.00元，2018年为2000年的8.31倍，历年年均增长12.48%，"十三五"以来年均增长10.00%，省域间人均值位次保持第5位。

在此期间，营业盈余地区差指数由2.0671缩小至1.5850，显著缩减23.32%。营业盈余构成比由23.42%升至26.01%，较明显升高2.59个百分点，省域间构成比位次从第8位下降为第10位。

三　支出法产值构成子系统检测

2000年以来浙江支出法产值构成子系统结构性检测见图3。

1. 支出法结构产值

2000~2018年，浙江支出法结构产值总量由6040.00亿元增至56197.15亿元，2018年为2000年的9.30倍，历年年均增长13.19%，"十三五"以来年均增长9.43%。人均值由13195.28元增至98643.41元，2018年为2000年的7.48倍，历年年均增长11.82%，"十三五"以来年均增长8.31%，省域间人均值位次从第4位下降为第5位。

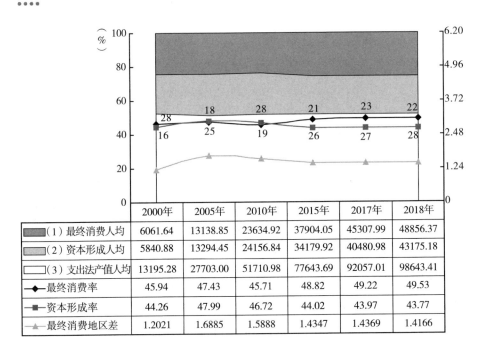

	2000年	2005年	2010年	2015年	2017年	2018年
（1）最终消费人均	6061.64	13138.85	23634.92	37904.05	45307.99	48856.37
（2）资本形成人均	5840.88	13294.45	24156.84	34179.92	40480.98	43175.18
（3）支出法产值人均	13195.28	27703.00	51710.98	77643.69	92057.01	98643.41
最终消费率	45.94	47.43	45.71	48.82	49.22	49.53
资本形成率	44.26	47.99	46.72	44.02	43.97	43.77
最终消费地区差	1.2021	1.6885	1.5888	1.4347	1.4369	1.4166

图3　2000年以来浙江支出法产值构成子系统结构性检测

左轴面积：（1）最终消费支出、（2）资本形成、（3）支出法产值人均值（元转换为%），（3）-（1）-（2）=货物与服务净流出，大多省域为负值，即（1）+（2）>（3），制图变通体现负值关系。右轴曲线：最终消费人均值地区差（偏差指数，无差距=1）。左轴曲线：最终消费率、资本形成率（%），标注省域位次。正文另测算其余人均值地区差，检测各类位次。

在此期间，支出法产值地区差指数由1.6566缩小至1.5534，明显缩减6.23%，省域间地区差位次保持第27位，意味着与全国人均值的距离减小。

2.最终消费支出增长及构成比动态

同期，浙江支出法产值构成之最终消费支出总量由2774.65亿元增至27833.48亿元，2018年为2000年的10.03倍，历年年均增长13.67%，"十三五"以来年均增长9.96%。人均值由6061.64元增至48856.37元，2018年为2000年的8.06倍，历年年均增长12.29%，"十三五"以来年均增长8.83%，省域间人均值位次从第7位上升为第5位。

在此期间，最终消费地区差指数由1.2021扩大至1.4166，明显扩增

17.84%，省域间地区差位次从第6位下降为第27位。最终消费率（消费率）由45.94%升至49.53%，明显升高3.59个百分点，省域间比值位次从第28位上升为第22位。

3. 资本形成增长及构成比动态

同期，浙江支出法产值构成之资本形成总额由2673.60亿元增至24596.90亿元，2018年为2000年的9.20倍，历年年均增长13.12%，"十三五"以来年均增长9.22%。人均值由5840.88元增至43175.18元，2018年为2000年的7.39倍，历年年均增长11.75%，"十三五"以来年均增长8.10%，省域间人均值位次从第4位下降为第11位。

在此期间，资本形成地区差指数由2.1361缩小至1.5160，显著缩减29.03%，省域间地区差位次从第28位上升为第21位。资本形成率（投资率）由44.26%降至43.77%，略微降低0.49个百分点，省域间比值位次从第16位下降为第28位。

四 经济生活收支综合子系统检测

2000年以来浙江经济生活收支综合子系统结构性检测见图4。

（一）公共经济生活

1. 财政收入增长及相对比值动态

2000～2018年，浙江财政收入总量由342.77亿元增至6598.21亿元，2018年为2000年的19.25倍，历年年均增长17.86%，"十三五"以来年均增长11.11%。人均值由755.76元增至11581.91元，2018年为2000年的15.32倍，历年年均增长16.37%，"十三五"以来年均增长9.97%，省域间人均值位次从第5位上升为第4位。

与此同时，财政收入比由5.58%升至11.74%，明显升高6.16个百分点，省域间比值位次从第22位上升为第9位。

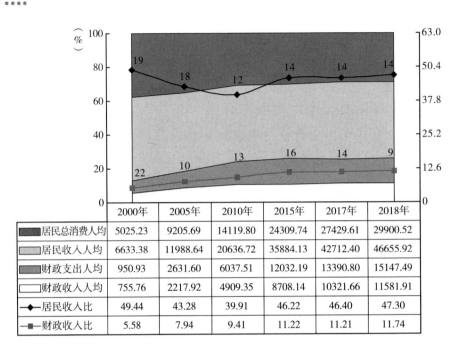

	2000年	2005年	2010年	2015年	2017年	2018年
■居民总消费人均	5025.23	9205.69	14119.80	24309.74	27429.61	29900.52
■居民收入人均	6633.38	11988.64	20636.72	35884.13	42712.40	46655.92
■财政支出人均	950.93	2631.60	6037.51	12032.19	13390.80	15147.49
□财政收入人均	755.76	2217.92	4909.35	8708.14	10321.66	11581.91
◆居民收入比	49.44	43.28	39.91	46.22	46.40	47.30
■财政收入比	5.58	7.94	9.41	11.22	11.21	11.74

图4 2000年以来浙江经济生活收支综合子系统结构性检测

左轴面积：居民总消费、居民收入、财政支出、财政收入人均值（元转换为%），其间呈直观比例。右轴曲线：居民收入比、财政收入比（%），标注省域间位次。正文另测算居民消费率、财政支出比、各类人均值地区差、民生数据城乡比，检测各类位次。

2. 财政支出增长及相对比值动态

同期，浙江财政支出总量由431.30亿元增至8629.53亿元，2018年为2000年的20.01倍，历年年均增长18.11%，"十三五"以来年均增长9.10%。人均值由950.93元增至15147.49元，2018年为2000年的15.93倍，历年年均增长16.62%，"十三五"以来年均增长7.98%，省域间人均值位次从第15位上升为第10位。

与此同时，财政支出比由7.02%升至15.36%，明显升高8.34个百分点，省域间比值位次从第30位上升为第28位。

3. 财政收入、财政支出地区差变化

在此期间，浙江财政收入地区差指数由1.2876缩小至1.1203，明显缩减13.00%，地区均衡性明显增强，省域间地区差位次从第3位上升为第2位；财政支出地区差指数由 1.2442 缩小至 1.0450，明显缩减 16.01%，地区均衡性明显增强，省域间地区差位次从第 11 位上升为第 1 位。

（二）人民经济生活

1. 居民收入增长及相对比值动态

2000～2018 年，浙江居民收入总量由 3008.57 亿元增至 26579.88 亿元，2018 年为 2000 年的 8.83 倍，历年年均增长 12.87%，"十三五"以来年均增长 10.28%。城乡综合演算人均值由 6633.38 元增至 46655.92 元，2018 年为 2000 年的 7.03 倍，历年年均增长 11.45%，"十三五"以来年均增长 9.14%，省域间人均值位次从第 5 位上升为第 3 位。

与此同时，浙江居民收入比由 49.44% 降至 47.30%，较明显降低 2.14 个百分点，省域间比值位次从第 19 位上升为第 14 位。

2. 居民总消费增长及相对比值动态

同期，浙江居民总消费总量由 2279.20 亿元增至 17034.33 亿元，2018 年为 2000 年的 7.47 倍，历年年均增长 11.82%，"十三五"以来年均增长 8.25%。城乡综合演算人均值由 5025.23 元增至 29900.52 元，2018 年为 2000 年的 5.95 倍，历年年均增长 10.42%，"十三五"以来年均增长 7.14%，省域间人均值位次保持第 4 位。

与此同时，浙江居民消费率由 37.46% 降至 30.31%，明显降低 7.15 个百分点，省域间比值位次从第 18 位下降为第 21 位。

3. 居民收入、总消费地区差、城乡比变化

在此期间，浙江居民收入地区差指数由 1.8011 缩小至 1.5998，明显缩减 11.18%，地区均衡性明显增强，省域间地区差位次从第 27 位下降为第 29 位；居民收入城乡比指数由 2.1814 缩小至 2.0355，明显缩减 6.69%，城乡均衡性明显增强，省域间城乡比位次从第 3 位上升为第 2 位。

浙江居民总消费地区差指数由 1.7622 缩小至 1.4668，明显缩减 16.76%，地区均衡性明显增强，省域间地区差位次保持第 28 位；居民总消

费城乡比指数由 2.1729 缩小至 1.7556，显著缩减 19.20%，城乡均衡性显著增强，省域间城乡比位次从第 2 位下降为第 3 位。

五 经济增长通用指标动态测评

2000～2018 年浙江经济增长结构优化综合检测结果见图 5。

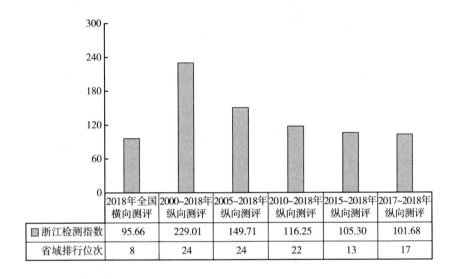

	2018年全国横向测评	2000~2018年纵向测评	2005~2018年纵向测评	2010~2018年纵向测评	2015~2018年纵向测评	2017~2018年纵向测评
▢浙江检测指数	95.66	229.01	149.71	116.25	105.30	101.68
省域排行位次	8	24	24	22	13	17

图 5 2000～2018 年浙江经济增长结构优化综合检测结果

数轴柱形：共时性年度横向测评（全国城乡地区无差距理想值＝100），类似"不论年龄比高矮"，有利于发达地区；历时性阶段纵向测评（起点年自身基数值＝100），类似"不论高矮比生长"，有利于后发地区，从左至右①"十五"以来，②"十一五"以来，③"十二五"以来，④"十三五"以来，⑤上年以来，多向度检测省域排行，考察不同阶段进展状况。

1. 各年度理想值横向测评

以假定全国及各地全面消除城乡差距、地区差距为理想值 100，2018 年全国横向测评排行，浙江指数为 95.66。这表明与全国城乡、地区无差距理想值相比，浙江经济增长结构优化全量化检测分值低于理想值 4.34%，指数排名处于省域间第 8 位。

2. 2000年以来基数值纵向测评

以"九五"末年2000年各类数据演算指标为基数值100，"十五"以来至2018年纵向测评排行，浙江指数为229.01。这表明与2000年自身基数值相比，浙江经济增长结构优化全量化检测分值高于基数值129.01%，指数提升程度处于省域间第24位。

3. 2005年以来基数值纵向测评

以"十五"末年2005年各类数据演算指标为基数值100，"十一五"以来至2018年纵向测评排行，浙江指数为149.71。这表明与2005年自身基数值相比，浙江经济增长结构优化全量化检测分值高于基数值49.71%，指数提升程度处于省域间第24位。

4. 2010年以来基数值纵向测评

以"十一五"末年2010年各类数据演算指标为基数值100，"十二五"以来至2018年纵向测评排行，浙江指数为116.25。这表明与2010年自身基数值相比，浙江经济增长结构优化全量化检测分值高于基数值16.25%，指数提升程度处于省域间第22位。

5. 2015年以来基数值纵向测评

以"十二五"末年2015年各类数据演算指标为基数值100，"十三五"以来至2018年纵向测评排行，浙江指数为105.30。这表明与2015年自身基数值相比，浙江经济增长结构优化全量化检测分值高于基数值5.30%，指数提升程度处于省域间第13位。

6. 逐年度基数值纵向测评

逐年以上年各类数据演算指标为基数值100，2017～2018年纵向测评排行，浙江指数为101.68。这表明与2017年自身基数值相比，浙江经济增长结构优化全量化检测分值高于基数值1.68%，指数提升程度处于省域间第17位。

E.21
江西：2000～2018年经济发展指数提升度第8位

刘 兵*

摘　要：　2000～2018年，江西地区生产总值构成比中第二产业从
　　　　　34.98%升至46.62%，第三产业从40.80%升至44.84%；
　　　　　收入法产值构成比中劳动者报酬从60.85%降至41.17%，生
　　　　　产税净额从17.54%降至16.14%，营业盈余从11.07%升至
　　　　　29.64%；支出法产值构成比中最终消费率从64.05%降至
　　　　　50.61%，资本形成率从36.24%升至50.76%；经济生活收
　　　　　支中财政收入比从5.57%升至10.79%，居民收入比从
　　　　　60.62%降至53.06%，居民消费率从44.94%降至34.46%。
　　　　　产值、财政收入、财政支出、居民收入、总消费人均值地区
　　　　　差全都缩小；居民收入、总消费人均值城乡比也全都缩小。
　　　　　江西经济增长结构优化排行：城乡、地区无差距理想值横向
　　　　　测评为省域第27位；2000年、2005年、2010年、2015年和
　　　　　2017年自身基数值纵向测评分别为省域第8位、第11位、
　　　　　第9位、第12位和第11位。

关键词：　江西　经济生产　经济生活　结构优化　综合排行

---

* 刘兵，云南省社会科学院民族文学研究所助理研究员，主要从事民族文化研究。

三次产业（生产法）产值结构主体子系统，收入法、支出法产值结构辅助子系统，面向公共经济生活、人民经济生活的收支综合子系统分别设置为一图，难以充分展开。当地数据检测更多细节可参看技术报告、排行报告由不同侧面展开的各地纵向历时动态、横向共时静态对比分析。

一 三次产业（生产法）产值构成子系统检测

2000年以来江西三次产业（生产法）产值构成子系统结构性检测见图1。

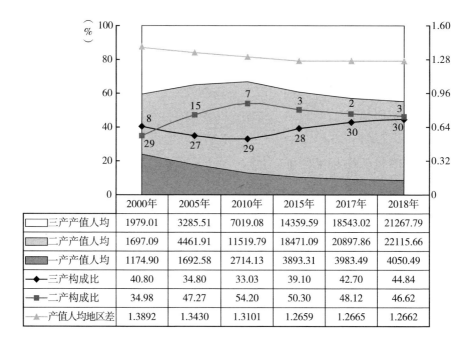

	2000年	2005年	2010年	2015年	2017年	2018年
☐ 三产产值人均	1979.01	3285.51	7019.08	14359.59	18543.02	21267.79
▨ 二产产值人均	1697.09	4461.91	11519.79	18471.09	20897.86	22115.66
▨ 一产产值人均	1174.90	1692.58	2714.13	3893.31	3983.49	4050.49
◆ 三产构成比	40.80	34.80	33.03	39.10	42.70	44.84
■ 二产构成比	34.98	47.27	54.20	50.30	48.12	46.62
▲ 产值人均地区差	1.3892	1.3430	1.3101	1.2659	1.2665	1.2662

图1 2000年以来江西三次产业（生产法）产值构成子系统结构性检测

左轴面积：一、二、三产值人均值（元转换为%），其和即生产法产值人均值，其间直观比例体现构成比关系。右轴曲线：生产法产值人均值地区差（偏差指数，无差距=1）。左轴曲线：二、三产构成比（%），标注省域间位次。正文另测算一、二、三产人均值地区差、一产构成比，检测各类位次。国家统计局据经济普查修订2000年生产法产值数据，但其中三次产业仅修订全国数据，为保持数据关系协调仍按年度发布数据演算各地构成比。

1. 生产法结构产值

2000～2018 年，江西生产法结构产值总量由 2003.07 亿元增至 21984.78 亿元，2018 年为 2000 年的 10.98 倍，历年年均增长 14.24%，"十三五"以来（2015 年以来，后同）年均增长 9.55%。人均值由 4851.00 元增至 47433.95 元，2018 年为 2000 年的 9.78 倍，历年年均增长 13.50%，"十三五"以来年均增长 8.90%，省域间人均值位次（基于各地变化，后同）从第 25 位上升为第 24 位。

在此期间，生产法产值人均值地区差指数由 1.3892 缩小至 1.2662，明显缩减 8.85%，省域间地区差位次保持第 17 位，意味着与全国人均值的距离减小。

2. 第一产业增长及构成比动态

同期，江西第一产业产值总量由 485.14 亿元增至 1877.33 亿元，2018 年为 2000 年的 3.87 倍，历年年均增长 7.81%，"十三五"以来年均增长 1.92%。人均值由 1174.90 元增至 4050.49 元，2018 年为 2000 年的 3.45 倍，历年年均增长 7.12%，"十三五"以来年均增长 1.33%，省域间人均值位次从第 19 位下降为第 23 位。

在此期间，第一产业产值人均值地区差指数由 1.0080 扩大至 1.1286，明显扩增 11.96%。第一产业构成比由 24.22% 降至 8.54%，显著降低 15.68 个百分点，省域间构成比位次从第 6 位下降为第 16 位。

3. 第二产业增长及构成比动态

同期，江西第二产业产值总量由 700.76 亿元增至 10250.21 亿元，2018 年为 2000 年的 14.63 倍，历年年均增长 16.07%，"十三五"以来年均增长 6.81%。人均值由 1697.09 元增至 22115.66 元，2018 年为 2000 年的 13.03 倍，历年年均增长 15.33%，"十三五"以来年均增长 6.19%，省域间人均值位次从第 27 位上升为第 17 位。

在此期间，第二产业产值人均值地区差指数由 1.5307 缩小至 1.1584，明显缩减 24.32%。第二产业构成比由 34.98% 升至 46.62%，显著升高 11.64 个百分点，省域间构成比位次从第 29 位上升为第 3 位。

4.第三产业增长及构成比动态

同期，江西第三产业产值总量由817.17亿元增至9857.24亿元，2018年为2000年的12.06倍，历年年均增长14.84%，"十三五"以来年均增长14.66%。人均值由1979.01元增至21267.79元，2018年为2000年的10.75倍，历年年均增长14.10%，"十三五"以来年均增长13.99%，省域间人均值位次从第21位下降为第26位。

在此期间，第三产业产值人均值地区差指数由1.3737缩小至1.3692，略微缩减0.33%。第三产业构成比由40.80%升至44.84%，明显升高4.04个百分点，省域间构成比位次从第8位下降为第30位。

二 收入法产值构成子系统检测

2000年以来江西收入法产值构成子系统结构性检测见图2。

1.收入法结构产值

2000～2018年，江西收入法结构产值总量由2003.07亿元增至21984.78亿元，2018年为2000年的10.98倍，历年年均增长14.24%，"十三五"以来年均增长9.55%。人均值由4851.00元增至47433.95元，2018年为2000年的9.78倍，历年年均增长13.50%，"十三五"以来年均增长8.90%，省域间人均值位次保持第24位。

在此期间，收入法产值地区差指数由1.3811缩小至1.2662，明显缩减8.31%，省域间地区差位次从第16位下降为第17位，意味着与全国人均值的距离减小。

2.劳动者报酬增长及构成比动态

同期，江西收入法产值构成之劳动者报酬总量由1218.95亿元增至9051.53亿元，2018年为2000年的7.43倍，历年年均增长11.78%，"十三五"以来年均增长8.60%。人均值由2952.03元增至19529.41元，2018年为2000年的6.62倍，历年年均增长11.07%，"十三五"以来年均增长7.96%，省域间人均值位次从第22位下降为第29位。

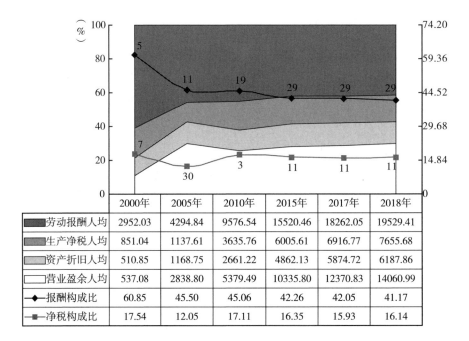

	2000年	2005年	2010年	2015年	2017年	2018年
■劳动报酬人均	2952.03	4294.84	9576.54	15520.46	18262.05	19529.41
▨生产净税人均	851.04	1137.61	3635.76	6005.61	6916.77	7655.68
▧资产折旧人均	510.85	1168.75	2661.22	4862.13	5874.72	6187.86
□营业盈余人均	537.08	2838.80	5379.49	10335.80	12370.83	14060.99
◆报酬构成比	60.85	45.50	45.06	42.26	42.05	41.17
■净税构成比	17.54	12.05	17.11	16.35	15.93	16.14

图2　2000年以来江西收入法产值构成子系统结构性检测

左轴面积：劳动者报酬、生产税净额、固定资产折旧、营业盈余人均值（元转换为%），
其和即收入法产值人均值，其间直观比例体现构成比关系。右轴曲线：报酬、净税构成比
（%），标注省域间位次。正文另测算各类人均值地区差、折旧、盈余构成比，检测各类位次。

在此期间，劳动者报酬地区差指数由1.2670扩大至1.3613，较明显扩增7.44%，省域间地区差位次从第15位下降为第22位。劳动者报酬构成比由60.85%降至41.17%，显著降低19.68个百分点，省域间构成比位次从第5位下降为第29位。

3. 生产税净额增长及构成比动态

同期，江西收入法产值构成之生产税净额总量由351.41亿元增至3548.27亿元，2018年为2000年的10.10倍，历年年均增长13.71%，"十三五"以来年均增长9.07%。人均值由851.04元增至7655.68元，2018年为2000年的9.00倍，历年年均增长12.98%，"十三五"以来年均增长8.43%，省域间人均值位次从第21位上升为第17位。

在此期间，生产税净额地区差指数由1.2950缩小至1.1684，明显缩减

9.78%。生产税净额构成比由17.54%降至16.14%，较明显降低1.40个百分点，省域间构成比位次从第7位下降为第11位。

4. 固定资产折旧增长及构成比动态

同期，江西收入法产值构成之固定资产折旧总量由210.94亿元增至2867.96亿元，2018年为2000年的13.60倍，历年年均增长15.60%，"十三五"以来年均增长9.01%。人均值由510.85元增至6187.86元，2018年为2000年的12.11倍，历年年均增长14.86%，"十三五"以来年均增长8.37%，省域间人均值位次从第27位上升为第24位。

在此期间，资产折旧地区差指数由1.5395缩小至1.2867，明显缩减16.42%。资产折旧构成比由10.53%升至13.05%，较明显升高2.52个百分点，省域间构成比位次从第26位上升为第22位。

5. 营业盈余增长及构成比动态

同期，江西收入法产值构成之营业盈余总量由221.77亿元增至6517.02亿元，2018年为2000年的29.39倍，历年年均增长20.66%，"十三五"以来年均增长11.46%。人均值由537.08元增至14060.99元，2018年为2000年的26.18倍，历年年均增长19.89%，"十三五"以来年均增长10.80%，省域间人均值位次从第25位上升为第16位。

在此期间，营业盈余地区差指数由1.6405缩小至1.1314，显著缩减31.03%。营业盈余构成比由11.07%升至29.64%，显著升高18.57个百分点，省域间构成比位次从第24位上升为第2位。

三 支出法产值构成子系统检测

2000年以来江西支出法产值构成子系统结构性检测见图3。

1. 支出法结构产值

2000～2018年，江西支出法结构产值总量由1982.17亿元增至21984.78亿元，2018年为2000年的11.09倍，历年年均增长14.30%，"十三五"以来年均增长9.55%。人均值由4800.38元增至47433.95元，2018

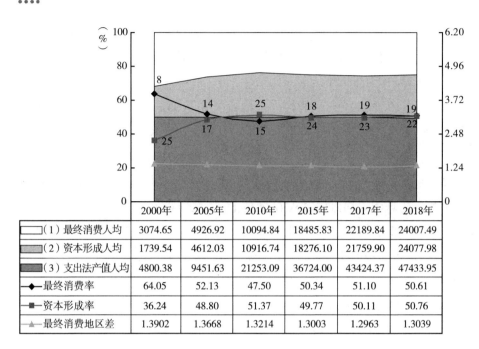

图3 2000年以来江西支出法产值构成子系统结构性检测

左轴面积：（1）最终消费支出、（2）资本形成、（3）支出法产值人均值（元转换为%），（3）－（1）－（2）＝货物与服务净流出，大多省域为负值，即（1）＋（2）＞（3），制图变通体现负值关系。右轴曲线：最终消费人均值地区差（偏差指数，无差距＝1）。左轴曲线：最终消费率、资本形成率（%），标注省域间位次。正文另测算其余人均值地区差，检测各类位次。

年为2000年的9.88倍，历年年均增长13.57%，"十三五"以来年均增长8.90%，省域间人均值位次从第25位上升为第24位。

在此期间，支出法产值地区差指数由1.3974缩小至1.2531，明显缩减10.33%，省域间地区差位次保持第17位，意味着与全国人均值的距离减小。

2. 最终消费支出增长及构成比动态

同期，江西支出法产值构成之最终消费支出总量由1269.58亿元增至11127.04亿元，2018年为2000年的8.76倍，历年年均增长12.82%，"十三五"以来年均增长9.75%。人均值由3074.65元增至24007.49元，2018年为2000年的7.81倍，历年年均增长12.09%，"十三五"以来年均增长

9.10%，省域间人均值位次从第25位上升为第24位。

在此期间，最终消费地区差指数由1.3902缩小至1.3039，较明显缩减6.21%，省域间地区差位次从第22位上升为第19位。最终消费率（消费率）由64.05%降至50.61%，显著降低13.44个百分点，省域间比值位次从第8位下降为第19位。

3. 资本形成增长及构成比动态

同期，江西支出法产值构成之资本形成总额由718.29亿元增至11159.71亿元，2018年为2000年的15.54倍，历年年均增长16.46%，"十三五"以来年均增长10.27%。人均值由1739.54元增至24077.98元，2018年为2000年的13.84倍，历年年均增长15.72%，"十三五"以来年均增长9.63%，省域间人均值位次从第27位下降为第28位。

在此期间，资本形成地区差指数由1.3638缩小至1.1546，明显缩减15.34%，省域间地区差位次从第19位上升为第8位。资本形成率（投资率）由36.24%升至50.76%，显著升高14.52个百分点，省域间比值位次从第25位上升为第22位。

四　经济生活收支综合子系统检测

2000年以来江西经济生活收支综合子系统结构性检测见图4。

（一）公共经济生活

1. 财政收入增长及相对比值动态

2000～2018年，江西财政收入总量由111.55亿元增至2373.01亿元，2018年为2000年的21.27倍，历年年均增长18.51%，"十三五"以来年均增长3.09%。人均值由266.24元增至5119.76元，2018年为2000年的19.23倍，历年年均增长17.85%，"十三五"以来年均增长2.49%，省域间人均值位次从第27位上升为第19位。

与此同时，财政收入比由5.57%升至10.79%，明显升高5.22个百分

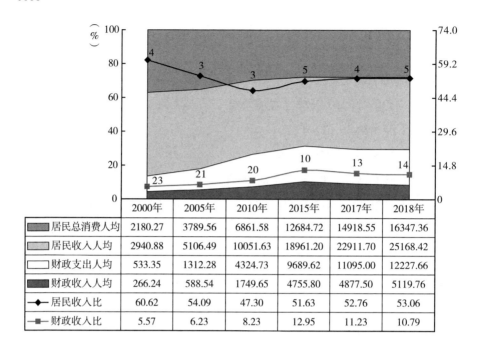

	2000年	2005年	2010年	2015年	2017年	2018年
居民总消费人均	2180.27	3789.56	6861.58	12684.72	14918.55	16347.36
居民收入人均	2940.88	5106.49	10051.63	18961.20	22911.70	25168.42
财政支出人均	533.35	1312.28	4324.73	9689.62	11095.00	12227.66
财政收入人均	266.24	588.54	1749.65	4755.80	4877.50	5119.76
居民收入比	60.62	54.09	47.30	51.63	52.76	53.06
财政收入比	5.57	6.23	8.23	12.95	11.23	10.79

图4　2000年以来江西经济生活收支综合子系统结构性检测

左轴面积：居民总消费、居民收入、财政支出、财政收入人均值（元转换为%），其间呈直观比例。右轴曲线：居民收入比、财政收入比（%），标注省域间位次。正文另测算居民消费率、财政支出比、各类人均值地区差、民生数据城乡比，检测各类位次。

点，省域间比值位次从第23位上升为第14位。

2. 财政支出增长及相对比值动态

同期，江西财政支出总量由223.47亿元增至5667.52亿元，2018年为2000年的25.36倍，历年年均增长19.68%，"十三五"以来年均增长8.70%。人均值由533.35元增至12227.66元，2018年为2000年的22.93倍，历年年均增长19.01%，"十三五"以来年均增长8.06%，省域间人均值位次从第27位上升为第23位。

与此同时，财政支出比由11.16%升至25.78%，显著升高14.62个百分点，省域间比值位次从第19位上升为第12位。

3. 财政收入、财政支出地区差变化

在此期间，江西财政收入地区差指数由1.7490缩小至1.6111，明显缩减7.89%，地区均衡性明显增强，省域间地区差位次从第25位上升为第17位；财政支出地区差指数由1.5761缩小至1.2291，明显缩减22.02%，地区均衡性明显增强，省域间地区差位次从第24位上升为第16位。

（二）人民经济生活

1. 居民收入增长及相对比值动态

2000～2018年，江西居民收入总量由1232.23亿元增至11665.56亿元，2018年为2000年的9.47倍，历年年均增长13.30%，"十三五"以来年均增长10.55%。城乡综合演算人均值由2940.88元增至25168.42元，2018年为2000年的8.56倍，历年年均增长12.67%，"十三五"以来年均增长9.90%，省域间人均值位次从第21位上升为第15位。

与此同时，江西居民收入比由60.62%降至53.06%，明显降低7.56个百分点，省域间比值位次从第4位下降为第5位。

2. 居民总消费增长及相对比值动态

同期，江西居民总消费总量由913.53亿元增至7577.00亿元，2018年为2000年的8.29倍，历年年均增长12.47%，"十三五"以来年均增长9.47%。城乡综合演算人均值由2180.27元增至16347.36元，2018年为2000年的7.50倍，历年年均增长11.84%，"十三五"以来年均增长8.82%，省域间人均值位次从第23位下降为第24位。

与此同时，江西居民消费率由44.94%降至34.46%，显著降低10.48个百分点，省域间比值位次从第7位下降为第13位。

3. 居民收入、总消费地区差、城乡比变化

在此期间，江西居民收入地区差指数由1.2015缩小至1.1370，较明显缩减5.37%，地区均衡性较明显增强，省域间地区差位次从第14位上升为第8位；居民收入城乡比指数由2.3901缩小至2.3388，较明显缩减2.14%，城乡均衡性较明显增强，省域间城乡比位次从第11位上升为第9位。

江西居民总消费地区差指数由1.2354缩小至1.1980，略微缩减

3.03%，地区均衡性略微增强，省域间地区差位次从第16位下降为第18位；居民总消费城乡比指数由2.2059缩小至1.9072，明显缩减13.54%，城乡均衡性明显增强，省域间城乡比位次从第3位下降为第9位。

五　经济增长通用指标动态测评

2000～2018年江西经济增长结构优化综合检测结果见图5。

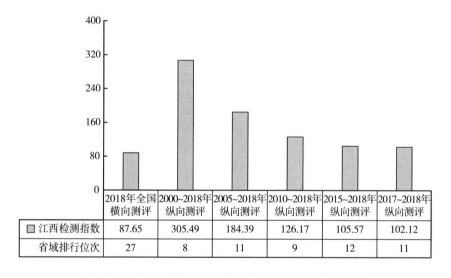

	2018年全国横向测评	2000~2018年纵向测评	2005~2018年纵向测评	2010~2018年纵向测评	2015~2018年纵向测评	2017~2018年纵向测评
江西检测指数	87.65	305.49	184.39	126.17	105.57	102.12
省域排行位次	27	8	11	9	12	11

图5　2000～2018年江西经济增长结构优化综合检测结果

数轴柱形：共时性年度横向测评（全国城乡地区无差距理想值 = 100），类似"不论年龄比高矮"，有利于发达地区；历时性阶段纵向测评（起点年自身基数值 = 100），类似"不论高矮比生长"，有利于后发地区，从左至右①"十五"以来，②"十一五"以来，③"十二五"以来，④"十三五"以来，⑤上年以来，多向度检测省域排行，考察不同阶段进展状况。

1. 各年度理想值横向测评

以假定全国及各地全面消除城乡差距、地区差距为理想值100，2018年全国横向测评排行，江西指数为87.65。这表明与全国城乡、地区无差距理想值相比，江西经济增长结构优化全量化检测分值低于理想值12.35%，指数排名处于省域间第27位。

2. 2000年以来基数值纵向测评

以"九五"末年2000年各类数据演算指标为基数值100，"十五"以来至2018年纵向测评排行，江西指数为305.49。这表明与2000年自身基数值相比，江西经济增长结构优化全量化检测分值高于基数值205.49%，指数提升程度处于省域间第8位。

3. 2005年以来基数值纵向测评

以"十五"末年2005年各类数据演算指标为基数值100，"十一五"以来至2018年纵向测评排行，江西指数为184.39。这表明与2005年自身基数值相比，江西经济增长结构优化全量化检测分值高于基数值84.39%，指数提升程度处于省域间第11位。

4. 2010年以来基数值纵向测评

以"十一五"末年2010年各类数据演算指标为基数值100，"十二五"以来至2018年纵向测评排行，江西指数为126.17。这表明与2010年自身基数值相比，江西经济增长结构优化全量化检测分值高于基数值26.17%，指数提升程度处于省域间第9位。

5. 2015年以来基数值纵向测评

以"十二五"末年2015年各类数据演算指标为基数值100，"十三五"以来至2018年纵向测评排行，江西指数为105.57。这表明与2015年自身基数值相比，江西经济增长结构优化全量化检测分值高于基数值5.57%，指数提升程度处于省域间第12位。

6. 逐年度基数值纵向测评

逐年以上年各类数据演算指标为基数值100，2017～2018年纵向测评排行，江西指数为102.12。这表明与2017年自身基数值相比，江西经济增长结构优化全量化检测分值高于基数值2.12%，指数提升程度处于省域间第11位。

Ⅲ.22
山东：2018年经济发展指数排名第11位

代 丽*

摘　要：　2000～2018年，山东地区生产总值构成比中第二产业从49.69%降至43.99%，第三产业从35.46%升至49.53%；收入法产值构成比中劳动者报酬从47.79%降至45.70%，生产税净额从18.93%降至13.03%，营业盈余从19.15%升至27.01%；支出法产值构成比中最终消费率从47.99%升至48.38%，资本形成率从49.17%升至50.22%；经济生活收支中财政收入比从5.56%升至8.48%，居民收入比从43.63%降至39.93%，居民消费率从31.81%降至25.58%。财政收入、财政支出、居民收入人均值地区差缩小，但产值、居民总消费人均值地区差扩大；居民收入、总消费人均值城乡比全都缩小。山东经济增长结构优化排行：城乡、地区无差距理想值横向测评为省域第11位；2000年、2005年、2010年、2015年和2017年自身基数值纵向测评分别为省域第21位、第22位、第20位、第20位和第24位。

关键词：　山东　经济生产　经济生活　结构优化　综合排行

三次产业（生产法）产值结构主体子系统，收入法、支出法产值结构

---

* 代丽，云南省社会科学院信息中心网站编辑部主任、助理研究员，主要从事发展社会学、社会福利与社会保障、文化消费研究。

辅助子系统，面向公共经济生活、人民经济生活的收支综合子系统分别设置为一图，难以充分展开。当地数据检测更多细节可参看技术报告、排行报告由不同侧面展开的各地纵向历时动态、横向共时静态对比分析。

一 三次产业（生产法）产值构成子系统检测

2000 年以来山东三次产业（生产法）产值构成子系统结构性检测见图 1。

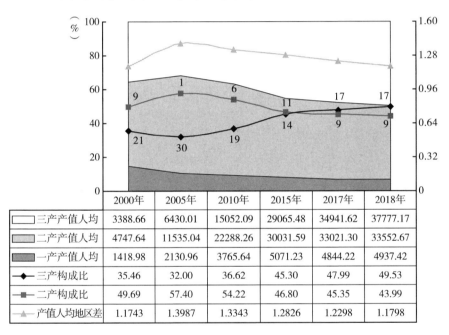

	2000年	2005年	2010年	2015年	2017年	2018年
三产产值人均	3388.66	6430.01	15052.09	29065.48	34941.62	37777.17
二产产值人均	4747.64	11535.04	22288.26	30031.59	33021.30	33552.67
一产产值人均	1418.98	2130.96	3765.64	5071.23	4844.22	4937.42
三产构成比	35.46	32.00	36.62	45.30	47.99	49.53
二产构成比	49.69	57.40	54.22	46.80	45.35	43.99
产值人均地区差	1.1743	1.3987	1.3343	1.2826	1.2298	1.1798

图 1 2000 年以来山东三次产业（生产法）产值构成子系统结构性检测

左轴面积：一、二、三产产值人均值（元转换为%），其和即生产法产值人均值，其间直观比例体现构成比关系。右轴曲线：生产法产值人均值地区差（偏差指数，无差距＝1）。左轴曲线：二、三产构成比（%），标注省域间位次。正文另测算一、二、三产人均值地区差、一产构成比，检测各类位次。国家统计局据经济普查修订 2000 年生产法产值数据，但其中三次产业仅修订全国数据，为保持数据关系协调仍按年度发布数据演算各地构成比。

1. 生产法结构产值

2000 ~ 2018 年，山东生产法结构产值总量由 8337.47 亿元增至 76469.67 亿元，2018 年为 2000 年的 9.17 倍，历年年均增长 13.10%，"十三五"以来（2015 年以来，后同）年均增长 6.67%。人均值由 9326.00 元增至 76267.26 元，2018 年为 2000 年的 8.18 倍，历年年均增长 12.38%，"十三五"以来年均增长 5.93%，省域间人均值位次（基于各地变化，后同）从第 9 位上升为第 8 位。

在此期间，生产法产值人均值地区差指数由 1.1743 扩大至 1.1798，略微扩增 0.47%，省域间地区差位次从第 6 位下降为第 8 位，意味着与全国人均值的距离拉大。

2. 第一产业增长及构成比动态

同期，山东第一产业产值总量由 1268.57 亿元增至 4950.52 亿元，2018 年为 2000 年的 3.90 倍，历年年均增长 7.86%，"十三五"以来年均负增长 0.19%。人均值由 1418.98 元增至 4937.42 元，2018 年为 2000 年的 3.48 倍，历年年均增长 7.17%，"十三五"以来年均负增长 0.89%，省域间人均值位次从第 7 位下降为第 12 位。

在此期间，第一产业产值人均值地区差指数由 1.2174 缩小至 1.0623，明显缩减 12.74%。第一产业构成比由 14.85% 降至 6.48%，明显降低 8.37 个百分点，省域间构成比位次从第 21 位下降为第 24 位。

3. 第二产业增长及构成比动态

同期，山东第二产业产值总量由 4244.40 亿元增至 33641.72 亿元，2018 年为 2000 年的 7.93 倍，历年年均增长 12.19%，"十三五"以来年均增长 4.49%。人均值由 4747.64 元增至 33552.67 元，2018 年为 2000 年的 7.07 倍，历年年均增长 11.48%，"十三五"以来年均增长 3.76%，省域间人均值位次从第 10 位上升为第 7 位。

在此期间，第二产业产值人均值地区差指数由 1.3127 缩小至 1.2768，略微缩减 2.74%。第二产业构成比由 49.69% 降至 43.99%，明显降低 5.70 个百分点，省域间构成比位次保持第 9 位。

4. 第三产业增长及构成比动态

同期，山东第三产业产值总量由 3029.47 亿元增至 37877.43 亿元，2018 年为 2000 年的 12.50 倍，历年年均增长 15.07%，"十三五"以来年均增长 9.90%。人均值由 3388.66 元增至 37777.17 元，2018 年为 2000 年的 11.15 倍，历年年均增长 14.33%，"十三五"以来年均增长 9.13%，省域间人均值位次从第 9 位上升为第 8 位。

在此期间，第三产业产值人均值地区差指数由 1.0724 扩大至 1.1204，略微扩增 4.48%。第三产业构成比由 35.46% 升至 49.53%，显著升高 14.07 个百分点，省域间构成比位次从第 21 位上升为第 17 位。

二 收入法产值构成子系统检测

2000 年以来山东收入法产值构成子系统结构性检测见图 2。

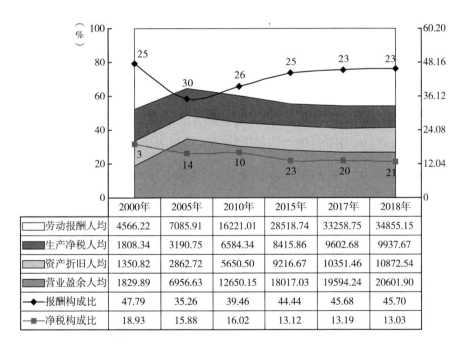

	2000年	2005年	2010年	2015年	2017年	2018年
劳动报酬人均	4566.22	7085.91	16221.01	28518.74	33258.75	34855.15
生产净税人均	1808.34	3190.75	6584.34	8415.86	9602.68	9937.67
资产折旧人均	1350.82	2862.72	5650.50	9216.67	10351.46	10872.54
营业盈余人均	1829.89	6956.63	12650.15	18017.03	19594.24	20601.90
报酬构成比	47.79	35.26	39.46	44.44	45.68	45.70
净税构成比	18.93	15.88	16.02	13.12	13.19	13.03

图 2 2000 年以来山东收入法产值构成子系统结构性检测

左轴面积：劳动者报酬、生产税净额、固定资产折旧、营业盈余人均值（元转换为%），其和即收入法产值人均值，其间直观比例体现构成比关系。右轴曲线：报酬、净税构成比（%），标注省域间位次。正文另测算各类人均值地区差、折旧、盈余构成比，检测各类位次。

1. 收入法结构产值

2000～2018 年，山东收入法结构产值总量由 8542.44 亿元增至 76469.67 亿元，2018 年为 2000 年的 8.95 倍，历年年均增长 12.95%，"十三五"以来年均增长 6.67%。人均值由 9555.27 元增至 76267.26 元，2018 年为 2000 年的 7.98 倍，历年年均增长 12.23%，"十三五"以来年均增长 5.93%，省域间人均值位次从第 9 位上升为第 8 位。

在此期间，收入法产值地区差指数由 1.2192 缩小至 1.1798，略微缩减 3.23%，省域间地区差位次从第 7 位下降为第 8 位，意味着与全国人均值的距离减小。

2. 劳动者报酬增长及构成比动态

同期，山东收入法产值构成之劳动者报酬总量由 4082.21 亿元增至 34947.66 亿元，2018 年为 2000 年的 8.56 倍，历年年均增长 12.67%，"十三五"以来年均增长 7.67%。人均值由 4566.22 元增至 34855.15 元，2018 年为 2000 年的 7.63 倍，历年年均增长 11.95%，"十三五"以来年均增长 6.92%，省域间人均值位次从第 9 位上升为第 8 位。

在此期间，劳动者报酬地区差指数由 1.1339 扩大至 1.1400，略微扩增 0.54%，省域间地区差位次保持第 9 位。劳动者报酬构成比由 47.79% 降至 45.70%，较明显降低 2.09 个百分点，省域间构成比位次从第 25 位上升为第 23 位。

3. 生产税净额增长及构成比动态

同期，山东收入法产值构成之生产税净额总量由 1616.66 亿元增至 9964.04 亿元，2018 年为 2000 年的 6.16 倍，历年年均增长 10.63%，"十三五"以来年均增长 6.44%。人均值由 1808.34 元增至 9937.67 元，2018 年为 2000 年的 5.50 倍，历年年均增长 9.93%，"十三五"以来年均增长 5.70%，省域间人均值位次从第 6 位下降为第 12 位。

在此期间，生产税净额地区差指数由 1.4980 缩小至 1.0795，显著缩减 27.94%。生产税净额构成比由 18.93% 降至 13.03%，明显降低 5.90 个百分点，省域间构成比位次从第 3 位下降为第 21 位。

4. 固定资产折旧增长及构成比动态

同期，山东收入法产值构成之固定资产折旧总量由 1207.64 亿元增至 10901.39 亿元，2018 年为 2000 年的 9.03 倍，历年年均增长 13.00%，"十三五"以来年均增长 6.40%。人均值由 1350.82 元增至 10872.54 元，2018 年为 2000 年的 8.05 倍，历年年均增长 12.28%，"十三五"以来年均增长 5.66%，省域间人均值位次从第 9 位上升为第 7 位。

在此期间，资产折旧地区差指数由 1.2176 扩大至 1.2533，略微扩增 2.94%。资产折旧构成比由 14.14% 升至 14.26%，略微升高 0.12 个百分点，省域间构成比位次保持第 13 位。

5. 营业盈余增长及构成比动态

同期，山东收入法产值构成之营业盈余总量由 1635.93 亿元增至 20656.57 亿元，2018 年为 2000 年的 12.63 倍，历年年均增长 15.13%，"十三五"以来年均增长 5.30%。人均值由 1829.89 元增至 20601.90 元，2018 年为 2000 年的 11.26 倍，历年年均增长 14.40%，"十三五"以来年均增长 4.57%，省域间人均值位次从第 11 位上升为第 8 位。

在此期间，营业盈余地区差指数由 1.2249 扩大至 1.2727，略微扩增 3.90%。营业盈余构成比由 19.15% 升至 27.01%，明显升高 7.86 个百分点，省域间构成比位次从第 12 位上升为第 7 位。

三 支出法产值构成子系统检测

2000 年以来山东支出法产值构成子系统结构性检测见图 3。

1. 支出法结构产值

2000～2018 年，山东支出法结构产值总量由 8542.44 亿元增至 76469.67 亿元，2018 年为 2000 年的 8.95 倍，历年年均增长 12.95%，"十三五"以来年均增长 6.67%。人均值由 9555.27 元增至 76267.26 元，2018 年为 2000 年的 7.98 倍，历年年均增长 12.23%，"十三五"以来年均增长 5.93%，省域间人均值位次从第 9 位上升为第 8 位。

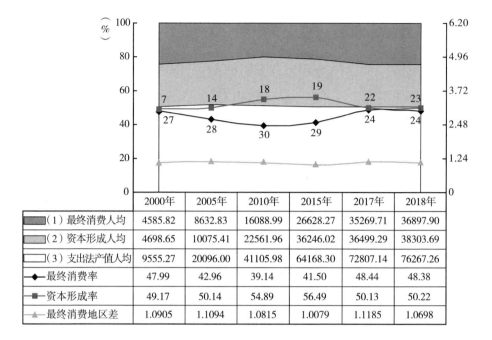

	2000年	2005年	2010年	2015年	2017年	2018年
（1）最终消费人均	4585.82	8632.83	16088.99	26628.27	35269.71	36897.90
（2）资本形成人均	4698.65	10075.41	22561.96	36246.02	36499.29	38303.69
（3）支出法产值人均	9555.27	20096.00	41105.98	64168.30	72807.14	76267.26
最终消费率	47.99	42.96	39.14	41.50	48.44	48.38
资本形成率	49.17	50.14	54.89	56.49	50.13	50.22
最终消费地区差	1.0905	1.1094	1.0815	1.0079	1.1185	1.0698

图3　2000年以来山东支出法产值构成子系统结构性检测

左轴面积：（1）最终消费支出、（2）资本形成、（3）支出法产值人均值（元转换为%），（3）－（1）－（2）＝货物与服务净流出，大多省域为负值，即（1）＋（2）＞（3），制图变通体现负值关系。右轴曲线：最终消费人均值地区差（偏差指数，无差距＝1）。左轴曲线：最终消费率、资本形成率（%），标注省域间位次。正文另测算其余人均值地区差，检测各类位次。

在此期间，支出法产值地区差指数由1.1996扩大至1.2010，略微扩增0.12%，省域间地区差位次从第7位下降为第10位，意味着与全国人均值的距离拉大。

2. 最终消费支出增长及构成比动态

同期，山东支出法产值构成之最终消费支出总量由4099.74亿元增至36995.82亿元，2018年为2000年的9.02倍，历年年均增长13.00%，"十三五"以来年均增长12.27%。人均值由4585.82元增至36897.90元，2018年为2000年的8.05倍，历年年均增长12.28%，"十三五"以来年均增长11.49%，省域间人均值位次从第11位上升为第7位。

在此期间，最终消费地区差指数由1.0905缩小至1.0698，略微缩减

1.90%，省域间地区差位次从第 4 位下降为第 10 位。最终消费率（消费率）由 47.99% 升至 48.38%，略微升高 0.39 个百分点，省域间比值位次从第 27 位上升为第 24 位。

3. 资本形成增长及构成比动态

同期，山东支出法产值构成之资本形成总额由 4200.61 亿元增至 38405.35 亿元，2018 年为 2000 年的 9.14 倍，历年年均增长 13.08%，"十三五"以来年均增长 2.57%。人均值由 4698.65 元增至 38303.69 元，2018 年为 2000 年的 8.15 倍，历年年均增长 12.36%，"十三五"以来年均增长 1.86%，省域间人均值位次从第 7 位下降为第 15 位。

在此期间，资本形成地区差指数由 1.7183 缩小至 1.3449，明显缩减 21.73%，省域间地区差位次从第 25 位上升为第 16 位。资本形成率（投资率）由 49.17% 升至 50.22%，较明显升高 1.05 个百分点，省域间比值位次从第 7 位下降为第 23 位。

四　经济生活收支综合子系统检测

2000 年以来山东经济生活收支综合子系统结构性检测见图4。

（一）公共经济生活

1. 财政收入增长及相对比值动态

2000～2018 年，山东财政收入总量由 463.68 亿元增至 6485.40 亿元，2018 年为 2000 年的 13.99 倍，历年年均增长 15.78%，"十三五"以来年均增长 5.46%。人均值由 518.63 元增至 6468.31 元，2018 年为 2000 年的 12.47 倍，历年年均增长 15.05%，"十三五"以来年均增长 4.73%，省域间人均值位次从第 9 位下降为第 12 位。

与此同时，财政收入比由 5.56% 升至 8.48%，较明显升高 2.92 个百分点，省域间比值位次保持第 24 位。

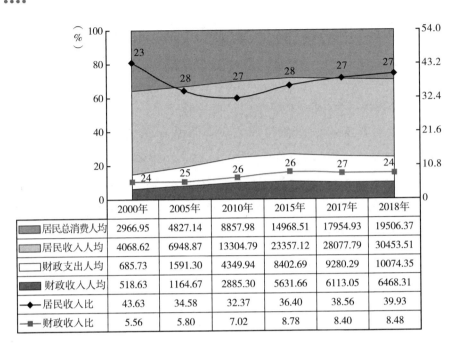

	2000年	2005年	2010年	2015年	2017年	2018年
居民总消费人均	2966.95	4827.14	8857.98	14968.51	17954.93	19506.37
居民收入人均	4068.62	6948.87	13304.79	23357.12	28077.79	30453.51
财政支出人均	685.73	1591.30	4349.94	8402.69	9280.29	10074.35
财政收入人均	518.63	1164.67	2885.30	5631.66	6113.05	6468.31
居民收入比	43.63	34.58	32.37	36.40	38.56	39.93
财政收入比	5.56	5.80	7.02	8.78	8.40	8.48

图4 2000年以来山东经济生活收支综合子系统结构性检测

左轴面积：居民总消费、居民收入、财政支出、财政收入人均值（元转换为%），其间呈直观比例。右轴曲线：居民收入比、财政收入比（%），标注省域间位次。正文另测算居民消费率、财政支出比、各类人均值地区差、民生数据城乡比，检测各类位次。

2. 财政支出增长及相对比值动态

同期，山东财政支出总量由613.08亿元增至10100.96亿元，2018年为2000年的16.48倍，历年年均增长16.84%，"十三五"以来年均增长6.98%。人均值由685.73元增至10074.35元，2018年为2000年的14.69倍，历年年均增长16.10%，"十三五"以来年均增长6.23%，省域间人均值位次从第21位下降为第30位。

与此同时，财政支出比由7.35%升至13.21%，明显升高5.86个百分点，省域间比值位次从第29位下降为第30位。

3. 财政收入、财政支出地区差变化

在此期间，山东财政收入地区差指数由1.5111缩小至1.5087，略微缩减0.16%，地区均衡性略微增强，省域间地区差位次从第7位下降为第10

位；财政支出地区差指数由1.4550缩小至1.3648，较明显缩减6.20%，地区均衡性较明显增强，省域间地区差位次从第17位下降为第26位。

（二）人民经济生活

1. 居民收入增长及相对比值动态

2000～2018年，山东居民收入总量由3637.55亿元增至30533.95亿元，2018年为2000年的8.39倍，历年年均增长12.55%，"十三五"以来年均增长10.01%。城乡综合演算人均值由4068.62元增至30453.51元，2018年为2000年的7.48倍，历年年均增长11.83%，"十三五"以来年均增长9.25%，省域间人均值位次保持第8位。

与此同时，山东居民收入比由43.63%降至39.93%，明显降低3.70个百分点，省域间比值位次从第23位下降为第27位。

2. 居民总消费增长及相对比值动态

同期，山东居民总消费总量由2652.60亿元增至19557.90亿元，2018年为2000年的7.37倍，历年年均增长11.74%，"十三五"以来年均增长9.99%。城乡综合演算人均值由2966.95元增至19506.37元，2018年为2000年的6.57倍，历年年均增长11.03%，"十三五"以来年均增长9.23%，省域间人均值位次从第9位下降为第13位。

与此同时，山东居民消费率由31.81%降至25.58%，明显降低6.23个百分点，省域间比值位次从第24位下降为第29位。

3. 居民收入、总消费地区差、城乡比变化

在此期间，山东居民收入地区差指数由1.1047缩小至1.0442，较明显缩减5.48%，地区均衡性较明显增强，省域间地区差位次从第9位上升为第3位；居民收入城乡比指数由2.4406缩小至2.4268，略微缩减0.56%，城乡均衡性略微增强，省域间城乡比位次从第14位上升为第13位。

山东居民总消费地区差指数由1.0404扩大至1.0431，略微扩增0.25%，地区均衡性略微减弱，省域间地区差位次保持第5位；居民总消费

城乡比指数由 2.8361 缩小至 2.2004，显著缩减 22.42%，城乡均衡性显著增强，省域间城乡比位次从第 13 位下降为第 23 位。

五　经济增长通用指标动态测评

2000～2018 年山东经济增长结构优化综合检测结果见图 5。

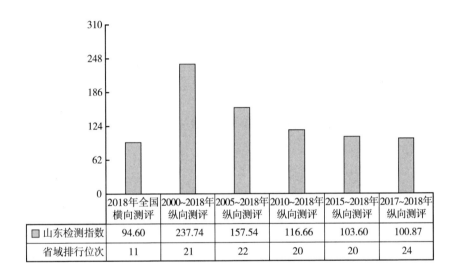

	2018年全国横向测评	2000~2018年纵向测评	2005~2018年纵向测评	2010~2018年纵向测评	2015~2018年纵向测评	2017~2018年纵向测评
山东检测指数	94.60	237.74	157.54	116.66	103.60	100.87
省域排行位次	11	21	22	20	20	24

图 5　2000～2018 年山东经济增长结构优化综合检测结果

数轴柱形：共时性年度横向测评（全国城乡地区无差距理想值 = 100），类似"不论年龄比高矮"，有利于发达地区；历时性阶段纵向测评（起点年自身基数值 = 100），类似"不论高矮比生长"，有利于后发地区，从左至右①"十五"以来，②"十一五"以来，③"十二五"以来，④"十三五"以来，⑤上年以来，多向度检测省域排行，考察不同阶段进展状况。

1. 各年度理想值横向测评

以假定全国及各地全面消除城乡差距、地区差距为理想值 100，2018 年全国横向测评排行，山东指数为 94.60。这表明与全国城乡、地区无差距理想值相比，山东经济增长结构优化全量化检测分值低于理想值 5.40%，指数排名处于省域间第 11 位。

2.2000年以来基数值纵向测评

以"九五"末年2000年各类数据演算指标为基数值100，"十五"以来至2018年纵向测评排行，山东指数为237.74。这表明与2000年自身基数值相比，山东经济增长结构优化全量化检测分值高于基数值137.74%，指数提升程度处于省域间第21位。

3.2005年以来基数值纵向测评

以"十五"末年2005年各类数据演算指标为基数值100，"十一五"以来至2018年纵向测评排行，山东指数为157.54。这表明与2005年自身基数值相比，山东经济增长结构优化全量化检测分值高于基数值57.54%，指数提升程度处于省域间第22位。

4.2010年以来基数值纵向测评

以"十一五"末年2010年各类数据演算指标为基数值100，"十二五"以来至2018年纵向测评排行，山东指数为116.66。这表明与2010年自身基数值相比，山东经济增长结构优化全量化检测分值高于基数值16.66%，指数提升程度处于省域间第20位。

5.2015年以来基数值纵向测评

以"十二五"末年2015年各类数据演算指标为基数值100，"十三五"以来至2018年纵向测评排行，山东指数为103.60。这表明与2015年自身基数值相比，山东经济增长结构优化全量化检测分值高于基数值3.60%，指数提升程度处于省域间第20位。

6.逐年度基数值纵向测评

逐年以上年各类数据演算指标为基数值100，2017～2018年纵向测评排行，山东指数为100.87。这表明与2017年自身基数值相比，山东经济增长结构优化全量化检测分值高于基数值0.87%，指数提升程度处于省域间第24位。

E.23
辽宁：2018年经济发展
指数排名第13位

范　华*

摘　要： 2000～2018 年，辽宁地区生产总值构成比中第二产业从
50.21%降至 39.60%，第三产业从 39.01%升至 52.37%；
收入法产值构成比中劳动者报酬从 44.96%降至 42.28%，生
产税净额从 16.62%降至 14.31%，营业盈余从 24.05%升至
27.10%；支出法产值构成比中最终消费率从 55.42%升至
59.12%，资本形成率从 31.52%升至 43.86%；经济生活收
支中财政收入比从 6.33%升至 10.33%，居民收入比从
35.50%升至 51.78%，居民消费率从 28.19%升至 37.27%。
产值、居民收入、总消费人均值地区差缩小，但财政收入、
支出人均值地区差扩大；居民总消费人均值城乡比缩小，但
居民收入人均值城乡比扩大。辽宁经济增长结构优化排行：
城乡、地区无差距理想值横向测评为省域第 13 位；2000 年、
2005 年、2010 年、2015 年和 2017 年自身基数值纵向测评分
别为省域第 30 位、第 29 位、第 29 位、第 29 位和第 14 位。

关键词： 辽宁　经济生产　经济生活　结构优化　综合排行

三次产业（生产法）产值结构主体子系统，收入法、支出法产值结构

---

* 范华，云南省社会科学院办公室机要档案科副科长，主要从事经济学、文化旅游研究。

辅助子系统，面向公共经济生活、人民经济生活的收支综合子系统分别设置为一图，难以充分展开。当地数据检测更多细节可参看技术报告、排行报告由不同侧面展开的各地纵向历时动态、横向共时静态对比分析。

一　三次产业（生产法）产值构成子系统检测

2000 年以来辽宁三次产业（生产法）产值构成子系统结构性检测见图 1。

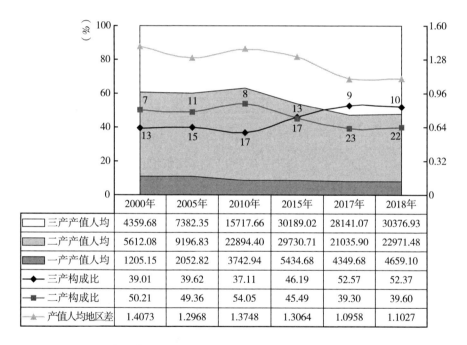

	2000年	2005年	2010年	2015年	2017年	2018年
□ 三产产值人均	4359.68	7382.35	15717.66	30189.02	28141.07	30376.93
▨ 二产产值人均	5612.08	9196.83	22894.40	29730.71	21035.90	22971.48
▦ 一产产值人均	1205.15	2052.82	3742.94	5434.68	4349.68	4659.10
◆ 三产构成比	39.01	39.62	37.11	46.19	52.57	52.37
■ 二产构成比	50.21	49.36	54.05	45.49	39.30	39.60
▲ 产值人均地区差	1.4073	1.2968	1.3748	1.3064	1.0958	1.1027

图 1　2000 年以来辽宁三次产业（生产法）产值构成子系统结构性检测

左轴面积：一、二、三产值人均值（元转换为%），其和即生产法产值人均值，其间直观比例体现构成比关系。右轴曲线：生产法产值人均值地区差（偏差指数，无差距 =1）。左轴曲线：二、三产构成比（%），标注省域间位次。正文另测算一、二、三产人均值地区差、一产构成比，检测各类位次。国家统计局据经济普查修订 2000 年生产法产值数据，但其中三次产业仅修订全国数据，为保持数据关系协调仍按年度发布数据演算各地构成比。

1. 生产法结构产值

2000～2018 年，辽宁生产法结构产值总量由 4669.10 亿元增至 25315.35 亿元，2018 年为 2000 年的 5.42 倍，历年年均增长 9.85%，"十三五"以来（2015 年以来，后同）年均负增长 4.06%。人均值由 11177.00 元增至 58007.52 元，2018 年为 2000 年的 5.19 倍，历年年均增长 9.58%，"十三五"以来年均负增长 3.90%，省域间人均值位次（基于各地变化，后同）从第 8 位下降为第 13 位。

在此期间，生产法产值人均值地区差指数由 1.4073 缩小至 1.1027，明显缩减 21.65%，省域间地区差位次从第 20 位上升为第 5 位，意味着与全国人均值的距离减小。

2. 第一产业增长及构成比动态

同期，辽宁第一产业产值总量由 503.44 亿元增至 2033.30 亿元，2018 年为 2000 年的 4.04 倍，历年年均增长 8.06%，"十三五"以来年均负增长 5.17%。人均值由 1205.15 元增至 4659.10 元，2018 年为 2000 年的 3.87 倍，历年年均增长 7.80%，"十三五"以来年均负增长 5.00%，省域间人均值位次从第 13 位下降为第 14 位。

在此期间，第一产业产值人均值地区差指数由 1.0339 缩小至 1.0024，略微缩减 3.05%。第一产业构成比由 10.78% 降至 8.03%，较明显降低 2.75 个百分点，省域间构成比位次从第 27 位上升为第 18 位。

3. 第二产业增长及构成比动态

同期，辽宁第二产业产值总量由 2344.40 亿元增至 10025.10 亿元，2018 年为 2000 年的 4.28 倍，历年年均增长 8.41%，"十三五"以来年均增长 8.40%。人均值由 5612.08 元增至 22971.48 元，2018 年为 2000 年的 4.09 倍，历年年均增长 8.14%，"十三五"以来年均负增长 8.24%，省域间人均值位次从第 7 位下降为第 16 位。

在此期间，第二产业产值人均值地区差指数由 1.5518 缩小至 1.1259，显著缩减 27.45%。第二产业构成比由 50.21% 降至 39.60%，显著降低 10.61 个百分点，省域间构成比位次从第 7 位下降为第 22 位。

4. 第三产业增长及构成比动态

同期，辽宁第三产业产值总量由 1821.22 亿元增至 13256.95 亿元，2018 年为 2000 年的 7.28 倍，历年年均增长 11.66%，"十三五"以来年均增长 0.04%。人均值由 4359.68 元增至 30376.93 元，2018 年为 2000 年的 6.97 倍，历年年均增长 11.39%，"十三五"以来年均增长 0.21%，省域间人均值位次从第 7 位下降为第 12 位。

在此期间，第三产业产值人均值地区差指数由 1.3797 缩小至 1.0990，明显缩减 20.34%。第三产业构成比由 39.01% 升至 52.37%，显著升高 13.36 个百分点，省域间构成比位次从第 13 位上升为第 10 位。

二 收入法产值构成子系统检测

2000 年以来辽宁收入法产值构成子系统结构性检测见图 2。

1. 收入法结构产值

2000 ~ 2018 年，辽宁收入法结构产值总量由 4669.06 亿元增至 25315.35 亿元，2018 年为 2000 年的 5.42 倍，历年年均增长 9.85%，"十三五"以来年均负增长 4.06%。人均值由 11176.90 元增至 58007.52 元，2018 年为 2000 年的 5.19 倍，历年年均增长 9.58%，"十三五"以来年均负增长 3.90%，省域间人均值位次从第 8 位下降为第 13 位。

在此期间，收入法产值地区差指数由 1.4261 缩小至 1.1027，明显缩减 22.68%，省域间地区差位次从第 22 位上升为第 5 位，意味着与全国人均值的距离减小。

2. 劳动者报酬增长及构成比动态

同期，辽宁收入法产值构成之劳动者报酬总量由 2099.17 亿元增至 10703.79 亿元，2018 年为 2000 年的 5.10 倍，历年年均增长 9.47%，"十三五"以来年均负增长 5.80%。人均值由 5025.04 元增至 24526.64 元，2018 年为 2000 年的 4.88 倍，历年年均增长 9.21%，"十三五"以来年均负增长 5.64%，省域间人均值位次从第 8 位下降为第 19 位。

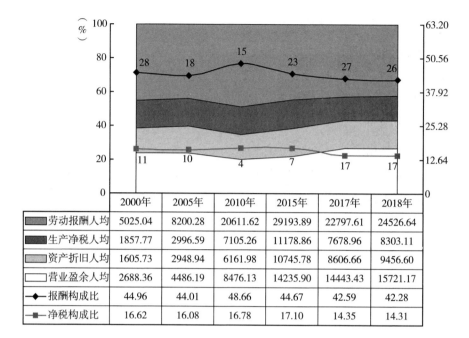

	2000年	2005年	2010年	2015年	2017年	2018年
劳动报酬人均	5025.04	8200.28	20611.62	29193.89	22797.61	24526.64
生产净税人均	1857.77	2996.59	7105.26	11178.86	7678.96	8303.11
资产折旧人均	1605.73	2948.94	6161.98	10745.78	8606.66	9456.60
营业盈余人均	2688.36	4486.19	8476.13	14235.90	14443.43	15721.17
报酬构成比	44.96	44.01	48.66	44.67	42.59	42.28
净税构成比	16.62	16.08	16.78	17.10	14.35	14.31

图 2　2000 年以来辽宁收入法产值构成子系统结构性检测

左轴面积：劳动者报酬、生产税净额、固定资产折旧、营业盈余人均值（元转换为%），其和即收入法产值人均值，其间直观比例体现构成比关系。右轴曲线：报酬、净税构成比（%），标注省域间位次。正文另测算各类人均值地区差、折旧、盈余构成比，检测各类位次。

在此期间，劳动者报酬地区差指数由 1.2478 缩小至 1.1978，略微缩减 4.00%，省域间地区差位次从第 13 位上升为第 12 位。劳动者报酬构成比由 44.96% 降至 42.28%，较明显降低 2.68 个百分点，省域间构成比位次从第 28 位上升为第 26 位。

3. 生产税净额增长及构成比动态

同期，辽宁收入法产值构成之生产税净额总量由 776.07 亿元增至 3623.60 亿元，2018 年为 2000 年的 4.67 倍，历年年均增长 8.94%，"十三五"以来年均负增长 9.59%。人均值由 1857.77 元增至 8303.11 元，2018 年为 2000 年的 4.47 倍，历年年均增长 8.67%，"十三五"以来年均负增长 9.44%，省域间人均值位次从第 5 位下降为第 15 位。

在此期间，生产税净额地区差指数由 1.5390 缩小至 1.0981，显著缩减

28.65%。生产税净额构成比由 16.62% 降至 14.31%，较明显降低 2.31 个百分点，省域间构成比位次从第 11 位下降为第 17 位。

4. 固定资产折旧增长及构成比动态

同期，辽宁收入法产值构成之固定资产折旧总量由 670.78 亿元增至 4127.00 亿元，2018 年为 2000 年的 6.15 倍，历年年均增长 10.62%，"十三五"以来年均负增长 4.34%。人均值由 1605.73 元增至 9456.60 元，2018 年为 2000 年的 5.89 倍，历年年均增长 10.35%，"十三五"以来年均负增长 4.17%，省域间人均值位次从第 6 位下降为第 11 位。

在此期间，资产折旧地区差指数由 1.4473 缩小至 1.0901，明显缩减 24.68%。资产折旧构成比由 14.37% 升至 16.30%，较明显升高 1.93 个百分点，省域间构成比位次从第 10 位上升为第 6 位。

5. 营业盈余增长及构成比动态

同期，辽宁收入法产值构成之营业盈余总量由 1123.04 亿元增至 6860.95 亿元，2018 年为 2000 年的 6.11 倍，历年年均增长 10.58%，"十三五"以来年均增长 3.19%。人均值由 2688.36 元增至 15721.17 元，2018 年为 2000 年的 5.85 倍，历年年均增长 10.31%，"十三五"以来年均增长 3.36%，省域间人均值位次从第 7 位下降为第 12 位。

在此期间，营业盈余地区差指数由 1.7996 缩小至 1.0288，显著缩减 42.83%。营业盈余构成比由 24.05% 升至 27.10%，明显升高 3.05 个百分点，省域间构成比位次保持第 6 位。

三 支出法产值构成子系统检测

2000 年以来辽宁支出法产值构成子系统结构性检测见图 3。

1. 支出法结构产值

2000 ~ 2018 年，辽宁支出法结构产值总量由 4669.06 亿元增至 25315.35 亿元，2018 年为 2000 年的 5.42 倍，历年年均增长 9.85%，"十三五"以来年均负增长 4.06%。人均值由 11176.90 元增至 58007.52 元，2018

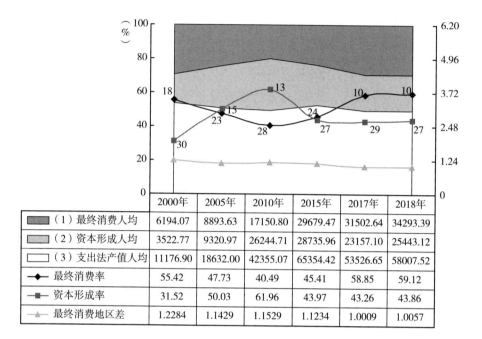

	2000年	2005年	2010年	2015年	2017年	2018年
（1）最终消费人均	6194.07	8893.63	17150.80	29679.47	31502.64	34293.39
（2）资本形成人均	3522.77	9320.97	26244.71	28735.96	23157.10	25443.12
（3）支出法产值人均	11176.90	18632.00	42355.07	65354.42	53526.65	58007.52
最终消费率	55.42	47.73	40.49	45.41	58.85	59.12
资本形成率	31.52	50.03	61.96	43.97	43.26	43.86
最终消费地区差	1.2284	1.1429	1.1529	1.1234	1.0009	1.0057

图3　2000年以来辽宁支出法产值构成子系统结构性检测

　　左轴面积：（1）最终消费支出、（2）资本形成、（3）支出法产值人均值（元转换为%），（3）－（1）－（2）＝货物与服务净流出，大多省域为负值，即（1）＋（2）＞（3），制图变通体现负值关系。右轴曲线：最终消费人均值地区差（偏差指数，无差距＝1）。左轴曲线：最终消费率、资本形成率（%），标注省域间位次。正文另测算其余人均值地区差，检测各类位次。

年为2000年的5.19倍，历年年均增长9.58%，"十三五"以来年均负增长3.90%，省域间人均值位次从第8位下降为第13位。

　　在此期间，支出法产值地区差指数由1.4032缩小至1.0865，明显缩减22.56%，省域间地区差位次从第18位上升为第5位，意味着与全国人均值的距离减小。

　　2. 最终消费支出增长及构成比动态

　　同期，辽宁支出法产值构成之最终消费支出总量由2587.52亿元增至14966.15亿元，2018年为2000年的5.78倍，历年年均增长10.24%，"十三五"以来年均增长4.75%。人均值由6194.07元增至34293.39元，2018年为2000年的5.54倍，历年年均增长9.97%，"十三五"以来年均增长

4.93%，省域间人均值位次从第 5 位下降为第 11 位。

在此期间，最终消费地区差指数由 1.2284 缩小至 1.0057，明显缩减 18.13%，省域间地区差位次从第 8 位上升为第 1 位。最终消费率（消费率）由 55.42% 升至 59.12%，明显升高 3.70 个百分点，省域间比值位次从第 18 位上升为第 10 位。

3. 资本形成增长及构成比动态

同期，辽宁支出法产值构成之资本形成总额由 1471.61 亿元增至 11103.76 亿元，2018 年为 2000 年的 7.55 倍，历年年均增长 11.88%，"十三五"以来年均负增长 4.14%。人均值由 3522.77 元增至 25443.12 元，2018 年为 2000 年的 7.22 倍，历年年均增长 11.61%，"十三五"以来年均负增长 3.98%，省域间人均值位次从第 10 位下降为第 25 位。

在此期间，资本形成地区差指数由 1.2883 缩小至 1.1066，明显缩减 14.10%，省域间地区差位次从第 14 位上升为第 5 位。资本形成率（投资率）由 31.52% 升至 43.86%，显著升高 12.34 个百分点，省域间比值位次从第 30 位上升为第 27 位。

四 经济生活收支综合子系统检测

2000 年以来辽宁经济生活收支综合子系统结构性检测见图 4。

（一）公共经济生活

1. 财政收入增长及相对比值动态

2000~2018 年，辽宁财政收入总量由 295.63 亿元增至 2616.08 亿元，2018 年为 2000 年的 8.85 倍，历年年均增长 12.88%，"十三五"以来年均增长 7.14%。人均值由 707.67 元增至 5994.69 元，2018 年为 2000 年的 8.47 倍，历年年均增长 12.60%，"十三五"以来年均增长 7.32%，省域间人均值位次从第 6 位下降为第 16 位。

与此同时，财政收入比由 6.33% 升至 10.33%，明显升高 4.00 个百分

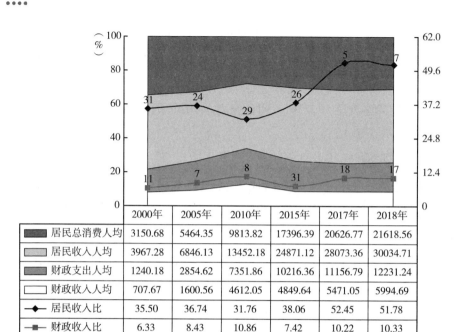

	2000年	2005年	2010年	2015年	2017年	2018年
居民总消费人均	3150.68	5464.35	9813.82	17396.39	20626.77	21618.56
居民收入人均	3967.28	6846.13	13452.18	24871.12	28073.36	30034.71
财政支出人均	1240.18	2854.62	7351.86	10216.36	11156.79	12231.24
财政收入人均	707.67	1600.56	4612.05	4849.64	5471.05	5994.69
居民收入比	35.50	36.74	31.76	38.06	52.45	51.78
财政收入比	6.33	8.43	10.86	7.42	10.22	10.33

图4 2000年以来辽宁经济生活收支综合子系统结构性检测

左轴面积：居民总消费、居民收入、财政支出、财政收入人均值（元转换为%），其间呈直观比例。右轴曲线：居民收入比、财政收入比（%），标注省域间位次。正文另测算居民消费率、财政支出比、各类人均值地区差、民生数据城乡比，检测各类位次。

点，省域间比值位次从第11位下降为第17位。

2. 财政支出增长及相对比值动态

同期，辽宁财政支出总量由518.08亿元增至5337.72亿元，2018年为2000年的10.30倍，历年年均增长13.83%，"十三五"以来年均增长6.00%。人均值由1240.18元增至12231.24元，2018年为2000年的9.86倍，历年年均增长13.56%，"十三五"以来年均增长6.18%，省域间人均值位次从第7位下降为第22位。

与此同时，财政支出比由11.10%升至21.08%，明显升高9.98个百分点，省域间比值位次从第21位下降为第22位。

3. 财政收入、财政支出地区差变化

在此期间，辽宁财政收入地区差指数由1.3329扩大至1.5447，明显扩增 15.88%，地区均衡性明显减弱，省域间地区差位次从第 4 位下降为第 14 位；财政支出地区差指数由 1.0143 扩大至 1.2289，明显扩增 21.15%，地区均衡性明显减弱，省域间地区差位次从第 1 位下降为第 15 位。

（二）人民经济生活

1. 居民收入增长及相对比值动态

2000～2018 年，辽宁居民收入总量由 1657.33 亿元增至 13107.15 亿元，2018 年为 2000 年的 7.91 倍，历年年均增长 12.17%，"十三五"以来年均增长 6.31%。城乡综合演算人均值由 3967.28 元增至 30034.71 元，2018 年为 2000 年的 7.57 倍，历年年均增长 11.90%，"十三五"以来年均增长 6.49%，省域间人均值位次保持第 9 位。

与此同时，辽宁居民收入比由 35.50% 升至 51.78%，显著升高 16.28 个百分点，省域间比值位次从第 31 位上升为第 7 位。

2. 居民总消费增长及相对比值动态

同期，辽宁居民总消费总量由 1316.19 亿元增至 9434.34 亿元，2018 年为 2000 年的 7.17 倍，历年年均增长 11.56%，"十三五"以来年均增长 7.33%。城乡综合演算人均值由 3150.68 元增至 21618.56 元，2018 年为 2000 年的 6.86 倍，历年年均增长 11.29%，"十三五"以来年均增长 7.51%，省域间人均值位次保持第 8 位。

与此同时，辽宁居民消费率由 28.19% 升至 37.27%，明显升高 9.08 个百分点，省域间比值位次从第 29 位上升为第 5 位。

3. 居民收入、总消费地区差、城乡比变化

在此期间，辽宁居民收入地区差指数由 1.0772 缩小至 1.0299，略微缩减 4.39%，地区均衡性略微增强，省域间地区差位次从第 4 位上升为第 2 位；居民收入城乡比指数由 2.2745 扩大至 2.5478，明显扩增 12.02%，城乡均衡性明显减弱，省域间城乡比位次从第 6 位下降为第 17 位。

辽宁居民总消费地区差指数由 1.1049 缩小至 1.0605，略微缩减 4.01%，地区均衡性略微增强，省域间地区差位次从第 8 位上升为第 6 位；

居民总消费城乡比指数由2.4842缩小至2.3088，明显缩减7.06%，城乡均衡性明显增强，省域间城乡比位次从第9位下降为第27位。

五　经济增长通用指标动态测评

2000～2018年辽宁经济增长结构优化综合检测结果见图5。

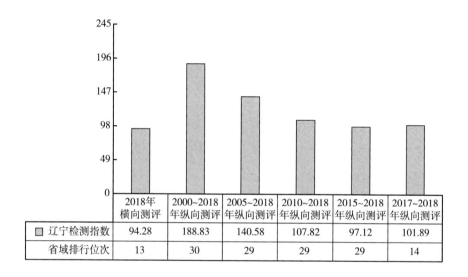

	2018年横向测评	2000~2018年纵向测评	2005~2018年纵向测评	2010~2018年纵向测评	2015~2018年纵向测评	2017~2018年纵向测评
辽宁检测指数	94.28	188.83	140.58	107.82	97.12	101.89
省域排行位次	13	30	29	29	29	14

图5　2000～2018年辽宁经济增长结构优化综合检测结果

数轴柱形：共时性年度横向测评（全国城乡地区无差距理想值=100），类似"不论年龄比高矮"，有利于发达地区；历时性阶段纵向测评（起点年自身基数值=100），类似"不论高矮比生长"，有利于后发地区，从左至右①"十五"以来，②"十一五"以来，③"十二五"以来，④"十三五"以来，⑤上年以来，多向度检测省域排行，考察不同阶段进展状况。

1. 各年度理想值横向测评

以假定全国及各地全面消除城乡差距、地区差距为理想值100，2018年全国横向测评排行，辽宁指数为94.28。这表明与全国城乡、地区无差距理想值相比，辽宁经济增长结构优化全量化检测分值低于理想值5.72%，指数排名处于省域间第13位。

2. 2000年以来基数值纵向测评

以"九五"末年2000年各类数据演算指标为基数值100，"十五"以来至2018年纵向测评排行，辽宁指数为188.83。这表明与2000年自身基数值相比，辽宁经济增长结构优化全量化检测分值高于基数值88.83%，指数提升程度处于省域间第30位。

3. 2005年以来基数值纵向测评

以"十五"末年2005年各类数据演算指标为基数值100，"十一五"以来至2018年纵向测评排行，辽宁指数为140.58。这表明与2005年自身基数值相比，辽宁经济增长结构优化全量化检测分值高于基数值40.58%，指数提升程度处于省域间第29位。

4. 2010年以来基数值纵向测评

以"十一五"末年2010年各类数据演算指标为基数值100，"十二五"以来至2018年纵向测评排行，辽宁指数为107.82。这表明与2010年自身基数值相比，辽宁经济增长结构优化全量化检测分值高于基数值7.82%，指数提升程度处于省域间第29位。

5. 2015年以来基数值纵向测评

以"十二五"末年2015年各类数据演算指标为基数值100，"十三五"以来至2018年纵向测评排行，辽宁指数为97.12。这表明与2015年自身基数值相比，辽宁经济增长结构优化全量化检测分值低于基数值2.88%，指数提升程度处于省域间第29位。

6. 逐年度基数值纵向测评

逐年以上年各类数据演算指标为基数值100，2017~2018年纵向测评排行，辽宁指数为101.89。这表明与2017年自身基数值相比，辽宁经济增长结构优化全量化检测分值高于基数值1.89%，指数提升程度处于省域间第14位。

IE.24
吉林：2018年经济发展
指数排名第19位

秦瑞婧*

摘　要： 2000～2018年，吉林地区生产总值构成比中第二产业从
43.94%降至42.53%，第三产业从34.16%升至49.77%；
收入法产值构成比中劳动者报酬从57.37%降至41.90%，生
产税净额从17.89%降至14.98%，营业盈余从15.07%升至
26.18%；支出法产值构成比中最终消费率从63.35%降至
37.87%，资本形成率从37.02%升至68.73%；经济生活收
支中财政收入比从5.32%升至8.23%，居民收入比从
46.14%降至41.58%，居民消费率从37.62%降至31.34%。
财政支出人均值地区差缩小，但产值、财政收入、居民收
入、总消费人均值地区差扩大；居民收入、总消费人均值城
乡比全都缩小。吉林经济增长结构优化排行：城乡、地区无
差距理想值横向测评为省域第19位；2000年、2005年、
2010年、2015年和2017年自身基数值纵向测评分别为省域
第20位、第21位、第28位、第31位和第31位。

关键词： 吉林　经济生产　经济生活　结构优化　综合排行

---

* 秦瑞婧，云南省社会科学院助理研究员，主要从事周边国情和文化产业研究。

三次产业（生产法）产值结构主体子系统，收入法、支出法产值结构辅助子系统，面向公共经济生活、人民经济生活的收支综合子系统分别设置为一图，难以充分展开。当地数据检测更多细节可参看技术报告、排行报告由不同侧面展开的各地纵向历时动态、横向共时静态对比分析。

一 三次产业（生产法）产值构成子系统检测

2000年以来吉林三次产业（生产法）产值构成子系统结构性检测见图1。

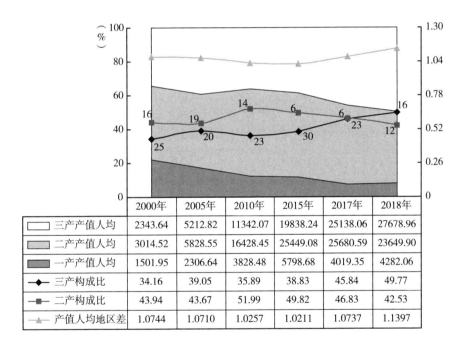

	2000年	2005年	2010年	2015年	2017年	2018年
三产产值人均	2343.64	5212.82	11342.07	19838.24	25138.06	27678.96
二产产值人均	3014.52	5828.55	16428.45	25449.08	25680.59	23649.90
一产产值人均	1501.95	2306.64	3828.48	5798.68	4019.35	4282.06
三产构成比	34.16	39.05	35.89	38.83	45.84	49.77
二产构成比	43.94	43.67	51.99	49.82	46.83	42.53
产值人均地区差	1.0744	1.0710	1.0257	1.0211	1.0737	1.1397

图1 2000年以来吉林三次产业（生产法）产值构成子系统结构性检测

左轴面积：一、二、三产值人均值（元转换为%），其和即生产法产值人均值，其间直观比例体现构成比关系。右轴曲线：生产法产值人均地区差（偏差指数，无差距=1）。左轴曲线：二、三产构成比（%），标注省域间位次。正文另测算一、二、三产人均值地区差、一产构成比，检测各类位次。国家统计局据经济普查修订2000年生产法产值数据，但其中三次产业仅修订全国数据，为保持数据关系协调仍按年度发布数据演算各地构成比。

1. 生产法结构产值

2000～2018 年，吉林生产法结构产值总量由 1951.51 亿元增至 15074.62 亿元，2018 年为 2000 年的 7.72 倍，历年年均增长 12.03%，"十三五"以来（2015 年以来，后同）年均增长 2.34%。人均值由 7351.00 元增至 55610.92 元，2018 年为 2000 年的 7.57 倍，历年年均增长 11.90%，"十三五"以来年均增长 2.87%，省域间人均值位次（基于各地变化，后同）从第 13 位下降为第 14 位。

在此期间，生产法产值人均值地区差指数由 1.0744 扩大至 1.1397，较明显扩增 6.08%，省域间地区差位次从第 4 位下降为第 6 位，意味着与全国人均值的距离拉大。

2. 第一产业增长及构成比动态

同期，吉林第一产业产值总量由 398.73 亿元增至 1160.75 亿元，2018 年为 2000 年的 2.91 倍，历年年均增长 6.12%，"十三五"以来年均负增长 10.08%。人均值由 1501.95 元增至 4282.06 元，2018 年为 2000 年的 2.85 倍，历年年均增长 5.99%，"十三五"以来年均负增长 9.61%，省域间人均值位次从第 4 位下降为第 20 位。

在此期间，第一产业产值人均值地区差指数由 1.2886 缩小至 1.0787，明显缩减 16.28%。第一产业构成比由 21.90% 降至 7.70%，显著降低 14.20 个百分点，省域间构成比位次从第 11 位下降为第 19 位。

3. 第二产业增长及构成比动态

同期，吉林第二产业产值总量由 800.28 亿元增至 6410.85 亿元，2018 年为 2000 年的 8.01 倍，历年年均增长 12.25%，"十三五"以来年均负增长 2.91%。人均值由 3014.52 元增至 23649.90 元，2018 年为 2000 年的 7.85 倍，历年年均增长 12.12%，"十三五"以来年均负增长 2.41%，省域间人均值位次保持第 14 位。

在此期间，第二产业产值人均值地区差指数由 1.1665 缩小至 1.1001，较明显缩减 5.69%。第二产业构成比由 43.94% 降至 42.53%，较明显降低 1.41 个百分点，省域间构成比位次从第 16 位上升为第 12 位。

4. 第三产业增长及构成比动态

同期，吉林第三产业产值总量由 622.18 亿元增至 7503.02 亿元，2018 年为 2000 年的 12.06 倍，历年年均增长 14.83%，"十三五"以来年均增长 11.17%。人均值由 2343.64 元增至 27678.96 元，2018 年为 2000 年的 11.81 倍，历年年均增长 14.70%，"十三五"以来年均增长 11.74%，省域间人均值位次从第 15 位上升为第 14 位。

在此期间，第三产业产值人均值地区差指数由 1.2583 缩小至 1.1791，较明显缩减 6.30%。第三产业构成比由 34.16% 升至 49.77%，显著升高 15.61 个百分点，省域间构成比位次从第 25 位上升为第 16 位。

二 收入法产值构成子系统检测

2000 年以来吉林收入法产值构成子系统结构性检测见图 2。

1. 收入法结构产值

2000 ~ 2018 年，吉林收入法结构产值总量由 1821.19 亿元增至 15074.62 亿元，2018 年为 2000 年的 8.28 倍，历年年均增长 12.46%，"十三五"以来年均增长 2.34%。人均值由 6860.11 元增至 55610.92 元，2018 年为 2000 年的 8.11 倍，历年年均增长 12.33%，"十三五"以来年均增长 2.87%，省域间人均值位次保持第 14 位。

在此期间，收入法产值地区差指数由 1.1247 扩大至 1.1397，略微扩增 1.34%，省域间地区差位次从第 5 位下降为第 6 位，意味着与全国人均值的距离拉大。

2. 劳动者报酬增长及构成比动态

同期，吉林收入法产值构成之劳动者报酬总量由 1044.82 亿元增至 6315.51 亿元，2018 年为 2000 年的 6.04 倍，历年年均增长 10.51%，"十三五"以来年均增长 1.03%。人均值由 3935.66 元增至 23298.20 元，2018 年为 2000 年的 5.92 倍，历年年均增长 10.38%，"十三五"以来年均增长 1.55%，省域间人均值位次从第 12 位下降为第 22 位。

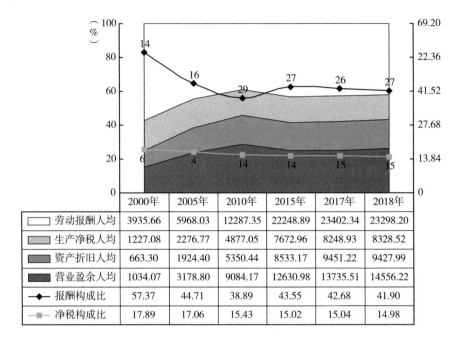

图2　2000年以来吉林收入法产值构成子系统结构性检测

左轴面积：劳动者报酬、生产税净额、固定资产折旧、营业盈余人均值（元转换为%），其和即收入法产值人均值，其间直观比例体现构成比关系。右轴曲线：报酬、净税构成比（%），标注省域间位次。正文另测算各类人均值地区差、折旧、盈余构成比，检测各类位次。

在此期间，劳动者报酬地区差指数由1.0227扩大至1.2380，明显扩增21.05%，省域间地区差位次从第2位下降为第15位。劳动者报酬构成比由57.37%降至41.90%，显著降低15.47个百分点，省域间构成比位次从第14位下降为第27位。

3. 生产税净额增长及构成比动态

同期，吉林收入法产值构成之生产税净额总量由325.76亿元增至2257.64亿元，2018年为2000年的6.93倍，历年年均增长11.35%，"十三五"以来年均增长2.24%。人均值由1227.08元增至8328.52元，2018年为2000年的6.79倍，历年年均增长11.23%，"十三五"以来年均增长2.77%，省域间人均值位次从第11位下降为第14位。

在此期间，生产税净额地区差指数由 1.0165 扩大至 1.0953，较明显扩增 7.76%。生产税净额构成比由 17.89% 降至 14.98%，较明显降低 2.91 个百分点，省域间构成比位次从第 6 位下降为第 15 位。

4. 固定资产折旧增长及构成比动态

同期，吉林收入法产值构成之固定资产折旧总量由 176.09 亿元增至 2555.67 亿元，2018 年为 2000 年的 14.51 倍，历年年均增长 16.02%，"十三五"以来年均增长 2.85%。人均值由 663.30 元增至 9427.99 元，2018 年为 2000 年的 14.21 倍，历年年均增长 15.89%，"十三五"以来年均增长 3.38%，省域间人均值位次从第 22 位上升为第 12 位。

在此期间，资产折旧地区差指数由 1.4021 缩小至 1.0868，明显缩减 22.49%。资产折旧构成比由 9.67% 升至 16.95%，明显升高 7.28 个百分点，省域间构成比位次从第 29 位上升为第 3 位。

5. 营业盈余增长及构成比动态

同期，吉林收入法产值构成之营业盈余总量由 274.52 亿元增至 3945.80 亿元，2018 年为 2000 年的 14.37 倍，历年年均增长 15.96%，"十三五"以来年均增长 4.31%。人均值由 1034.07 元增至 14556.22 元，2018 年为 2000 年的 14.08 倍，历年年均增长 15.83%，"十三五"以来年均增长 4.84%，省域间人均值位次从第 14 位下降为第 15 位。

在此期间，营业盈余地区差指数由 1.3078 缩小至 1.1008，明显缩减 15.83%。营业盈余构成比由 15.07% 升至 26.18%，显著升高 11.11 个百分点，省域间构成比位次从第 18 位上升为第 9 位。

三　支出法产值构成子系统检测

2000 年以来吉林支出法产值构成子系统结构性检测见图 3。

1. 支出法结构产值

2000 ~ 2018 年，吉林支出法结构产值总量由 1854.61 亿元增至 15074.62 亿元，2018 年为 2000 年的 8.13 倍，历年年均增长 12.35%，"十

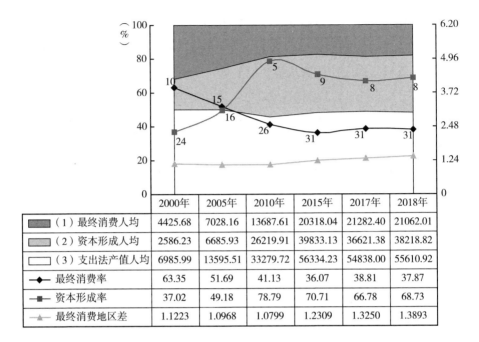

	2000年	2005年	2010年	2015年	2017年	2018年
▓ （1）最终消费人均	4425.68	7028.16	13687.61	20318.04	21282.40	21062.01
▒ （2）资本形成人均	2586.23	6685.93	26219.91	39833.13	36621.38	38218.82
□ （3）支出法产值人均	6985.99	13595.51	33279.72	56334.23	54838.00	55610.92
◆ 最终消费率	63.35	51.69	41.13	36.07	38.81	37.87
■ 资本形成率	37.02	49.18	78.79	70.71	66.78	68.73
▲ 最终消费地区差	1.1223	1.0968	1.0799	1.2309	1.3250	1.3893

图3　2000年以来吉林支出法产值构成子系统结构性检测

左轴面积：（1）最终消费支出、（2）资本形成、（3）支出法产值人均值（元转换为%），（3）－（1）－（2）＝货物与服务净流出，大多省域为负值，即（1）＋（2）＞（3），制图变通体现负值关系。右轴曲线：最终消费人均值地区差（偏差指数，无差距＝1）。左轴曲线：最终消费率、资本形成率（%），标注省域位次。正文另测算其余人均值地区差，检测各类位次。

三五”以来年均负增长0.94%。人均值由6985.99元增至55610.92元，2018年为2000年的7.96倍，历年年均增长12.22%，"十三五"以来年均负增长0.43%，省域间人均值位次保持第14位。

在此期间，支出法产值地区差指数由1.1230扩大至1.1243，略微扩增0.12%，省域间地区差位次从第5位下降为第6位，意味着与全国人均值的距离拉大。

2. 最终消费支出增长及构成比动态

同期，吉林支出法产值构成之最终消费支出总量由1174.91亿元增至5709.34亿元，2018年为2000年的4.86倍，历年年均增长9.18%，"十三五"以来年均增长0.69%。人均值由4425.68元增至21062.01元，2018年为 2000 年的 4.76 倍，历年年均增长 9.05%，"十三五"以来年均增长 1.21%，省域间人均值位次从第 12 位下降为第 31 位。

在此期间，最终消费地区差指数由 1.1223 扩大至 1.3893，明显扩增 23.79%，省域间地区差位次从第 5 位下降为第 26 位。最终消费率（消费率）由 63.35% 降至 37.87%，极显著降低 25.48 个百分点，省域间比值位次从第 10 位下降为第 31 位。

3. 资本形成增长及构成比动态

同期，吉林支出法产值构成之资本形成总额由 686.58 亿元增至 10360.09 亿元，2018 年为 2000 年的 15.09 倍，历年年均增长 16.27%，"十三五"以来年均负增长 1.87%。人均值由 2586.23 元增至 38218.82 元，2018 年为 2000 年的 14.78 倍，历年年均增长 16.14%，"十三五"以来年均负增长 1.37%，省域间人均值位次从第 18 位上升为第 16 位。

在此期间，资本形成地区差指数由 1.0542 扩大至 1.3420，明显扩增 27.30%，省域间地区差位次从第 3 位下降为第 15 位。资本形成率（投资率）由 37.02% 升至 68.73%，极显著升高 31.71 个百分点，省域间比值位次从第 24 位上升为第 8 位。

四　经济生活收支综合子系统检测

2000 年以来吉林经济生活收支综合子系统结构性检测见图 4。

（一）公共经济生活

1. 财政收入增长及相对比值动态

2000~2018 年，吉林财政收入总量由 103.83 亿元增至 1240.89 亿元，2018 年为 2000 年的 11.95 倍，历年年均增长 14.78%，"十三五"以来年均增长 0.31%。人均值由 388.86 元增至 4578.08 元，2018 年为 2000 年的 11.77 倍，历年年均增长 14.68%，"十三五"以来年均增长 0.83%，省域间人均值位次从第 15 位下降为第 24 位。

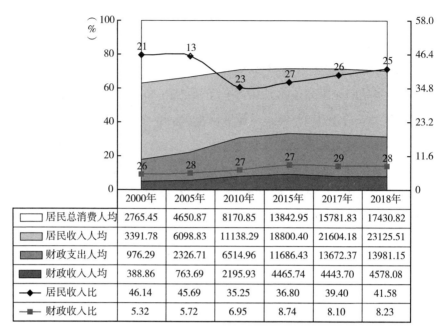

	2000年	2005年	2010年	2015年	2017年	2018年
居民总消费人均	2765.45	4650.87	8170.85	13842.95	15781.83	17430.82
居民收入人均	3391.78	6098.83	11138.29	18800.40	21604.18	23125.51
财政支出人均	976.29	2326.71	6514.96	11686.43	13672.37	13981.15
财政收入人均	388.86	763.69	2195.93	4465.74	4443.70	4578.08
居民收入比	46.14	45.69	35.25	36.80	39.40	41.58
财政收入比	5.32	5.72	6.95	8.74	8.10	8.23

图4 2000年以来吉林经济生活收支综合子系统结构性检测

左轴面积：居民总消费、居民收入、财政支出、财政收入人均值（元转换为%），其间呈直观比例。右轴曲线：居民收入比、财政收入比（%），标注省域间位次。正文另测算居民消费率、财政支出比、各类人均值地区差、民生数据城乡比，检测各类位次。

与此同时，财政收入比由 5.32% 升至 8.23%，较明显升高 2.91 个百分点，省域间比值位次从第 26 位下降为第 28 位。

2. 财政支出增长及相对比值动态

同期，吉林财政支出总量由 260.67 亿元增至 3789.59 亿元，2018 年为 2000 年的 14.54 倍，历年年均增长 16.03%，"十三五"以来年均增长 5.61%。人均值由 976.29 元增至 13981.15 元，2018 年为 2000 年的 14.32 倍，历年年均增长 15.94%，"十三五"以来年均增长 6.16%，省域间人均值位次从第 13 位下降为第 15 位。

与此同时，财政支出比由 13.36% 升至 25.14%，显著升高 11.78 个百分点，省域间比值位次从第 11 位下降为第 15 位。

3. 财政收入、财政支出地区差变化

在此期间，吉林财政收入地区差指数由 1.6335 扩大至 1.6523，略微扩增 1.15％，地区均衡性略微减弱，省域间地区差位次从第 13 位下降为第 22 位；财政支出地区差指数由 1.2241 缩小至 1.1185，明显缩减 8.62％，地区均衡性明显增强，省域间地区差位次从第 9 位上升为第 6 位。

（二）人民经济生活

1. 居民收入增长及相对比值动态

2000～2018 年，吉林居民收入总量由 905.60 亿元增至 6268.17 亿元，2018 年为 2000 年的 6.92 倍，历年年均增长 11.35％，"十三五"以来年均增长 6.59％。城乡综合演算人均值由 3391.78 元增至 23125.51 元，2018 年为 2000 年的 6.82 倍，历年年均增长 11.25％，"十三五"以来年均增长 7.15％，省域间人均值位次从第 13 位下降为第 21 位。

与此同时，吉林居民收入比由 46.14％降至 41.58％，明显降低 4.56 个百分点，省域间比值位次从第 21 位下降为第 25 位。

2. 居民总消费增长及相对比值动态

同期，吉林居民总消费总量由 738.37 亿元增至 4724.62 亿元，2018 年为 2000 年的 6.40 倍，历年年均增长 10.86％，"十三五"以来年均增长 7.43％。城乡综合演算人均值由 2765.45 元增至 17430.82 元，2018 年为 2000 年的 6.30 倍，历年年均增长 10.77％，"十三五"以来年均增长 7.98％，省域间人均值位次从第 12 位下降为第 17 位。

与此同时，吉林居民消费率由 37.62％降至 31.34％，明显降低 6.28 个百分点，省域间比值位次从第 17 位下降为第 19 位。

3. 居民收入、总消费地区差、城乡比变化

在此期间，吉林居民收入地区差指数由 1.0791 扩大至 1.2070，明显扩增 11.86％，地区均衡性明显减弱，省域间地区差位次从第 5 位下降为第 15 位；居民收入城乡比指数由 2.3782 缩小至 2.1946，明显缩减 7.72％，城乡均衡性明显增强，省域间城乡比位次从第 10 位上升为第 4 位。

吉林居民总消费地区差指数由 1.0302 扩大至 1.1449，明显扩增 11.13％，地区均衡性明显减弱，省域间地区差位次从第 3 位下降为第

10 位；居民总消费城乡比指数由 2.5885 缩小至 2.0685，显著缩减 20.09%，城乡均衡性显著增强，省域间城乡比位次从第 10 位下降为第 18 位。

五 经济增长通用指标动态测评

2000～2018 年吉林经济增长结构优化综合检测结果见图 5。

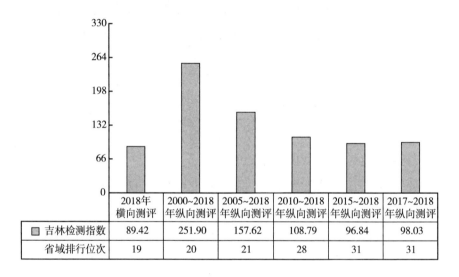

	2018年 横向测评	2000~2018 年纵向测评	2005~2018 年纵向测评	2010~2018 年纵向测评	2015~2018 年纵向测评	2017~2018 年纵向测评
吉林检测指数	89.42	251.90	157.62	108.79	96.84	98.03
省域排行位次	19	20	21	28	31	31

图 5　2000～2018 年吉林经济增长结构优化综合检测结果

数轴柱形：共时性年度横向测评（全国城乡地区无差距理想值＝100），类似"不论年龄比高矮"，有利于发达地区；历时性阶段纵向测评（起点年自身基数值＝100），类似"不论高矮比生长"，有利于后发地区，从左至右①"十五"以来，②"十一五"以来，③"十二五"以来，④"十三五"以来，⑤上年以来，多向度检测省域排行，考察不同阶段进展状况。

1. 各年度理想值横向测评

以假定全国及各地全面消除城乡差距、地区差距为理想值 100，2018 年全国横向测评排行，吉林指数为 89.42。这表明与全国城乡、地区无差距理想值相比，吉林经济增长结构优化全量化检测分值低于理想值 10.58%，指数排名处于省域间第 19 位。

2. 2000年以来基数值纵向测评

以"九五"末年2000年各类数据演算指标为基数值100，"十五"以来至2018年纵向测评排行，吉林指数为251.90。这表明与2000年自身基数值相比，吉林经济增长结构优化全量化检测分值高于基数值151.90%，指数提升程度处于省域间第20位。

3. 2005年以来基数值纵向测评

以"十五"末年2005年各类数据演算指标为基数值100，"十一五"以来至2018年纵向测评排行，吉林指数为157.62。这表明与2005年自身基数值相比，吉林经济增长结构优化全量化检测分值高于基数值57.62%，指数提升程度处于省域间第21位。

4. 2010年以来基数值纵向测评

以"十一五"末年2010年各类数据演算指标为基数值100，"十二五"以来至2018年纵向测评排行，吉林指数为108.79。这表明与2010年自身基数值相比，吉林经济增长结构优化全量化检测分值高于基数值8.79%，指数提升程度处于省域间第28位。

5. 2015年以来基数值纵向测评

以"十二五"末年2015年各类数据演算指标为基数值100，"十三五"以来至2018年纵向测评排行，吉林指数为96.84。这表明与2015年自身基数值相比，吉林经济增长结构优化全量化检测分值低于基数值3.16%，指数提升程度处于省域间第31位。

6. 逐年度基数值纵向测评

逐年以上年各类数据演算指标为基数值100，2017～2018年纵向测评排行，吉林指数为98.03。这表明与2017年自身基数值相比，吉林经济增长结构优化全量化检测分值低于基数值1.97%，指数提升程度处于省域间第31位。

Abstract

From 2000 to 2018, in the countrywide composition of gross domestic product, the secondary industry decreased from 45.54% to 40.65%, and the tertiary industry increased from 39.79% to 52.16%; in that of income approach components of gross domestic product, the compensation of employees (resident sector) decreased from 51.38% to 47.30%, the net taxes on production (government sector) decreased from 15.40% to 14.24%, and the operating surplus (enterprise sector) increased from 19.06% to 25.04%; in that of gross domestic product by expenditure approach, the final consumption rate decreased from 63.30% to 54.31%, and the capital formation rate increased from 34.33% to 44.85%; in that of income and expenditure by primary distribution, the revenue rate of public finance increased from 13.36% to 20.37%, the household income rate decreased from 46.37% to 45.11%, and the household consumption rate decreased from 35.91% to 31.53%. The regional gaps of the gross domestic product, total revenue of government finance, total expenditure of government finance, household income and total consumption in per capita value were all reduced; and the urban-rural per capita ratio of the household income and total consumption were all also reduced; thus "the unbalanced and inadequate development" improved a lot. The evaluation of the countrywide structure optimization of the economic growth: the lateral evaluation of the ideal ideal value without urban-rural and regional gap was 91.78; the vertical evaluation of self-base value was 243.32, 169.04, 121.74, 105.88 and 102.18 respectively in 2000, 2005, 2010, 2015 and 2017. Compared with the ideal lateral value, there was still a gap, and from the longitudinal view of the every five-year period, the progresses were made obviously.

In the comprehensive measurement of the Measuring System of the General Indexes of the Economic Growth of China, the proportions of the Composition

Subsystem of Gross Domestic Product by Thrice Industry (Produce Approach), the Composition Subsystem of Income Approach Components of Gross Domestic Product, the Composition Subsystem of Gross Domestic Product by Expenditure Approach and the Comprehensive Subsystem of the Income and Expenditure by Primary Distribution are 40%, 30%, 20% and 10% respectively. By the comprehensive weighted measurement of the predicted evaluation of the four independent subsystems, the final rankings of the structure optimization of the economic growth are as follows: Jiangsu, Beijing, Shanghai, Inner Mongolia and Fujian ranked top five in the "2018 annual economy development index leaders"; Tibet, Guizhou, Shaanxi, Inner Mongolia and Ningxia ranked top five in the "2000 – 2018 economy development index runners-up"; Guizhou, Shaanxi, Chongqing, Hubei and Anhui ranked top five in the "2005 – 2018 economy development index runners-up"; Guizhou, Tibet, Chongqing, Yunnan and Hubei ranked top five in the "2010 – 2018 economy development index runners-up"; Tibet, Guizhou, Sichuan, Anhui and Shaanxi ranked top five in the "2015 – 2018 economy development index runners-up"; Tibet, Xinjiang, Shaanxi, Gansu and Qinghai ranked top five in the "2017 – 2018 economy development index runners-up".

By the original and initiative method of the test index reverse deduction, the reasonable realistic gap and the expected goals are measured as follows: (1) If the current countrywide per capita compensation of employees as the composition of income approach components of gross domestic product bridge the regional gap, and the per capita household consumption as the composition of gross domestic product by expenditure approach bridge the urban-rural ratio, will be 114.31% and 131.64% respectively of the current value respectively; and thus, the income approach components of gross domestic product and the gross domestic product by expenditure approach will be 114.09% and 124.29% respectively of the current value. If the current countrywide household income rate and the household consumption rate reach the best ratio in the past years, the household income and consumption will be 104.50% and 114.91% respectively of the current value. (2) If the countrywide gross domestic product by thrice industry achieves the lowest regional gap in per capita value of the past years to 2020, the average annual growth will reach 13. 28% respectively by 2020; and so that the composition ratio of the primary, secondary and tertiary industries will be 6. 64%, 39. 61% and 53. 75% respectively. If the countrywide revenue of government finance and expenditure of government finance achieve the lowest regional gaps in per capita value of the past years to 2020, the average annual growth will reach 20. 46% and 15. 53% respectively by 2020. （3）If the countrywide household income rate and the household consumption rate reach the best ratio in the past years to 2035, the average annual growth will reach 12. 65% and 13. 28% respectively by 2035. If the countrywide per capita compensation of employees and households consumption bridge the regional gaps to 2035, the average annual growth of the income approach components of gross domestic product and the gross domestic product by expenditure approach will reach 11. 94% and 13. 10% respectively by 2035. The realistic gap and the expected target of 31 provinces in the four regions are measured simultaneously.

Keywords：Countrywide Various Provinces；Economic Growth；Structure Optimization；Comprehensive Ranking

Contents

I General Report

Abstract: From 2000 to 2018, in the countrywide composition of gross domestic
product, the secondary industry decreased from 45.54% to 40.65%, and the tertiary
industry increased from 39.79% to 52.16%; in that of income approach components of
gross domestic product, the compensation of employees (resident sector) decreased from

51. 38% to 47. 30%, the net taxes on production (government sector) decreased from 15. 40% to 14. 24%, and the operating surplus (enterprise sector) increased from 19. 06% to 25. 04%; in that of gross domestic product by expenditure approach, the final consumption rate decreased from 63. 30% to 54. 31%, and the capital formation rate increased from 34. 33% to 44. 85%; in that of income and expenditure by primary distribution, the revenue rate of public finance increased from 13. 36% to 20. 37%, the household income rate decreased from 46. 37% to 45. 11%, and the household consumption rate decreased from 35. 91% to 31. 53%. The regional gaps of the gross domestic product, total revenue of government finance, total expenditure of government finance, household income and total consumption in per capita value were all reduced; and the urban-rural per capita ratio of the household income and total consumption were all also reduced; thus "the unbalanced and inadequate development" improved a lot. The evaluation of the countrywide structure optimization of the economic growth: the lateral evaluation of the ideal ideal value without urban-rural and regional gap was 91. 78; the vertical evaluation of self-base value was 243. 32, 169. 04, 121. 74, 105. 88 and 102. 18 respectively in 2000, 2005, 2010, 2015 and 2017. Compared with the ideal lateral value, there was still a gap, and from the longitudinal view of the every five-year period, the progresses were made obviously.

Keywords: Economic Produce; Economic Living; Structure Optimization; Comprehensive Evaluation

II Technical Report and Comprehensive Analysis

E. 2 Expatiation on the Measuring System of the General Indexes the Economic Growth of China

—*Technical Report and the Structured Correlation Analysis of the Growth over the Years*

Wang Ya'nan, Fang Yu and Duan Tao / 022

Abstract: The Measuring System of the General Indexes of the Economic

Growth of China consists of 4 subsystems, namely, the Composition System of Gross Domestic Product by Thrice Industry (Produce Approach) under the current national statistical system as one main subsystem, the Composition System of Income Approach Components of Gross Domestic Product and the Composition System of Gross Domestic Product by Expenditure Approach following the established international rules as two auxiliary subsystems, and the Comprehensive Subsystem of the Income and Expenditure by Primary Distribution for public and people's economic life as one additional subsystem. The whole measurement system is composed of 4 first-class indexes (subsystem), 40 second-class indexes (category item) and 154 third-class indexes (calculated item), including the weighted measurement indexes of the growth relevancy among various types of data and the growth relevancy among urban and rural data in the same category; however, the correlation measurement indexes of regional gap are not included. In the comprehensive measurement of the whole system, the proportions of the composition subsystem of GDP by thrice industry (produce approach), the composition subsystem of income approach components of GDP, the composition subsystem of GDP by expenditure approach and the comprehensive subsystem of the income and expenditure by primary distribution are 40%, 30%, 20% and 10% respectively.

Keywords: Economic Growth; Structure Optimization; General Indexes; Correlation Analysis

E. 3　The Evaluation of the General Indexes of the Economic Growth Trend across the Countrywide Various Provinces

—*The Measurement since 2000 and the Ranking of 2018*

Wang Ya'nan, Li Hengjie and Wei Haiyan / 055

Abstract: In the comprehensive measurement of the Measuring System of the General Indexes of the Economic Growth of China, the proportions of the Composition Subsystem of Gross Domestic Product by Thrice Industry (Produce

Approach）, the Composition Subsystem of Income Approach Components of Gross Domestic Product, the Composition Subsystem of Gross Domestic Product by Expenditure Approach and the Comprehensive Subsystem of the Income and Expenditure by Primary Distribution are 40%, 30%, 20% and 10% respectively. By the comprehensive weighted measurement of the predicted evaluation of the four independent subsystems, the final rankings of the structure optimization of the economic growth are as follows: Jiangsu, Beijing, Shanghai, Inner Mongolia and Fujian ranked top five in the "2018 annual economy development index leaders"; Tibet, Guizhou, Shaanxi, Inner Mongolia and Ningxia ranked top five in the "2000 −2018 economy development index runners-up"; Guizhou, Shaanxi, Chongqing, Hubei and Anhui ranked top five in the "2005 − 2018 economy development index runners-up"; Guizhou, Tibet, Chongqing, Yunnan and Hubei ranked top five in the "2010 −2018 economy development index runners-up"; Tibet, Guizhou, Sichuan, Anhui and Shaanxi ranked top five in the "2015 −2018 economy development index runners-up"; Tibet, Xinjiang, Shaanxi, Gansu and Qinghai ranked top five in the "2017 − 2018 economy development index runners-up".

Keywords: Test Across the Provinces; Economic Produce; Economic Living; Structure Optimization; Comprehensive Ranking

E. 4 Predicted Measurement of the Structure Optimization of the Economic Growth across the Countrywide Various Provinces
—*The Current Gap Measurement and the Target Prediction of 2020 and 2035*

Wang Ya'nan, Li Xuan and Wei Haiyan / 093

Abstract: By the original and initiative method of the test index reverse deduction, the reasonable realistic gap and the expected goals are measured as follows: (1) If the current countrywide per capita compensation of employees as the composition of income approach components of gross domestic product bridge the regional gap, and the per capita household consumption as the composition of gross domestic product by expenditure approach bridge the urban-rural ratio, will be 114.31% and 131.64% respectively of the current value respectively; and thus, the income approach components of gross domestic product and the gross domestic product by expenditure approach will be 114.09% and 124.29% respectively of the current value. If the current countrywide household income rate and the household consumption rate reach the best ratio in the past years, the household income and consumption will be 104.50% and 114.91% respectively of the current value. (2) If the countrywide gross domestic product by thrice industry achieves the lowest regional gap in per capita value of the past years to 2020, the average annual growth will reach 13.28% respectively by 2020; and so that the composition ratio of the primary, secondary and tertiary industries will be 6.64%, 39.61% and 53.75% respectively. If the countrywide revenue of government finance and expenditure of government finance achieve the lowest regional gaps in per capita value of the past years to 2020, the average annual growth will reach 20.46% and 15.53% respectively by 2020. (3) If the countrywide household income rate and the household consumption rate reach the best ratio in the past years to 2035, the average annual growth will reach 12.65% and 13.28% respectively by 2035. If the countrywide per capita compensation of employees and households consumption bridge the regional gaps to 2035, the average annual growth of the income approach components of gross domestic product and the gross domestic product by expenditure approach will reach 11.94% and 13.10% respectively by 2035. The realistic gap and the expected target of 31 provinces in the four regions are measured simultaneously.

Keywords: Test Across the Provinces; Economic Growth; Structure Optimization; Gap Measurement; Target Prediction

377

Ⅲ　Provincial Reports

E. 5　Jiangsu: Ranked the 1st in the 2018 Annual Economic

Development Index Leaders　　　　　*Wang Ya'nan* / 129

Abstract: From 2000 to 2018, in the Jiangsu's composition of gross regional product, the secondary industry decreased from 51. 68% to 44. 55%, and the tertiary industry increased from 36. 30% to 50. 98%; in that of income approach components of gross regional product, the compensation of employees decreased from 49. 66% to 43. 22%, the net taxes on production decreased from 15. 18% to 12. 86%, and the operating surplus increased from 23. 19% to 30. 33%; in that of gross regional product by expenditure approach, the final consumption rate increased from 43. 74% to 50. 33%, and the capital formation rate decreased from 46. 50% to 43. 46%; in that of the income and expenditure by primary distribution, the revenue rate of government finance increased from 5. 24% to 9. 32%, the household income rate decreased from 41. 58% to 33. 93%, and the household consumption rate decreased from 30. 14% to 22. 13%. The regional gaps of the total revenue of government finance, total expenditure of government finance in per capita value were reduced; but that of the gross regional product, household income and total consumption in per capita value were extended. The urban-rural per capita ratio of the total household consumption was reduced; but that of the household income was extended. The ranking of the structure optimization of the economic growth: in the provincial lateral evaluation of ideal value without urban-rural and regional gap, Jiangsu ranked the 1st; in the provincial vertical evaluation of self-base value in 2000, 2005, 2010, 2015 and 2017, Jiangsu ranked the 15th, 16th, 16th, 15th and 20th respectively.

Keywords: Jiangsu; Economic Produce; Economic Living; Structure Optimization; Comprehensive Ranking

E. 6   Tibet: Ranked the 1st in the 2000 −2018 Economic

Development Index Runners-Up   *Fang Yu* / 142

Abstract: From 2000 to 2018, in the Tibet's composition of gross regional product, the secondary industry increased from 23. 17% to 42. 53%, and the tertiary industry increased from 45. 91% to 48. 66%; in that of income approach components of gross regional product, the compensation of employees decreased from 67. 94% to 62. 21%, the net taxes on production decreased from 24. 56% to 7. 66%, and the operating surplus increased from 2. 27% to 17. 21%; in that of gross regional product by expenditure approach, the final consumption rate increased from 55. 29% to 80. 83%, and the capital formation rate increased from 38. 03% to 110. 20%; in that of the income and expenditure by primary distribution, the revenue rate of government finance increased from 4. 57% to 15. 59%, the household income rate decreased from 53. 87% to 42. 35%, and the household consumption rate decreased from 42. 45% to 28. 30%. The regional gaps of the gross regional product, total revenue of government finance in per capita value were reduced; but that of the total expenditure of government finance, household income and total consumption in per capita value were extended. The urban-rural per capita ratio of the household income and total consumption were all reduced. The ranking of the structure optimization of the economic growth: in the provincial lateral evaluation of ideal value without urban-rural and regional gap, Tibet ranked the 26th; in the provincial vertical evaluation of self-base value in 2000, 2005, 2010, 2015 and 2017, Tibet ranked the 1st, 9th, 2nd, 1st and 1st respectively.

Keywords: Tibet; Economic   Produce; Economic   Living; Structure Optimization; Comprehensive Ranking

E. 7 Guizhou: Ranked the 1st in the 2005 −2018 Economic Development Index Runners-Up *Zhao Juan* / 154

Abstract: From 2000 to 2018, in the Guizhou's composition of gross regional product, the secondary industry decreased from 39.04% to 38.87%, and the tertiary industry increased from 33.69% to 46.54%; in that of income approach components of gross regional product, the compensation of employees decreased from 60.85% to 54.29%, the net taxes on production increased from 12.96% to 17.09%, and the operating surplus increased from 7.71% to 16.16%; in that of gross regional product by expenditure approach, the final consumption rate decreased from 78.03% to 54.40%, and the capital formation rate increased from 49.91% to 71.10%; in that of the income and expenditure by primary distribution, the revenue rate of government finance increased from 8.28% to 11.66%, the household income rate decreased from 81.50% to 48.37%, and the household consumption rate decreased from 66.65% to 35.41%. The regional gaps of the gross regional product, total revenue of government finance, total expenditure of government finance, household income and total consumption in per capita value were all reduced. The urban-rural per capita ratio of the household income and total consumption were all also reduced. The ranking of the structure optimization of the economic growth: in the provincial lateral evaluation of ideal value without urban-rural and regional gap, Guizhou ranked the 25th; in the provincial vertical evaluation of self-base value in 2000, 2005, 2010, 2015 and 2017, Guizhou ranked the 2nd, 1st, 1st, 2nd and 12th respectively.

Keywords: Guizhou; Economic Produce; Economic Living; Structure Optimization; Comprehensive Ranking

E. 8   Beijing: Ranked the 2nd in the 2018 Annual Economic

Development Index Leaders   *Yuan Chunsheng* / 166

Abstract: From 2000 to 2018, in the Beijing's composition of gross regional product, the secondary industry decreased from 38.06% to 18.63%, and the tertiary industry increased from 58.31% to 80.98%; in that of income approach components of gross regional product, the compensation of employees increased from 45.63% to 52.96%, the net taxes on production decreased from 17.38% to 12.88%, and the operating surplus decreased from 24.72% to 21.08%; in that of gross regional product by expenditure approach, the final consumption rate increased from 49.27% to 61.55%, and the capital formation rate decreased from 61.22% to 38.07%; in that of the income and expenditure by primary distribution, the revenue rate of government finance increased from 10.91% to 19.08%, the household income rate increased from 37.45% to 44.49%, and the household consumption rate decreased from 30.40% to 28.43%. The regional gaps of the gross regional product, total revenue of government finance, total expenditure of government finance, household income and total consumption in per capita value were all reduced. The urban-rural per capita ratio of the total household consumption was reduced; but that of the household income was extended. The ranking of the structure optimization of the economic growth: in the provincial lateral evaluation of ideal value without urban-rural and regional gap, Beijing ranked the 2nd; in the provincial vertical evaluation of self-base value in 2000, 2005, 2010, 2015 and 2017, Beijing ranked the 28th, 30th, 27th, 19th and 23rd respectively.

Keywords: Beijing; Economic Produce; Economic Living; Structure Optimization; Comprehensive Ranking

E. 9　Shaanxi：Ranked the 2nd in the 2005 −2018 Economic

Development Index Runners-Up　　　　　*Fan Gang* / 178

Abstract：From 2000 to 2018, in the Shaanxi's composition of gross regional product, the secondary industry increased from 44. 07% to 49. 75% , and the tertiary industry increased from 39. 13% to 42. 76% ; in that of income approach components of gross regional product, the compensation of employees decreased from 59. 76% to 41. 80% , the net taxes on production increased from 16. 09% to 17. 01% , and the operating surplus increased from 9. 21% to 25. 56% ; in that of gross regional product by expenditure approach, the final consumption rate decreased from 57. 59% to 43. 28% , and the capital formation rate increased from 51. 28% to 67. 39% ; in that of the income and expenditure by primary distribution, the revenue rate of government finance increased from 6. 37% to 9. 18% , the household income rate decreased from 52. 46% to 37. 68% , and the household consumption rate decreased from 44. 42% to 26. 63% . The regional gaps of the gross regional product, total revenue of government finance, total expenditure of government finance, household income and total consumption in per capita value were all reduced. The urban-rural per capita ratio of the household income and total consumption were all also reduced. The ranking of the structure optimization of the economic growth：in the provincial lateral evaluation of ideal value without urban-rural and regional gap, Shaanxi ranked the 9th; in the provincial vertical evaluation of self-base value in 2000, 2005, 2010, 2015 and 2017, Shaanxi ranked the 3rd, 2nd, 6th, 5th and 3rd respectively.

Keywords：Shaanxi; Economic Produce; Economic Living; Structure Optimization; Comprehensive Ranking

E. 10   Shanghai: Ranked the 3rd in the 2018 Annual Economic
Development Index Leaders   *Xiao Yunxin* / 190

Abstract: From 2000 to 2018, in the Shanghai's composition of gross regional product, the secondary industry decreased from 47. 54% to 29. 78%, and the tertiary industry increased from 50. 63% to 69. 90%; in that of income approach components of gross regional product, the compensation of employees increased from 34. 99% to 44. 97%, the net taxes on production increased from 13. 97% to 17. 67%, and the operating surplus increased from 26. 71% to 26. 71%; in that of gross regional product by expenditure approach, the final consumption rate increased from 42. 78% to 58. 17%, and the capital formation rate decreased from 46. 54% to 39. 00%; in that of the income and expenditure by primary distribution, the revenue rate of government finance increased from 10. 17% to 21. 75%, the household income rate increased from 36. 99% to 47. 03%, and the household consumption rate increased from 27. 95% to 31. 76%. The regional gaps of the gross regional product, total revenue of government finance, total expenditure of government finance, household income and total consumption in per capita value were all reduced. The urban-rural per capita ratio of the household income and total consumption were all extended. The ranking of the structure optimization of the economic growth: in the provincial lateral evaluation of ideal value without urban-rural and regional gap, Shanghai ranked the 3rd; in the provincial vertical evaluation of self-base value in 2000, 2005, 2010, 2015 and 2017, Shanghai ranked the 31st, 31st, 26th, 18th and 28th respectively.

Keywords: Shanghai; Economic Produce; Economic Living; Structure Optimization; Comprehensive Ranking

E. 11　Chongqing：Ranked the 3rd in the 2005 −2018 Economic

Development Index Runners-Up　　　　*Fu Bingfeng* / 202

Abstract：From 2000 to 2018, in the Chongqing's composition of gross regional product, the secondary industry decreased from 41. 37% to 40. 90%, and the tertiary industry increased from 40. 82% to 52. 33%；in that of income approach components of gross regional product, the compensation of employees decreased from 54. 23% to 41. 02%, the net taxes on production increased from 16. 45% to 16. 48%, and the operating surplus increased from 15. 98% to 29. 00%；in that of gross regional product by expenditure approach, the final consumption rate decreased from 62. 25% to 47. 24%, and the capital formation rate increased from 43. 23% to 54. 24%；in that of the income and expenditure by primary distribution, the revenue rate of government finance increased from 5. 44% to 11. 13%, the household income rate decreased from 58. 97% to 41. 65%, and the household consumption rate decreased from 48. 91% to 30. 13%. The regional gaps of the gross regional product, total revenue of government finance, total expenditure of government finance, household income and total consumption in per capita value were all reduced. The urban-rural per capita ratio of the household income and total consumption were all also reduced. The ranking of the structure optimization of the economic growth：in the provincial lateral evaluation of ideal value without urban-rural and regional gap, Chongqing ranked the 14th；in the provincial vertical evaluation of self-base value in 2000, 2005, 2010, 2015 and 2017, Chongqing ranked the 6th, 3rd, 3rd, 11th and 25th respectively.

Keywords：Chongqing；Economic Produce；Economic Living；Structure Optimization；Comprehensive Ranking

E. 12   Sichuan: Ranked the 3rd in the 2015 −2018 Economic

Development Index Runners-Up   *Ma Jianyu* / 214

Abstract: From 2000 to 2018, in the Sichuan's composition of gross regional product, the secondary industry decreased from 42. 40% to 37. 67%, and the tertiary industry increased from 34. 02% to 51. 45%; in that of income approach components of gross regional product, the compensation of employees decreased from 56. 44% to 47. 50%, the net taxes on production decreased from 16. 02% to 15. 40%, and the operating surplus increased from 15. 85% to 22. 41%; in that of gross regional product by expenditure approach, the final consumption rate decreased from 62. 91% to 51. 92%, and the capital formation rate increased from 37. 04% to 49. 36%; in that of the income and expenditure by primary distribution, the revenue rate of government finance increased from 5. 95% to 9. 61%, the household income rate decreased from 59. 38% to 48. 24%, and the household consumption rate decreased from 47. 67% to 37. 37%. The regional gaps of the gross regional product, total revenue of government finance, total expenditure of government finance, household income and total consumption in per capita value were all reduced. The urban-rural per capita ratio of the household income and total consumption were all also reduced. The ranking of the structure optimization of the economic growth: in the provincial lateral evaluation of ideal value without urban-rural and regional gap, Sichuan ranked the 20th; in the provincial vertical evaluation of self-base value in 2000, 2005, 2010, 2015 and 2017, Sichuan ranked the 10th, 8th, 8th, 3rd and 9th respectively.

Keywords: Sichuan; Economic Produce; Economic Living; Structure Optimization; Comprehensive Ranking

E. 13　Inner Mongolia：Ranked the 4th in the 2018 Annual

Economic Development Index Leaders　*Wang Guoai / 226*

Abstract：From 2000 to 2018, in the Inner Mongolia's composition of gross regional product, the secondary industry decreased from 39.71% to 39.37%, and the tertiary industry increased from 35.26% to 50.48%; in that of income approach components of gross regional product, the compensation of employees decreased from 62.50% to 47.60%, the net taxes on production increased from 12.34% to 17.22%, and the operating surplus increased from 13.96% to 21.82%; in that of gross regional product by expenditure approach, the final consumption rate decreased from 56.56% to 52.27%, and the capital formation rate increased from 44.09% to 65.21%; in that of the income and expenditure by primary distribution, the revenue rate of government finance increased from 6.17% to 10.74%, the household income rate decreased from 51.36% to 42.58%, and the household consumption rate decreased from 39.82% to 29.29%. The regional gaps of the gross regional product, total revenue of government finance, household income and total consumption in per capita value were reduced; but that of the total expenditure of government finance in per capita value was extended. The urban-rural per capita ratio of the total household consumption was reduced; but that of the household income was extended. The ranking of the structure optimization of the economic growth：in the provincial lateral evaluation of ideal value without urban-rural and regional gap, Inner Mongolia ranked the 4th; in the provincial vertical evaluation of self-base value in 2000, 2005, 2010, 2015 and 2017, Inner Mongolia ranked the 4th, 18th, 23rd, 23rd and 18th respectively.

Keywords：Inner Mongolia; Economic Produce; Economic Living; Structure Optimization; Comprehensive Ranking

E. 14   Hubei: Ranked the 4th in the 2005 −2018 Economic

Development Index Runners-Up   *Wang Yang* / 238

Abstract: From 2000 to 2018, in the Hubei's composition of gross regional product, the secondary industry decreased from 49. 66% to 43. 41%, and the tertiary industry increased from 34. 85% to 47. 58%; in that of income approach components of gross regional product, the compensation of employees decreased from 59. 14% to 47. 25%, the net taxes on production increased from 15. 66% to 16. 24%, and the operating surplus increased from 9. 38% to 23. 77%; in that of gross regional product by expenditure approach, the final consumption rate decreased from 51. 68% to 48. 18%, and the capital formation rate increased from 47. 00% to 59. 60%; in that of the income and expenditure by primary distribution, the revenue rate of government finance increased from 6. 05% to 8. 40%, the household income rate decreased from 56. 38% to 39. 97%, and the household consumption rate decreased from 44. 01% to 29. 96%. The regional gaps of the gross regional product, total revenue of government finance, total expenditure of government finance, total household consumption in per capita value were reduced; but that of the household income in per capita value was extended. The urban-rural per capita ratio of the household income and total consumption were all reduced. The ranking of the structure optimization of the economic growth: in the provincial lateral evaluation of ideal value without urban-rural and regional gap, Hubei ranked the 6th; in the provincial vertical evaluation of self-base value in 2000, 2005, 2010, 2015 and 2017, Hubei ranked the 13th, 4th, 5th, 6th and 6th respectively.

Keywords: Hubei; Economic Produce; Economic Living; Structure Optimization; Comprehensive Ranking

E.15 Yunnan: Ranked the 4th in the 2010 −2018 Economic Development Index Runners-Up
Guo Na / 250

Abstract: From 2000 to 2018, in the Yunnan's composition of gross regional product, the secondary industry decreased from 43.13% to 38.91%, and the tertiary industry increased from 34.56% to 47.12%; in that of income approach components of gross regional product, the compensation of employees increased from 44.35% to 52.24%, the net taxes on production increased from 14.69% to 20.47%, and the operating surplus increased from 16.31% to 17.37%; in that of gross regional product by expenditure approach, the final consumption rate decreased from 75.79% to 64.38%, and the capital formation rate increased from 37.07% to 98.40%; in that of the income and expenditure by primary distribution, the revenue rate of government finance increased from 8.99% to 11.15%, the household income rate increased from 54.18% to 57.90%, and the household consumption rate decreased from 45.36% to 40.47%. The regional gaps of the total expenditure of government finance, household income in per capita value were reduced; but that of the gross regional product, total revenue of government finance, total household consumption in per capita value were extended. The urban-rural per capita ratio of the household income and total consumption were all reduced. The ranking of the structure optimization of the economic growth: in the provincial lateral evaluation of ideal value without urban-rural and regional gap, Yunnan ranked the 23rd; in the provincial vertical evaluation of self-base value in 2000, 2005, 2010, 2015 and 2017, Yunnan ranked the 17th, 13th, 4th, 14th and 13th respectively.

Keywords: Yunnan; Economic Produce; Economic Living; Structure Optimization; Comprehensive Ranking

Abstract: From 2000 to 2018, in the Anhui's composition of gross regional product, the secondary industry increased from 42. 67% to 46. 13%, and the tertiary industry increased from 33. 23% to 45. 08%; in that of income approach components of gross regional product, the compensation of employees decreased from 53. 62% to 46. 10%, the net taxes on production increased from 14. 25% to 15. 31%, and the operating surplus increased from 17. 97% to 25. 13%; in that of gross regional product by expenditure approach, the final consumption rate decreased from 64. 05% to 49. 49%, and the capital formation rate increased from 36. 00% to 51. 41%; in that of the income and expenditure by primary distribution, the revenue rate of government finance increased from 6. 16% to 10. 16%, the household income rate decreased from 59. 56% to 52. 46%, and the household consumption rate decreased from 44. 19% to 36. 67%. The regional gaps of the gross regional product, total revenue of government finance, total expenditure of government finance, household income and total consumption in per capita value were all reduced. The urban-rural per capita ratio of the household income and total consumption were all also reduced. The ranking of the structure optimization of the economic growth: in the provincial lateral evaluation of ideal value without urban-rural and regional gap, Anhui ranked the 21st; in the provincial vertical evaluation of self-base value in 2000, 2005, 2010, 2015 and 2017, Anhui ranked the 12th, 5th, 7th, 4th and 7th respectively.

Keywords: Anhui; Economic Produce; Economic Living; Structure Optimization; Comprehensive Ranking

E. 17　Fujian：Ranked the 5th in the 2018 Annual Economic

Development Index Leaders　　　　　　　　*Ning Fajin* / 274

Abstract：From 2000 to 2018, in the Fujian's composition of gross regional product, the secondary industry increased from 43. 65% to 48. 13% , and the tertiary industry increased from 40. 01% to 45. 22% ; in that of income approach components of gross regional product, the compensation of employees increased from 48. 08% to 52. 33% , the net taxes on production decreased from 12. 65% to 12. 45% , and the operating surplus decreased from 29. 29% to 24. 12% ; in that of gross regional product by expenditure approach, the final consumption rate decreased from 52. 70% to 40. 30% , and the capital formation rate increased from 46. 18% to 58. 18% ; in that of the income and expenditure by primary distribution, the revenue rate of government finance increased from 6. 22% to 8. 40% , the household income rate decreased from 44. 08% to 36. 94% , and the household consumption rate decreased from 33. 22% to 25. 84% . The regional gaps of the total expenditure of government finance, household income and total consumption in per capita value were reduced; but that of the gross regional product, total revenue of government finance in per capita value were extended. The urban-rural per capita ratio of the total household consumption was reduced; but that of the household income was extended. The ranking of the structure optimization of the economic growth：in the provincial lateral evaluation of ideal value without urban-rural and regional gap, Fujian ranked the 5th; in the provincial vertical evaluation of self-base value in 2000, 2005, 2010, 2015 and 2017, Fujian ranked the 22nd, 15th, 14th, 7th and 8th respectively.

Keywords：Fujian; Economic Produce; Economic Living; Structure Optimization; Comprehensive Ranking

E. 18　Ningxia: Ranked the 5th in the 2000 −2018 Economic

Development Index Runners-Up　　*Yang Yuanyuan* / 286

Abstract: From 2000 to 2018, in the Ningxia's composition of gross regional product, the secondary industry decreased from 45. 20% to 44. 54% , and the tertiary industry increased from 37. 50% to 47. 91% ; in that of income approach components of gross regional product, the compensation of employees decreased from 58. 98% to 51. 38% , the net taxes on production decreased from 18. 73% to 12. 46% , and the operating surplus increased from 8. 05% to 19. 66% ; in that of gross regional product by expenditure approach, the final consumption rate decreased from 70. 28% to 61. 34% , and the capital formation rate increased from 63. 11% to 115. 11% ; in that of the income and expenditure by primary distribution, the revenue rate of government finance increased from 7. 06% to 11. 78% , the household income rate decreased from 50. 97% to 43. 45% , and the household consumption rate decreased from 42. 86% to 32. 03% . The regional gaps of the gross regional product, total revenue of government finance, household income and total consumption in per capita value were reduced; but that of the total expenditure of government finance in per capita value was extended. The urban-rural per capita ratio of the household income and total consumption were all reduced. The ranking of the structure optimization of the economic growth: in the provincial lateral evaluation of ideal value without urban-rural and regional gap, Ningxia ranked the 17th; in the provincial vertical evaluation of self-base value in 2000, 2005, 2010, 2015 and 2017, Ningxia ranked the 5th, 6th, 15th, 17th and 21st respectively.

Keywords: Ningxia; Economic Produce; Economic Living; Structure Optimization; Comprehensive Ranking

E. 19　Tianjin：Ranked the 7th in the 2018 Annual
Economic Development Index Leaders　*Deng Yunfei* / 298

Abstract：From 2000 to 2018, in the Tianjin's composition of gross regional product, the secondary industry decreased from 50. 03% to 40. 46%, and the tertiary industry increased from 45. 48% to 58. 62% ; in that of income approach components of gross regional product, the compensation of employees decreased from 46. 72% to 40. 54%, the net taxes on production increased from 16. 44% to 19. 11%, and the operating surplus increased from 19. 69% to 25. 00% ; in that of gross regional product by expenditure approach, the final consumption rate decreased from 49. 09% to 45. 45%, and the capital formation rate increased from 49. 85% to 56. 46% ; in that of the income and expenditure by primary distribution, the revenue rate of government finance increased from 7. 85% to 11. 20%, the household income rate decreased from 39. 50% to 32. 80%, and the household consumption rate decreased from 28. 51% to 24. 83% . The regional gaps of the gross regional product, total revenue of government finance, total expenditure of government finance, household income and total consumption in per capita value were all reduced. The urban-rural per capita ratio of the household income and total consumption were all also reduced. The ranking of the structure optimization of the economic growth：in the provincial lateral evaluation of ideal value without urban-rural and regional gap, Tianjin ranked the 7th；in the provincial vertical evaluation of self-base value in 2000, 2005, 2010, 2015 and 2017, Tianjin ranked the 26th, 25th, 24th, 25th and 29th respectively.

Keywords：Tianjin；Economic Produce；Economic Living；Structure Optimization；Comprehensive Ranking

E. 20 Zhejiang: Ranked the 8th in the 2018 Annual Economic

Development Index Leaders *Shen Zongtao* / 310

Abstract: From 2000 to 2018, in the Zhejiang's composition of gross regional product, the secondary industry decreased from 52. 74% to 41. 83%, and the tertiary industry increased from 36. 26% to 54. 67%; in that of income approach components of gross regional product, the compensation of employees decreased from 49. 41% to 46. 77%, the net taxes on production increased from 12. 72% to 14. 74%, and the operating surplus increased from 23. 42% to 26. 01%; in that of gross regional product by expenditure approach, the final consumption rate increased from 45. 94% to 49. 53%, and the capital formation rate decreased from 44. 26% to 43. 77%; in that of the income and expenditure by primary distribution, the revenue rate of government finance increased from 5. 58% to 11. 74%, the household income rate decreased from 49. 44% to 47. 30%, and the household consumption rate decreased from 37. 46% to 30. 31%. The regional gaps of the gross regional product, total revenue of government finance, total expenditure of government finance, household income and total consumption in per capita value were all reduced. The urban-rural per capita ratio of the household income and total consumption were all also reduced. The ranking of the structure optimization of the economic growth: in the provincial lateral evaluation of ideal value without urban-rural and regional gap, Zhejiang ranked the 8th; in the provincial vertical evaluation of self-base value in 2000, 2005, 2010, 2015 and 2017, Zhejiang ranked the 24th, 24th, 22nd, 13th and 17th respectively.

Keywords: Zhejiang; Economic Produce; Economic Living; Structure Optimization; Comprehensive Ranking

E. 21　Jiangxi：Ranked the 8th in the 2000 −2018 Economic Development Index Runners-Up　　　　　*Liu Bing* / 322

Abstract：From 2000 to 2018, in the Jiangxi's composition of gross regional product, the secondary industry increased from 34.98% to 46.62%, and the tertiary industry increased from 40.80% to 44.84%; in that of income approach components of gross regional product, the compensation of employees decreased from 60.85% to 41.17%, the net taxes on production decreased from 17.54% to 16.14%, and the operating surplus increased from 11.07% to 29.64%; in that of gross regional product by expenditure approach, the final consumption rate decreased from 64.05% to 50.61%, and the capital formation rate increased from 36.24% to 50.76%; in that of the income and expenditure by primary distribution, the revenue rate of government finance increased from 5.57% to 10.79%, the household income rate decreased from 60.62% to 53.06%, and the household consumption rate decreased from 44.94% to 34.46%. The regional gaps of the gross regional product, total revenue of government finance, total expenditure of government finance, household income and total consumption in per capita value were all reduced. The urban-rural per capita ratio of the household income and total consumption were all also reduced. The ranking of the structure optimization of the economic growth：in the provincial lateral evaluation of ideal value without urban-rural and regional gap, Jiangxi ranked the 27th; in the provincial vertical evaluation of self-base value in 2000, 2005, 2010, 2015 and 2017, Jiangxi ranked the 8th, 11th, 9th, 12th and 11th respectively.

Keywords：Jiangxi; Economic Produce; Economic Living; Structure Optimization; Comprehensive Ranking

Abstract: From 2000 to 2018, in the Shandong's composition of gross regional product, the secondary industry decreased from 49.69% to 43.99%, and the tertiary industry increased from 35.46% to 49.53%; in that of income approach components of gross regional product, the compensation of employees decreased from 47.79% to 45.70%, the net taxes on production decreased from 18.93% to 13.03%, and the operating surplus increased from 19.15% to 27.01%; in that of gross regional product by expenditure approach, the final consumption rate increased from 47.99% to 48.38%, and the capital formation rate increased from 49.17% to 50.22%; in that of the income and expenditure by primary distribution, the revenue rate of government finance increased from 5.56% to 8.48%, the household income rate decreased from 43.63% to 39.93%, and the household consumption rate decreased from 31.81% to 25.58%. The regional gaps of the total revenue of government finance, total expenditure of government finance, household income in per capita value were reduced; but that of the gross regional product, total household consumption in per capita value were extended. The urban-rural per capita ratio of the household income and total consumption were all reduced. The ranking of the structure optimization of the economic growth: in the provincial lateral evaluation of ideal value without urban-rural and regional gap, Shandong ranked the 11th; in the provincial vertical evaluation of self-base value in 2000, 2005, 2010, 2015 and 2017, Shandong ranked the 21st, 22nd, 20th, 20th and 24th respectively.

Keywords: Shandong; Economic Produce; Economic Living; Structure Optimization; Comprehensive Ranking

E. 23 Liaoning: Ranked the 13th in the 2018 Annual Economic

Development Index Leaders   *Fan Hua* / 346

Abstract: From 2000 to 2018, in the Liaoning's composition of gross regional product, the secondary industry decreased from 50. 21% to 39. 60%, and the tertiary industry increased from 39. 01% to 52. 37%; in that of income approach components of gross regional product, the compensation of employees decreased from 44. 96% to 42. 28%, the net taxes on production decreased from 16. 62% to 14. 31%, and the operating surplus increased from 24. 05% to 27. 10%; in that of gross regional product by expenditure approach, the final consumption rate increased from 55. 42% to 59. 12%, and the capital formation rate increased from 31. 52% to 43. 86%; in that of the income and expenditure by primary distribution, the revenue rate of government finance increased from 6. 33% to 10. 33%, the household income rate increased from 35. 50% to 51. 78%, and the household consumption rate increased from 28. 19% to 37. 27%. The regional gaps of the gross regional product, household income and total consumption in per capita value were reduced; but that of the total revenue of government finance, total expenditure of government finance in per capita value were extended. The urban-rural per capita ratio of the total household consumption was reduced; but that of the household income was extended. The ranking of the structure optimization of the economic growth: in the provincial lateral evaluation of ideal value without urban-rural and regional gap, Liaoning ranked the 13th; in the provincial vertical evaluation of self-base value in 2000, 2005, 2010, 2015 and 2017, Liaoning ranked the 30th, 29th, 29th, 29th and 14th respectively.

Keywords: Liaoning; Economic Produce; Economic Living; Structure Optimization; Comprehensive Ranking

E. 24 Jilin：Ranked the 19th in the 2018 Annual Economic
Development Index Leaders   *Qin Ruijing* / 358

Abstract：From 2000 to 2018, in the Jilin's composition of gross regional product, the secondary industry decreased from 43. 94% to 42. 53%, and the tertiary industry increased from 34. 16% to 49. 77%; in that of income approach components of gross regional product, the compensation of employees decreased from 57. 37% to 41. 90%, the net taxes on production decreased from 17. 89% to 14. 98%, and the operating surplus increased from 15. 07% to 26. 18%; in that of gross regional product by expenditure approach, the final consumption rate decreased from 63. 35% to 37. 87%, and the capital formation rate increased from 37. 02% to 68. 73%; in that of the income and expenditure by primary distribution, the revenue rate of government finance increased from 5. 32% to 8. 23%, the household income rate decreased from 46. 14% to 41. 58%, and the household consumption rate decreased from 37. 62% to 31. 34%. The regional gaps of the total expenditure of government finance in per capita value was reduced; but that of the gross regional product, total revenue of government finance, household income and total consumption in per capita value were extended. The urban-rural per capita ratio of the household income and total consumption were all reduced. The ranking of the structure optimization of the economic growth: in the provincial lateral evaluation of ideal value without urban-rural and regional gap, Jilin ranked the 19th; in the provincial vertical evaluation of self-base value in 2000, 2005, 2010, 2015 and 2017, Jilin ranked the 20th, 21st, 28th, 31st and 31st respectively.

Keywords：Jilin; Economic Produce; Economic Living; Structure Optimization; Comprehensive Ranking

图书在版编目（CIP）数据

中国经济发展结构优化检测报告. 2020 / 王亚南主编. -- 北京：社会科学文献出版社，2020. 10
（全面发展检测丛书）
ISBN 978 - 7 - 5201 - 7088 - 8

Ⅰ. ①中… Ⅱ. ①王… Ⅲ. ①中国经济 - 经济结构 - 研究报告 - 2020 Ⅳ. ①F121

中国版本图书馆 CIP 数据核字（2020）第 146446 号

全面发展检测丛书

中国经济发展结构优化检测报告（2020）

主　　编／王亚南
联合主编／李　群

出 版 人／谢寿光
责任编辑／张　超

出　　版／社会科学文献出版社·皮书出版分社 （010）59367127
　　　　　地址：北京市北三环中路甲29号院华龙大厦　邮编：100029
　　　　　网址：www. ssap. com. cn
发　　行／市场营销中心（010）59367081　59367083
印　　装／三河市龙林印务有限公司

规　　格／开　本：787mm × 1092mm　1/16
　　　　　印　张：25. 75　字　数：392 千字
版　　次／2020 年 10 月第 1 版　2020 年 10 月第 1 次印刷
书　　号／ISBN 978 - 7 - 5201 - 7088 - 8
定　　价／138. 00 元

本书如有印装质量问题，请与读者服务中心（010 - 59367028）联系